Für Barbara

Bildnachweis:
Die Bilder des Textteils: Marcus Hillerich
Coverfoto: Marcus Hillerich
Kartenicon: © Stepmap GmbH, Berlin
Karte: © Daniel March

Bibliografische Information der Deutschen Bibliothek:
Die Deutsche Bibliothek verzeichnet diese Publikation in der deutschen Nationalbibliografie. Detaillierte bibliografische Daten sind im Internet über http://dnb.ddb.de abrufbar.

www.reiseliteratur-verlag.de
www.traveldiary.de

Umschlagentwurf und Layout: Jürgen Bold, Jens Freyler
Satz: Jens Freyler
Druck: Standartu Spaustuve

ISBN 978-3-944365-21-3

Marcus Hillerich

Die Raupe und der Buddha

Eine Reise entlang der Seidenstraße

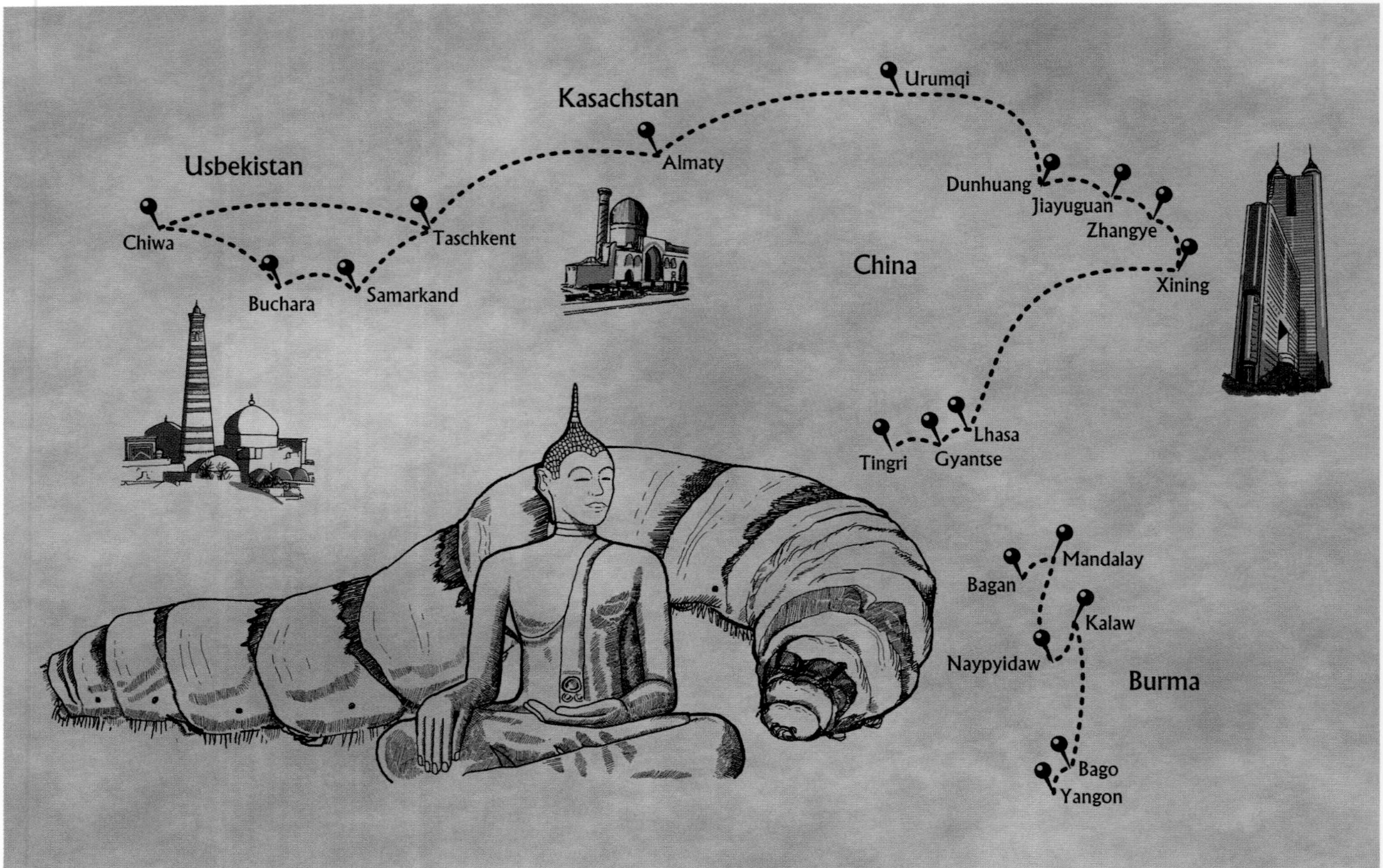
Usbekistan
Kasachstan
Urumqi
Almaty
Chiwa
Taschkent
Buchara
Samarkand
Dunhuang
Jiayuguan
Zhangye
China
Xining
Lhasa
Tingri
Gyantse
Mandalay
Bagan
Kalaw
Naypyidaw
Burma
Bago
Yangon

Inhalt

ABKÜRZUNGEN:

ABMA:	All Burma Monks Alliance
BGF:	Border Guard Force
BIA:	Burma Independence Army
CNPC:	China National Petroleum Corporation
CPI:	China Power Investment
DVB:	Democratic Voice of Burma
ERI:	Earth Rights International
GJC:	Global Justice Center
KIA:	Kachin Independence Army
KIO:	Kachin Independence Organisation
KNLA:	Karen National Liberation Army
KNPLF:	Karenni Nationalities People‘s Liberation Front
KNU:	Karen National Union
MEC:	Myanmar Economic Corporation
MNLA:	Mon National Liberation Army
MOGE:	Myanmar Oil and Gas Enterprise
NEDC:	New Energy Development Corporation
NLD:	National League for Democracy
NMSP:	New Mon State Party
PNLO:	Pa-Oh National Liberation Organisation
PYO:	Pa-Oh Youth Organisation
SAU:	Sog‘Lom Avlod Uchun
SSA-N:	Shan State Army-North
SSA-S:	Shan State Army-South
SSPP:	Shan State Progressive Party
TBBC:	Thailand Burma Border Consortium
UNFC:	United Nationalities Federal Council
UWSA:	United Wa State Army
YMBA:	Young Men‘s Buddhist Association

KAPITEL I: Die Grüne Stadt

Taschkent erwartet mich um drei Uhr morgens und wirkt wie ausgestorben. An roten Ampeln stehen vereinzelt Männer und gähnen in die Dunkelheit. Der Taxifahrer jagt auf mächtigen Prachtstraßen durch die menschenleere Nacht. Kaum zu glauben, dass in dieser Stadt über zwei Millionen Einwohner leben. Ich habe die Fensterscheibe heruntergekurbelt und lasse mir den lauwarmen Gegenwind ins Gesicht wehen. An Kreuzungen kann ich etwas länger riesige Hochhäuser betrachten, die einsam im grellen Scheinwerferlicht stehen. Mein Fahrer berichtet, dass sich auf diesen Verkehrsadern tagsüber der Verkehr staut. Er ist stolz auf seine Stadt. Seine Erläuterungen bleiben jedoch einsilbig: „Nationalbibliothek – Hotel Usbekistan – Bazar – Bahnhof." Nach zwanzigminütiger Fahrt stehe ich vor dem „Gulnara Hotel". Ein großes Eisentor riegelt das Haus zur Straßenseite hin ab, als müsste es vor fremden Blicken geschützt werden. „Willkommen, Willkommen – du hast hier reserviert, oder? Komm herein!" werde ich von einer alten Babuschka am Eisentor begrüßt. Liebevoll verschlafen schaut mich ein rundes Gesicht mit tiefen Falten an. Graue Haare wehen zottelig um ihren Kopf. Sie trägt ein langes, buntes Nachtgewand und winkt mich mit großen Händen hinein. Die Mutter des Inhabers sieht mir meine Müdigkeit an. Sie geleitet mich durch einen Innenhof, in dem Obstbäume tagsüber Schatten spenden. Über eine Eisenleiter klettere ich zu meinem Zimmer hinauf. Minuten später bin ich eingeschlafen.

Am nächsten Morgen ist die Stadt wie ausgewechselt. Monumentale Architektur umgibt mich und lässt mich winzig erscheinen. Prunk und Protz zeugen von einem starken Nationalbewusstsein. Taschkent ist die Wirtschaftsmetropole Zentralasiens, Verkehrsknotenpunkt in Usbekistan und ein Kulturzentrum mit Universitäten und Theatern. Alles hier ist geordnet und geplant. Kastanienalleen flankieren die Bürgersteige und lassen Häuserzeilen hinter sich verschwinden. Die Baumalleen beiderseits der Straßen wachsen zu einem grünen Tunnel zusammen und kanalisieren den Verkehr. Taschkent wirkt urban und manikürt. Parkanlagen werden einer Obsession gleich penibel gepflegt. Eine ganze Armee an Gärtnern und Arbeitskräften schneidet Hecken und Sträucher zurück, putzt Gehwege und reinigt die Fugen zwischen den Marmorplatten an den Begrenzungsmauern mit winzigen Messern. Diese ruhigen Rückzugsgebiete geben dem Häusermeer seinen Beinamen. Ihre Einwohner nennen Taschkent auch die „Grüne Stadt“. Zahlreiche Betonmonster aus der Sowjetzeit und neue ultramoderne Bürogebäude umrahmen in der Neustadt den halbkreisförmigen Amir-Timur-Platz. Lenin wurde hier klammheimlich vom Mamorsockel gerissen und eingemottet. Sein Abgang steht symbolisch für den Zerfall der Sowjetrepublik in Zentralasien, die in Usbekistan den zentralasiatischen Eroberer Timur bin Taraghay Barlas, auch unter dem Namen Tamerlan oder Timur Lenk bekannt, als neuen Nationalhelden hervorgebracht hat. Heute dominiert der mächtige Steppenkrieger auf seinem wilden Pferd das Zentrum des Platzes. Um ihn herum kämpfen Geschäftsleute mit ihren Mobiltelefonen an Straßenkreuzungen. Ladas reihen sich wie Perlen an einer Kette neben den Bürgersteigen auf. Einige wenige Schritte die Straße herunter sehe ich das berühmte Navloy-Theater mit dem charakteristischen Springbrunnen in Gestalt einer überdimensionalen Baumwollkapsel, die an Usbekistans wichtiges Agrarprodukt erinnert. Baumwolle ist so bedeutend für das Land und dessen Kultur, dass sie selbst ein Teil des Nationalwappens geworden ist. In diesem Architekturmix fällt jedoch eines auf: Obwohl siebzig Jahre Sowjetzeit überall ihre Spuren hinterlassen haben, soll ihre Existenz vergessen gemacht werden. Timur statt Lenin, die Mongolen statt der Sowjets und Präsident Islom Karimov überall! Die Überformung der eigenen Kultur wird besonders im Nationalmuseum deutlich. Hier fehlen die Russen größtenteils und im obersten Stock beherrscht Karimov die letzten zwanzig Jahre. Bilder von ihm und zur Schau gestellte Heldentaten zum Wohl des Volkes dominieren die Vitrinen. Die Darstellung seiner politischen Errungenschaften lässt die Ausstellung zum Propagandamuseum verkommen. Hier macht schon fast ironisch eine Hinweistafel unmissverständlich klar, wie der Präsident über die Sowjetunion denkt. Laut Karimov nämlich „führte der sozialistische Transformationsprozess zur Schaffung eines totalitären Staates zur erzwungenen Nationalisierung der Wirtschaft sowie zur Eliminierung eines politischen Pluralismus und hat somit die nationale Ursprünglichkeit schwer beschädigt“. Starke Worte! Sucht hier jemand nach einer Identität für sein Land? Auch in der Stadt ist der Präsident allgegenwärtig. Inmitten des Zentrums residiert er am Mustaqillik Maydoni, dem Unabhängigkeitsplatz. Zweimal täglich sperrt die Polizei bestimmte Prachtboulevards ab, damit der erste Mann im Staat freie Fahrt zu seinem Amtssitz hat. Dort begegnen mir überall Sicherheitskräfte. Wache Augen haben das gesamte Areal im

Blick. Als ich zu nahe an den Regierungssitz herantrete und meine Kamera zücke, werde ich brüsk weggeschickt. An der Westseite des Platzes scheint es die Polizei hingegen nicht zu stören, dass Jugendliche nur mit Badehose bekleidet in den Anhor Kanal springen, der den Halbwüchsigen Abkühlung in der Bruthitze spendet. Um die Weitläufigkeit zu erfahren, muss man zu Fuß durch die Stadt laufen. Bei 45 °C Hitze ergebe ich mich aber schnell und flüchte in ein Taxi, das an jeder Ecke zu finden ist. Ich breche zu einer ersten Rundfahrt ohne Ziel auf und versuche der Metropole einen Sinn zu geben. Taschkents architektonische Größe beschränkt sich nicht nur auf die Innenstadt. Im Norden kann man auf dem Fernsehturm den Himmel berühren. Dahinter gehe ich in einem öffentlichen Freizeitbad schwimmen, das einem Flugzeughangar gleichkommt. Im Inneren achten furchteinflößende Bademeisterinnen auf eine angemessene Benutzung der Anlage. Trillerpfeifen in Kombination mit bösen Blicken und wildem Gestikulieren ahnden unverzüglich jedes Fehlverhalten und jagen selbst muskelbepackten Halbstarken gehörigen Respekt ein. Ich schwimme schnurstracks geradeaus und achte auf meinen Beinschlag. Während ich meine Bahnen ziehe, frage ich mich, wo ich hier gelandet bin. Was habe ich mir vorgestellt? Zentralasien – staubige Handelswege, Karawanensiedlungen, prachtvolle Koranschulen in der Wüste, farbenfrohe Märkte und exotische Menschen? Der Abgleich mit der Realität ist hart und kam schon direkt am ersten Tag. Klischeehafte Seidenstraßenromantik muss ich zumindest sofort revidieren. Die mangelnde Vorbereitung rächt sich schnell, denke ich. Ursprünglich hatte ich die Absicht, ab Istanbul mit dem Zug nach Antakya zum westlichen Endpunkt der Seidenstraße zu fahren. Eine weitere Zugfahrt sollte mich durch den östlichen Mittelmeerraum nach Aleppo und Damaskus bringen. Aber die arabische Welt ist in Aufruhr und machte mir einen Strich durch die Rechnung. Im Libanon und in Syrien brachen politische Brände aus. Bashar al-Assad führt einen Vernichtungskrieg gegen sein eigenes Volk. Mein syrisches Visum blieb ungenutzt. Ich verlängerte meinen Aufenthalt in Istanbul und suchte nach Alternativen. Praktisch über Nacht kam die Idee, vier Monate entlang der Seidenstraße von Usbekistan über Kasachstan und China nach Burma zu reisen. In Istanbul kaufte ich mir Marco Polos Buch als Reiselektüre, denn auch die Polos begannen ihr Abenteuer in der Stadt am Bosporus. Es gibt mir einen thematischen Rahmen, denn die Venezianer trafen am Ausgangspunkt meiner Reise im heutigen Usbekistan das erste Mal auf die Mongolen. Jahre später gelangte Marco im Gefolge des mächtigen

Kublai Khans als Chronist in das Grenzgebiet Burmas, wo ich beabsichtige, meinen alten Freund Ko Soe wieder zusehen. Wie sich die Zeiten verändert haben, denke ich. Während Marco sich ungehindert in Asien bewegen konnte, musste ich mich im Vorfeld durch ein Dickicht von behördeneigener Logik kämpfen. Wie erklärt man einem Zwanzig-Dollar-Hotel in Kasachstan, dass die Buchungsbestätigung für ein ehemaliges Ostblockzimmer zu einem von mir erlogenen Zeitraum Voraussetzung für die Bearbeitung meines Visums in der kasachischen Botschaft in Berlin ist? Warum muss ich lügen und der chinesischen Vertretung darlegen, dass ich nicht nach Tibet reisen möchte, um nach Tibet reisen zu können? Egal, irgendwann hatte ich meine Papiere zusammen und flog los. Nun bin ich also hier. Gedankenversunken verlasse ich das Schwimmbecken und setze mich zu ein paar Müttern mit ihren planschenden Kindern. Der Pfiff der Trillerpfeife kommt völlig unerwartet. Köpfe anderer Besucher drehen sich zu mir um. Direkt hinter mir fuchteln wild Hände in der Luft und zeigen dann auf mich. Oje, jetzt bin ich dran, schießt es mir durch den Kopf. Fluchtartig verlasse ich den Mutter-Kind-Bereich, den ich offensichtlich nicht betreten durfte und wasche mir unter der Dusche meine Gänsehaut ab.

Im „Gulnara Hotel" bekomme ich am nächsten Tag beim Frühstück meinen Reisepass zurück. „Nun bist du registriert und dies ist dein Beleg." Ravshan, der Manager des Familienbetriebes, überreicht mir einen Zettel. Offiziell bin ich die Nummer ‚1138'. „Du musst dich, egal wo, innerhalb von drei Tagen registrieren lassen. Die Gästehäuser und Hotels übernehmen die Prozedur für dich." Dies bedeutet, dass die Reisepassdetails aufgenommen und an die Polizei weitergegeben werden. „Hier in Taschkent ist die Polizei besonders streng", erklärt er mir sichtlich genervt und deutet auf die Bücher, die auf dem Tisch vor ihm liegen. „Viel Papierkram!" erwidere ich. „Jawohl, dies hier ist schon das dritte Buch in diesem Jahr." Auf den großen Seiten sind minutiöse Einträge zu erkennen. Alle Gäste werden erfasst. Jeden Tag müssen die Daten an die örtliche Polizei übermittelt werden. Dies geschieht in Form von handschriftlich ausgefüllten Blättern. „Einmal im Jahr muss ich meine Lizenz neu beantragen. Mache ich Fehler bei der Registrierung, kann sie mir aberkannt werden." „Was passiert dann? Bedeutet das nicht den Untergang eures kleinen Familienbetriebes?", möchte ich wissen. In der Stadt gibt es zu wenige Unterkünfte, erfahre ich. Vor allem kleine Hotels seien äußerst rar, da laut Ravshan die Grundstückspreise viel zu hoch sind. Zudem würden kaum neue Lizenzen erteilt, da die Regierung kleine Gasthäuser mit einer viel höheren Besucherfluktuation schwieriger kontrollieren kann. „Ich muss eine Spende entrichten," lacht er mich an. Inoffiziell kann man auch drei Tage ohne Registrierung an einem Ort bleiben. Man geht aber das Risiko ein, bei der Ausreise erhebliche Probleme zu bekommen. Um diesen Unannehmlichkeiten zu entgehen, versuchen Touristen, wie die beiden müden Franzosen, die plötzlich vor Ravshans Schreibtisch auftauchen, noch nachträglich einen Beleg zu bekommen. „Nein", antwortet er. „Versucht es noch einmal bei eurem Gästehaus. Ansonsten müsst ihr in die Innenstadt zur Behörde, die Visa- und Registrierungsangelegenheiten regelt." Offensichtlich ist mit den bürokratischen Formalitäten nicht zu spaßen.

Taschkent liegt etwas nördlich der Seidenstraße und am westlichen Ausläufer des Tienschan-Gebirges. Eine erste Siedlung auf dem Terrain der heutigen Stadt hieß ‚Ming-Uruk', was soviel wie „Tausend Aprikosenbäume" bedeutet. Im 8. Jahrhundert nach Christus nahmen dann die Araber den Ort ein und die muslimische Welt rückte an die westliche Grenze des chinesischen Großreiches. Die damals schon über die Grenzen bekannte Siedlung lag an einem Kreuzungspunkt zweier Karawanenstraßen und wurde von den Samaniden, einer persischstämmigen muslimischen Dynastie, im 11. Jahrhundert „Toshkent – Stadt der Steine" genannt. Reisende, die von Zentralasien nach China wollten, mussten entweder nördlich des Tienschan-Gebirges über die ‚Dsungarische Pforte' oder südlich durch das Tarim-Becken marschieren. Diejenigen, die es eilig hatten, reisten auf dem nördlichen Ast der Seidenstraße von Tashkent aus durch die zentralasiatische Beckenlandschaft der Dsungarei nach Nordwestchina. Die Mehrheit der Karawanen nahm jedoch die südliche, deutlich gebirgigere Hauptroute der Seidenstraße. Auf den ersten Blick erscheint die Südroute als die schlechtere Wahl, da die Händler mit ihren Lasttieren ausgehend vom fruchtbaren Ferghana-Tal im heutigen Usbekistan die schwierigen Bergpässe überqueren und sich dann am nördlichen Rand der Taklamakan-Wüste im Tarim-Becken entlang quälen mussten. Die Nordroute durch die Dsungarei verlief hingegen durch eine Steppenlandschaft mit genügend Grasflächen zum Weiden. Aber genau dieser Umstand sorgte dafür, dass im Norden räuberische Nomaden in den weiten Steppenländern umherzogen und Handelskarawanen ausrauben konnten. Auf der Südroute jedoch lebten die Menschen aufgrund der Trockenheit in Oasen, die sich zu sicheren, da bewachten, Umschlagsorten für Waren aller Art entwickelten. Die Nordroute hatte dementsprechend eine andere Funktion. Im Gegensatz zur südlichen ‚Handelsroute' war sie eine schnelle ‚Reiseroute'. Noch heute vernetzt hier die „Turkestan-Sibirische Eisenbahn" Taschkent mit Almaty in Kasachstan und weiter westlich mit Urumqi in China. Seit zweitausend Jahren hat somit die Seidenstraße, eine der wohl wichtigsten Fernstraßen, Europa mit Asien verbunden und die Fantasie der Reisenden beflügelt. Aus den für die Europäer exotischen Ländern gelangten neben Seide auch andere leicht zu transportierende Güter auf Kamel- und Pferderücken in den Mittelmeerraum. Neben Materialien wurden aber auch Religionen, Philosophien und Technologien ausgetauscht. Der Buddhismus wanderte von Indien nach China und der Islam eroberte Zentralasien und gelangte an die westliche Peripherie des Reiches der Mitte. Dabei bewegten sich die Kamelkarawanen nie auf einer einzigen Route. Die Seidenstraße ist immer ein Netz von Handelsrouten gewesen, deren Strecken sich wie individuelle Seidenfäden in einem Muster verschieben konnten, aber immer miteinander verwoben waren. Je nachdem, wo gerade Krieg tobte oder ob räuberische Banden zeitweise den Handel bedrohten, wechselten die Karawanenführer die Route, um zu ihrem Ziel zu gelangen. Auf diversen Wegen mussten die Reisenden die hohen Bergketten und reißenden Flüsse sowie die gewaltigen Wüstenregionen Asiens überqueren oder umrunden. Kälte, Hitze und Sandstürme machten das Unterfangen zum Abenteuer. Der deutsche Ferdinand von Richthofen hat das System aus Handelsstraßen richtig als ‚die Seidenstraßen' charakterisiert. Dies impliziert auch, dass der Handel nicht nur zwischen den beiden Endpunkten Antakya in der Türkei und dem heutigen Xi'an in China verlief, sondern vielmehr in der Mitte stattfand. Mit Samarkand und Buchara formierten sich dort bedeutende Zentren. Hier, im heutigen Usbekistan, leitete die Macht der Mongolen im 13. Jahrhundert eine zweite Renaissance der Seidenstraße ein. Frieden und Stabilität bescherten den Steppenkriegern Wohlstand und garantierten einen ungestörten Warenaustausch über die komplette Distanz, sodass im Mittelalter Händler wie die Polos gen Osten reisen konnten.[1] Unter Timur Lenk, der im 14. Jahrhundert die Timuriden-Dynastie gründete, gelangte Taschkent zu Wohlstand und Größe. Erst im 19. Jahrhundert büßte die Stadt ihre Unabhängigkeit ein, als die russischen Truppen auf Geheiß des Zaren in die Stadt einmarschierten und systematisch den russischen Einflussbereich auf ganz Zentralasien ausweiteten. Die Lage an der Seidenstraße hat eine Nation mit unterschiedlichen Ethnien hervorgebracht. Wer aber sind die

Gesichter, die mich auf den Straßen der Hauptstadt anschauen? Antworten auf diese Frage wurden schon öfters gesucht.

Lange vor Präsident Karimov stellte sich die Sowjetunion Anfang des 20. Jahrhunderts die Identitätsfrage. Was war ‚sowjetisch'? Dies war nicht einfach zu beantworten, denn das Territorium der UdSSR umfasste über 20 Millionen Quadratkilometern und über dreihundert Millionen Menschen. Usbeken und Weißrussen waren in diesem Vielvölkerstaat dabei aber so unterschiedlich wie Norweger und Griechen. Hier einen gemeinsamen Nenner zu finden, glich einer Sisyphusarbeit. Ein großer Wurf musste her: Stalin machte sich an die Arbeit und definierte kurzerhand die Nation anhand objektiver – sprich russischer – Merkmale, wie einer gemeinsamen Geschichte, Sprache und Kultur. Die zentralasiatischen Staaten sollten ihre Identitäten ablegen und zu einer Nation umgeformt werden. Im Rahmen dieses Russifizierungsprojektes sollte besonders die muslimische Frau im Zentrum der gesellschaftlichen Veränderungen stehen.[2] Ausgangspunkt ihrer politisch motivierten Emanzipation war erstens die Wahrnehmung, dass andere muslimische Staaten wie die Türkei, der Iran oder Afghanistan drohten, die Sowjetunion bezüglich einer progressiven Politik gegenüber Frauen zu übertrumpfen. Zweitens galt den Sowjets das Bild der verschleierten, unter der Knute der Männer lebenden Muslimin als Stolperstein auf dem Weg zum Sozialismus. Somit erfolgte eine gesellschaftliche Stereotypisierung der usbekischen Frau als rückständig und unzeitgemäß. Archaische Praktiken und Traditionen sollten verschwinden. An vorderster Front des Kampfes stand die Abschaffung des Schleiers. Weitere Maßnahmen läuteten das Ende der Polygamie und der Ehen mit Minderjährigen ein. Ziel war es, die Frauen ‚frei' zu machen und ihnen mehr Rechte zu geben, damit sie aktiver Bestandteil der Gesellschaft werden konnten.[3] Teilhabe am Ganzen, so die Überlegungen der kommunistischen Partei, sollte die Identifikation mit einer größeren politischen Kommune bedeuten. Dabei gab es durchaus positive Entwicklungen: Fristeten muslimische Frauen vorher ihr Dasein im Inneren des Hauses als Eigentum des Mannes, der sich ohne Grund scheiden lassen konnte, so bekamen sie nun das Recht, dies selbst zu tun und eigenständig über Geburtenkontrolle und Abtreibung zu bestimmen. Ein großzügiger Mutterschaftsurlaub und subventionierte Kindergarten- sowie Krippenplätze erlaubten es den Frauen, schnell zum Wohle des Staates in das Arbeitsleben zurückzukehren. Um die industrielle Produktion voranzutreiben, richteten die Russen Krippen in den Staatsbetrieben ein. Eine russische Frühform der Kindertagesstätten ermöglichte es den Frauen, in Fabriken Geld zu verdienen.[4] Als Arbeiterinnen erhielten sie in den Staatsbetrieben die gleichen Rechte wie ihre männlichen Kollegen. So wurde aus Hauseigentum produktives Staatseigentum. Für die muslimische Frau selber brachte die Emanzipation zwar eine Verbesserung ihrer sozio-ökonomischen Situation, nicht aber mehr individuelle Rechte. Im Gegenteil, sie wurde mit zunehmender staatlicher Kontrolle konfrontiert. Die Maßnahmen der Sowjets sind identisch mit den Bemühungen Kemal Atatürks in der Türkei, der eine radikale Entschleierung der Frau forcierte, um den Islam unter die Kontrolle des Staates zu bringen und eine säkularisierte Gesellschaft gründen zu können. Wie die Beispiele der Sowjetunion und der Türkei zeigen, standen staatliche Interessen, wie die Einführung des Sozialismus und die Stärkung der Nation, hinter derartigen Projekten. In Wirklichkeit war die Förderung individueller Frauenrechte sekundär. Uniformität und Identifikation mit dem Staat waren entscheidend und sind heute unter Präsident Karimov in Usbekistan mehr denn je erwünscht. So bleibt die Rolle der usbekischen Frau von gleichbleibend hoher politischer Bedeutung, ihr sozio-ökonomischer Status hingegen entwickelte sich zu einer wilden Achterbahnfahrt. In ganz Zentralasien, besonders aber in Kasachstan, hat die Polygamie heute Hochkonjunktur – verarmte und perspektivlose Frauen treibt es auf der Suche nach Absicherung in die Arme reicher Männer. Um mehr über die Stellung der Frau zu erfahren, treffe ich mich mit Mitarbeiterinnen und Mitarbeitern von Sog'Lom Avlod Uchun in Taschkent. Die Aufgabe dieser usbekischen Nichtregierungsorganisation ist es, eine flächendeckende medizinische Versorgung im Land aufzubauen. Im Fokus der Bemühungen steht das Wohlergehen der usbekischen Frau sowie der ‚jungen gesunden Generation'.

Meine Kontaktperson ist Kim Tanya Romanovna. Sie hat Englisch studiert und arbeitet seit drei Monaten als Übersetzerin für Dr. Jumaboy Nurov, der 18 Jahre lang im usbekischen Gesundheitsministerium angestellt war und nun als leitender Chirurg für Sog'Lom Avlod Uchun arbeitet. Tanya hat mir im Vorfeld per E-Mail bei der Vorbereitung der Reise geholfen und war für meine Planung unersetzlich. Nun treffe ich sie das erste Mal im Hauptquartier der Organisation, nachdem mich ihr Vorgesetzter, Herr Nozimjon Numinov, am Hotel abgeholt hat. Tanya ist eine zierliche Person mit markanten südostasiatischen Gesichtszügen. Sie trägt ihr glattes schwarzes Haar als

Zopf gebunden. Ihr Modegeschmack ist westlich und figurbetont. Tanya ist koreanischer Abstammung und gehört der koreanischen Gemeinde Taschkents an, die im Volksmund „Korjo-Saram“ genannt wird. Ende des 19. Jahrhunderts wanderten viele bitterarme koreanische Landarbeiter und Bauern auf der Suche nach neuen Perspektiven in Russlands rauen Osten ein und ließen sich hauptsächlich in Usbekistan und Kasachstan nieder. Diese Sowjetkoreaner unterlagen ebenfalls der Russifizierung und mussten die russische Staatsbürgerschaft annehmen. Eine Anpassung an die neue Kultur erfolgte über Mischehen, die Übernahme der russischen Sprache und – wie im Fall Tanyas – russischer Namen sowie der Vorliebe für westliche Mode anstelle der traditionellen koreanischen Kleidung.

Tanya erläutert, dass die medizinische Betreuung von Frauen für Sog‘Lom Avlod Uchun von sehr großer Bedeutung ist. Ihre Gesundheit bildet den Grundstein für eine neue Generation junger Usbeken und Usbekinnen. Sie steht im Mittelpunkt der medizinischen Fürsorge. „Für die Organisation arbeiten achtzehn Personen in Taschkent und jeweils sechs weitere Mitarbeiter in mobilen ‚screening centres‘. Wir koordinieren hier im Hauptquartier die Kontaktaufnahme zu den Patienten, die Einsätze und die medizinische Folgebetreuung. Regionale Büros erfassen Krankheitsbilder und Check-up-Teams dringen in unzugängliche Gegenden Usbekistans vor, um dort Erste Hilfe zu leisten“, so Tanya. Sie betont, dass die Aufklärung vor Ort die Lage der Frauen, insbesondere der muslimischen Frauen, verbessert hat. Die Zeit nach der Unabhängigkeit war geprägt von mehr Freiheit. Muslimische Frauen sind moderner geworden und durften Autos fahren. Heute bekommen sie weniger Kinder, wollen mehr Rechte, Selbstverantwortung und mehr Mitsprache. Was sie nicht anspricht, ist die Tatsache, dass die Zeit unter Karimov zu einer Verschlechterung der sozio-ökonomischen Situation der Muslimin geführt hat. Diese Entwicklung ist neu. Seit Präsident Karimovs Machtübernahme ist der Staat auf dem Rückzug und zahlreiche subventionierte Dienstleistungen wurden reduziert. Daher besteht die Notwendigkeit, dass nichtstaatliche Organisationen wie Sog‘Lom Avlod Uchun einspringen und diese Versorgungslücke schließen. Der Übergang von der Planwirtschaft zu einer stärker an den Prinzipien des Marktes orientierten Wirtschaftsform nach der Unabhängigkeit hat mehr wirtschaftliche Not entstehen lassen. Viele Bewohner des Landes müssen zunehmend selber für Arztkosten aufkommen und stehen vor der Frage, ob eine Vorsorgeuntersuchung und ein Termin

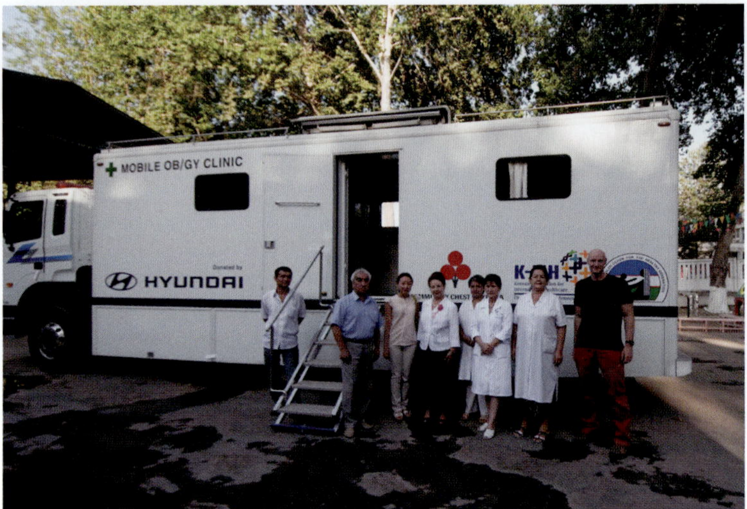

Mitarbeiter von Sog'Lom Avlod Uchun in Taschkent

beim Zahnarzt zwingend nötig sind, oder ob nicht doch eher Ausgaben im Haushalt und für die eigenen Kinder Vorrang haben. Eine Konsequenz dieser Entwicklung ist der enorme Anstieg von Infektionskrankheiten und Atemwegserkrankungen.

Am nächsten Tag besuche ich eine Klinik von Sog'Lom Avlod Uchun in Taschkent. Die Flure sind blitzblank poliert. Frau Inamova Svetlana Turesunjodjaevna sitzt im Aufsichtsrat und begrüßt Tanya und mich herzlich. Sie ist eine Autoritätsperson, akkurat gekleidet, mit einer Rose am Kragen des weißen Kostüms. Ihr Parfüm ist etwas zu aufdringlich und dominiert schnell den Konferenzraum. Mit vielen Gesten unterstreicht sie ihre Worte und erläutert Schwerpunkte der medizinischen Arbeit. Sie erklärt, dass Frauen in Usbekistan ein extrem hohes Risiko haben, an Blutarmut zu leiden, da sie sich einseitig ernähren, viele Kinder gebären und unreines Trinkwasser zu sich nehmen. Ein weiteres Gesundheitsrisiko stellen die häufigen Abtreibungen als Methode der Familienplanung dar. Verhütungsmittel werden selten benutzt, da sie wie die sexuelle Aufklärung stigmatisiert und mit Schande verbunden sind. „Versucht der Staat, mit unkonventionellen Methoden die hohe Geburtenrate zu reduzieren?", möchte ich wissen und hoffe, das Thema auf einen sich hartnäckig haltenden Vorwurf zu lenken. Schon seit Jahren klagt das Ausland Usbekistan an, Zwangssterilisationen von Frauen durchzuführen, um einer Überbevölkerung vorzubeugen. „Alles Lüge", entgegnete Präsident Karimov dem Bericht und sprach von Verschwörung. „Wie die medizinische Situation der Frauen verbessert werden kann, möchten Sie sicher wissen", höre ich Frau Turesunjodjaevna sehr bestimmt sagen. Meine Frage wird ignoriert. Stattdessen wird mir lang und breit das Programm der ‚medizinischen sozialen Fürsorge' vorgestellt. „Wichtig ist eine frühe Diagnose. Ist diese erfolgt, stehen den Patientinnen Selbsthilfegruppen, Krankenhäuser und mobile ambulante Einrichtungen zur Verfügung. Das Programm sieht unter anderem die Identifizierung der hygienischen Situation von Familien in allen Landesteilen, die schnelle Erfassung von Menschen, die keine medizinische Hilfe erhalten sowie die Förderung eines gesunden Lebensstils vor." „Aber ...", starte ich einen weiteren Versuch. Diesmal geht Frau Zulagkhan, eine Gynäkologin, dazwischen. Sie ist eine energische Frau mittleren Alters mit einem runden Gesicht, dicken buschigen Augenbraun und einer kessen Kurzhaarfrisur. Frau Zulagkhan sprüht vor Energie und argumentiert - wie sie mit einem Lächeln hinzufügt - im Schlaf gerne mit ihrem Mann. „Sog'Lom Avlod Uchun betreibt Aufklärung vor Ort, müssen Sie wissen. Unsere Broschüren klären über zahlreiche Gefahren, wie Alkoholmissbrauch während der Schwangerschaft und Hygienemängel, auf." Wieder allgemeine Informationen! Ich gebe mich geschlagen, da ich sehr deutlich zu verstehen bekomme, dass das Thema nicht angesprochen werden darf. Usbekistans Transformationsprozess hat die Frauen schlimm erwischt: Errungenschaften der Sowjets wurden zurückgeschraubt. Gerade in verarmten ländlichen Regionen ist eine Rückkehr in konservative Lebensweisen zu sehen und die Leidtragenden sind fast ausschließlich Frauen. Im letzten Jahr verurteilte der Staat die Fotografin und Filmemacherin Umida Akhmedova zu drei Jahren Haft, da die Behörden in ihren Dokumentarfilmen zur Rolle der Frau eine Verleumdung und Beleidigung des usbekischen Staates sahen. Ihr Film „Die Last der Jungfräulichkeit" kritisiert den Druck, der auf junge Frauen in Usbekistan ausgeübt wird, bis zur Hochzeit abstinent zu leben. Auch die chronische Unterversorgung im Gesundheitssystem ist nicht von der Hand zu weisen. Dass die Nichtregierungsorganisation Sog'Lom Avlod Uchun von höchster Stelle beauftragt wird die medizinische Versorgung im Land zu verbessern, ist ein Eingeständnis der Missstände im Gesundheitssektor. Probleme möchte man von staatlicher Seite wegdiskutieren.

Ortswechsel: Das Areal ist riesig. Mehrere Kuppelbauten aus Beton spenden Schatten. Gewürzpyramiden ragen aus Plastiktüten hervor. Gelb-, Ocker-, Rot- und Brauntöne wechseln sich ab. Alle Gewürze sind fein säuberlich dekoriert. Falscher Safran wird angeboten. Es fehlt das Marktgeschrei des Orients. Vielleicht triumphiert die Hitze über die Stimmbänder der Marktschreier. Verkäuferinnen residieren inmitten ihrer Warenberge. Besen werden geschwungen und Müll entsorgt. Kunden schieben Bollerwagen aus Metal vor sich her und laden landwirtschaftliche Produkte ein. Geld wechselt den Besitzer. Das Geräusch des schnellen Geldzählens ist zu hören und attestiert dem Händler viel Übung und Geschick. Vereinzelt laufen Kinder umher oder spielen abseits der Verkaufsstände. Die Markthallen sind durch offene Gassen miteinander verbunden. Diese Arterien liefern einen steten Strom aus Kunden und Besuchern in die Hauptorgane des Chorsu Bazars. Ein alter Mann sitzt im Gebet versunken vor einem Geschäft, daneben steht eine Babuschka mit langem blauen und aufwendig verziertem Kleid. Vor Eisentoren lockt appetitlich angebotenes Obst den Passanten. Verhüllte Frauen verkaufen Wassermelonen, Trauben und Pfirsiche aus bunten Plastikschüsseln und agieren aus der Hocke. Geldwechsler flüstern einem ihr Angebot zu: „Dollar, Euro – Guter Kurs – Kein Problem – Willst du tauschen?" Ich wechsel Geld für Bahntickets und Hotelkosten in einem Getränkeladen, der versteckt in einer Seitenstraße liegt. Wenige Währungen brennen einem ein solch riesiges Loch in die Tasche wie der usbekische Som. 300 US-Dollar ergeben eine Plastiktüte voller Som, die mit Gummibändern zu mehreren dicken Bündeln zusammengebunden sind. Allein die schiere Menge an Geld lässt mich am Wert zweifeln. Man verliert zudem die Achtung vor der Währung, wenn man sie in Plastiktüten mit sich herumtragen muss. Der Abwertung des Soms kann man indessen zuschauen. Anfang der neunziger Jahre bekam man für einen Dollar 240 Som, zwanzig Jahre später werden einem 2400 Som in die Hand gedrückt. Schwarzmarkthändler geben einem dreißig Prozent mehr Geld als die Bank. Obwohl das Tauschen in der Schattenwirtschaft offiziell verboten ist, blüht der illegale Handel. Überall, an Tankstellen, in Hotels und Gästehäusern sowie in Getränkeläden, regiert die ausländische Währung. Die immer weiter auseinanderklaffende Schere zwischen offiziellem und inoffiziellem Wechselkurs ließ einige Minister der Regierung gewaltige Vermögen anhäufen, wohl wissend, dass sie den Som in den Ruin trieben. Während viele internationale Geschäftsleute und Unternehmen verzweifeln, freuen sich die korrupten Polizisten, die überall um mich herum auf dem Gelände die Schwarzmarkthändler gegen ein Schmiergeld gewähren lassen. Kleine Mengen an in Som getauschte Dollars sind nicht auffällig. Bei höheren Summen machen die prall gefüllten Plastiktüten den Besitzer verdächtig, sodass über die Jahre hinweg ein zweites inoffizielles Bankgeschäft in dunkle Hinterhöfe oder unauffällige Verkaufsläden eingezogen ist. Ich packe meine Plastiktüte in meinen Rucksack und verschwinde aus dem Laden.

In einer Seitengasse werden Vögel verkauft. Es trillert aus Käfigen. Tauben, Kanarienvögel und Hühner runden das Angebot ab. Ein Huhn wird inspiziert und wechselt ungewollt aus der Horizontalen in die Vertikale. Der Umgang mit Tieren ist robust. Etwas weiter hocken zwei Jugendliche über einem offenen Kanal. Der Deckel ist zur Seite geschoben worden. Der eine grinst mich verlegen an, zückt sein Messer und schneidet einem Huhn die Kehle durch. Blut rinnt stetig in den offenen Kanalschacht. Auf den Händen des jungen Mannes bleiben Spritzer zurück. Die scharfe Klinge glitzert blutverschmiert im Licht. Das tote Huhn zuckt wild und muss solange festgehalten werden, bis die letzten Muskeln nachgeben und die Endgültigkeit der Situation akzeptieren. Gegenüber hängt ein junger Igel bewegungslos in der Luft und

Chorsu Bazar - Taschkent

Chorsu Bazar - Taschkent

schaut mich mit großen Augen an. Ein kleiner Junge mit kurzen schwarzen Haaren hat ihn am Schopf gepackt. Der Junge ist mit seinen Kumpeln im Gespräch. Wie die Großen hocken sie zusammen und begutachten das Tier. Endlich verlässt der Igel die Hängepartie.

Ich betrete einen Raum und lande in einer Fleischfabrik. Es ist dunkel. Lange hohe Gänge tauchen in unterschiedlich große Räume ein. Fleischklumpen, aufgereiht auf Holzpodesten, ragen plötzlich aus dem Dämmerlicht hervor. Innereien warten aussortiert auf eine weitere Verwendung. Fleischreste, Knochen und Gedärme rutschen auf dem Boden vor einem dicken Wasserstrahl her, der sie in Richtung Abflussrinne befördert. Ich springe zur Seite und folge einem Gang, der sich zu einer weiteren Markthalle öffnet. Halbe Rinder hängen an Eisenhaken von der Decke. Würste baumeln von Stangen vor den Gesichtern der Verkäufer. Der Geruch von frisch geschlachteten Tieren liegt in der fliegenleeren Luft. Das Geschäft mit dem Fleisch ist reine Männersache. Sie rufen mir zu. Die Qualität wird angepriesen und um diese zu untermauern, landet die Ware plötzlich vor meiner Nase. Draußen geht der Verkauf unter Wellblechdächern weiter. Zwei voll beladene Bollerwagen verlassen die Halle. Rippen und Brustkörbe ragen über den Wagenrand.

Eine andere Halle präsentiert eine Blütenpracht. Frauen bewässern Pflanzen. Wieder wechseln Geldbündel den Besitzer und die Nase muss sich an das neue Aroma gewöhnen.

Der Chorsu Bazar sprüht vor Leben, obwohl keine orientalische Bazar-Atmosphäre aufkommt. Wieder werden meine Assoziationen zu Zentralasien justiert. Die Architektur zu modern und das Areal zu weitläufig. Dichtes Gedränge fehlt. Dies hat Gründe: Am 25. April 1966 erfuhr Taschkent eine jähe Zäsur. Die Erde zitterte und ein enormes Erdbeben reduzierte die meisten Gebäude auf Augenhöhe. Dreihunderttausend Menschen wurden obdachlos. Der Chorsu Bazar musste nach dem Erdbeben wieder aufgebaut werden. Auch hier wurde eine Monumentalarchitektur ausprobiert, sodass die Händler mit ihren Gewürzständen heute dreißig Meter Luft zwischen sich und der monströsen Betonkuppel in der Haupthalle haben. Es scheint, als hätte das Erdbeben den Menschen in Taschkent einen Teil ihrer Identität genommen. Was ist übrig von der zentralasiatischen Kultur, die den Besucher beeindruckt und ihm in Erinnerung bleibt? Manche Reisende sagen, dass die Hauptstadt Usbekistans die östlichste Stadt westlichen Vorbildes sei. Europa in Miniatur, nachgeahmt und angereichert durch Prunkfassaden und Macht sowie durch Reichtum vorgaukelnde Architektur.[5] Wer soll von diesen stillen Repräsentanten verzaubert werden?

KAPITEL II: Koranschulen in der Wüste

Ich könnte mich an einem Set eines utopischen Films befinden. Menschen betreten eine gewaltige Halle durch enge Glastüren. Zur rechten erwarten mich Polizisten, die mit Metalldetektoren bewaffnet die Eingänge kontrollieren sollen. Sie werden von fast allen Passagieren mit Gleichgültigkeit gestraft. Auch ich laufe einfach an ihnen vorbei. Die Halle ist mit kaltem glatten Stein ausgeschmückt. Die Atmosphäre ist unterkühlt. Eine riesige elektronische Anzeigetafel könnte die Apokalypse verkünden, weist aber nur auf die Züge und deren Abfahrtszeiten hin. Gläserne Flügeltüren entlassen mich in die Freiheit des Bahnsteiges. Postmoderne Sauberkeit empfängt mich auf den Gleisen. Hier hat die Gesellschaft aufgehört, Müll zu produzieren. Futuristische Metallsäulen tragen einen Vorbau. Auf einer Baustelle schaufelt eine Gruppe sozialistischer Zehnkämpfer voller Elan Kieselsteine in Metalleimer. Eine kerkerähnliche Treppe führt in den Bauch der Anlage. Tunnel mit spärlicher Beleuchtung befördern den Passagier im zentralen Bahnhof Samarkands zu weiteren Bahnsteigen.

Langsam fährt der Zug ein und knirscht beim Halten. Weiteres Wachpersonal steht bereit. Die Türen werden nicht geöffnet. Der richtige Zeitpunkt ist noch nicht gekommen. Nur die Kontrolleure im Inneren der Abteile entscheiden, wann ihr Zuständigkeitsbereich betreten werden darf. Während die Autoritätsperson in Wagen 2 die Passagiere einsteigen lässt, muss ich mich in Geduld üben. Westliche Hektik ist hier Fehlanzeige. Man kontrolliert mein Ticket und weist mich freundlich auf die Nummer meines Platzes hin. Das Abteil hat sechs Sitze mit hohen Rückenlehnen, die an eine Flugzeugbestuhlung erinnern. Tücher auf Kopflehnen signalisieren Sauberkeit. Auf dem Tisch stehen sechs kleine Gläser für den Genuss von Tee bereit. Das Gepäck wird verstaut und es beginnt die lange Wartezeit auf die Lok, die noch fehlt. Eine Stunde später ruckelt das ganze Zugabteil. Endlich geht es los! Mittlerweile scheucht die Sonne die letzte Kühle aus dem Zug. Es wird stickiger. Eine usbekische Familie nimmt Platz und wir rollen langsam an den Modellathleten vorbei, die die Köpfe recken und uns nachschauen. Es knattert, wackelt und schaukelt. Wir nehmen mühsam Fahrt auf. Die Tochter der usbekischen Familie fummelt mit ihren rotlackierten langen Fingernägeln an ihrem Handy herum. Ihre kleine Schwester sitzt steif auf ihrem Sitz und schaut interessiert aus dem Fenster. Ihre kleinen Beine baumeln in der Luft. Der Vater ist auf eine Zigarette in den Gang verschwunden. Alle grinsen mich an und packen Süßigkeiten aus. Mir werden Bonbons angeboten, die zu einer Zeit produziert wurden, als Geschmack revolutionär und regimekritisch war. Die Zugetikette sieht es vor, dass das Essen miteinander geteilt wird. Ich revanchiere mich mit Keksen. Meine Abteilgenossen kauen lange auf den recht trockenen Dingern herum und lachen mich in regelmäßigen Abständen an. Ich weiß nicht, ob sie mir damit ihre Tapferkeit im Kampf gegen das harte Gebäck oder ihre Freundlichkeit zeigen möchten. Über unseren Köpfen hängen zwei Flachbildschirme, die plötzlich zu leben beginnen. Usbekische Volksmusik schallt in ohrenbetäubender Lautstärke in unser Abteil. Wir springen zeitgleich auf, um den Ton zu drosseln. Wir bekommen Musikvideos zu sehen, welche von einer DVD ablaufen, die nur der Kontrolleur in seinem Zugabteil bedienen kann. Gefällt ihm ein Lied nicht, spult er die DVD vor und wir müssen seinem Geschmack folgen. Mittlerweile durchkreuzt der „Skorostnoy-Expresszug“ fruchtbares Farmland. Esel und Kühe grasen vereinzelt an den Schienen. Das Land liegt unter einer Staubwolke, der Himmel ist diesig, matte Grüntöne dominieren. Der Horizont ist weit entfernt und schwer auszumachen. Einfache Häuser mit Wellblechdächern, in hellblauem Anstrich gehalten, gleiten vorbei. Krumme Strommasten sind in Fahrtrichtung gebogen, als müssten sie dem Zug den Weg nach Samarkand zeigen. Alte Männer liegen auf hölzernen Gerüsten unter Schatten spendenden Bäumen. Verwaiste Gewächshäuser, in denen spärliches Wachstum zu erkennen ist, stehen in der Landschaft. Olivenhaine, Mais- und Rosenfelder wechseln sich ab. Wassertürme halten Mahnwache. Pappelalleen und Wassergräben begrenzen kleine Ackerparzellen, die von Bauern mit Spitzhacken mühevoll bestellt werden. Sie wirken verloren in der flachen Weite. Es sind so gut wie keine landwirtschaftlichen Geräte zu erkennen. Technologie ist abwesend, Muskelkraft ist gefragt.

Vor dem Abteil werde ich plötzlich von Artem angesprochen. „Wie heißt du? Was ist dein Name? Ingles?“ „Marcus“, antworte ich und möchte wissen, wohin er fährt. „Ich will nach Samarkand. Es ist aber viel interessanter in Taschkent. Eigentlich möchte ich lieber dort leben.“ Er ist vierzehn Jahre alt und spricht ungewöhnlich gut Englisch. Ich interessiere mich für seine Familiensituation. „Meine Mutter ist Investmentbankerin. Wir haben schon in Israel gelebt und sind viel umgezogen. Ich spreche Russisch, Usbekisch,

Englisch und ganz wenig Französisch", sprudelt es aus ihm heraus. „Mein Vater ist tot. Er liebte schnelle Autos und Wodka. Eines Tages kam er von seiner Arbeit in Kasachstan nicht zurück. Das Auto wurde frontal von einem LKW erwischt. Er war bei einer Ölfirma angestellt." Artem berichtet mit einer Abgeklärtheit, die mich stumm macht. Ohne dass ich nachfrage, erzählt er mir seine Lebensgeschichte. Immer wieder dreht er sich währenddessen zum Fenster und lässt den Blick über die Felder schweifen. Sein blau-weiß gestreiftes Muskelhemd flattert im Luftzug. Neugierige Augen in einem schmalen Gesicht mit langem Kinn und einer Zahnspanne, die beim Sprechen sichtbar wird, schauen mich an. „Ist mein Englisch gut? Ich denke nicht. Zu wenig Praxis." Ich folge seinem Blick. Vor uns verändert sich die Landschaft. Mittagsdunst verschleiert die kargen Grasbüschel, die an die Stelle fruchtbarer Äcker getreten sind. Plötzlich dreht sich Artem zu mir und packt mich am Oberarm. „Ich habe Angst vor Autos. Meistens fahre ich mit dem Zug zurück nach Samarkand. Es passiert zu viel auf der Straße."

Artems Vater teilte sein Schicksal mit vielen Männern, die auf der Suche nach Arbeit in Kasachstan landeten. Nach der Unabhängigkeit stotterte die usbekische Wirtschaft vor sich hin. Die damalige Regierung versuchte nach sowjetischem Vorbild die Wirtschaft zu rekapitalisieren und durch eine starke Kontrolle der Produktion sowie durch Unterstützungsgelder aufzufangen. Die Maßnahmen fruchteten nur bedingt. Massenarbeitslosigkeit mischte sich mit Verzweiflung. Die unrentablen Sowjetbetriebe konnten bei der Produktion für einen globalen Markt nicht mithalten. Fabriktüren schlossen sich und die Menschen wussten nicht, wie sie über die Runden kommen sollten. Während die Frauen auf Märkten und Bazaren Sowjetschrott, Nahrungsmittel und Sachen des täglichen Gebrauchs verkauften, wanderten die Männer in Marshrutkas, den hier typischen Minibussen, über die Grenze nach Kasachstan und Russland, um dort in der Erdölindustrie Arbeit zu finden. Die Regierung erkannte das Problem der Wanderarbeiter, war aber machtlos, die Situation zu ändern. Die Ehefrauen hingegen mussten ihre Kinder alleine erziehen und gleichzeitig für ein zusätzliches Einkommen sorgen. Kindern wie Artem fehlte der Vater. „Was wünschst du dir?" frage ich ihn. „Meine Mutter möchte, dass ich viel in der Schule lerne und später nach Amerika gehe. Ich finde dies interessant. Wie ist es dort?" „Möchtest du nach Amerika gehen?", frage ich ihn. „Ich weiß es nicht – vielleicht." Sein Gesicht wendet sich wieder dem Fenster zu. Was der Junge wohl für Träume hat? Unsicherheit ist ihm anzusehen.

Im Abteil flackert ein neues Musikvideo über den Bildschirm. Der Rhythmus ist anders, das Motto aber das gleiche: Eine Musikband animiert Herren im Anzug in einem Kongressraum eines Hotels, die in Sesseln sitzen und nach einiger Zeit wild zur Musik tanzen. Neonlicht tötet jede Art von Atmosphäre ab. Eine Kamera-Crew filmt, Beifall wird bekundet.
Draußen ziehen indes Bergrücken vorbei, die blank gefegt und braun sind. Geröll liegt am Fuße zahlreicher Schotterfächer. Pappelhaine säumen Flüsse. Die Vegetation hat einen Sonnenbrand bekommen. Vom Fenster aus sehe ich flaches, gelbbraunes Steppengras, das sich mit dem Horizont zu einer milchigen Masse vermischt. Staubstürme fegen über die Steppe und blasen die dünne Ackerkrume weg. Es scheint, als würde der Zug in die Oasenstadt gedrängt. Vielleicht ist der Wind uns behilflich und wir holen die Verspätung bis Samarkand wieder ein.

Öde Vororte wechseln sich mit tristen Lehmbauten ab. Es dauert eine Unendlichkeit, bis sich der Zug durch die Flachdachbauten der Außenbezirke von Samarkand hindurch gewunden hat. Ohne Vorankündigung erreichen wir das Stadtzentrum. Breite Straßen bieten reichlich Platz für rasende Jugendliche in ihren Chevrolets und Hyundais. Lady Gaga ertönt aus Ladas. Bässe wummern. Busse hupen genervt. Reifen quietschen vor Ampeln und Zebrastreifen, die lästige Hindernisse darstellen. Nervös rollen die Michael Schumachers in ihren Autos in die Kreuzungen hinein und können das ersehnte Ampelgrün kaum erwarten. Entlang der begrünten Boulevards schauen Geschäftsleute gelangweilt aus ihren Schaufenstern auf das Treiben in den Straßen. Hier ein Internetcafé, dort ein Friseur, nicht ein einziger Kaugummi auf der Straße. Eine riesige Timur-Statue thront inmitten einer gewaltigen Kreuzung. Timur erinnert hier an Stalin, der gen Himmel blickt, sich aber von Autos umrunden lässt.

Samarkand zählt neben Damaskus, Aleppo und Jericho zu den ältesten Städten der Welt. Seit dem 6. Jahrhundert vor Christus war das uralte Samarkand als „Marakanda“ bekannt und wurde von persischen Kriegern zur Hauptstadt „Sogdiens“ ausersehen. Ihre Bewohner betrieben Handel

Der Registan - Samarkand

in der fruchtbaren Taloase der Zarafshon-Ebene. Als intelligente Kaufleute sollen die Bewohner Beziehungen zur Tang-Dynastie in China gehabt haben, wo sie als „Tangju" bekannt waren. Sogdien wurde 712 nach Christus von den Arabern eingenommen und gelangte zu Wohlstand durch den Handel mit den östlichen und nördlichen Nachbarstaaten entlang der Seidenstraße. Spätere Bewohner nannten den Ort nach dem Giganten Afrasiab, dem mythischen König von Turan und Erzfeind der Iraner, der „Marakanda" nicht im Sturm erobern konnte und so die Stadt stattdessen einfach im Sand begrub. Dschingis Khan machte das alte Samarkand dann 1220 dem Erdboden gleich. Was bis dato noch von Kultureinflüssen aus der Zeit „Marakandas" übrig geblieben war, wurde von den Mongolen im 13. Jahrhundert pulverisiert und in die Wüste geblasen. Timur Lenk erhob den Ort schließlich zur Hauptstadt seines Großreiches und schenkte ihm eine Architektur der Extraklasse.[1]

Frau Turakulova Ozoda, Regionaldirektorin von Sog'Lom Avlod Uchun holt mich mit ihrem Sohn und einer Dolmetscherin am Bahnhof ab und möchte mir die Stadt zeigen. Ich war auf die drei nicht vorbereitet und mache das Beste aus der Situation, um niemanden vor den Kopf zu stoßen. Die Dolmetscherin, deren Name mir nicht in Erinnerung geblieben ist, macht keinen Hehl aus ihrer Langeweile. Um das Eis zu brechen, frage ich sie nach ihrer Meinung zu ihrer Heimatstadt. Die Quintessenz aus zwei Stunden Gemeinsamkeit sind folgende Bemerkungen: „Samarkand ist langweilig. Hier gibt es nur historische Monumente. Wir gehen abends nach neun Uhr nicht mehr raus. In anderen Ländern bin ich auch noch nicht gewesen. Ich bin immer nur in Samarkand geblieben." Aneinandergereiht wirken die Sätze nicht gerade wie ein Loblieb auf die Stadt.

Im Nordosten der Stadt wird das Relief uneben. Frau Ozoda fährt über die gelben Hügelketten des Afrasiab entlang der Flussoase des Zarafshon. Hier gruben Archäologen Reste der alten Stadt „Marakandas" aus. Das Grün der Innenstadt weicht dem Gelbgrau der Wüste. Schwarze Teerstraßen überziehen die Hügel wie gespannte Fäden und trennen Wohnsiedlungen voneinander. Eselkarren transportieren Brennholz. Abrupt zweigt die Hauptstraße in ein enges Tal ab, in dem ein kleiner Zufluss des Zarafshons dahinplätschert. Wir halten in einem Wendehammer. Am Ende der Talwände sprudelt in einer Quelle Wasser aus den Spalten und Klüften des Plateaus. Ein Kuppelbau aus Backsteinen schützt das heraustretende Quellwasser, das einige Meter zum Siobbach fließt. Vögel zwitschern in den Bäumen. Die Idylle wird leider durch eine Fabrik auf der anderen Seite zerstört, die ungeklärte Abwässer in den Bach abgibt. Pappeln mit weiß getünchten Baumstümpfen wehen vor der Wand aus über Jahrtausende aufgehäuften Flusssedimenten in der leichten Nachmittagsbrise. Am Rande des Kliffs in einigen Metern Höhe klebt das aus fünf Kuppeln bestehende Mausoleum des heiligen Daniels aus der Löwengrube, einem Propheten aus der hebräischen Bibel und Hauptfigur des Buches Daniels. Timur Lenk brachte angeblich seine Gebeine, die aus der Zeit des 5. Jahrhunderts datieren, als Glücksbringer aus dem Iran nach Samarkand. Das in Vergessenheit geratene Grab wird von einem Alten bewacht, der wie ein Troll am Eingang schlummert und für Gäste betet, bevor er einige Som entgegennimmt. Juden, Christen und Muslime verehren den Ort gleichermaßen. Im Inneren des Mausoleums können die Besucher um einen achtzehn Meter langen Sarkophag gehen. Einer Sage zufolge haben die Einheimischen geglaubt, dass der heilige Daniel in seinem Grab weiterhin wuchs, sodass sie den Sarkophag in regelmäßigen Abständen verlängerten.

Ich befinde mich im Zentrum der Macht des selbst ernannten Weltzerstörers Timur Lenk, dessen eigenartige Vorliebe für Türme aus Totenschädeln der Nachwelt genauso erhalten geblieben ist wie eine von ihm in Auftrag gegebene grandiose Architektur, die einer faszinierenden Geschichte Ausdruck verleiht. Das Herz Samarkands ist der Registan, eine symmetrische Anordnung von drei Medressen in Hufeisenform. Nach unserer Rückfahrt in die Innenstadt kann ich meiner Dolmetscherin hier doch noch einige Sätze entlocken. Offensichtlich scheint sie jetzt in ihrem Element zu sein: „Herr Marcus, hier sehen Sie den ‚sandigen Platz', einen der prächtigsten Orte Mittelasiens." Einst Mittelpunkt der Stadt wirkt er heute Abend auf mich wie ausgestorben. Eine Absperrung verwehrt mir den Eintritt, sodass ich nachfrage. „Diese Woche, also am 1. September, findet hier das Samarkander Musikfestival statt. Kurz vor dem Unabhängigkeitstag werden nun die Proben abgehalten", erläutert sie mir die Situation. Ich sehe, wie die Militärpolizei den Innenplatz sichert, um den sich die grandiosen Koranschulen ranken. Wir suchen uns einen Standort hinter dem Zaun, von wo ich einen guten Überblick habe. Auch Frau Ozoda schaltet sich in das Gespräch ein und bringt mir sichtlich stolz den Registan näher. „Alle drei Medressen haben gewaltige Iwane. Schauen Sie bitte, Herr Marcus, damit sind die dreiseitig geschlossenen Hallen gemeint, die an ihrer Vorderseite völlig offen gelassen sind und sich dem Platz entgegen neigen." In der Mitte dieser viereckigen Portale erkenne ich Fassaden, die von riesigen orientalischen Spitzbögen durchbrochen sind. Sie blicken aus luftiger Höhe majestätisch herab und sind reich mit zauberhaften Ornamenten dekoriert. Zu beiden Seiten der massiven Bauwerke befinden sich gewaltige Minarette. Einige von ihnen sind altersschwach und seitlich geneigt. Man könnte meinen, sie müssten sich an das Portal lehnen, um nicht vor Müdigkeit umzufallen. Erdbeben haben ihnen schwer zugesetzt. Es gleicht einem Wunder, dass sie überhaupt noch stehen. In der Abendsonne glüht die delikate Verzierung ihrer Fassaden und das ganze Ensemble strotzt vor Größe und vergangener Selbstsicherheit. Arabische Schriftzüge senden dem Betrachter ihre Botschaften entgegen. Aber die Jahrhunderte haben auch Spuren hinterlassen. An einzelnen Stellen nagt der Zahn der Zeit an den Außenwänden. Fliesen und Friese sind aus den Mauern gebrochen oder verloren gegangen. Vögel nisten in Hohlräumen. Auf der Rückseite der Iwane tauchen für mich völlig unerwartet Baustellen auf. Die wunderschönen Fliesen sind vielerorts verschwunden. Traurige nackte Wände enttäuschen mich. Der Glanz der Vorderseite hat seine Pflicht getan und den Betrachter verzaubert. Die Rückseite des Bauwerks zeigt nun ihr wahres Gesicht und ihr Alter ist nicht zu leugnen. Restaurierungsarbeiten sind dringend notwendig. Der Verfall hat längst begonnen.

„Im Zentrum steht die Tilya-Kori-Medresse aus der Mitte des 17. Jahrhunderts. Westlich von ihr befindet sich die zweihundert Jahre jüngere Ulugbek-Medresse. Ulugbek, Enkelsohn von Timur, machte Samarkand zu einer Oase der Künste und der Wissenschaften", höre ich meine Dolmetscherin sagen. „War Ulugbek nicht auch ein bedeutsamer Astronom?" Ich versuche mich an Informationen aus meinem Reiseführer zu erinnern. „Sehr richtig beobachtet, Herr Marcus! Er konnte von seinem Observatorium auf dem Afrasiabhügel aus die Sterne am Himmel exakt bestimmen. Wir sind auf dem Weg in die Innenstadt eben daran vorbeigefahren. Sie erinnern sich?" Beide Damen lächeln, als sie mich eifrig nicken sehen und Frau Ozoda fügt hinzu: „Ulugbek soll selber in der Tilya-Kori-Medresse Mathematik studiert haben und holte unzählige Gelehrte nach Samarkand." Ihr gegenüber ragt die Sher-Dor-Medresse in den Himmel, der wir uns nun zuwenden. Über Jahrhunderte studierten Schüler in den Lehrräumen der quadratischen Innenhöfe und absolvierten dort ihre Examina. Heute herrscht hier politisch verordnete Stille, gelangweilte Polizisten wachen über leere Hüllen. Die Bildung ist fortgezogen. Die altehrwürdigen Universitäten wurden zu Museen degradiert, die auf ihre Restaurierung hoffen. Es ist spät geworden und die beiden Frauen verabschieden sich von mir. Ich danke ihnen sehr für die Stadtrundfahrt und die Zeit, die sie sich für mich genommen haben. Danach spaziere ich in den letzten Sonnenstrahlen außen um den Registan herum. Auf der Rückseite der Tilya-Kori-Medresse werde ich von weitem von einem Polizisten gesehen, der mich bittet anzuhalten. „Germania – Nicht wahr? Komm morgen wieder, ab halb sechs in der Frühe vor dem Sonnenaufgang. Ich lasse dich auf das Minarett steigen." Er schaut mich aufmerksam an und studiert mein Gesicht. „Hast du Kinder?", fragt er mich. Ich verneine, worauf er erwidert, dass ein Gang auf das Minarett Kinderreichtum nach sich ziehen wird. „Ich selber habe vier Kinder. Komm morgen wieder. Es kostet nur eine Kleinigkeit!" Was bedeutet Kleinigkeit, möchte ich wissen. „Zehn Euro pro Person. Ich heiße Rushtum. Das Wachpersonal am Eingang wird mich zu dir rufen. Bis morgen."

Zwei Jahrtausende lang haben sich die Steppenvölker Zentralasiens gegenseitig an barbarischen Eroberungszügen übertroffen. Die letzte große Vernichtungsaktion begann Anfang des 13. Jahrhunderts. Geschwind wie der Steppenwind fegten die Mongolen ihre Feinde vom Angesicht der Erde.

Erbarmungslose Reiterhorden zogen zielstrebig in den Kampf. Dschingis Khan und seine Nachfahren erweiterten den mongolischen Machteinfluss über Zentralasien und Tibet nach Südostasien. Die „Pax Mongolica", der „mongolische Friede", sorgte für Wohlstand. Der größte Schlächter und Kriegsherr seiner Zeit war Timur Lenk, auch Timur der Lahme genannt. Er entstammte einem mongolischen Nomadenstamm und heiratete sich in die Familie Dschingis Khans ein. Unter ihm sollte das mongolische Großreich eine weitere Blütezeit erleben. Paradox ist, dass sich ein Kranker zum mächtigsten Feldherren empor schwang, den die asiatische Welt im 14. Jahrhundert kannte. Russische Anthropologen öffneten 1941 sein Grab in Samarkand. Untersuchungen an seinen Gebeinen sollen ergeben haben, dass Timur der Lahme an Knochentuberkulose litt und stark humpelte. Was hat er in seinem kurzen Leben alles erreicht? Oder eher angestellt? Mit dreißig Jahren trat er die Thronnachfolge Dschingis Khans an. Weder Konkurrenten aus den eigenen Reihen noch seine Gegner konnten auf Gnade hoffen. Skrupellos zerstörte er fremde Kulturen und Völker. Dies wird für mich auf meiner Reise nicht der letzte Ort sein, an dem ich über seine Zerstörungswut informiert werde. Nach dem Fall der iranischen Stadt Isfahan Ende des 14. Jahrhunderts konnte man von der Stadtmauer aus auf siebzigtausend Totenschädel schauen, die zu achtundzwanzig Bergen aufgehäuft wurden. In Isfizar, dem heutigen Sabzevar, mauerten seine Truppen zweitausend Menschen lebendig ein. Dies habe den Indern als Warnung dienen sollen, als sich Timurs Blick gen Osten wandte und der indische Subkontinent sein Interesse weckte. Der englische Reisebuchautor Colin Thubron beschreibt in seinem Buch „The Lost Heart of Asia" eindrucksvoll, wie Timurs großer Marsch über den Hindukusch abertausende Todesopfer in den eigenen Reihen forderte.[2] Dennoch konnten die schneebedeckten Pässe ihn nicht davon abhalten, die indischen Sultane vernichtend zu schlagen und deren Schatzkammern zu plündern. Ein Heer von Pack-Mulis, beladen mit Silber, Gold und Edelsteinen, kehrte einem Trümmerfeld den Rücken. Indien, so Thubron, sollte ein Jahrhundert brauchen, um sich von dieser Razzia zu erholen. Danach fiel das Zweistromland, bevor Timur sich Europa zuwendete. Bei dem Versuch, Gebiete unter dem Einfluss der Ming-Dynastie in China zu erobern, starb er 1407 in Schymkent im heutigen Kasachstan bei einem Besäufnis. Tief im Inneren seines Herzens war Timur ein Nomade, ein Steppenkrieger, der in der endlosen Graslandschaft der Mongolei zu Hause war. Aber die Konsolidierung seiner Macht erforderte eine Basis. Zwischen seinen Vernichtungsfeldzügen residierte Timur in Samarkand.

Seinen Zerstörungsorgien stehen auch der Bau grandioser Kulturdenkmäler sowie die Förderung der Wissenschaften gegenüber. Samarkand wurde zum Zentrum der Welt. Gelehrte, Mathematiker, Baumeister, Theologen und Musiker lebten hier am Zarafshon und trugen zur Blüte der Hauptstadt bei. Architekten, Baumeister und Händler gaben ihr Wissen weiter. Samarkand wurde kosmopolitisch und multikulturell, Kaufleute betrieben Handel in den Bazaren. Karawanen reisten entlang der Seidenstraße hierher. Kulturen vermischten sich. Thubron nennt Samarkand den „Spiegel der Welt“. Seiner Meinung nach war die Stadt ein Akt imperialer Macht, die alle anderen bekannten Metropolen bedeutungslos erschienen ließ. Timurs besonderes Vermächtnis für die Nachwelt war diesbezüglich die Begründung des timuridischen Architekturstils, den ich zum Beispiel in seinem vergleichsweise bescheidenen Grabmal, dem Gur-Emir-Mausoleum, bestaunen kann. Ein zwölf Meter hoher Iwan geleitet den Besucher in den Innenhof, der zu beiden Seiten durch Arkadenmauern begrenzt ist. Zwei gewaltige Schmuckminarette stehen flankierend Spalier. In der Mitte überragt eine mächtige kobaltblaue

Gur-Emir Mausoleum - Samarkand

Kuppel einen quadratischen Unterbau. Der Übergang dieser runden Kuppeln aus einem viereckigen Korpus gelten als ein markantes Merkmal der timuridischen Monumentalarchitektur. Von weitem kann ich ein großes Band aus Majolika-Fliesen sehen, das den Schriftzug „Allah allein ist ewig" trägt.

Im Europa des 13. Jahrhunderts wusste mehr oder weniger niemand etwas über Zentralasien. Europa war zu dieser Zeit zu sehr mit sich selber beschäftigt. Karten über Zentralasien drückten eher Vermutungen als Informationen aus. Plötzlich brannte Dschingis Khan sich in das Gedächtnis der Europäer ein. Die Könige und Vertreter der Kirche in Europa hofften, dass er ihnen im Kampf gegen den Islam helfen würde, erkannten aber schnell ihren Trugschluss. Die ersten Europäer, die überhaupt brauchbare Informationen über die Mongolen liefern konnten, waren die Brüder Niccolò und Maffeo sowie der junge Marco Polo.[3] 1253 brachen die geschäftstüchtigen Brüder in Venedig auf, um Geschäfte im entfernten Konstantinopel zu machen. Nach sechs erfolgreichen Jahren in der Stadt am Bosporus nahm die Konkurrenz an Handelsleuten dort spürbar zu, sodass Niccolò und Maffeo ihre Reichtümer in Waren eintauschten und damit nach Venedig zurückkehren wollten. Das Schicksal intervenierte hier, da Venedig 1261 Konstantinopel an den Erzrivalen Genua verlor. Die einzige Möglichkeit für die Polos, zurück nach Venedig zu gelangen, war die Überlandroute durch das westliche Persien. Vom Schwarzen Meer bis zum heutigen Kasachstan herrschte zu dieser Zeit jedoch Dschingis Khans Enkel Berke über die Ländereien und dessen Bekehrung zum Islam veranlasste ihn dazu, überall Jagd auf Ungläubige zu machen. Dies hatte zur Folge, dass Niccolò, Maffeo und der kleine Marco im Sommer 1262 einen noch viel längeren Heimweg antraten, als vorher geplant war: Sie mussten durch das unbekannte Kernland Zentralasiens.

Was schreibt Marco Polo über Samarkand? Ich krame das Buch hervor und lese die Passagen über die Stadt durch. Er ist auf jeden Fall selber nicht in der Stadt gewesen, da er durch das ehemalige Baktrien nördlich des Hindukusch und südlich des Amu-Darja-Flusses im heutigen Afghanistan reiste. Ohne Zweifel ist die Oasenstadt aber von seinem Vater und Onkel besucht worden, die auf ihrem Weg nach Buchara ihre Reise hier unterbrochen haben mussten. Warum Marco von „der großartigen Stadt Samarkand" spricht und doch nichts zu sagen hat, bleibt ein Rätsel.[4] Von ihm erfahren wir nur, dass die

Stadt von Christen und Sarazenen, wie man zu seiner Zeit die islamischen Völker insgesamt bezeichnete, bewohnt wurde und dass Qaidu Khan sowie Tschagatai Khan, Erben Dschingis Khans, damals Samarkand und Buchara gemeinsam regierten. Weder erfährt der Leser etwas über die Geschichte der großartigen Bauwerke noch können wir von Marco Polos sonst so ausgezeichneter Beobachtungsgabe profitieren. Hat einer nichts zu erzählen, denkt er sich eben eine Geschichte aus. Genau das geschieht in diesem Kapitel: Tschagatai Khan, der zweite Sohn Dschingis Khans, konvertierte laut Marco zum Christentum. Die christliche Gemeinde Samarkands frohlockte über diesen Schritt und baute zu Ehren Johannes des Täufers eine Kirche in der Stadt. Die Christen erhielten einen äußerst edlen Stein, der den Sarazenen gehörte und platzierten ihn als Sockelstein unter eine Säule, die in der Mitte der Kirche das Dach hielt. Nach dem Tode Tschagatais wurde der Einfluss der Muslime in der Stadt wieder stärker. Laut Marco Polo waren sie voller Verbitterung über den Stein, der nicht mehr in ihrem Besitz war. Es war an der Zeit, ihr Eigentum zurückzubekommen. Da sie den Christen zahlenmäßig weit überlegen waren, machten sie sich auf zur Kirche und forderten ihren Besitz zurück. Das Angebot der christlichen Gemeinde, eine hohe Geldsumme für den Stein zu bezahlen, schlugen sie aus. Die Christen befanden sich in einer Zwickmühle und flehten Gott an, ihnen zu helfen. Weder wollten sie die Kirche zerstören noch den Namen ihres Schutzpatrons mit dem drohenden Einsturz des Kirchendaches verunglimpfen. Am Tag der Übergabe fanden dann die Christen im Inneren der Kirche ein Wunder vor. Der Stein lag neben der Säule, die in der Luft schwebte und nach wie vor das Kirchendach trug. Die Muslime zogen mit ihrem Eigentum von dannen und die Kirche blieb als Gotteshaus erhalten. Sicherlich ist Marco Polos Geschichte als Allegorie zu verstehen, denn der Glaube versetzt schließlich auch Berge. Dennoch sind zwei Aspekte in seiner Geschichte hinsichtlich der Zeit, in der sein Vater und Bruder in Samarkand waren, interessant. Seit dem 8. Jahrhundert ist Samarkand ein wichtiger Sitz der nestorianischen Kirche, die in Jesus Christus eine göttliche und eine menschliche Natur in getrennter Form sieht. So wird beispielsweise die Mutter Jesu zwar verehrt, aber der Begriff Gottesgebärerin verworfen. Darin unterscheiden sich die Nestorianer von der christologischen Position, die von der Verbindung einer göttlichen-menschlichen Natur spricht, da auf dem Kirchenkonzil in Chalcedon in der heutigen Türkei 451 entschieden wurde, dass Christus wahrer Gott und wahrer Mensch zugleich sei. Anfeindungen mit der römischen Reichskirche führten so zur Ausbreitung der Nestorianer unter den Turkvölkern Zentralasiens. Die Polos erreichten Samarkand zur Blütezeit der nestorianischen Kirche. Wenige Jahre später erfolgte dann die vollständige Vernichtung der Kirchengemeinde durch Timur Lenk. Marco Polos Beschreibung einer christlichen Kirche in Samarkand deckt sich zudem mit den Aufzeichnungen anderer mittelalterlicher Chronisten, die viele Christen sowie schöne und erhabene Kirchen im Osten vorgefunden haben. Wie Marco Polo geben auch sie wieder, dass die Christen vom Mongolenfürsten ehrenvoll empfangen wurden und er ihnen Religionsfreiheit garantierte, wofür die Muslime nur Verachtung übrig hatten. Der zweite interessante Aspekt in Marco Polos Geschichte ist die Beschreibung eines edlen Steines. In der Tat gibt es in Samarkand einen außergewöhnlichen Stein. Der „Kok-Tash" oder „Grüne Stein" steht heute im Innenhof des Gur-Emir-Mausoleums, Timurs Grabmal. Während die Polos in Samarkand verweilten, gab es das Gur-Emir-Mausoleum noch nicht, der Stein aber befand sich zu dieser Zeit in der Zitadelle der Stadt auf dem Afrasiabhügel. Seit dem 17. Jahrhundert diente er als Krönungsstein für die Emire von Buchara.

Die Nacht hat sich zurückgezogen und ihren Schleier gelüftet. Die Dämmerung gewinnt das Kräftespiel mit der Dunkelheit. Bald wird die Sonne ihr Antlitz über den Horizont schieben. In den Gassen Samarkands herrscht schon Leben. Der Geruch von frisch gebackenem Brot findet seinen Weg aus den Backstuben nach draußen. Tore sind geöffnet und laden zu einem flüchtigen Blick in Innenhöfe ein. Familien sitzen auf ihren „Topshans", erhöhten Holzpodesten, die mit Teppichen und Kissen ausstaffiert sind. Es ist Frühstückszeit und die Müdigkeit wird vor die Tür gekehrt. Hunde streifen an Mauern entlang und patrouillieren in ihren Bezirken. Alex, eine junge Engländerin, die für ihre Organisation „World Challenge" touristische Attraktionen auskundschaftet, begleitet mich zum Registan. Die drei Iwane der Medressen werfen noch lange Schatten auf den zentralen Platz, auf dem einige Polizisten in einem Gespräch versunken sind und einen müden Eindruck machen. Wir zahlen Schmiergeld und dürfen auf ein Minarett steigen. „Denkt daran, dass ihr nicht höher als auf Hüfthöhe hinaussteigt, sonst kann man euch sehen." Rushtum und seine Kollegen haben Angst, dass sie ihre Einnahmequelle riskieren. Der Aufstieg innerhalb der Ulugbek-Medresse zeigt uns die Seele des Monuments. Während die Fassade an vergangene Größe erinnert, fault das Bauwerk von innen heraus. Eine Baustelle öffnet sich mir, Zementsäcke und Arbeitsgeräte stellen Hindernisse dar. Steine sind aus den Innenwänden herausgebrochen und wurden nur achtlos zur Seite geschoben. Leitern helfen, zum Minarett zu gelangen, vor dem sich eine kleine Schlange von sieben Touristen tummelt, die alle den Sonnenaufgang miterleben wollen. Wie dicke Maden stecken sie im Inneren auf der Wendeltreppe fest. Wir kommen nicht durch, warten ab und geben auf. Einige maulen unten vor Enttäuschung einen Polizisten an und bekommen als Entschädigung ein weiteres Minarett aufgeschlossen, von dem sie die Sonnenstrahlen auf den Außenwänden der Portale wandern sehen können. Ich fotografiere währenddessen den Innenhof der Tilya-Kori-Medresse. Im Zentrum kratzen sich zwei Polizeischäferhunde auf einer Rasenfläche unter einigen Bäumen. Angelehnt an diese halten zwei Polizisten Wache. Ich grüße und wende ihnen den Rücken zu. Plötzlich bemerke ich aus dem Augenwinkel hinter der Kamera, wie einer der beiden Schäferhunde mich anspringt und versucht, mir ins Bein zu beißen. Geistesgegenwärtig drehe ich mich und hebe das Knie zum Schutz an, sodass mich der Hund verfehlt. Die Wucht seines Sprungs lässt ihn auf mein Knie krachen. Er verliert sein Gleichgewicht und landet auf dem Rücken. Ich trete mit voller Wucht zweimal in seinen Brustkorb, sodass er wimmernd verschwindet. So schnell der Angriff kam, so schnell ist er vorüber. Alex hat die Situation mitbekommen und schreit vor Schreck. Eine kleine Gruppe von Franzosen erkundigt sich, ob ich Hilfe brauche. Ich drehe mich zu den beiden Polizisten um und schaue sie fragend an. „Dummer Hund“, meint einer und leint den Schäferhund an. Ich komme mit dem Schrecken davon, spiele die Situation aber immer wieder in Gedanken durch. Hätte auch schiefgehen können!

Zum Nachmittagstee im Hostel tausche ich Erlebnisse mit Artemy Kalinovsky aus. Auf dem Tisch befindet sich eine große Schüssel Obst. Frische Trauben glitzern in der Sonne. Wir trinken Tee aus Halbschalen. Tauben hüpfen vorsichtig von Baum zu Baum an uns heran und spekulieren auf Reste. Artemy ist Amerikaner mit russischen Wurzeln. Seine Mutter ist in der Sowjetunion aufgewachsen, sodass er fließend Russisch spricht. Er ist Mitte dreißig und lehrt als Assistenzprofessor russische Geschichte des 19. Jahrhunderts an der Universität von Amsterdam, da seine Heimat Pennsylvania nach der Wirtschaftskrise wenige Stellen für Lehrkräfte ausgeschrieben hat. Artemy ist Archäologe, Historiker und Kenner der Region. Sein Buch „A Long Goodbye – The Sowjet Withdrawal from Afghanistan“ beschreibt und analysiert auf der Basis seiner Forschungsergebnisse den

Entscheidungsprozess der sowjetischen Führung auf dem langen Weg bis hin zum Rückzug aus Zentralasien. Ich frage ihn nach seinem Interesse für Zentralasien. „Dies ist mein Schwerpunkt. Für wissenschaftliche Studien bin ich zwei Monate in Tadschikistan gewesen und habe versucht, Bücher über historische Ereignisse des 19. Jahrhunderts aufzustöbern. Verdammt schwer ist das gewesen, verdammt schwer!“ „Warum?“ „Nun, die Stan-Staaten sind, was ihre Geschichte angeht, paranoid. Hier in Usbekistan ist es geradezu unmöglich, an solche Bücher heranzukommen. Das Gesetz sieht vor, dass Ausländern der Zugang zu Büchern verweigert wird, wenn diese älter als fünfzig Jahre sind. Also sind für mich alle Bücher vor 1961 tabu – nächstes Jahr alle ab 1962. Bescheuert, aber so ist es.“ „Wurde dir gar kein Einblick gewährt?“, frage ich nach, denn eigentlich haben doch die kommunistischen Machthaber ein Interesse an der Zurschaustellung der eigenen Taten. „Hier in Usbekistan wurde mir kein einziges Archiv geöffnet. Die einzigen historischen Dokumente, die Ausländer begutachten dürfen, sind Bücher über Timur Lenk und die Geschichte der Mongolen sowie die Dokumente über das Leben und Schaffen des usbekischen Präsidenten Islom Karimov.“ „Hat sich deine Reise nach Tadschikistan denn überhaupt gelohnt?“ „Ja. Es hat eine ganze Weile gedauert, das Vertrauen meiner Kontaktpersonen in der kommunistischen Partei zu bekommen. Unzählige Teerunden waren nötig, bis man mir entgegen kam. Als meine Familiengeschichte bekannt wurde, ließ ein Parteifunktionär durchblicken, dass eine Möglichkeit bestünde, wenn ich Kommunist wäre. Am gleichen Abend rief ich meine Mutter in Amerika an und sie erzählte mir, dass mein Urgroßvater Parteimitglied gewesen ist, dementsprechend Kommunisten in der Familie nachzuweisen seien.“ Artemy lächelt verlegen und fährt sich mit der Hand durch das schwarze Haar. Ich vergesse meinen Tee und hänge an seinen Lippen. Ohne es zu merken, habe ich mir die Weintrauben in den Mund gestopft und die Schüssel leergeputzt. „Mit diesen neuen Informationen lud man mich zu einem Kongress der kommunistischen Partei ein und bot mir an, Parteimitglied zu werden.“ „Und? Hast du angenommen?“, schießt es aus mir heraus. „Nein, ich habe meiner Kontaktpersonen erklärt, dass es für mich besser wäre, neutral zu bleiben. Außerdem könnte ich bei der Ausreise erhebliche Probleme bekommen. Gott sei Dank haben sie das verstanden. Nichtsdestotrotz war dieser Kongress ein Erlebnis. Im Anschluss habe ich doch noch einige interessante Bücher studieren können. Usbekistan ist jedoch eine völlig andere Nummer. In Taschkent blieben mir alle Bibliotheken verschlossen.

Auf den Bücherbazaren habe ich einige Schriften ergattert und dort auch Ansprechpartner kennengelernt, die mir zu Hause alte Bücher gezeigt haben. Von einigen durfte ich Kopien anfertigen. Lästig waren die notorischen Kontrollen der Sicherheitspolizei in der Metro von Taschkent. Permanent wurde mein Rucksack geöffnet und mir immer die gleiche Frage gestellt: ob ich denn vorhätte, all die Bücher zu lesen. Natürlich möchte ich die Bücher lesen! Dafür sind sie ja da." „Wie hast du denn zuvor die Manuskripte und Abschriften aus Tadschikistan über die Grenze nach Usbekistan bekommen?" „Die Grenzformalitäten waren kein Problem. Die Polizei hat sich nicht für meine Bücher interessiert. Auf usbekischer Seite bin ich aber von einem Taxifahrer überfallen worden." „Wie bitte?" Ich runzle meine Stirn und rutsche ungeduldig auf meiner Bank hin und her. Die Geschichte fasziniert mich mehr und mehr. „Der Taxifahrer ist mir von seinem Vater empfohlen worden. Hinter der Grenze hielten wir kurz an. Plötzlich wurde ich von hinten mit einem Knüppel niedergeschlagen. Ich taumelte nach vorne und hielt mir vor Schmerzen den Hinterkopf. Der Kerl zog mir einen Draht um den Hals und würgte mich. Alles geschah in Bruchteilen von Sekunden. Ich konnte den Draht fassen und mich losreißen. Der Schlag auf den Kopf war schlimm genug. Das Würgen hätte echt nicht sein müssen." Artemy muss selber immer wieder über den Vorfall lachen. Offensichtlich hat er den Vorfall trotz kahler Stelle auf dem Hinterkopf gut überstanden. Eine dicke Beule ist selbst von weitem zu sehen. „Der Mann schrie mich an. Ich schrie zurück und warf ihm fünfhundert Dollar vor die Füße. Ich wollte wissen was das alles sollte. Dann nahm er das Geld, reichte mir meine Sachen aus dem Auto und verschwand. Blutüberströmt und mit Schmerzen ging ich zu einer Fabrik in der Nähe und holte Hilfe." „Unfassbare Geschichte", sage ich. „Ja, aber dadurch habe ich einen Einblick in das Polizeisystem in Usbekistan bekommen." Artemy erzählt, wie die Polizei ihn an der Fabrik abgeholt hat und er auf dem Hauptquartier den Überfall zu Protokoll geben musste. In Taschkent blieb er einen Tag in einem Krankenhaus und ein Arzt nähte seine Wunde am Hinterkopf. Die hat sich nicht entzündet und heilt mittlerweile gut ab. Danach befragten ihn die usbekischen Beamten in Taschkent drei Tage lang. Ein halber Analphabet von Polizist nahm ein weiteres Mal seine Aussagen auf und machte beim Abtippen derart viele Fehler, dass Artemy ihm anbot, es selber zu tippen. „Haben sie den Kerl bekommen?" „Klar! Ich hatte ja seine Visitenkarte mit seinem Namen und seiner Adresse, außerdem wurde er mir doch von seinem Vater empfohlen. Das muss ein unglaublicher

Volltrottel gewesen sein. Die Polizei hat mir Aktenfotos gezeigt und ich konnte ihn identifizieren. Er ist ein bekannter Spieler, der hoffnungslos verschuldet ist. Innerhalb der vier Tage hatte er meine fünfhundert Dollar schon verzockt. Schließlich wurde er festgenommen. Die Polizei versicherte mir, dass der Mann dafür zwischen acht und zehn Jahre hinter Gitter gehen würde." Artemy erzählt, wie er um eine mildere Strafe gebeten hatte. Bis zu zehn Jahre Gefängnis würde die Familie des Täters in den Ruin treiben. „Du bist ja ein richtiger Demokrat!", entgegnete ihm einer der Polizisten und ließ offen, ob seine Bitte Gehör finden würde. Hätte er ihn auch einen Demokraten genannt, wenn Artemy kommunistisches Parteimitglied in Tadschikistan geworden wäre?

Der ganze Vorfall war den Usbeken unendlich peinlich, da der Überfall sich auf usbekischem Staatsgebiet ereignete und nicht in Tadschikistan. Die Animosität gegenüber dem Nachbarn im Osten ist eine Hinterlassenschaft der Sowjets, die versuchten, aus den unterschiedlichen Völkern Zentralasiens Staaten zu formen. Es mag fast schon ironisch anmuten, dass sich jene künstlich per russischem Erlass gegründete Nationen nach dem Zerfall der alten Sowjetunion gegenseitig misstrauen und sich gegen die alten Herrscher wenden. Vor der russischen Eroberung identifizierten sich weder Usbeken noch Tadschiken mit irgendeinem Staat. Das Leben der Nomadenvölker drehte sich damals um Freiheit und Familie und war nicht innerhalb einer Nation organisiert. Die von außen vollzogene Gründung der Sowjetrepubliken in der zweiten Dekade des 20. Jahrhunderts entlang künstlich gezogener Grenzlinien barg ein gewaltiges Konfliktpotenzial. So lagen plötzlich tadschikische Gemeinden auf usbekischem Staatsgebiet und umgekehrt. Lange Zeit unterdrückte die Sowjetherrschaft jedoch jegliche ethnischen Spannungen. Erst nach dem Kollaps flammte der alte Streit um ehemalige Territorien wieder auf. Dies schürte indirekt einen neuen Nationalismus. Nach 1990 wuchs der Anteil der Usbeken im eigenen Land wieder, da viele Russen und andere Minderheiten im Rahmen der usbekischen Nationalisierungspolitik angefeindet wurden und auswanderten. Gleichzeitig kehrten im Ausland lebende Usbeken in die Heimat zurück. Diese zunehmende Homogenisierung der usbekischen Gesellschaft trug zu einer wachsenden Selbstbestimmung sowie zur Zurschaustellung von nationaler Größe bei. Eine offene Rivalität zum Nachbarn im Osten ist vielerorts zu erkennen. Artemy erzählt, wie die Machthaber in Tadschikistan eine riesige Universitätsbibliothek in der Hauptstadt Dushanbe gebaut haben, die so gewaltig ist, dass man nicht wusste, wie man sie füllen sollte. Die Regierung zwang daraufhin jede Familie, fünf Bücher aus dem eigenem Besitz zu spenden. Die Menschen stifteten ihre alten Lenin-Ausgaben, da sie nicht ihre wertvollen Bücher abgeben wollten. Um Dushanbe in nichts nachzustehen und um fortschrittlicher zu gelten, wird in Taschkent gerade eine riesige Bibliothek gebaut, die noch größer sein soll. Im Angesicht dieser Feindseligkeit traut Usbekistan Tadschikistan nicht über den Weg. Obwohl abends um mich und Artemy herum im Restaurant tadschikisch gesprochen wird und ein hoher Gastarbeiteranteil zum Aufschwung der usbekischen Wirtschaft beiträgt, denunziert eine politisch motivierte Propagandakampagne die Regierung in Dushanbe. Die Gründe für nationalistisches Gedankengut sind vielseitig. Usbekistan erlebte während der russischen Besetzung im 19. Jahrhundert und insbesondere innerhalb der Sowjetunion eine schlimme Zeit der Unterdrückung. Die Ausrufung der Unabhängigkeit 1991 wurde zum Startschuss für eine neue Ära, in der die Unterdrückten eine nationalstaatliche Wiedergeburt durchlebten. Gleichzeitig nimmt das Land eine zentrale geopolitische Stellung innerhalb Zentralasiens ein und ist das Bindeglied zwischen den benachbarten Staaten. Anstatt systematisch mit den Nachbarn in der Region zusammenzuarbeiten, erleben internationale Beobachter eine zunehmende Destabilisierung der außenpolitischen Beziehungen. Bezüglich einer politischen Führungsrolle in Zentralasien herrscht gegenüber Kasachstan Misstrauen und Eifersucht.[5] Der bizarre Wettstreit um die größte Nationalbibliothek sowie erhebliche Streitigkeiten um Wassernutzungsrechte am Amu Darja, um nur zwei Beispiele zu nennen, strapazieren zudem die Beziehungen zu Tadschikistan erheblich. Der Stein des Anstoßes ist der Bau des Roghun-Wasserkraftwerkes jenseits der Grenze. Usbekistan fürchtet, dass der Nachbar dem Land das Wasser abgräbt, welches dringend für die Bewässerung der Baumwollmonokulturen südlich des Aralsees benötigt wird. Präsident Karimov begibt sich auf dünnes Eis, wenn weiterhin nationalistische Parolen für politische Irritationen sorgen. Im Zuge der neuen nach außen dokumentierten Souveränität und eines zunehmenden Machtzentralismus können politische Ankündigungen für eine regionale Zusammenarbeit wie reine Lippenbekenntnisse wirken. Aber Tadschikistan ist auch kein Musterstaat: Politische Vetternwirtschaft, Korruption sowie eine der weltweit niedrigsten Wirtschaftsleistungen sorgen für eine Fülle an Problemen. Mehr als eine Million Tadschiken, so lese ich in meinem Reiseführer, arbeiten außer Landes. Siebzig Prozent der Familien müssen mit weniger als zwei Dollar am Tag auskommen. Fünfzig Prozent der wirtschaftlichen Aktivität, so wird angenommen, ist mit dem Drogenhandel verknüpft. Man schätzt, dass in den letzten Jahren Hunderte Tonnen Opium von Afghanistan durch Tadschikistan geschmuggelt wurden. Der größte Teil geht der Polizei hier ins Netz. Die Seidenstraße ist zu einer Drogenstraße verkommen.

Szenenwechsel: Samarkand ist im Osten zweigeteilt. Zwischen Registan und dem alten jüdischen Viertel schneidet die „Taschkent-Straße" eine Schneise in die zusammenhängende Bebauung. Beiderseits der Fußgängerzone reihen sich diverse Gebäude aus graubraunem Backstein auf. Große Schaufensterfronten und breite Gehwege laden zum Bummeln ein. Mobilfunkunternehmen, Lebensmittelgeschäfte, Souvenirläden und Boutiquen buhlen um Kundschaft. In regelmäßigen Abständen gleiten Elektroautos geräuschlos vorbei und transportieren Touristen und Einheimische für ein paar Som. Dies ist nicht Samarkand, sondern Disneyland. Wo ist Micky Mouse? Wo die nächste Schlange für eine Achterbahn? Gibt es Popkornstände in einem der Hinterhöfe? Städteplanerische Eitelkeit verdrängt historische Bausubstanz und wird zum Antagonisten des benachbarten Registans. Am westlichen Ende dieser surrealen Szenerie erhebt sich majestätisch die Bibi-Khanum-Moschee, die zu den größten Moscheen der Welt gehört. In meinem Reiseführer lese ich, wie einer Sage zufolge Bibi-Khanum, Timurs Frau, ihren Mann in seiner Abwesenheit überraschen wollte und den Bau dieser Moschee anordnete. Der leitende Baumeister verliebte sich jedoch dummerweise untröstlich in seine Auftraggeberin und verweigerte die Fertigstellung. Er forderte als Gegenleistung einen Kuss, welcher ihm gewährt wurde, aber einen Abdruck auf Bibi-Khanums Backe hinterließ. Das Techtelmechtel blieb also nicht unentdeckt und sollte Konsequenzen haben. Timur exekutierte den Baumeister nach seiner Rückkehr, vielleicht genervt oder müde von irgendeinem Eroberungsfeldzug, und ordnete an, dass Frauen ab nun den Schleier tragen müssten, um keine Männer mehr in Versuchung zu führen. Ich streife durch die leeren Gassen und besuche das Bauwerk am frühen Morgen fast allein. Auch hier Restaurationsarbeiten, Gerüste, Mörtelreste, Brückenelemente und jede Menge blaue Majolikafliesen. Noch mehr interessiert mich aber die Nachbarschaft. Allem Anschein nach wird im Osten der monumentalen Moschee das alte jüdische Viertel regelrecht versteckt. Ich frage mich durch, habe aber nur mäßigen Erfolg. Endlich entdecke ich ein unscheinbares Eisentor, nicht größer als eine Haustüre, das Disneyland mit den kleinen Gassen und Innenhöfen des alten jüdischen Viertels verbindet. Vorsichtig öffne ich die schwere Türe und trete ein. Mein Blick trifft zuerst auf einige alte Männer, die neben einem Minarett an einem öffentlichen Platz auf einem „Topchan" sitzen und in ein Gespräch versunken sind. Keine Schilder weisen auf dieses Quartier hin, das wie abgeschnitten wirkt. Ein Verkäufer sortiert sorgfältig Melonen der Länge nach auf der Straße. Kinder auf viel zu großen Fahrrädern eiern den Bürgersteig entlang. Ein Vorhang wird zur Seite geschoben und eine alte Frau äugt heraus. Während die Elektroautos auf der „Taschkent-Straße" entlang huschen und Tourgruppen strammen Schrittes mit ihren Kameras im Anschlag zur Moschee marschieren, läuft das Leben hier in Zeitlupe ab. Ich laufe ohne Karte und Ziel durch die Gassen und finde erst nach einiger Zeit eine alte Synagoge, die mir aber leider verschlossen bleibt. Überhaupt habe ich das Gefühl, dass man hier ungestört sein möchte. Nachdem ich mich auf dem Rückweg eine Weile zu den freundlichen älteren Herren gesetzt habe, die mir eine Wassermelone anboten, verlasse ich diesen seltsamen Ort wieder. Ich beschließe, in Buchara mit Mitgliedern der jüdischen Gemeinde in Kontakt zu treten. Vielleicht habe ich dort mehr Glück.

Nördlich des alten jüdischen Viertels erheben sich die türkisblauen und sandfarbenen Kuppeln des Schahi-Sinda Komplexes über einem Friedhofshügel auf dem Gebiet des alten „Marakandas". Von weitem ist zu erkennen, dass der Gebäudegruppe eine Symmetrie fehlt. Erst nach dem Eintritt durch das Hauptportal wird die Anordnung von Grabkammern und Mausoleen in ihrer ganzen Pracht sichtbar. Edle Fliesen in Blau- und Aquamarintönen zieren die Fassaden der Gräber und wurden von Kamelkarawanen aus dem Orient hierher gebracht. Sie verleihen jedem Grab etwas Königliches. Details gehen in der Fülle der Pracht unter. Die einzelnen Fassaden stehen anfangs so eng zueinander, dass man meint, sie könnten sich in der Höhe berühren. Der Schall wird zum Spielball der Wände. Die Morgensonne zaubert ein Lichterspiel in diese Mausoleenallee. Eine Familie gesellt sich zu mir. „Germania? Gut, gut?" Mir wird die Hand gereicht. Der

Schahi-Sinda - Samarkand

Großvater verbeugt sich leicht und berührt mit seiner anderen Hand sein Herz – eine Geste des Respekts. Alle sind stolz auf diese Architektur und freuen sich mit mir.

Hier ruhen die Frauen und Krieger Timurs. Zwei Schwestern des Mongolenherrschers und eine seiner Frauen liegen unter den zahlreichen Kuppeln begraben. Die Kammern sind nackt, Opulenz sucht man hier vergeblich. Einzelne Risse durchziehen Wände. Fresken sind zu erahnen. Inschriften fehlen oder sind verloren gegangen. Usbekische Restauratoren führten auch hier mit zu viel Elan sowie zu wenig Geld und Expertise eine aggressive Restaurierung durch. Majolikafliesen wurden ungestüm und stümperhaft ersetzt und wirken wie Ekzeme auf der reinen Außenhaut. Die Gräber kommen mir vor wie einfache alte Mäntelchen, die hinter königlichen Schranktüren mit aufwendigen Intarsienarbeiten versteckt werden. Am Ende der Allee steuern die Pilger auf das Grab des legendären Kussam ibn-Abbas zu, das in einem weiten Innenhof von der Sonne ins rechte Licht gerückt wird. An einer Mauer sitzt ein Mullah und betet für die Besucher, verkauft Postkarten oder starrt auf die Nekropole des angrenzenden Hügels. Kussam ibn-Abbas soll den Islam nach Samarkand gebracht haben. Auf seinem Grab hat folgende Inschrift die Zeit überdauert: „Diejenigen, die auf Allahs Weg getötet wurden, werden nicht als tot erachtet. In der Tat, sie sind lebendig."

Zwei Legenden ranken sich um den Namen Schahi-Sinda – „Grab des lebendigen Königs“: Entweder war es diese Botschaft auf der Grabplatte oder aber die Weigerung des Königs zu sterben, nachdem Gegner ihm für seinem Glauben den Kopf abgeschlagen hatten. So soll Kussam ibn-Abbas trotzig mit dem Kopf unter seinem Arm durch einen Brunnen hinab in das Paradies gegangen sein, wo er heute noch lebt. Während ich die Anlage verlasse, kommen mehr und mehr Besucher und beten andächtig vor den Mausoleen. Kinder müssen ihre Energie loswerden und flitzen den Weg auf und ab. Ich sauge die Atmosphäre auf und führe lange Gespräche mit Pilgern, die mir voller Stolz von ihrer Kultur berichten. Dann beschließe ich, mich zurückzuziehen und der Mittagshitze aus dem Weg zu gehen. Draußen rauscht der Verkehr vorbei. Eine andere Welt eröffnet sich mir. Hinter der Straße schaut ein einsames Schaf mit mir auf Schahi-Sinda zurück und kaut vergnügt im Schatten eines Baumes.

KAPITEL III: Der Ort des Glücks

Die Sonne steht tief über den kalkbraunen Mauern und Kuppeln. Das Herz der Stadt ist ein Labyrinth aus engen Gassen, die sich hier und dort zu einem Atrium weiten, in dessen Mitte ein viereckiges Wasserbecken mit abwärts gerichteten gleichmäßigen Stufen zu finden ist. Uralte Bäume spenden Schatten. Klapprige Bänke tragen Kinderpopos. Kleine Beinchen hängen in der Luft. Rundherum noch mehr glattpolierte Wände in der gleichen Farbe. An den Mauern ragen Weinranken empor. Wäsche trocknet in der lauen Abendbrise. Jugendliche nehmen Anlauf und klatschen mit dem Hintern voran in einem hohen Bogen in das Wasserbecken. Wer am stärksten platscht, ist der König der Nachbarschaft. Alte Holztore schützen die Privatsphäre. Schmiedeeiserne Ringe verzieren die schweren Türen. Bäume und Sträucher werden wie kostbare Kinder herangezogen und behütet. „In Buchara gibt es viel weniger Bäume. Du wirst es schon merken", sagt der junge Manager des Davr Hostels in Samarkand. „Weniger Bäume bedeuten mehr Hitze – so um die 45 °C, vielleicht auch mehr. Du wirst es schon merken." Um dies zu verdeutlichen, lüftet er sein Hemd und wischt sich mit dem Hemdsärmel seine Stirn ab.

Die Hitze scheucht die Menschen in die kühlen Räume ihrer Häuser. Im Sommer wirkt die Stadt tagsüber wie gelähmt. Ehrwürdige Medressen, stolze schlanke Minarette, die Zitadelle Ark mit ihren massiven Mauern sowie die vielen Marktplätze und Bazare bleiben unter sich in diesem Freilichtmuseum, das seit 1993 zum Weltkulturerbe der UNESCO zählt. Die Atmosphäre in einer der ältesten Städte Mittelasiens macht Mittagspause. Abends öffnen sich vorsichtig die Tore der Häuserzeilen, als würden die Bürger der Stadt erst einmal testen, ob die Sonne ihre Geschütze zurückgefahren hat. Langsam, ganz langsam kommt das Leben zurück. Die Wasserbecken haben jetzt Hochkonjunktur. Das Herz der Stadt schlägt am stärksten am Lyabi-Hauz Platz. Lyabi-Hauz bedeutet in Tajik „um den Pool herum". Früher saßen alte, bärtige Männer am Wasserbecken und spielten Nardi, ein Brettspiel, das Backgammon sehr ähnlich ist. Maulbeerbäume umgeben das heute viereckige Becken und einige davon datieren aus dem 17. Jahrhundert. Die alten Männer treffen sich nun woanders. Sie hätten die allabendliche Musikorgie auch nicht ertragen. Kann man nachmittags in Ruhe einen grünen Tee trinken, so posaunen Lautsprecher abends usbekische Discomusik über das Wasser. Ein Trupp von Gänsen weiß nicht, ob er vor der Musik fliehen oder sich lieber von den kleinen Kinder hin und her scheuchen lassen soll. „Topchans" und Tische tragen das orientalische Reisgericht „Plov" sowie saftigen „Schaschlik". Multilinguale Kellner bedienen Gäste und zählen Bündel voller Som schneller als Automaten in einer Bank. Es ist Ramadan, aber Halbstarke mit Manchester-United-T-Shirts sitzen an begradigten Kanälen und schlürfen Bier. Frauen präsentierten die ganze Bandbreite der Sommermode. Ältere Frauen tragen lange, bunte und mit Ornamenten bestickte Kleider über Stoffhosen. Tücher verhüllen ihre Hinterköpfe und flattern im Wind. Teenager flanieren die Straßen in kurzen Kleidern oder Miniröcken und Stöckelschuhen entlang. Ein kleiner Junge fährt mit dem Fahrrad alle Touristen ab und schreit: „Eis, Eis – bitte ein Eis! Wo du herkommen? Eis – ja?"

Die hässlichen Plattenbauten der Kommunisten haben sich größtenteils nur in die Vororte gewagt und rotten dort vor sich hin. Überdimensionale und uniforme Schuhkästen spenden Wohnraum, ähnlich einem Mastbetrieb. Der Übergang zum historischen Kern ist abrupt. Zentralasiens heiligste Stadt hat eine 2500 Jahre alte Besiedlungsgeschichte. Wenn nicht hier, wo sonst kann man eine Zeitreise zurück in die Vergangenheit machen? Buchara! Seit Jahrhunderten regte die geheime Karawanenstadt verloren in der Weite der Wüste magisch die Fantasie der Reisenden an. Wie Samarkand gehörte die Stadt zu den sogdischen Stadtstaaten und profitierte vom Fernhandel an der Seidenstraße. Der historische Stadtkern strotzt nur so vor Medressen, Moscheen und Minaretten, die weitgehend von den Nachfahren Timurs errichtet wurden. Gassen verbinden Marktareale wie den Taki-Telpack-Furushon oder den Taki-Zargaron-Bazar. Verkäufer bieten dezent ihre Waren an. Kunsthändler arbeiten auf offener Straße vor ihren Läden und stellen ihre handwerklichen Fähigkeiten zur Schau. Es wird gezeichnet und geschnitzt, gehämmert und gewebt. In der Ferne ragt das große Kalon-Minarett majestätisch über die Häuserdächer. Als Dschingis Khan die Oasenstadt in Grund und Asche legte, überwältigte ihn der Anblick des siebenundvierzig Meter hohen Minaretts so sehr, dass er es verschonte. Himmelblaue Kuppeln strahlen daneben den alten Glanz Turkestans über die Stadt. Als wichtiger Verkehrsknotenpunkt der südlichen Seidenstraße gelangte Buchara durch ihre Lage am Rande der Kysylkum-Wüste zu legendärem Reichtum.

Char Minar - Buchara

Nach über tausend Kilometern Steppe erreichten die Polos eben über diese Route Buchara, wo sie sich die nächsten drei Jahre aufhielten.[1] Was müssen die Kaufleute erlebt haben, als sie das erste Mal durch die Stadttore schritten und das fast fünfzig Meter hohe Kalon-Minarett erblickten? Bazare und Medressen waren ihnen allesamt bekannt, jedoch muss die schiere Menge an Kuppelbauten überwältigend gewesen sein. Marco Polo weiß zu berichten, dass die „noble Stadt Buchara zum Territorium des Königs von Barac gehörte und die beste Stadt in ganz Persien war." Mit „Barac" meint der junge Polo den Mongolenherrscher Borrak Khan, der zwischen 1264 und 1270 die Stadt regierte und ein Großenkel des mächtigen Tschagatai Khan war. Die Venezianer erreichten Buchara definitiv vor 1264, aber Borrak Khan muss die Macht zu dieser Zeit schon an sich gerissen haben. Marco berichtet, wie Niccolò und Maffeo drei Jahre lang in der Stadt lebten. Während ihres Aufenthaltes trafen sie auch Gesandte Kublai Khans, die überrascht waren, hier Kaufleute aus dem Westen anzutreffen. Polo schildert den Wortlaut der Begrüßung durch die Gesandten Kublai Khans folgendermaßen: „Sehr geehrte Herren, wenn ihr unseren Rat annehmt, wird euch eine große Ehre zuteil und ihr sollt einen großen Nutzen daraus ziehen." Als Antwort auf die Nachfrage, wie dies denn geschehen könne, hören die Polos, dass Kublai Khan noch nie Menschen aus dem Mittelmeerraum gesehen hatte und es sein größter Wunsch war, diese kennenzulernen. Der Leser erfährt, wie die Mongolen den Polos sicheres Geleit zum Hofe Kublai Khans garantieren und ihnen gegenüber großzügig sein möchten. Leider berichtet Marco auch hier kaum über ihren Aufenthalt in der Oasenstadt. Sicher ist aber, dass sich zwei fremde Welten kreuzten. Die Polos kamen in Kontakt mit Kublai Khan, der sie mit in seine legendäre Residenz „Xanadu" nahm und ihr Wissen nutzte. Nach der Rückkehr der Polos erhielt Europa ein differenzierteres Bild Asiens.

Ich fühle mich abends wie in einem nachgebauten Buchara in Las Vegas. Scheinwerfer strahlen die ehrwürdigen Gebäude in grünem Licht an und lassen sie künstlich erscheinen. Waren die Moscheen und Koranschulen einst die geistigen Zentren der Stadt, so sind sie heute leere Hüllen, die ein Halb-Dasein fristen. Auch die Mir-i-Arab-Medresse begrüßt in ihren Mauern abends nur fünf einsame Gläubige, die vor einer Tischtennisplatte beten und im riesigen Innenhof verloren wirken. Am Eingang werde ich brüsk von einem Wächter verscheucht, sodass ich weiterziehe. Vor der Maghoki-Attar-Moschee parkt ein Bagger auf seinem eigenen Erdhügel. Moderne Gehplatten warten auf Fliesenleger. Nebenan üben usbekische Parcoursläufer in einer Ausgrabungsstätte im Schutz eines Wellblechdaches und werden interessiert von einem Polizisten beobachtet. Erster Eindruck? Architektur im Belagerungszustand. Schweres Gerät räumt jahrhundertealten Zivilisationsschutt weg. Ruinen erfahren eine Zweckentfremdung.

Die Stadt hat etwas Unwirkliches an sich und ich befrage den jungen Manager meines Hostels zu den Veränderungen. Abdurakhmon Abdullaev erzählt mir, dass die Regierung die Altstadt in einem dreimonatigen Kraftakt hat renovieren lassen. Vielerorts wurde stümperhaft gearbeitet. Die Restaurierung der Innenstadt hat völlige Uniformität geschaffen. Die immer gleichen Fliesen wurden in Massen produziert und füllen alte Lücken aus. Die Fertigstellung des Ganzen hatte Vorrang vor der Detailarbeit. „Man ist an der Förderung des Tourismus interessiert. Besonders geholfen hat uns das ‚Projekt Seidenstraße' der Welttourismusorganisation. Seitdem hat sich wirklich viel geändert. Von Jahr zu Jahr kommen mehr Touristen. Kleine Gästehäuser wie unseres profitieren sehr davon." Wovon Abdurakhmon spricht, ist eine Idee, die 1991 mit der Unabhängigkeit von fünf zentralasiatischen Republiken geboren wurde. Das Langzeitprojekt verbindet zahlreiche Länder miteinander und soll die Seidenstraße für den kulturellen Austausch sowie für den Tourismus wiederbeleben. Zentrale Bestandteile des interkontinentalen Konzeptes sind Kooperation, Wohlstand und die Tourismusentwicklung durch Investitionen in die lokale Infrastruktur und die Restaurierung der Kulturdenkmäler. Während Abdurakhmon mir von den Veränderungen berichtet, betritt sein Vater Abdulrakhim den Innenhof und schenkt uns grünen Tee ein. „Seit der Unabhängigkeit des Landes hat sich hier viel getan", sagt er und reicht mir ein Glas herüber. „Wie hat sich Usbekistan denn verändert?", möchte ich wissen. Laut Abdurakhmon war der Wechsel von der Planwirtschaft zur Marktwirtschaft positiv. „Die Wirtschaft hat stark angezogen. Neben der Industrie haben vor allem die kleinen und mittleren Unternehmen profitiert." „Gab es denn einen wirklichen Wechsel zur Marktwirtschaft?" frage ich vorsichtig. „Es wird immer noch viel geplant und reglementiert", gibt Abdurakhmon zu. „Dieses Jahr wurden kleine und mittlere Unternehmen besonders gefördert. So wurde der Steuersatz für uns von acht Prozent auf sechs Prozent gesenkt. Jedes Jahr verabschiedet die Regierung ein anderes Programm, sodass alle Bereiche der Wirtschaft profitieren können. Zudem wurde beschlossen, dass Telefontarife für unterschiedliche Kunden anzubieten sind –" „Was aber auch der Markt selber regeln könnte", entgegne ich. Abdurakhmon scheint dies zu überhören und fährt fort: „Kreative Leute haben gewonnen. Die Korruption ist weniger geworden. Als wir 2008 die Lizenz für unser Hostel beantragt haben, dauerte es über ein Jahr, bis wir die Genehmigung bekamen. Die Zuständigkeiten in der Behörde für Tourismusangelegenheiten hier in Buchara waren mir nicht klar. Ich wusste nicht, wen ich schmieren sollte. Die Korruption war ein riesiges Problem. Jetzt geht alles viel schneller. Wenn man heute ein Gästehaus eröffnen möchte, ist das nicht mehr schwer." „Wer waren die Verlierer nach der Unabhängigkeitserklärung?" Sein Vater Abdulrakhim schaltet sich in das Gespräch ein und erzählt von den alten Menschen kurz vor dem Rentenalter. „Viele von ihnen konnten sich nicht an das neue System gewöhnen und verstanden es auch nicht. Sie wussten nicht, wie man Geld machen konnte und hatten unter der Marktwirtschaft zu leiden. Ich bekomme monatlich hundertfünfzig US-Dollar Rente. Das ist eine gute Rente in einer Großfamilie mit einem funktionierenden Geschäft. Ist man aber alleine, ohne Nebenverdienst, kommt man nicht über die Runden." Er senkt seinen Blick und denkt einen Moment nach. Ich erzähle von der deutschen Wiedervereinigung. „Ost- und Westdeutschland mussten sich erst kennenlernen, obwohl wir alle Deutsche waren. Wie war das hier in Usbekistan?", frage ich. Abdulrakhim erläutert, dass in der Sowjetunion alle „Brüder" waren. „Die Nationalitäten waren egal. Das politische System war wichtig und gab einem seine Identität. Nach der Unabhängigkeit herrschte gerade bei der jungen Generation völlige Orientierungslosigkeit. Die Teenager wussten kaum etwas über ihre Kultur und Geschichte. Unser Präsident Islom Karimov erkannte dies und änderte es." „Wie?" platzt es aus mir heraus. „Nach der Unabhängigkeit schuf Karimov ein neues Nationalbewusstsein. Er initiierte ein Programm für die junge Bevölkerung, damit sie ihre Kultur und Herkunft verstehen und eine Identität entwickeln konnten." „Damit hat er den Patriotismus bewusst geschürt...", sage ich, „und uns selbstständiger und unabhängiger gemacht", funkt Abdulrakhim dazwischen. „Du musst wissen, dass Amerika hier keinen großen Einfluss hat. Wir mögen Karimov, da er Amerika die Stirn bietet." „Aber spielt Karimov nicht mit den Amerikanern?" Ich erinnere mich an den Anschlag auf das World Trade Center. Danach ließ der Präsident die Amerikaner ins Land und beteiligte sich am Krieg gegen den Terror. Das US-Militär hatte Zugang zu den Militärbasen in Termiz und Karshi und flog von dort aus Angriffe gegen die Taliban in Afghanistan. Usbekistan bekam als Dankeschön 500 Millionen US-Dollar Entwicklungshilfe. Aber zwei Jahrzehnte Machtmissbrauch und wenige Reformen steigerten die Wut im Land gegen das Karimov-Regime, das 2005 mit erheblichen innenpolitischen Schwierigkeiten zu kämpfen hatte. Die Wut entlud sich unter anderem im Ferghana-Tal, als sich über tausend Menschen in der Stadt Andijon versammelten, um gegen die Inhaftierung von zwei Dutzend Geschäftsleuten zu demonstrieren, die des „Islamismus" bezichtigt wurden. Was sich hinter diesem „Vergehen" verbirgt, weiß man nicht genau. Rabiat war jedoch die Niederschlagung der Demonstration, die in einem Massaker mit mehreren hundert Toten endete. Seitdem kämpft Karimov gegen jede Art des islamischen Fundamentalismus und Regimegegner werden als Extremisten oder Terroristen bezeichnet. Danach war jegliche Einmischung von außen unerwünscht. „Hat Karimov nicht nach der internationalen Kritik an der brutalen Verfolgung zahlreicher islamischer Gruppierungen die Amerikaner wieder aus dem Land geschmissen?", frage ich ihn vorsichtig. Ganz ruhig entgegnet Abdulrakhim mir: „Marcus, du musst wissen, dass kein System perfekt ist, auch nicht die Demokratie. Wir haben mehr Demokratie als vorher. Unser Leben hat sich verbessert. Stabilität und Ruhe in Usbekistan sind wichtig. Karimov zeigt den Weg, Inschallah!"

Die beiden Abdus - Abdulrakhim und Abdurakhmon - Buchara

Abdulrakhims Wunsch nach Führungsstärke ist vielerorts in Usbekistan zu sehen. Gleichzeitig ist der Islam in der ganzen Region auf dem Vormarsch. Die angestrebte Umformung der Bevölkerung Zentralasien zum treuen Sowjetbürger hat den Islam nur an die Kette legen können. Nach der Sowjetzeit erlebte die Religion einen erneuten Aufschwung in ganz Zentralasien. Trotz einer deutlichen Mehrheit Gewalt verabscheuender Gläubiger erhalten militante und radikale Gruppen steten Zulauf. Was sind die Gründe dafür? Großen Anteil an der Popularität der islamischen Fundamentalisten haben sicherlich die autoritären Regime in der Region. Dort wo Diktatoren und repressive Regierungen keine Opposition zulassen, haben radikale Islamisten viele Anhänger. Nirgendwo ist diese Verbindung offensichtlicher als in Usbekistan. Die Unterdrückung jeglicher politischer Opposition auf allen Ebenen der Regierungsarbeit treibt die Gegner Karimovs in die Arme der radikalen Prediger und ihrer revolutionären Ziele.[2] Abdulrakhims Zufriedenheit mit einem starken Mann im Staat hat nur Bestand, solange er sorgenfrei leben kann. Am unteren Rand des gesellschaftlichen Spektrums befindet sich aber eine steigende Zahl von Menschen, für die das politische und soziale System in Usbekistan größtenteils versagt hat. Für diese Nichtprivilegierten ist ein radikaler Islam eine attraktive Alternative zur

Doktrin des weltlichen Nationalismus der Regierung geworden. Die Verlierer der Gesellschaft, die schon lange ihren Glauben an den Sozialismus und Kapitalismus verloren haben, sehen ihr Heil nur noch in einer militanten Form des Protests. Die Diskussion lässt mich nicht los. Nach meinem Gespräch mit Abdulrakhim interessiert mich, wie sich die Nationalisierungspolitik Karimovs auf eine weitere Gemeinschaft Bucharas auswirkt.

Welche Blüten der entfachte Nationalismus in Usbekistan treibt, erfahre ich in der „Mahalla“, dem jüdischen Viertel hinter dem Kukluk-Bazar. Seit über zweitausend Jahren existiert hier eine jüdische Gemeinde. Die Isolation sowie die Notwendigkeit, mit ihren Nachbarn im heutigen Tadschikistan zu kommunizieren und in Zeiten mit starkem Antisemitismus ihre hebräischen Wurzeln zu verstecken, veränderte ihre Sprache. Die „Buchara-Juden“ sprechen bis heute „Buchari“. Die jüdische Gemeinschaft gilt als eine der ältesten religiösen Gruppen Zentralasiens. Dabei sind mit „Buchara-Juden“ alle Mitglieder der jüdischen Gemeinde Zentralasiens gemeint, egal ob sie in Samarkand, Bischkek oder Buchara leben. Wieder tauche ich in einen Stadtteil ein, der abseits der Tourismuspfade liegt. Uralte Bräuche und Sitten überdauerten gute wie schlechte Zeiten. In kleinen Manufakturen innerhalb

Kinder im jüdischen Viertel in Buchara

des Viertels stellten geschickte Handwerker feine Stoffe her und färbten sie ein. Über Jahrhunderte prägten sie so den Handel entlang der Seidenstraße mit. Immer wieder sahen die „Buchara-Juden“ sich einem religiösen Fundamentalismus ausgesetzt. So zwang man sie, zum Islam zu konvertieren oder beschnitt ihre Freiheiten innerhalb der Oasenstadt. Diejenigen, die weiterhin illegal ihren Glauben ausübten, nannte man „chala“, da sie „weder Fisch noch Fleisch“ waren. Obwohl die russische Eroberung Zentralasiens der jüdischen Gemeinde zuerst Religionsfreiheit brachte, leiteten die Sowjets später die systematische Vertreibung der „Buchara-Juden“ ein. Industriell hergestellte Massenware trieb die kleinen jüdischen Manufakturen in den Ruin. Die Welle der russischen Zwangsenteignungen schwappte auch nach Buchara und sorgte für eine massenhafte Auswanderung nach Israel und Amerika. Staatlich verordnete Kulturprogramme sowie ein neues usbekisches Nationalbewusstsein gaben den „Buchara-Juden“ den Rest. Plötzlich wandten sich alte Nachbarn gegen sie. Mit der Ausrufung der Unabhängigkeit Usbekistans wurde die jüdische Gemeinde Bucharas auf weniger als dreihundert Mitglieder reduziert.[3]

Ich besuche die Mahallah-Kuhna-Wohngegend mit ihrer über dreihundert Jahre alten Synagoge. Ein Labyrinth aus kleinen Gassen durchzieht das Viertel. Wieder verweigern hohe Lehmmauern den Blick in Innenhöfe mit Aprikosenbäumen und Weinreben. Einige Kinder verfolgen mich auf ihren altersschwachen Fahrrädern. Plötzlich stehe ich vor einer mächtigen hölzernen Flügeltür. Links und rechts treten zwei dicke Säulen aus dem Mauerwerk hervor. Auf ihnen ruht ein Rundbogen, der ein Schild einrahmt, welches in unterschiedlichen Sprachen auf das Gebetshaus hinweist. Ich habe das Gefühl, als schließen sich hinter mir Türen, als würde ich beobachtet. Ich klopfe mehrmals an die Türe und warte darauf, dass mir Einlass gewährt wird. Wenig später öffnet sich ein Tor auf der anderen Straßenseite und ein Mann tritt auf mich zu. „Shalom“, grüßt er mich schlicht und schließt die Synagoge auf. Während ich eintrete, verschwindet er wieder, ohne dass ich es bemerke. Ein heller Innenhof öffnet sich, der teilweise überdacht ist. Hölzerne Säulen tragen hohe Decken. Der Innenhof fungiert als Versammlungsraum. Holztische mit grünen Tischdecken stehen an den Seiten. Die Flagge Israels weht von einem Balkon. Mir fällt sofort der Kontrast zwischen diesem lichtdurchfluteten Atrium mit seiner freundlichen Atmosphäre und der grauen Außenwelt der staubigen Gassen mit ihren hohen Lehmwänden auf. Ich entdecke viele alte Bilderrahmen an den Wänden. Vergilbte Schwarz-Weiß-Fotos zeigen Familienszenen und feierliche Zusammenkünfte. Stolze Männer mit Fellmützen in usbekischen Trachten stehen steif vor der Kamera. Zeitungsschnipsel erzählen dazugehörige Geschichten. Trauergemeinden posieren neben weißen Grabsteinen mit schwarzen hebräischen Inschriften. Dieser Raum ist wie ein Museum und erinnert an eine andere Zeit. Ich sehe mich um und versuche der Situation einen Sinn zu geben. Soll ich mich hier alleine aufhalten oder kommt doch noch jemand? Was darf ich mir anschauen? Hinter mir knackt es und erst jetzt bemerke ich ein kleines Mädchen, das mich am Arm nimmt und mit mir den Gebetsraum betritt. Ein rosa Haarreif aus Plastik hält ihre schulterlangen schwarzen Haare zusammen. Sie trägt eine bunte Perlenkette und ein Kleid mit einer Komikfigur als Motiv. „Tora – you see – Aron – ha Qodesch“ sagt sie und deutet auf den Tora-Schrein an der Ostwand, der hinter hölzernen Wandtüren verschlossen ist. Ich nicke und bemerke zudem die vier Wandnischen darüber. In einer wurden symbolisch zwei Tafeln aufgemalt, die die zehn Gebote enthalten. Das ewige Licht, welches fester Bestandteil eines jeden Gebetsraumes ist und an die Feuersäule erinnern soll, die die Israeliten auf ihrem Weg durch die Wildnis der Wüste

Die jüdische Synagoge - Buchara

Erinnerung an emigrierte Juden - Buchara

Sinai begleitet hat, wird hier durch einen gelben Davidsstern mit Lichterketten ersetzt. „Come“, sagt die Kleine knapp und geht mit mir in die angrenzende Küche. Ein Ofenrohr ragt aus der Wand heraus. Daneben trägt ein kleiner Emailleherd einen vergessenen Teekessel. Die Synagoge wurde während der Sowjetzeit in ein Gästehaus umfunktioniert und 1940 ganz geschlossen, bis eine Petition der Juden bewirkte, dass sie nach dem Zweiten Weltkrieg wieder geöffnet wurde. Überall in der Küche hängen Bilder, die Gemeindemitglieder zeigen. Alte Frauen mit bunten Kopftüchern lächeln mich an. Ihre Männer mit weißen Bärten stehen neben Rabbinern. Orthodoxe Juden in schwarzen Roben schauen ausdruckslos drein. „Gone, all gone to Israel or America“, sagt sie leise. „Now we small community.“ Sie bringt auf den Punkt, was offensichtlich ist. Die „Buchara-Juden“ stehen kurz vor dem Aussterben. In Usbekistan trägt der erstarkte Nationalismus große Schuld an diesem Exodus. Öffentliche Anfeindungen, staatliche Kulturprogramme und die propagierte usbekische Sprache schränken die Freiheiten der Minderheiten im Land, ihre Kultur zu leben, weiter ein. Keine gesellschaftliche Akzeptanz lässt häufig nur noch die Emigration als finalen Ausweg zu. Die Kleine beendet den Rundgang durch die Synagoge und begleitet mich nach draußen, wo eine Gruppe Kinder auf Fahrrädern wartet und mich beobachtet. Ich verlasse das Viertel mit gemischten Gefühlen und frage mich, welche Zukunft das

Mädchen haben wird. Ist sie Zeitzeugin einer Kultur, die dem Untergang geweiht ist? Die Behörden sparen vergleichbar mit Samarkand auch hier das jüdische Viertel systematisch von der Restaurierung der Stadt aus. Nicht ein einziges Schild weist auf seine Existenz hin. Wie in Timurs Hauptstadt erhält der Außenstehende den Eindruck, als wolle man die Existenz der „Buchara-Juden" verbergen. Keine schöne Entwicklung!

Esel trotten mitsamt ihrer Last auf den Straßen außerhalb Bucharas herum. Wasserkanäle durchziehen das Land und trennen Felder voneinander. Landwirtschaftliche Flächen ziehen vorbei. Mit zunehmender Entfernung von Buchara nimmt die Ödnis mehr und mehr zu. Strommasten stehen wie Dominosteine hintereinander bis zum Horizont. Auf der Straße manövriert mein Fahrer Ulugbek geschickt den Wagen über die Längsrillen auf der dringend sanierungsbedürftigen Fahrbahn Richtung Westen. Eine kurze Verabschiedung in Buchara und ein kleiner Scherz von Abdurakhmon: „Das ist Ulugbek - eben noch Astronom und Mongolenherrscher, jetzt Taxifahrer" und auf ging es in die Weite der Steppe. Die Erde schimmert rot und braun. Autowracks werden vor Reparaturwerkstätten ausgeschlachtet. In regelmäßigen Abständen zieren Fetzen geplatzter Autoreifen als Mahnmale die Fahrbahn. Vielleicht hätten einige Unglückliche doch häufiger eine solche Reparaturwerkstatt aufsuchen sollen. Wir passieren einen schweren Unfall. Die Polizei leitet den Verkehr an der Seite vorbei. Ein Kleinwagen ist mit voller Wucht auf einen Traktor geprallt und hat sich dann überschlagen. Der Wagen ist in der Mitte fast durchgebrochen und total verbeult. Das Dach wurde komplett abrasiert und Teile hängen noch am Anhänger des Traktors. Neben einem weiteren Polizeiwagen kauert der schwer verletzte Fahrer. Blutende Schürfwunden sind an seinem Oberkörper und an seinem linken Arm auszumachen. Bei diesem Anblick betet Ulugbek und sieht mich durch den Rückspiegel an.

Die Steppengräser wechseln die Farbe und werden grau, als hätten sie sich mit dem Rest der Landschaft abgesprochen. Schilder am Wegesrand deuten auf die noch bevorstehende Tortur hin: „Nukus 475 Kilometer" – „Nukus 425 Kilometer". Und wieder ein Checkpoint. „Salam alaikum – Tourist?" „Ja, auf dem Weg nach Chiwa." „Passieren, passieren!" Die Langeweile ist den Polizisten ins Gesicht geschrieben. Ich zähle Mobilfunkmasten, vergesse aber immer wieder die Gesamtzahl. Die Dichte der Steppengräser wird geringer, der Sand gewinnt die Oberhand. Auf den kahlen Stellen sind erste Rippen und Dellen sowie Miniaturdünen zu sehen. Zwei Arbeiter in roten Warnwesten schaufeln eine Sandverwehung von der Straße. Bei jeder Schüppe Sand weht der Wind die Hälfte zurück. Sisyphusarbeit! Nun verkrümeln sich die Steppengräser mancherorts in den Boden zurück. Ist der Rückzug unter die Erde eine Anpassung an das Klima? Plötzlich haben sich Sicheldünen die Hälfte der Straße erkämpft. Wir fahren Schritttempo. Jurten, Nomaden und Ziegenherden tauchen auf. Straßenschilder warnen den Fahrer vor Gefahren: „Achtung Tierwanderungen!“ Die Skizze auf dem Schild sieht aus wie eine Milchkuh. „Achtung Kurve!“ – „Achtung Straßenschäden!“ Angesichts der Schlaglöcher und Bodenwellen völlig überflüssig. Und noch einmal „Achtung Bodenwellen!“ – nur ist diesmal das Schild verkehrt herum angebracht und es müsste eher heißen: „Achtung Brüste!“ Russische Kamaz-Laster aus einer anderen Zeit mäandrieren über die Straße und lösen einen Sandsturm hinter sich aus. Asphalt und Schotter wechseln sich ab. Die Asphaltabschnitte sind trügerisch. Man meint, man könne nun Gas geben, muss das Auto dann aber wieder vor einem Loch in der Teerdecke abbremsen. Nach sechs Stunden Fahrt wechselt endlich die Szenerie und fruchtbare Landschaften melden sich zurück. Bewässerungskanäle geben Wasser an die umliegenden Felder ab. Obst und Gemüse wird angebaut. Und dann plötzlich überqueren wir den gewaltigen Oxus, der dem Land Timur Lenks seinen Namen gab: Transoxanien – das Land jenseits des Flusses. Heute als Amu Darja bekannt, ist er einer der Zuflüsse des Aralsees. Hier sieht man ihn noch! Um unabhängig von Baumwollimporten zu werden, ordnete die Sowjetunion den Baumwollanbau entlang der Flüsse an. Die Monokultur verlangte unendliche Mengen an Wasser und reduzierte den mächtigen Amu Darja in diesem Jahrhundert zu einem Rinnsal, das seinen Weg nicht mehr in den Aralsee findet und ihm das Wasser verweigert. Rostende Boote in der öden Steppe, wo früher einmal Häfen waren und kranke Menschen sind stumme Zeugen der schlimmsten je von Menschenhand geschaffenen Umweltkatastrophe auf unserem Planeten.

KAPITEL IV: Transoxanien

Die endlos lange Straße durchquert die gewaltige Dünenlandschaft der Kysylkum-Wüste, deren „rote Sande" sich in westlicher Richtung bis zum Aralsee erstrecken. Im Süden und westlich des Oxus, des heutigen Amu-Darja-Flusses, breiten sich die „schwarzen Sande" der Karakum-Wüste aus. Als kleiner grüner Punkt inmitten dieser Trockengebiete, isoliert und fernab jeglicher Zivilisation, befindet sich die Oase „Choresm" am Mündungsdelta des Amu Darjas in den Aralsee. Hier blühte mehrere Jahrhunderte lang die auf einer Bewässerungslandschaft basierende Hochkultur des choresmischen Königreiches. Ulugbek hört usbekische Popmusik im Auto und wird immer redseliger, je näher wir seiner Heimat kommen. Permanent bimmelt sein Handy. Ich indessen sortiere die Notizen auf meinem Schreibblock. Auf einer Seite kann Ulugbek die mit einem Rotstift markierten Worte „Choresm" und „Dschingis Khan" lesen. Er macht die Musik leiser und sagt zu mir: „Choresm wurde zuerst von ihm verwüstet und dann im 14. Jahrhundert von Timur Lenk erobert und völlig zerstört." Offensichtlich kennt er sich aus. „Schon wieder die beiden", murmel ich vor mich hin. „Erstaunlich ist, dass ihr in Usbekistan Nationalhelden habt, die euer Land komplett verwüstet haben. Siedlungen, die auf der Einflugschneise der beiden lagen, brauchten ja wohl mehrere Generationen, um sich zu erholen." Ulugbek grinst mich an und entgegnet: „Wir sind halt hart im Nehmen – du hast aber recht. Chiwa brauchte sogar etwas länger." Ungefähr zweihundert Jahre, wie ich später nachlese.

Chiwa gilt mein besonderes Interesse, da ich durch einen Zufall einen intensiveren Kontakt zu einer Familie und damit einen Einblick in das Leben der Stadt bekommen sollte. Im Juni 2011 durchstöberte ich auf der Tottenham Court Road in London einige Buchläden nach Literatur zu Usbekistan. Mir fiel ein Buch eines Engländers in die Hände, das interessant klang. „A Carpet Ride to Khiva" von Christopher Aslan Alexander lässt einen tief in die Geschichte und Kultur Usbekistans eintauchen. Der Leser erhält durch Alexanders Bericht über seine sieben Jahre in Chiwa ein detailliertes Bild von den unterschiedlichen Facetten der usbekischen Gesellschaft. Der Autor wurde in der Türkei geboren und wuchs in Beirut auf. In Usbekistan ließ er sich nieder und schrieb für die schwedische Hilfsorganisation „Operation

Meros Guesthouse - Chiwa

Mercy“ einen Reiseführer über Chiwa. Alexander nahm wenig später ein Angebot der UNESCO an und rief ein unabhängiges Teppichgeschäft mit eigener Werkstatt ins Leben. Er rekrutierte einen zusammengewürfelten Haufen an erfahrenen Färbern und Knüpferinnen aus Witwen und arbeitslosen Helferinnen und baute eine heruntergekommene Medresse in eine funktioniere Teppichwerkstatt um. Als Freund und Helfer stand ihm der Usbeke Madrim zur Seite. Nachdem die Teppichwerkstatt auf eigenen Beinen stand, erwartete der Bürgermeister der Stadt Chiwa plötzlich als Geste der Freundschaft Teppiche im Wert von mehreren tausend Euro. Da Christopher Aslan Alexander jede Art der Korruption entschieden ablehnte, war das politische System in Usbekistan nach für ihn sieben erfolgreichen Jahren nicht mehr länger auf seiner Seite. Sein Visum wurde nicht verlängert und sein Kontakt zu seinen Freunden in Chiwa brach jäh ab. Damit schloss sich auch ein Kapitel in seinem Leben.

Im Juli 2011 plante ich mit der freundlichen Unterstützung von Tanya in Taschkent meine Reiseroute durch das Land. Ich schrieb unzählige E-Mails, um Kleinigkeiten zu organisieren. Tanya half mir insbesondere bei den Bahnverbindungen. Ihre Recherche zu Zügen sowie An- und Abfahrtszeiten halfen mir, eine grobe Zeiteinteilung zu erstellen. Da in Usbekistan zu dieser

Zeit Hochsaison sein sollte, was sich später als Fehlinformation herausstellte, wollte ich bei einem dünn gesäten Übernachtungsangebot auf der sicheren Seite sein. In Chiwa plante ich, im „Meros Guesthouse“ zu wohnen. In meinem Reiseführer zu Usbekistan überflog ich die Informationen zum Hotelstandard. Der Preis war gut und die Lage ideal. Wenige Tage später bekam ich die Bestätigung von Jaloladdin Matkarimov und plötzlich hielt ich vor dem Bildschirm meines Computers inne. Der Name „Jaloladdin“ kam mir bekannt vor. Ich lief in mein Wohnzimmer und holte Christopher Aslan Alexanders Buch „A Carpet Ride to Khiva“ aus dem Bücherregal. Die Seiten flogen mir durch die Hände, bis ich die richtige Stelle erwischte. Immer wieder las ich die gleiche Stelle durch: Jaloladdin war der älteste Sohn Koranbegs und sein Onkel hieß Madrim. Alle Charaktere hatte der britische Autor in seinem Buch beschrieben und ein Zufall sorgte dafür, dass ich in dem gleichen Haus, ja bei der gleichen Familie unterkommen sollte, bei der drei Jahre zuvor noch Christopher Aslan Alexander lebte. In der nächsten E-Mail versprach mir Jaloladdin, ein Treffen mit Madrim in der Teppichwerkstatt zu organisieren. Madrim war bereit, mich herumzuführen und mir Fragen zu beantworten. Mittlerweile hatten Christopher Aslan Alexander und ich ebenfalls E-Mail-Kontakt und er wünschte mir einen wunderschönen Aufenthalt in Chiwa. Ich hatte so viele Fragen: Wie hat er sich wohl gefühlt? Bis heute wurde dem Schriftsteller nach seinem Rausschmiss aus dem Land keine Einreiseerlaubnis mehr erteilt. Hatten er und Madrim sich seit ihrer Verabschiedung in Afghanistan, die im Buch so ergreifend beschrieben wurde, noch einmal gesehen,? War er noch in Entscheidungen, die die Teppichwerkstatt betrafen, involviert? Ich brannte darauf, selbst zu sehen, wie die Charaktere aus dem Buch sich weiterentwickelt hatten.

Mir ist heiß. Wir stehen an einer Tankstelle in Urgentsch, einige Kilometer von Chiwa entfernt. Ulugbek füllt den Tank auf und raucht genüsslich eine Zigarette an der Zapfsäule, auf der ein großer Aufkleber an das Rauchverbot erinnert. Die Straßenlampen sind mit Baumwollmotiven verziert. Oberleitungsbusse kommen in regelmäßigen Abständen an der Tankstelle vorbei und erinnern mich an das heimische Solingen. Die Zigarettenpause dauert etwas länger, da ein befreundeter Kollege Ulugbeks aufgetaucht ist. So widme ich mich wieder meinen Aufzeichnungen. Vielleicht war es die enorme Entfernung zu anderen Orten, denke ich, die zu veränderten Verhaltensweisen geführt hat. Schließlich liegen tausende Kilometer Sand und Steppe zwischen Chiwa und anderen

Siedlungen entlang der Seidenstraße. Isolation, Einsamkeit, mangelnder Kontakt zur Außenwelt. Es fehlte ein Korrektiv. Vielleicht waren aber auch die zahlreichen Überfälle der Turkmenen die Ursache für das exzentrische Verhalten der Machthaber Chiwas, die ein unabhängiges Staatsgebilde, das einem mittelalterlichen Feudalstaats gleichkommt, regierten. Ich werde aus meinen Gedanken gerissen, als plötzlich die Tür aufgeht. Ulugbek plumpst wuchtig in den Fahrersitz, startet den Motor und gibt Vollgas. Ich spreche ihn auf den großen Nachbarn im Norden an. „Sag mal, die Russen haben sich das hier in Chiwa aber auch einfacher vorgestellt, oder?“ Lautes Gelächter ertönt hinter dem Steuer des Wagens. „Mann, was waren das für Anfänger! Die erste Truppe war einfach zu blöd und der zweiten war viiiiiel zu kalt.“ Damit meint er den Plan des imperialen Russlands, den eigenen Einflussbereich in ganz Zentralasien auszudehnen und die Briten zurückdrängen. Chiwa wurde zum Spielball der Expansionsgelüste der Russen und Briten im 18. und 19. Jahrhundert. Die Unterwerfung des Khanates durch die Russen sollte eigentlich keine allzu großen Probleme darstellen. Ein erster Invasionsversuch endete jedoch in einer furchtbaren Katastrophe. Statt als Sieger zu triumphieren, wurde die viertausend Mann starke russische Streitmacht bis auf wenige Überlebende regelrecht abgeschlachtet. Danach blieb Chiwa Gesprächsstoff am Hofe des Zaren. Beobachter berichteten immer wieder von den erbärmlichen Zuständen des Sklavenhandels in der Oasenstadt, von wahllosen, grausamen Routineexekutionen, öffentlichen Enthauptungen sowie gefesselten Sklaven und Häftlingen, denen bei lebendigem Leibe mit blutgetränkten Messern die Augen herausgeschnitten wurden. Blind ließ man sie danach in den Gassen umherirren, bevor die Soldaten des Khans ihnen den Garaus machten. Insbesondere die Nachricht von russischen Sklaven führte zu erneuten Eroberungsplänen, sodass 1839 eine zweite Expedition nach Chiwa marschierte. Die Berater des Zaren wollten aus den Fehlern der Vergangenheit lernen und entsandten eine russische Streitmacht mitten im Winter. Diesmal musste der Khan in Chiwa nicht einmal seine Truppen in Bewegung setzen. Schneestürme, Schneeblindheit und Erfrierungen rafften große Teile der russischen Armee hin und zwangen den Rest zur Rückkehr.[1] Zweiter Versuch – erneuter Reinfall! Ulugbek hat recht. 1873 schließlich wendete sich aber das Blatt und die Russen eroberten das Khanat Chiwa. In der Stadt angekommen, halten wir vor dem „Meros Guesthouse“. Endlich da! Staub wirbelt auf der Straße auf. Ulugbek hält mich am Arm fest und sagt: „Schau mal, du wohnst direkt gegenüber der Residenz ‚Kuhna Ark‘, dem

Palast der Machthaber Chiwas. Mohammed Rakhim Khan, auch als ‚Feruz Khan' bekannt, unterwarf sich hier bedingungslos. Wusstest du, dass die Russen seine Armee auflösten und ihn dazu zwangen, einen erheblichen Teil seines Vermögens an den Zar abzutreten? Er gilt als der letzte Khan Chiwas." „Warum durfte er denn seinen Titel behalten?" „Weil sein erstgeborener Sohn Said Abdullah sich mit Opium das Gehirn weggeblasen hat, also früh starb, und sein zweitgeborener Sohn Isfandir nach diversen Frauengeschichten hingerichtet wurde. Marcus, ich habe dir doch gesagt, dass du es hier mit harten Jungs zu tun hast!"

Im Frühstücksraum der Familie Matkarimov wird bei einem Blick an die Decke schnell deutlich, dass ein Meister der Restauration im Haus wohnt. Koranbegs Großvater war der Meisterhandwerker am Hofe Feruz Khans und verantwortlich für viele Renovierungsarbeiten. Koranbeg führte die Familientradition fort und leitete die Restaurierungsarbeiten fast aller historischen Gebäude Chiwas. Während meiner drei Tage Aufenthalt in der Oasenstadt sehe ich ihn oft, wie er Delegationen durch die Straßen geleitet. Laufen wir uns über den Weg, grüßt er mich freundlich mit „Salam Mister Marcus." Sein ältester Sohn Jaloladdin leitet nun als Manager das „Meros Guesthouse" und füllt den Job sehr gut aus. Bei allen Kleinigkeiten hilft er mir gerne. Worte wählt er mit Bedacht. Er war 12 Jahre alt, als Christopher Aslan Alexander, der hier nur liebevoll „Aslan" genannt wird, in seinem Elternhaus auftauchte. „Als er bei uns einzog und mein Vater ihn uns vorstellte, konnte Aslan ganz wenig Usbekisch", erinnert er sich. Koranbegs Sohn ist groß gewachsen, gertenschlank und schielt ein wenig. Außerhalb des Hauses trifft man ihn nur mit Stoffhose und akkurat gebügeltem Hemd an. In „A Carpet Ride to Khiva" beschreibt Alexander das Verhältnis zwischen Vater und Sohn als kompliziert. Der Leser erfährt, dass Jaloladdin seinem Vater kaum etwas recht machen konnte. Koranbeg schien sich sogar für seinen Sohn zu schämen. Weder bekam Jaloladdin Zuneigung, noch Lob. Sein jüngerer Bruder Zealaddin hingegen war mit allen Wassern gewaschen. Er konnte sich viel mehr bei seinem Vater erlauben. Ich lerne Zealaddin als eher schrille Erscheinung kennen. Ein wenig untersetzt mit dickem Gesicht hockt er meist in bunten Hawaiihemden vor dem Computer und sieht sich Filme an. „Aslan wurde ganz schnell zu einem Familienmitglied. Zwischen ihm und meinem Onkel Madrim entstand eine sehr enge Freundschaft", erzählt mir Jaloladdin.

Jaloladdin, seine Frau, Koranbeg und der Autor - Chiwa

Ich treffe Madrim in der Teppichwerkstatt, zu der Jaloladdin mich begleitet. Es herrscht eine geschäftige Atmosphäre. Ein vertikaler Teppichknüpfstuhl steht am Eingang, an dem drei in traditionelle Kleider gehüllte Knüpferinnen arbeiten. Fertige Teppiche werden zurückgeschnitten und somit von Seidenresten befreit. „Herzlich Willkommen, Marcus", begrüßt mich Madrim. Mir fallen sofort seine freundlichen Augen und feinen Gesichtszüge auf. An den Schläfen ist er ergraut, was ihm noch mehr Persönlichkeit verleiht. Madrim entschuldigt sich direkt für sein schlechtes Englisch, freut sich aber, mir die Werkstatt zeigen zu können. Mit Jaloladdins Hilfe erklärt er mir den Prozess des Färbens von Seide. Ich erfahre viel über die natürlichen Färbemittel und in welcher Kombination Naturfärbemittel bestimmte Farbnuancen ergeben. Madrim erläutert mir, dass eingekaufte Seide rau wie Pferdehaar ist, da die Seidenraupe ein gummiartiges Protein ausscheidet, das vor der Weiterverarbeitung herausgewaschen werden muss. Im Innenhof der Werkstatt sehe ich Färbebehälter aus Metall, in denen die Seidenstränge während ihres Bades geknetet werden, sodass die Färbemittel vollständig in die Faser eindringen können. „Wir brauchen drei Männer für das Färben der Seide, da es eine harte Arbeit ist", sagt Madrim und zeigt mir Seidenstränge in Gelb-, Indigo- und Rottönen. „Die Madderpflanze, deren pulverisierte Wurzeln ein mattes Bordeauxrot ergeben, sowie ‚Zok', sulfathaltige Kreide, die Dunkelblautöne erzeugt, muss ich teuer über einen Mittelsmann aus Afghanistan importieren, da ich momentan kein Visum zur Einreise bekomme." Ich möchte wissen, wie lange es dauert, bis ein Teppich fertig ist. „An jedem Teppich arbeiten drei Knüpferinnen, die zusammen vier Monate für seine Fertigstellung benötigen. Jeden Tag kommen vier Zentimeter hinzu. Am Ende misst er dann 110 mal 200 Zentimeter. Jedes Jahr verkaufen wir ungefähr fünfundzwanzig Teppiche" lässt mich Madrim wissen. Als Christopher Aslan Alexander plötzlich nicht mehr ins Land gelassen wurde, muss die Trennung für alle schmerzlich gewesen sein. Mich interessiert, wie sich der Einschnitt auf die tägliche Arbeit in der Werkstatt ausgewirkt hat. Madrim erklärt mir, dass der Anfang schwierig war. Er musste die Verantwortung übernehmen. „Es war gut, dass wir vorher alles gemeinsam aufgeschrieben hatten. Unser System wurde nicht verändert, die historischen Designs behalten wir bis heute bei", sagt er.

Im ehemaligen Arbeitszimmer Alexanders hält Madrim inne und wechselt das Thema: „Aslan ist mein Freund, ein sehr guter Freund." Alexander beschreibt Madrim in „A Carpet Ride to Khiva" eindrucksvoll und bewegend.[2] Ich lese, wie der Usbeke als kleiner Junge sehr scheu in der Schule war. Krafttraining verlieh ihm auf dem Schulhof mehr Respekt. Sein gut trainierter Körper half ihm dann, den Militärdienst zu überstehen. Er wurde nach Leningrad geschickt, obwohl er kein Russisch konnte. In dieser ungewohnten Kultur sollte Madrim als Muslim Schweinefleisch essen und Wodka trinken. Detailliert schildert Alexander die medizinische Untersuchung, die Madrim während des Militärdienstes über sich ergehen lassen musste. Er bekam „Impfungen", die zweimal im Jahr wiederholt wurden. Wie sich schnell herausstellte, wurde er zeitweise impotent. Die Soldaten sollten sich so besser auf ihren Dienst konzentrieren. Er diente auch in Afghanistan, wurde aber in keine Kampfhandlungen verwickelt. Als er die Armee verließ, suchten seine Eltern für ihn eine geeignete Frau. Madrim nannte ein Mädchen aus seiner Klasse und eine Hochzeit wurde arrangiert. Laut Alexander wollte Madrim eigentlich Arzt werden. Er bewarb sich aber beim Institut für Restaurierungsarbeiten und restaurierte unter anderem den Palast des Khans in der Stadt Kokand. Mit seinem erspartem Geld konnte er Land kaufen, ein Haus bauen und dort mit seiner Frau und den drei Kindern gut leben. Dann kam die Zeit der Unabhängigkeit. Ich erfahre, wie Madrim arbeitslos wurde und als Gastarbeiter in Kasachstan arbeiten musste. Dort lebte er unter

Arbeiterinnen in der Teppichwerkstatt - Chiwa

erbärmlichen Umständen und wurde regelmäßig um seinen Lohn betrogen. Für ihn war die Möglichkeit, im Teppichladen zu arbeiten, ein glücklicher Umstand, dem er, wie er beteuert, viel zu verdanken hat.

Mich hat der Besuch in der Teppichwerkstatt sehr bewegt. Charaktere aus einem Buch sind für mich lebendig geworden und ich habe gesehen, wie sich das Leben der Protagonisten weiterentwickelt hat. Ich frage mich, was Christopher Aslan Alexander in der Zwischenzeit macht und kontaktiere ihn per E-Mail. Er willigt ein, mir zahlreiche Fragen zu beantworten und ich schicke ihm zum Dank Bilder, die ich von Koranbegs Familie in Chiwa gemacht habe. Chris, wie ich ihn nennen darf, ist momentan in Kirgisistan und kümmert sich um traumatisierte Opfer, die nach den schweren Massaker während der „Drei-Tages-Revolution" im April 2010 Hilfe brauchen. Der ehemalige kirgisische Präsident Kurmanbek Bakijew verlor damals die Unterstützung im Volk woraufhin seine Außenministerin Rosa Otunbajewa eine Interimsregierung einsetzen musste. Mitte Juni eskalierte die Gewalt dann in der Stadt Osch. Über hundert Menschen wurden getötet und über tausend verletzt. Wie so oft waren ethnische Konflikte die Ursache und zeigten einmal mehr, dass eine willkürliche Grenzziehung nach dem

Zusammenbruch der Sowjetunion zwar Staaten schuf, aber nicht dafür sorgte, dass deren Bewohner friedlich miteinander lebten. Die Gewalt richtete sich gegen die ethnische Minderheit der Usbeken, die an der Grenze zu Usbekistan nahezu fünfzig Prozent ausmacht. Ich erinnere mich an Fernsehbilder aus Osch, wo man ausgebrannte und verwüstete Straßenzüge erkennen konnte. Als Konsequenz flüchteten tausende Usbeken über die Grenze ins Ferghana-Tal, wobei die usbekischen Behörden nicht alle Flüchtlinge passieren ließen. Otunbajewa mobilisierte das Militär, das aber nicht Herr der Lage wurde. Ihre Interimsregierung verdächtigte den gestürzten Ex-Präsidenten Bakijew als Drahtzieher hinter den Gewalttaten.

Auf einer ersten Reise nach Kirgisistan besuchte Chris das Dorf Arslanbob im Süden des Landes und verliebte sich in den Ort. Nach mehreren Gesprächen mit den Dorfältesten arbeitet er nun an einem neuen Projekt. Er möchte in dem Dorf eine Werkstatt für Holzschnitzarbeiten gründen. Wie in Chiwa sollen in Arslanbob Arbeitsplätze für die Mitglieder der Dorfgemeinschaft entstehen. Laut Chris sind „gemeinnützige Projekte, die Arbeit schaffen und exzellente Produkte produzieren" immer noch seine Spezialität. In der Umgebung von Arslanbob stehen bis zu tausend Jahre alte Walnussbäume,

Knüpferinnen in der Teppichwerkstatt - Chiwa

deren Holz als wertvoller Rohstoff genutzt werden kann. Mich interessiert das Ziel dieses Projektes und wen Chris für die Ausbildung der lokalen Bevölkerung in der Werkstatt gewinnen möchte. „Obwohl ich jede Menge Erfahrung mit der Leitung von solchen Workshops habe, kann ich kaum ein Ende eines Stecheisens vom anderen unterscheiden", schreibt er zurück. „Wie auch immer, ich hoffe, einige der Handwerksmeister aus Chiwa rekrutieren zu können. Sehr glücklich bin ich über den Kontakt zu einem deutschen Instrumentenbauer, der sich ehrenamtlich engagieren möchte." Ich frage ihn, ob man das Projekt in Chiwa mit seiner momentanen Arbeit in Arslanbob vergleichen kann. Christopher Aslan Alexander sieht schon die Gefahr, dass er irgendwie versuchen könnte, sein verlorenes Leben in Chiwa wiederherzustellen. So gerne er es zurückhaben möchte, hält er einen Vergleich doch für gefährlich. Chris freut sich auf die bevorstehende Arbeit in Kirgisistan. Dabei glaubt er nicht, dass die Werkstatt als ein Modellprojekt fungieren könnte, da die meisten Nichtregierungsorganisationen gegenüber ihren Spendern schnelle Resultate liefern müssen. Ein Projekt wie das in Arslanbob braucht mehrere Jahre, um finanziell rentabel zu werden.

Ich schlendere mit Jaloladdin durch die Gassen und denke über die Freundschaft zwischen Chris und Madrim nach. Nachdem ich das Buch gelesen hatte, beschäftigte mich schon in Deutschland die Frage, ob es für den englischen Schriftsteller nicht unglaublich schwierig gewesen sein muss, sich an anderer Stelle in Zentralasien niederzulassen. Sieben glückliche und erfolgreiche Jahre hakt man nicht einfach ab. Diese Frage wollte ich Chris als eine der ersten stellen. „Sicherlich war es schwer, sich neu niederzulassen", schreibt er. „Vergleiche sind unvermeidlich." Er zog ins Pamir-Gebirge, ein Rückzugsort, an dem er sich nach Chiwa „fallen lassen" konnte. Mittlerweile genießt er sein Leben im Süden Kirgisistans viel mehr, als in den hohen Bergen des Pamirs. Er fand einen wunderbaren Ort, den man mit Chiwa vergleichen kann. Von hier aus hat er weiterhin Kontakt zu seinem alten Leben in der usbekischen Oasenstadt. Chris berichtet mir, dass Madrim Skype entdeckt hat und die beiden häufig miteinander kommunizieren. Als Freund und Ratgeber steht er ihm immer noch zur Seite. Für Chris ist es aber wichtig, dass Madrim nun die Teppichwerkstatt selbstständig leitet. Er ist stolz auf den Erfolg. Nur wenige Projekte dieser Größenordnung laufen in Zentralasien nach über sechs Jahren noch unabhängig. Er hofft, dass er bald ein Visum bekommen wird und Chiwa wieder besuchen kann. Ich wünsche es ihm.

Tief ins Gespräch versunken laufen Jaloladdin und ich durch das historische Chiwa zurück zum Gästehaus. Wir passieren Itchan-Kala, die ummauerte Altstadt Chiwas, die zum UNESCO Weltkulturerbe gehört. Hinter großen Mauern verzaubern edle Audienzhallen mit ihrer Majolikafliesenornamentik den Betrachter. Auf einem Podest, einer Theaterbühne gleich, deren Dach in der Mitte durch eine aufwendig verzierte Holzsäule getragen wird, empfing der Khan seine Gäste oder Untertanen. Etwas weiter in der Stadtmitte steht das Kalta-Minor-Minarett wie ein dickes blaues Bierfass. Einer Legende zufolge wollte Mohammed Amin Khan im 19. Jahrhundert ein Minarett erbauen, das man noch im fünfhundert Kilometer entfernten Buchara sehen sollte. Als er starb, blieb das Minarett unvollendet. Um die Mittagszeit sind die Gassen und Plätze in der Nähe leer gefegt. Chiwa ist wie Buchara eine Museumsstadt mit leeren Koranschulen, Palästen und Mausoleen. In der Freitagsmoschee, dem einst religiösen Zentrum der Stadt, säubern zwei ältere Frauen alleine den Boden. Ihre Silhouetten verschwinden in einem Wald aus zweihundert Holzsäulen, der in Dämmerlicht getaucht ist. Das wirkliche Leben abseits der Touristenpfade findet draußen, versteckt in einigen Ecken, statt. Kleine Gärten werden innerhalb der vollständig erhaltenen Stadtmauer aus Adobeziegeln bestellt. Im Halbdunkel alter Bäume arbeiten Schreiner an Türen und Möbelstücken. Schmiede hauen in Innenhöfen ehemaliger Medressen auf Eisenstücke ein. Fliegende Händler verkaufen CDs und russische Pelzhüte, die bei mehr als 45 °C Hitze aber keiner so recht kaufen möchte. Das Kamel „Katya“ wartet gelangweilt vor den Mauern der Mohammed Rakhim-Khan-Medresse auf Touristen, die vor ihr posieren möchten. Aufsitzen kostet extra. Und doch ist die Oasenstadt spektakulär. Vom Aussichtsturm des Kuhna-Ark-Palastes schweift der Blick über Minarette und die türkisblauen Kuppeln des Sayid-Alauddin-Mausoleums. Obwohl auch hier die Restaurierung der Kulturdenkmäler zu aggressiv gewesen ist, strahlt die Stadt immer noch den Glanz vergangener Jahrhunderte aus. Man kann sich vorstellen, wie Gefangene des Khans durch die Straßen getrieben wurden und Händler ihre Waren anboten, wie unterschiedliche Dialekte und Sprachen auf den Marktplätzen zu hören waren und Allahs Worte aus den Moscheen hallten.

Jaloladdin erzählt mir von seinen Träumen und wie er sich seine Zukunft vorstellt: „Ich möchte mit meiner Familie ein größeres Hotel eröffnen. Die sechs Zimmer meines Vaters sind zu wenig. Regelmäßig müssen wir Anfragen ablehnen. Fünfundzwanzig Zimmer wären gut.“ Er bemerkt meinen skeptischen Blick. „Natürlich muss ich dafür außerhalb der Stadtmauer ein Grundstück erwerben. Hier ist es zu teuer und es gibt keinen Platz mehr. Wenn die neue Straße nach Buchara fertiggestellt wird, kommen noch mehr Touristen nach Chiwa." Seine Schwester Malika hat geheiratet und arbeitet in der Teppichwerkstatt. Ab und zu sehe ich sie morgens im Familienhaus. Im Buch beschreibt Christopher Aslan Alexander sie als ein junges Mädchen, das während der Baumwollernte auf den Feldern mithelfen musste. Ihr Unterricht fiel aus, da das ganze Land sich zwei Monate im Jahr dem Diktat der Baumwolle unterwarf. Auf Anordnung der Regierung half jeder beim Pflücken. Usbekistans Baumwollindustrie ist auch heute noch größtenteils in staatlicher Hand und von enormer wirtschaftlicher Bedeutung. Das Land ist der sechstgrößte Baumwollproduzent der Welt. Seit der Sowjetzeit wird der Anbau auf gewaltigen Bewässerungsflächen südlich des Aralsees durchgeführt. Seine Zuflüsse tragen kein Wasser mehr in sich. Das Resultat ist eine Umweltkatastrophe monumentalen Ausmaßes. Mittlerweile ist der Aralsee auf einen Bruchteil seiner ursprünglichen Größe zusammengeschrumpft. Zu den ökologischen Schäden der übermäßigen Wasserentnahme werden der völlige Niedergang der heimischen Fischindustrie, die Bodenversalzung sowie eine Kontamination des Grundwassers durch Herbizide, Pestizide und Düngemittelrückstände gezählt. All dies macht die Menschen in der Region krank. Nach der Unabhängigkeit der zentralasiatischen Staaten hat Kasachstan das Problem erkannt und versucht, den nördlichen Teil des Aralsees mit einem Staudammprojekt wieder mit Wasser zu füllen. Erste Erfolge sind zu verzeichnen. Usbekistan jedoch hält auf Kosten der Natur und der Bevölkerung an der Monokultur fest und entnimmt weiter enorme Wassermengen aus dem Amu Darja. Kinderarbeit, wie Malika sie verrichten musste, ist auch heute immer noch zu beobachten, obwohl der Druck der internationalen Bekleidungsindustrie Usbekistan zwang, Kinderarbeit auf Baumwollplantagen zu verbieten. In Chiwa und der Aralseeregion wird nun auch die Geschichte Usbekistans hinsichtlich der territorialen Erschließung und Ausbeutung fortgeschrieben. Zentralasien bleibt weiterhin eine begehrte Region. Nur sind heute ökonomische Interessen an die Stelle der Territorialansprüche gerückt. Russland und China kämpfen an vorderster Front um die Erschließung der Erdgasfelder in der Region zwischen Buchara und Chiwa. Die usbekische Zusammenarbeit erfolgt mit der russischen Firma „Lukoil Overseas" sowie mit der chinesischen Gesellschaft „Sinopec". Im Aralseebecken erkundet ein Konsortium aus russischen, chinesischen und südostasiatischen Firmen neue Erdgasvorkommen. Neben „Lukoil Overseas“ investiert die „China National Petroleum Corporation (CNPC)“ enorme Summen in den Bau einer neuen Gaspipeline, die Gas aus Zentralasien nach China transportiert. Mehrere zentralasiatische Länder, darunter Usbekistan und Kasachstan, unterzeichneten Verträge mit China, um am Ressourcenhunger des Riesenreiches mitverdienen zu können. Insgesamt wird die Pipeline 1800 Kilometer lang sein. Wirtschaftliche Interessen und der boomende Tourismus scheinen die Grenzen in Zentralasien wieder zu öffnen und neue Partnerschaften zu formen, sodass es zu einer ökonomischen Revitalisierung der alten Seidenstraße gekommen ist. Berücksichtigt man diese jüngsten wirtschaftlichen Entwicklungen, so ist der zunehmende Nationalismus in den Ländern kontraproduktiv und fördert nicht gerade das Vertrauen in eine konstruktive Zusammenarbeit.

Zurück im „Meros Guesthouse“ steht ein alter amerikanischer Schulbus vor der Tür. „2BIG2FAIL“ prangt als Warnung an alle, die denken der Wagen sei altersschwach oberhalb der Windschutzscheibe. Ich treffe auf Kate, eine Amerikanerin mit schulterlangen blonden Haaren und in Flipflops. Sie und ihre fünf Mitfahrer nehmen an der „Mongol Rally“ teil, wie die zahlreichen Aufkleber am Bus unschwer erkennen lassen. Den Bus haben sie von New York nach London verschifft. Kate sieht ziemlich mitgenommen aus. „Schlechte Nacht gehabt?“ frage ich nach. „So ist es, wir haben noch einen Nissan Micra hundert Kilometer durch die Wüste abgeschleppt. Kamen heute Nacht um ein Uhr an. Hat wieder etwas länger gedauert – bis später, ich muss ins Bett“. Seit 2004 findet die Rallye jedes Jahr statt. Die Organisatoren nennen sich „The Adventurists“ und sind eine englische Wohltätigkeitsorganisation. Für die Rallye gelten nur zwei Regeln und eine Ausnahme: Alle Fahrzeuge dürfen einen Hubraum von maximal 1200 ccm haben und müssen weniger als zehn Jahre alt sein. Die Ausnahme sind Laster, Krankenwagen und andere Nutzfahrzeuge, die die Mongolei noch gebrauchen kann. Alle Fahrzeuge, die erfolgreich in Ulan Baator ankommen, werden dort versteigert, sodass die Mongolei doppelt profitiert. Ursprünglich war es den Organisatoren wichtig, dass die Teilnehmer mit Wagen starten sollten, die auf europäischen Autobahnen als „fahrender Schrott“ bezeichnet werden. Erster zu sein, ist in Rallyekreisen verpönt. Wichtig ist Kameradschaft, Durchhaltevermögen und natürlich ein Abenteuer erleben zu können. Eine vorgeschriebene Route gibt es nicht. Die durchschnittliche Strecke, welche in vier bis fünf Wochen geschafft werden sollte, misst ungefähr dreizehntausend Kilometer. Am großen Esstisch im Haus gesellt sich Kevin Forster zu uns. Er kommt aus Newcastle in Nordostengland und fährt gemeinsam mit seinem Freund Ian. Wie sich schnell herausstellt, wurden die beiden von den Amerikanern abgeschleppt. Ian ist mit dem Wagen im zwanzig Kilometer entfernten Urgentsch zurückgeblieben und hofft, den Micra so schnell wie möglich wieder repariert zu bekommen, da die Visa der beiden in zwei Tagen ablaufen. Obwohl Kevin eine schlechte Nacht hatte, gönnt er sich ein kühles Bierchen. „Was ist denn mit dem Micra passiert?", möchte ich wissen. Nun sprudelt es aus ihm nur so heraus: „Nun, direkt hinter der usbekischen Grenze ist uns das Benzin ausgegangen und in dem Kaff gab es nur Diesel. Wir haben dann Sprit auf dem Schwarzmarkt bekommen. Der war aber nicht sauber und nach hundertfünfzig Kilometern blieb die Karre einfach stehen. Es ging nichts mehr. Mitten in der Wüste bekamen wir beide Panik. Plötzlich tauchten die Amis auf und schleppten uns den Rest des Weges nach Chiwa ab. Glück im Unglück gehabt." „Hat denn sonst alles geklappt, seit ihr in London gestartet seid?" Kevin nimmt auf meine Frage einen langen Schluck aus der Bierflasche. Geschlossene Augen verraten reinen Genuss. Er braucht eine Weile, um antworten zu können. „Kann man nicht wirklich sagen. Wir hatten einen Platten in Kasachstan. Beim Reifenwechsel haben wir zwei von vier Schrauben rausgebrochen. War nicht geplant, aber irgendwie waren die festgebacken. Mit den anderen zwei sind wir dann bis ins nächste Dorf gefahren. Der Dorfmechaniker hat uns geholfen, wollte aber kein Geld. Er ging mit uns in eine Kneipe und ließ sich dort einladen. War ein schlimmer Abend!" Lachend fährt er fort: „Auf kasachischer Seite haben wir zwei gestrandete Spanier bis zur usbekischen Grenze mitgenommen. Hinter dem Schlagbaum auf usbekischer Seite hat die Polizei ein Stoppschild an einem Baum angebracht, das keiner sehen kann. Wie alle anderen sind wir prompt angehalten worden, um abkassiert zu werden. Völlig unerwartet zückten die Spanier zwei Ausweise und zeigten sie den Grenzbeamten. Wie sich herausstellte, waren sie spanische Kollegen. Das überraschte die Usbeken so sehr, dass wir durchgewunken wurden."

Ich nehme Kevin nach dem Mittagessen in meinem bestelltem Taxi mit nach Urgentsch zu seinem Partner Ian. Mein Zug wartet am Bahnhof. Wir wünschen uns gegenseitig alles Gute und ich verschwinde in Richtung Zug. Gute fünfundzwanzig Waggons sind angekoppelt. Wie ein Tausendfüßer

Kalta Minor Minaret - Chiwa

Im Zug nach Kasachstan

liegt er am Gleis. Es zischt, ruckelt und kracht. Die letzten Händler springen aus den offenen Türen zurück auf den Bahnsteig. Familien winken ihren Angehörigen hinterher. Die Abteilschaffner streifen schon ihre Uniformen ab und machen es sich in lockeren Hemden bequem. Ganz langsam setzt sich das fette Biest in Bewegung. Erst in den Kurven kann ich die Triebwagen Hunderte von Metern vor mir sehen. Alle schnappen im stickigen Abteil nach Luft. Die meisten Jalousien sind unten, damit der Zug sich nicht noch stärker aufheizt. Einige Usbeken suchen immer noch nach ihren Sitzen. Dorek spricht mich auf dem Gang an: „Wo du herkommen? Germania? Germania gut! Gute Menschen, bis auf einen.“ Er fragt mich, ob ich mich in Geschichte auskenne und ich bejahe dies. Das reicht ihm nicht: „Hitler – nix gut!“ „Stimmt“, erwidere ich kurz angebunden. „Haben deine Großeltern für die Gestapo gearbeitet?“ Mittlerweile denke ich, dass er im falschen Film ist und verabschiede mich. Mein Abteilnachbar hat Doreks Kommentar mitbekommen und fügt grinsend hinzu: „Orientalisches Gespräch gehabt?“

Wir passieren „Buzanby“, ein Haus und mehrere Hütten wie aus einem „Mad Max“-Filmset. Am Ende des Dorfes brennt einer sein Hausdach ab. Er nährt das Feuer immer wieder mit neuen Steppengräsern. Buzanby hat seine Bevölkerung verscheucht. Plötzlich sehe ich einen Mann mitten in der Wüste. Er kratzt sich im Schritt, während sein Blick dem Zug folgt. Ich schaue lange aus dem Fenster. Das Gras wirft weite Schatten. Der Schaffner kommt mehrfach vorbei und steckt fragend den Daumen in die Höhe. „Alles in Ordnung“, erwidere ich. Vor seinem Abteil bleibt er stehen und winkt mich zu sich. Als ich zu ihm aufschließe, zeigt er mir eine prall gefüllte Plastiktüte mit Marihuana. Er bietet mir eine Handvoll an und nennt den Ursprungsort: „Afghanistan.“ Ich lehne dankend mit der Begründung ab, dass ich noch mein Tagebuch führen möchte. „Germania? Touriiist?“ Sein Partner liegt auf dem Bett und bittet mich um ein bisschen Gesellschaft. Die beiden müssen enorme Langeweile haben. Er holt seinen Pass heraus und zeigt auf zwei Zahlen, sodass ich erkennen kann, wie alt er ist. Ich suche mir zwischen Geburtsdatum und Ablaufdatum ebenfalls zwei Zahlen aus, um ihm mein Alter zu nennen. Zufrieden schaut er mich an, klopft mir auf die Schulter und legt sich hin. Siebzehn Stunden später hat mich Taschkent wieder. Von hier aus nehme ich den Zug nach Kasachstan. Ich verlasse die alte Südstrecke der Seidenstraße und weiche von Marco Polos Route ab. Marco reiste über den Pamir nach Kashgar und Yarkand und machte dann in der Oasenstadt Dunhuang das erste Mal Bekanntschaft mit den Chinesen. Mein Plan hingegen ist es, auf der nördlichen Transitroute der Seidenstraße Zentralasien weiter mit der Eisenbahn zu durchqueren. Seit meiner Abreise aus Deutschland stehe ich diesbezüglich mit David Berghof in Kontakt. Er hat Berlin vor über zehn Jahren verlassen und dann mehrere Jahre in Turkmenistan gearbeitet. Nun leitet er „Stantours“, ein sehr versiertes Reisebüro in der ehemaligen kasachischen Hauptstadt. Über ihn habe ich schon in Deutschland ein Bett in einem Schlafabteil des „Zhibek Zholy“-Expresszuges gebucht. Schwarzmarkthändler nutzen den Zug, um in China billig Waren einzukaufen, die dann nach Kasachstan zurückgeschmuggelt werden. Die Zugabteile sind bereits weit im Voraus ausgebucht, sodass ich frühzeitig reservieren musste. Von Taschkent aus bringt mich jedoch zuerst der Nachtzug nach Almaty. Wie hat sich Kasachstan nach dem Ende der Sowjetunion entwickelt? Werde ich Parallelen zu Usbekistan erkennen können? Ich möchte die kulturelle Vielfalt an der Grenze zu China erleben und zudem erfahren, inwieweit der zunehmende chinesische Einfluss auch in Kasachstan zu spüren ist. Auf mich warten über zwanzig Stunden Bahnfahrt. Wird bestimmt spannend!

KAPITEL V: Das neue „Große Spiel"

Ich durchquere das Hinterland der „Stans". Epische Weite breitet sich um mich herum aus, rollendes Grasland erstreckt sich in alle Richtungen. Nichts gibt einem Orientierung. Wolkenfelder werfen ihr Schattenmosaik auf die Landschaft. Ackerflächen liegen wie da wie riesige dunkle Teppiche. Langsam tauchen die Ausläufer des Tienschan-Gebirges auf. Das Auge gewöhnt sich nach der endlosen Steppe wieder an Reliefunterschiede. Zwischen den Erhebungen treiben Viehhirten ihre Herden über das Land. Hunde jagen an den Flanken einzelne Tiere zurück zur Gruppe. Ein paar Gärten werden von hellblauen Zäunen abgetrennt. Weiter nördlich begleiten unseren Zug die Steppengräser Kasachstans für mehr als tausend Kilometer. Vielerorts wurden sie in landwirtschaftlich produktive Flächen umgestaltet. Die Dimensionen sind gewaltig. Zahlen und Fakten geben ein bisschen Orientierung: Über zweieinhalb Millionen Quadratkilometer ergeben ungefähr eine Fläche so groß wie Deutschland, Frankreich und die Iberische Halbinsel zusammen. Im Norden grenzen die fruchtbaren Baumsteppen an Russland, im Osten teilt das Land sich eine Grenze mit China. Im Westen hat Kasachstan tausende Kilometer Küstenlinie am Kaspischen Meer. In der südlichen Steppe haben die Menschen mit den Widrigkeiten des ariden Klimas zu kämpfen. Hier teilt Kasachstan sich auch den Aralsee mit Usbekistan.

Das Land kommt mir vor wie ein gewaltiger Kuchen, von dem sich jeder ein Stück herausgeschnitten hat. Den Anfang machten die Mongolen im 13. Jahrhundert, die unter Dschingis Khan das Land eroberten. Hundert Jahre später gliederte Timur Lenk das Gebiet in sein Großreich ein und schuf das „Kasachen-Khanat". Während ich dies schreibe, muss ich an Ulugbek in Chiwa zurückdenken. Die beiden Mongolen haben sich bei der Verwüstung Zentralasiens wirklich abgesprochen! Die Russen nahmen sich daran ein Beispiel, veränderten das heutige Kasachstan dann grundlegender als irgendwer zuvor und beuteten das Land systematisch aus. Arbeitslager beherbergten Nichtgewollte, die Stalin während des Zweiten Weltkrieges massenhaft hierher deportieren ließ. Leon Trotzky verbrachte zwei Jahre im Exil in Almaty. In den zwanziger und dreißiger Jahren des 20. Jahrhunderts erlebte die Bevölkerung dann eine Hungersnot gigantischen Ausmaßes. Die russische Zwangskollektivierung und Enteignung kostete über eine Million

Menschen das Leben. Nirgendwo sonst in der Sowjetunion wurde so rabiat vorgegangen. Freie Nomaden sollten in der kommunistischen Gesellschaft zum produktiven Sowjetmenschen aufsteigen und ortsgebundene Bauern werden. Um der Enteignung und staatlich verordneten Sesshaftigkeit zu entgehen, töteten viele ihre Viehherden. Unfähig, staatlich geplanten Ackerbau zu betreiben, flohen sie scharenweise nach China oder starben in Arbeitslagern. Ende der dreißiger Jahre hatte der Staatsterror den Tod eines Viertels der kasachischen Bevölkerung zu verantworten. Weitere Experimente folgten. Neue Industriestädte wie Karaganda und Kostanay boten Wohnraum für deportierte Zwangsarbeiter, die das Land umgruben und dem Boden Kohle, Erze und andere Mineralien entrissen. In meinem Reiseführer lese ich, wie Nikita Khrushchev 1950 den irrwitzigen Befehl gab, 250 000 Quadratkilometer nordkasachische Steppe einfach umpflügen zu lassen, um neues Ackerland zu gewinnen – eine staatlich geplante Katastrophe. Mancherorts reichen diese Horrorgeschichten schon aus, damit man ungläubig die Hände über dem Kopf zusammenschlägt – nicht aber hier! Während der Zeit des Kalten Krieges wählten die Sowjets Kasachstan schließlich zu ihrem primären Atomwaffentestgelände aus. Radioaktiver Staub legte sich wie ein unsichtbares Tuch leise und hinterhältig auf die Landschaft. Hunderte Nukleartests hinterließen genetische Mutationen, Krebs und geschwächte Immunsysteme von über einer Millionen Menschen.[1] Es hört sich an, als würde meine Reise mich in eine Region führen, die eine Apokalypse erlebt hat. Ende offen? Um das letzte Stück auf dem Kuchenteller prügeln sich heute kasachische und internationale Erdöl- und Erdgasunternehmen. Selbst die Krümel finden gierige Mäuler.

In unserem Zugabteil ist richtig was los. Wir sind unterwegs auf einer 26-Stunden-Odyssee nach Almaty im Südosten Kasachstans. Galim, mein selbsternannter Übersetzer, unterhält eine Gruppe von Kasachen, die sich um unser Viererabteil gescharrt hat. Gelacht wird mit Verzögerung. Erst, wenn Galim alles richtig verstanden und übersetzt hat, schmunzelt die Gruppe über meine Witze. Es ist elend heiß. „Sauna!“ schreit Galim. Das Wort scheinen alle zu kennen. Hemden und Hosen werden von Minute zu Minute feuchter. Mir rinnt die Brühe die blanke Kopfhaut hinunter. Hätte ich mir in Taschkent vor der Abreise nicht noch schnell die Haare auf dem Kopf rasiert, würden jetzt vielleicht einige Stoppeln den Schweiß aufhalten. Handtücher werden gewedelt – es hilft nichts. Alle kleben am Fenster, das kaum geöffnet werden kann. Wir warten nun schon eine Stunde an der usbekischen Grenze auf unsere Pässe. Die Sonne knallt ohne Erbarmen auf den Zug. „Passport zhok – Reisepass nicht!?!" rufe ich auf Kasachisch in den Gang und die Menge grölt. „Passport zhok, Marcus!" schreit einer zurück und wirbelt hektisch mit den Armen. Nun kommen die Handtücher, um den Schweiß aufzusaugen, denn die Hemden und T-Shirts haben kläglich versagt. Serik, mein Abteilgenosse, klopft mir auf die Schulter und sagt: „Sauna, ia? Sauna, ja?" Ich nicke ihm zu und er klopft mir noch einmal auf die Schulter. Endlich kommt der „Provodnik" – der Leiter oder Schaffner eines jeden Zugwaggons und hält einen Haufen Pässe in die Höhe. Er stellt sich in die Mitte, ruft die Namen auf und lässt die Pässe weiterreichen, bis sie einen Abnehmer gefunden haben. Im Nu habe ich sechs Pässe in der Hand, links einen Sergey mit Quadratschädel und rechts eine Olga. „Marcus!" brüllt der „Provodnik" und mein Pass kommt zu mir. Irgendeiner hinter mir ruft gleichzeitig „Passport ia, Marcus!" und wieder lacht das ganze Abteil. Endlich fahren wir los. Im Schneckentempo ruckelt der Zug durch ein Niemandsland und zehn Minuten später stehen wir an der Grenze zu Kasachstan. Das riesige Areal gleicht einem Internierungslager. Hohe Stacheldrahtzäune trennen Baracken vom Zug. Eine Armee von über fünfzig Zollbeamten macht sich auf den Weg. Spürhunde und baumelnde Schlagstöcke bewegen sich in unsere Richtung. Und auf einmal herrscht absolute Stille. Die Reisenden werden vom Schaffner aufgefordert, sich auf ihre Plätze zu setzen. Alles sieht nun sehr geordnet aus. Grenzbeamte durchsuchen Abteil für Abteil den Zug. Die Hunde schnüffeln sich durch die Gänge. Diesmal sind die Pässe für zwei Stunden weg. „Touriiist?" werde ich von einem Polizisten gefragt und nicke schnell. Nach zwei Stunden Schwitzen seufzt Galims Vater laut und sagt: „Das ist unmenschlich!" Ich muss ihm Recht geben.

Aber irgendwann geht es weiter. Wir alle atmen auf und freuen uns über Kleinigkeiten, wie den Fahrtwind oder die endlich einsetzende Klimaanlage. Galim redet ununterbrochen weiter. Deutlicher sprechen heißt bei ihm lauter sprechen: „Marcus, was verdienst du in Deutschland?" Ich umgehe die Frage, die mir so häufig gestellt wird und deren Antwort nicht verstanden werden kann, da die Menschen nicht nachvollziehen können, wie sich in Deutschland die Lebenshaltungskosten zusammensetzen. Inzwischen haben es sich Serik und seine Frau Dilfusa in unserem Abteil bequem gemacht. Wie sich auf der Fahrt herausstellt, sind sie komplett ausgerüstet. Abends und frühmorgens kuscheln die beiden über mir in Seriks Koje. Liebevoll halten sie sich im Arm und frühstücken gemeinsam. Serik verschwindet dann auf eine Zigarette. Die beiden teilen alles mit mir. Ich schäme mich, da ich kaum etwas anzubieten habe. Meine Betonkekse werden nach dem zweiten Versuch mit einem Lachen abgelehnt. Stattdessen trinkt Serik morgens um zehn Uhr schon das erste Bier mit mir. Frühschoppen zu zweit irgendwo in der Weite Kasachstans. Galim taucht wieder auf und hat ein neues Betätigungsfeld gefunden. Er vergleicht alles mit Deutschland. „Marcus, trinkst du gegorene Pferdemilch?" „Nein" erwidere ich. „Ah" murmelt er, was seine Verwunderung ausdrückt. „Schlachtet ihr für Gäste ein Schaf?" „Nein" höre ich mich schon wieder sagen. Das „Ah" signalisiert diesmal Bedauern. „Habt ihr bessere Züge?" „Manchmal", denke ich und muss nicken. Ein weiterer Zuggenosse namens Sadir gesellt sich zu uns. Sein nackter Bauch grüßt mich zuerst. Das Hemd hat er sich bis unter die Brustwarzen hochgekrempelt. Ich schaue auf einen dicken Bauchnabel. Wir tauschen Fotos aus. Er hat sich sofort in ein Bild meiner Frau Barbara verliebt. „Wenn sie zu mir kommt, koche ich ihr ‚Beshbarmak', unser Nationalgericht", ruft Sadir mir zu. Ich glaube nicht, dass Barbara Lammfleisch- oder Pferdefleischeintopf isst. Er ignoriert meinen Einwand. „Wenn Barbara zu mir kommt, schlachte ich ein Schaf und wir trinken alle ‚Kymyz', fermentierte Pferdemilch!", schreit er an mir vorbei. Galims Übersetzung löst bei mir einen Hörstau aus und Serik hält sich vor Lachen den Bauch. Ich gebe zu bedenken, dass Barbara Vegetarierin ist. Für mich hat er nichts geplant, sodass ich nachfrage. „Für dich suche ich eine Frau, die Fleisch isst" kommt die Antwort prompt und Sadir reicht mir die Hand als Geste der Freundschaft. Serik fällt beinahe aus seiner Koje.

Unser Zug gleitet weiter durch die Peripherie der ehemaligen Sowjetunion, durch eine Region mit Menschen, die Probleme mit Grenzen und Nationalitäten haben. Kasachstans Weite ist ein Hinterland der Einsamkeit mit ständig wechselnden Lichtverhältnissen. Türkische Stämme wanderten hier aus Usbekistan ein und bildeten mit mongolischen Nomaden den Grundstock der heutigen multikulturellen Gesellschaft. Ethnische Untergruppen machen heute zwanzig Prozent der Bevölkerung aus. Polen, aus China geflohene Uiguren, Armenier, zwangsumgesiedelte Koreaner und viele mehr geben dem Vielvölkerstaat unterschiedliche Gesichter, von denen einige im Zug zu erkennen sind. Was verleiht dem Mosaik eine Identität? Während der Sowjetzeit war die russische Sprache der kleinste gemeinsame

Fliegende Händerinnen auf Gleis I in Taras

Nenner. „Kasache“ zu sein kann viel bedeuten und reicht alleine nicht aus, um eine Zugehörigkeit zu schaffen. Alte Gebräuche, Sitten und Gerichte wie „Beshbarmak“ und „Kymyz“ hingegen verleihen mehr Identität als staatlich verordnete Kulturprogramme.

Irgendwann sind wir in Taras angekommen. Der Zug hält lange genug, dass sich die Fahrgäste mit Nahrungsmitteln und Getränken eindecken können. Auf dem Bahnsteig hat sich ein Markt ausgebreitet. Endlich Farben zur Abwechslung! Händler kämpfen an ihren Ständen um Käufer. Berge von Melonen liegen sortiert vor den Tischen. Wasserflaschen in Eisbombenform werden in die Zugabteile gereicht. Frauen verkaufen Früchte, Bier, Wasser und Brot – alles, woran es den Reisenden nach einer Nachtfahrt mangelt. Noch während der Abfahrt des Zuges decken die Menschen ihre Waren wieder zu. Das Marktgeschrei ebbt abrupt ab. Die Monotonie des Wartens auf den nächsten Zug beginnt von Neuem. Gleis 1 versinkt in einen Dornröschenschlaf – Rückzug im Liegestuhl. Taras, das frühe „Talas“, war Kaufleuten aus Sogdien und China als wichtiger Handelspunkt entlang der Seidenstraße bekannt. Hier schlugen türkische Stämme chinesische Truppen der Tang Dynastie vernichtend und stoppten Chinas Vormarsch Richtung Westen für immer. Die „Schlacht im Talastal“ sicherte dem Islam im 8. Jahrhundert auch die Zukunft als dominierende Religion Zentralasiens. Kulturhistorisch gesehen ist der Ausgang der Schlacht auch für Europa von enormer Bedeutung. Chinesische Gefangene gaben ihre handwerklichen Fähigkeiten, wie die Papier- und Seidenherstellung, an die Araber weiter. Über sie gelangte die Papierherstellung schließlich nach Europa und löste dort eine Kulturrevolution aus.

Nach einer Ewigkeit hält der Zug plötzlich kurz vor Almaty. Im Gang vor unserem Abteil wird der Teppich zur Seite gerollt und eine Bodenluke kommt zum Vorschein. Aus dem Inneren wuchten die drei untergeordneten „Provodniks" vier mindestens fünfundzwanzig Kilogramm schwere Säcke aus dem Versteck. „Nasbai", murmelt Serik und bestätigt meinen Verdacht. Jetzt wird deutlich, warum die drei an der Grenze so ernst wurden und darauf bedacht waren, dass alles im Zug in Ordnung war. Die Spürhunde haben offensichtlich nichts gerochen. Der Schaffner im Zug ist wütend, als er den Drogenfund bemerkt und schreit die Schmuggler an. Er war nicht eingeweiht. Die vier Säcke müssen einen enormen Wert haben. Draußen vor der Abteiltür wartet ein Pick-up-Truck mit laufendem Motor auf die Ware. Zum Schluss wird das Versteck mit einer Chlorlösung ausgewaschen, bevor wir in den Hauptbahnhof einrollen.

Almatys halb leere Straßen treffen im Süden auf die Ausläufer des Tienschan-Gebirges. Colin Thubron beschreibt in seinem Buch „The Lost Heart of Asia", wie er in Almaty von seinem Hotelbalkon auf eine Parklandschaft schaut.[2] Er hat recht, wie man vom 1100 Meter hohen Tok Kobe Berg aus sehen kann. Von dort oben scheinen die Hochhäuser aus einem grünen Teppich herauszuragen. Thubron berichtet von Pappel- und Eichenalleen, die so dicht waren, dass er dachte, er würde auf einer geteerten Straße durch einen Wald spazieren. Dieser erste Eindruck stimmt mit meinem überein, auch wenn im Wald immer wieder Lichtungen auftauchen, von denen man auf hässliche Plattenbauten der Sowjetzeit schauen kann. Almaty wurde 1867 von den Russen gegründet. Sie haben die Gebäude der Stadt errichtet und den Parkflächen ihre Nationalhelden als Statuen vermacht. Nach der Unabhängigkeit veränderte sich alles und wie in Usbekistan wurden auch hier die mongolischen Khans zugunsten von Lenin und Gorky herzlich willkommen geheißen. Die Russen mussten in den Parks ihre Plätze räumen. Aus der Gorky-Straße wurde die Seidenstraße, aus der Kommunisten-Straße die Abylai-Khan-Straße. Thubron war von der Stadt nicht beeindruckt, sein Fazit fiel negativ aus. Aber es hat sich in den siebzehn Jahren seit der Veröffentlichung seines Buches sehr viel verändert. Almaty ist eine Erfolgsstory. Der wirtschaftliche Aufstieg des Landes wird hier am deutlichsten. Heute garnieren ultramoderne Einkaufsmeilen, westliche Cafés und Lounge Bars die Einkaufsstraßen der Innenstadt. In Nachtclubs können Jugendliche bis in die frühen Morgenstunden tanzen. Wieder einmal wird eine zentralasiatische Stadt mit Europa verglichen und wieder einmal hinkt der Vergleich. ESCADA, BOSS und ARMANI sind alle auf der Gogolstraße im Stadtzentrum präsent. Schicke Fensterfronten werden von schwarzen Marmorfliesen umrandet, aber schweift der Blick über das Erdgeschoss hinaus nach oben, so kommen die alten Plattenbauten in das Blickfeld. Hässliche Klimaanlagen wuchern wie dicke Pilze aus der schimmelnden Wand. Der Beton bröckelt nur einen Stock über den Armani-Anzügen. Die Welt des Konsums, des Glitzers und Glamours ist nur im untersten Teil des Gebäudes zu Gast – der Rest wehrt sich noch. Entlang der Einkaufsstraßen steht eine Armee aus SUVs und schweren Geländewagen, deren Markenzugehörigkeit von den Passanten wie bei einem morgendlichen Appell abgenommen wird. Nur salutiert keiner. PS-Boliden jagen klapprige Straßenbahnen der Leipziger Verkehrsbetriebe. Die Zugehörigkeit der Frau zu der neureichen Elite und feinen Geschäftswelt wird durch die Höhe der High Heels oder „Sky Heels“ angeben. Stöckelschuhe, die sonst nur auf dem Laufsteg zu finden sind, schaffen es hier bis auf den Tok Kobe. Aber Almaty fehlt eine Seele, irgendetwas, womit man sich identifizieren kann. Kommerz, Prunk und Schau alleine reichen nicht aus.

So scheint die Stadt ihre Menschen nicht glücklich zu machen. Traurige Gesichter schauen mich im Bus und in der S-Bahn an. Alte Frauen wundern sich an Bushaltestellen über die Mode der jungen Generation. In den Parks sitzen die Paare auf Bänken und schweigen sich an. Man hört selten ein herzliches Lachen. Ein Gruß wird oft nur zögerlich erwidert. Viele scheinen am Erfolg der Stadt nicht teilhaben zu dürfen. Ältere Bettler kauern am Wegesrand. Auch hier in Almaty klafft die Schere zwischen Arm und Reich weit auseinander. In Gedanken versunken laufe ich umher und versuche, die Stadt zu verstehen. Sympathisch ist sie mir nicht. Aber dann lässt die Abendstimmung im Panfilov-Park mich doch noch versöhnlich werden. Das Abendlicht schmückt die Christi-Himmelfahrt-Kathedrale mit einem warmen Umhang. Orthodoxe Kreuze ragen in den Himmel. Die Kathedrale ist eines der wenigen Gebäude aus der Zarenzeit und eines der größten Holzbauwerke der Welt. Seit ihrer Erbauung 1090 überstand sie das schlimme Erdbeben sieben Jahre später sowie die Sowjetzeit, in der sie einfach zugenagelt wurde. Erst 1995 bekam die russisch-orthodoxe Kirche sie zurück. Traumhafte Chorgesänge im Inneren der Kirche berühren mich sehr. Ich setze mich auf eine Bank und lausche andächtig der Musik. Im Schatten der Kirche stimmt ein einsamer Akkordeonspieler ein melancholisches Lied an. Es könnte eine melodische Hommage an die „Panfilov-Helden" sein, deren angebliche Taten mit einem monströsen Kriegsdenkmal gewürdigt werden. Ich stehe davor und habe Angst, dass der „unglaubliche Hulk" jeden Moment herunterspringt und mich in Stücke reißt. Das Steinensemble bewegt sich jedoch nicht. Die achtundzwanzig hier abgebildeten Soldaten einer Infanterieeinheit aus Almaty sollen 1941 bei der Verteidigung eines Dorfes in der Nähe Moskaus im Kampf gegen deutsche Panzer gefallen sein. Der russische Literatursekretär A. Krivickij schrieb in der Zeitung „Roter Stern", dass die Soldaten den heranrückenden deutschen Panzern „Groß ist Russland, ein Zurück gibt es nicht – hinter uns liegt Moskau!" zugeschrien haben sollen. Alles frei erfunden! Die „Helden der Sowjetunion" gab es nicht,

Christi-Himmelfahrt-Kathedrale - Almaty - Kasachstan

aber der Mythos war geboren. Langsam wende ich mich ab und schlendere die Wege im Park entlang. Wohin ich auch gehe, überall höre ich Musik. Am Rande der grünen Lunge versucht zum Beispiel ein Balalaikaspieler vergeblich mit seinen nostalgischen Liedern den Lärm der auf der Straße zum Verkauf angebotenen Plastikspielzeuge zu übertrumpfen. Ist ihm die Aussichtslosigkeit seiner Situation bewusst? Auf der anderen Straßenseite flattern bunte Kopftücher im Luftzug der vorbeirauschenden Fahrzeuge. Dort betreiben Frauen, die zur ethnischen Gruppe der Uiguren gehören, hoffnungsvoll einen kleinen Straßenstand. Plastikschrott, Sportschuhe und Kleidung, die Chinas Fabriken in Millionen-Stückzahlen ausspucken, werden hier massenhaft an diejenigen verkauft, die nicht zur betuchten Mittelschicht gehören.

In Almaty ist die Nähe zu China deutlicher sichtbar, als anderswo in Zentralasien. Physische Barrieren wie das Tienschan-Gebirge trennen keine Völker mehr voneinander. Alte Handelsrouten erfahren eine Renaissance, nachdem der politische Wille und wirtschaftliche Realitäten eine Annäherung der Nachbarn ermöglicht haben. Seit der Unabhängigkeit durch Präsident Nursultan Nasarbajew haben sich Orte wie die Hauptstadt Astana und besonders Almaty stark entwickelt. Der Einfluss der Russen schwindet etwas, da der Staat sein Heil im Osten sucht. Menschen mit chinesischen Gesichtszügen sind überall in Almaty zu sehen, chinesische Reklame prangert vereinzelt an Häusern. China schwappt nach Zentralasien über. Das aufsteigende Reich der Mitte muss seinen Hunger an Rohstoffen stillen, um Zuhause Wohlstand und politische Stabilität zu garantieren. Der Nachbar hat mehr als genug anzubieten. Kasachstan ist der weltgrößte Uranproduzent, Öl und Gas sind im Überfluss vorhanden. Die größten Ölfunde seit zwei Dekaden beflügeln die eigene Wirtschaft und locken Investitionen ins Land.

Die Geschichte wiederholt sich, läuft in Zyklen ab. Kasachstan ist erneut der Spielball eines geopolitischen Machtpokers um Rohstoffe und politischen Einfluss geworden. Das „Große Spiel" hat von Neuem begonnen, nur ist diesmal ein Mitspieler ausgewechselt worden. Im 19. Jahrhundert war diese Region Austragungsort des „Great Game" – des „großen Spiels". Russland im Norden und Großbritannien im Süden versuchten gleichzeitig, ihre imperialen Interessen in Zentralasien durchzusetzen. Die Nachwehen waren so gravierend, dass die internationalen Beziehungen der heutigen zentralasiatischen Staaten so auch im Kontext des „großen Spiels“ gesehen werden müssen. Dies gilt insbesondere für Russlands Interesse in allen Teilregionen Zentralasiens bis zum heutigen Tag. Mitte des 19. Jahrhunderts eskalierte der Konflikt, als die Briten nach Afghanistan einmarschierten und Peshawar besetzen wollten. Dieses Unterfangen nahm ein desaströses Ende. Über zehntausend britische Soldaten verloren in dem äußerst harschen Winter ihr Leben. Der einzige Überlebende war ein junger Soldat namens Dr. William Brydon, der von der Tragödie berichten konnte und später in Rudyard Kiplings Gedicht „Der junge britische Soldat“ verewigt wurde. Der Grund für diese britische Selbstmordaktion war die Angst vor einer Ausdehnung des russischen Machtbereiches im Norden. Russland war zuvor in Zentralasien einmarschiert und eroberte systematisch die eigenständigen Khanate. Zuerst fielen Buchara und Samarkand, zuletzt Chiwa 1873. Als Antwort darauf konsolidierte Westminster seine Macht durch die Eroberung des Punjabs und des Peshawar-Tals. Zur natürlichen Grenze der beiden imperialen Mächte wurden der Pamir und die Ketten des Hindukusch-Gebirges. In dieser unwirtlichen Region gingen die Agenten auf Tuchfühlung. Die Engländer sahen ihre Zeit des Handelns gekommen, als Russland 1884 die uralte Oasenstadt Merv im heutigen Turkmenistan einnahm. Merv lag an der Seidenstraße und war ein wichtiger Verkehrsknotenpunkt, von dem aus eine Route direkt nach Afghanistan führte. Aus Furcht vor einer möglichen Invasion aus dieser Richtung rückten die Briten nach Norden vor und schufen eine Front entlang des „Wakhan-Korridors“ im heutigen Afghanistan. Nach Friedensgesprächen kontrollierte Russland den Norden und die Briten richteten sich in der Region südlich des „Wakhan-Korridors“ eine Pufferzone zum eigenen „Britisch-Indien“ ein. So gingen die Großmächte in Zentralasien auf Tuchfühlung.[3]

Heute ist China an die Stelle Großbritanniens gerückt. Der Einsatz im „Neuen großen Spiel“ sind Uran, Erze und Erdöl. Chinas Expansion ist dabei Teil einer strategischen Partnerschaft mit zahlreichen zentralasiatischen Staaten. Die Strategie sieht auf chinesischer Seite die Erschließung neuer natürlicher Wirtschaftsräume vor, die jenseits der Landesgrenzen liegen. Chinas Partner versprechen sich enorme Investitionen in die lokale Infrastruktur sowie eine Öffnung neuer Absatzmärkte. Der internationale Handel soll in den peripheren Lagen beiderseits der Grenzen dazu beitragen, dass sich die Lebensverhältnisse bessern. Dabei dringt Peking in einen Raum vor, in dem Russland hinsichtlich des Ölgeschäftes eine Monopolstellung inne hat. Unterstützt wird China vor allem durch Kasachstan, das versucht, sich von der russischen Dominanz im eigenen Energiesektor zu befreien und seine Exportwege diversifizieren will. Diese geopolitischen Manöver gaben den Startschuss zum „Great Oil Game".[4] Verschärfter Wettbewerb in der Region ist das Resultat, wobei China in jüngster Zeit die Oberhand gewinnt. Das Reich der Mitte stach zum Beispiel die russischen und amerikanischen Kontrahenten bei dem Zugriff auf zahlreiche Öl- und Erdgasfelder aus und sicherte sich gigantische Fördermengen. China investierte in Kasachstan allein in den letzten Jahren über zwanzig Milliarden US-Dollar in den Infrastrukturausbau. Im Mittelpunkt der Rohstoff-Diplomatie steht das „Zentralasiatische Pipelineprojekt", das 2003 zwischen Kasachstan und China ins Leben gerufen wurde. Neue Pipelines transportieren das schwarze Gold und turkmenisches Erdgas über den Landweg durch die zentralasiatischen Staaten direkt in das Reich der Mitte. Mittlerweile sind Usbekistan und Turkmenistan ebenfalls an Bord. Wen wundert es, dass die Reaktion der Amerikaner dementsprechend feindlich ausfiel. Washington stellt China als Aggressor im Energiesektor dar. Die Russen hingegen sind etwas vorsichtiger, da sie mit den Chinesen ein gemeinsames Interesse daran haben, den amerikanischen Einfluss im pazifisch-asiatischen Raum zu begrenzen. Zudem möchten beide Großmächte, dass Zentralasien ein stabiler Markt bleibt. Dennoch war Moskau verblüfft, als der volle Umfang der chinesisch-kasachischen Wirtschaftsbeziehungen in der Öffentlichkeit bekannt wurde, da Kasachstan selber deren Bedeutung immer relativiert hatte – möglicherweise, um Russland nicht vor den Kopf zu stoßen. Schon Ende 1991 unterschrieb Präsident Nasarbajew ein Wirtschaftsabkommen mit China, das eine Zusammenarbeit für dutzende gemeinsame Projekte vorsah. Eines hat sich aber inzwischen herauskristallisiert: Die Kasachen haben sich zum Hauptlieferanten von Erdgas und Öl in der Region gemausert.

Die wirtschaftliche Kooperation der beiden Länder setzte eine Migrationswelle in Gang. Tausende chinesische Arbeiter, Ingenieure und Techniker ließen sich legal und illegal in Kasachstan nieder und verdrängten die russischen Arbeitskräfte, die in ihr Heimatland zurückkehrten. Darunter litten die russisch-kasachischen Beziehungen erheblich. In der Folgezeit verschob sich durch die steigende Präsenz der Chinesen zusätzlich die ethnische Zusammensetzung in der Gesellschaft. Von der wachsenden Unzufriedenheit mit den Chinesen erfahre ich bei einem zufälligen Gespräch mit einer liebenswerten Kasachin im Bahnhof von Almaty. „Hallo, mein Name ist Ainur und ich komme aus Atyrau", platzt es aus einer runden Frau mittleren Alters mit blond gefärbten Haaren heraus. Sie trägt eine Sonnenbrille im Haar und fummelt unentwegt an ihrem Handy herum. „Ainur heißt Mondlicht", sagt sie mit einem Lächeln. Sie ist Repräsentantin einer Erdöl verarbeitenden Firma aus Atyrau am Kaspischen Meer im äußersten Westen des Landes und arbeitet zusammen mit Branchenschwergewichten wie „Agip" und „Chevron". Ihr Englisch lässt auf häufigen Kontakt mit Ausländern schließen. Ainur möchte mit ihrer kranken Tante aus Aqtöbe nach Urumqi fahren, um sie in China medizinisch versorgen zu lassen: „In China ist es billiger und die Medizin ist besser!" Ich erzähle ihr von meinen Erfahrungen in Almaty und frage sie nach dem Leben im Westen Kasachstans. „Dort gibt es viele Jobs, viele junge Leute ziehen hin. Die Löhne und Lebenshaltungskosten sind in Atyrau höher als in Almaty." Sie hält einen Moment inne und fährt mit strenger Stimme fort: „Nur sind die Chinesen überall. Bei ihnen bekommt man keine Arbeitsplätze. Chinesische Firmen bringen ihre eigenen Leute mit und wir haben hier in Kasachstan dann ein Problem." „Aber entwickeln die Chinesen nicht die Infrastruktur im Land?" Nun wird Ainur etwas zornig, stützt ihre Ellenbogen im Sitzen auf ihre Knie und dreht sich ganz zu mir rüber. „Die Chinesen bauen dort neue Straßen, wo ihre LKWs am schnellsten nach China rollen können! Öl und Uran verlassen das Land und immer mehr Chinesen kommen hierher und nehmen sich kasachische Frauen. Wir haben Angst! Wir sind nur ein kleines Volk von sechzehn Millionen Menschen. Es ist gut, dass Präsident Nasarbajew die Hauptstadt in das Innere des Landes verlegt hat. Dort ist sie weit weg von jeder Grenze. Wäre ich der Präsident, hätte ich die Hauptstadt auch im Landesinneren errichtet."

Ainurs Geschichte ist eine von vielen und symbolisiert exemplarisch die paradoxe Situation. Einerseits nimmt sie die gute medizinische Versorgung in China in Anspruch und profitiert mit vom Erdölboom im Land, andererseits äußert sie Ressentiments gegenüber denjenigen, die das leisten, was der eigene Präsident Nasarbajew seit Jahren verspricht, aber nicht einhält. Er lässt Kasachstan von außen entwickeln und riskiert dabei innenpolitische Tumulte. Unter der Präsenz der Chinesen leidet insbesondere die ethnische Minderheit der Uiguren, denn Präsident Nasarbajew sicherte Peking im Gegenzug für mehr chinesische Investitionen zu, keine uigurischen

Separatisten mehr in Kasachstan zu dulden. So griff China gekonnt in die Innenpolitik des Landes ein. Der Druck auf Zehntausende Exiluiguren, die der chinesischen Verfolgung entgangen und nach Kasachstan geflohen sind, wächst stetig. Marschieren die Chinesen durch die Hintertür in Kasachstan ein, heizt sich dort die Situation weiter auf, bekommt das neue „Große Spiel" zusätzliche Brisanz. Die muslimischen Uiguren und Kasachen wehren sich gegen eine Marginalisierung in der Gesellschaft. Gefühlte und offensichtliche Benachteiligung sowie Ressentiments, wie Ainur sie geäußert hat, können Ethnien mobilisieren.

Dies hat politische Konsequenzen. Auch in Kasachstan ist eine verordnete Nationalisierungspolitik zu beobachten.[5] Wie kam es dazu? Ursprünglich war der Nationalismus im Land weniger stark ausgeprägt, als in Usbekistan. Dies hat mehrere Gründe. Zum einen ist Kasachstans Gesellschaft hinsichtlich der unterschiedlichen Ethnien und der Sprachzugehörigkeit viel heterogener, zum anderen kann das kasachische Nomadentum nicht auf eine mehrere tausend Jahre alte Besiedlungsgeschichte zurückgreifen, die kulturelle Identifikation schafft. Nach der Unabhängigkeit zwang der Transformationsprozess das Land zu einer Reorganisation der politischen und wirtschaftlichen Systeme. Die politische Führung musste eine neue Nation gründen, die sich eindeutig von dem alten System der Sowjetunion abgrenzen sollte. Das Land der Kasachen auszurufen, war die einzige Möglichkeit, einen neuen Nationalstaat in einer Vielvölkerregion ohne vorheriges Staatswesen zu gründen. Der verordnete Nationalismus hat hier also zwei fundamentale Aufgaben zu erfüllen: Erstens soll er nationale Identität schaffen sowie die Beibehaltung der territorialen Integrität garantieren und zweitens ist er eine wichtige Machterhaltungsstrategie für das Nasarbajew-Regime. Der Präsident hält seitdem die nationale Frage als lebensnotwendig für den Fortbestand des Staates. So hat die Kasachisierung der Nation bis heute zum Ziel, das Territorium des Staates als das kulturelle Heimatland der Kasachen zu definieren und damit Prozesse der Nationalisierung auf unterschiedlichen Ebenen, wie der Sprache, der Demografie, der Personenpolitik und des Machterhaltes zu rechtfertigen. In einem ersten Schritt unterteilte die Regierung die Bevölkerung in kasachische und nicht-kasachische Bewohner und schuf somit eine ethnische Diaspora für Usbeken, Russen und Uiguren, die diese Form der Ausgrenzung vehement ablehnen. Für Nursultan

Nasarbajew ist Kasachstan das ethnische Zentrum der Kasachen. Damit bekommt das Konzept zur Ausformung einer nationalen Identität eine eindimensionale Ausprägung und schließt einen Vielvölkerstaat kategorisch aus, da keine andere ethnische Gruppe für sich beanspruchen kann, Ureinwohner auf dem Gebiet des heutigen Staates zu sein. Für die Umsetzung bedient sich die herrschende Elite einer Politik der rigiden Kontrolle und Überwachung. Kasachen sind im Parlament sowie in allen exekutiven Organen überrepräsentiert. Ein weiteres wichtiges Werkzeug ist die staatliche Manipulation der demografischen Gegebenheiten. Laut Volkszählung stellen die Kasachen mit knapp über sechzig Prozent die größte ethnische Gruppe im Land dar – Tendenz sinkend. Mehr Reichtum und Wohlstand bedeuten eine geringere Geburtenrate, was äußerst problematisch ist in einem Land, in dem die Kasachen nur eine dünne Mehrheit bilden. Die Lösung des Problems ist die Minimierung des nicht-kasachischen Anteils der Bevölkerung. Problemlösung bedeutet sodann staatliche Diskriminierung der vielen Minderheiten. Auswanderung und Marginalisierung sind häufig der Ausweg aus diesem Dilemma. Im Norden verloren die Russen beispielsweise durch die Veränderung interner administrativer Grenzen ihren Mehrheitsstatus. Viele verließen das Land. Außerdem förderte der Staat gezielt die Sprache in allen

Straßenszene - Almaty

Bereichen der Gesellschaft. So wurde die Sprachidentität zum bestimmenden Kulturgut, obwohl die Mehrheit der Bevölkerung bilingual ist und viele Kasachen ausnahmslos Russisch sprechen. Um diese Politik umzusetzen, verabschiedete die Regierung auch in Kasachstan diverse Kulturprogramme.

Ethnische Konflikte sind vorprogrammiert. Nach der Russifizierung während der Sowjetzeit brechen nun alte Strukturen des Vielvölkerstaates wieder auf, da die Sprache zu einem Abgrenzungsmittel geworden ist. Die Volksgruppe der Uiguren kämpft um gesellschaftliche Legitimation und sieht sich sowohl von der Nationalisierungspolitik der Regierung als auch von dem politischen Einfluss der Chinesen bedroht. Es wäre falsch, in Kasachstan von einem „Pulverfass" zu sprechen, das jederzeit explodieren könnte. Proteste der uigurischen Minderheit sind jedoch erste Warnzeichen. Diese Stimmung in der Bevölkerung weiß Nasarbajew politisch geschickt für sich zu nutzen und geht mit harter Hand gegen jeglichen Dissens vor. Gegenüber dem Ausland präsentiert er dann den ruhigen Vielvölkerstaat als Ergebnis seiner eigenen Innenpolitik. Neben der Nation erhält das System Nasarbajews so seine Legitimation. Als „starker Führer" greift er rigoros durch. Zwei Jahrzehnte uneingeschränkte Machtausübung sorgen somit auch für eine Kasachisierung an den Schlüsselpositionen der politischen Macht. Hat diese Entwicklung Zukunft? Um eine Nation zu schmieden, wird das Land definitiv mehr benötigen als staatliche Kulturprogramme.

Ich packe abends in Almaty meinen Rucksack und verlasse schnell den Ostblockbunker, der drei Nächte mein Hotel war. Am Bahnhof treffe ich Nick und Richard aus England wieder, die Freunde in Almaty besucht haben. Zu dritt haben wir schon gemeinsam, aber in unterschiedlichen Zugabteilen, die Strecke von Taschkent nach Almaty gemeistert. Diesmal sind wir gut vorbereitet: Jede Menge Tütensuppen, Wasserflaschen, Kekse und frisches Obst sind in prall gefüllten Plastiktüten verstaut. Mit langen Armen wuchten wir unsere Tüten in den Zug. Was das Gepäck angeht, unterscheiden wir uns in nichts von den Kasachen. Noch einmal knapp dreißig Stunden Zugfahrt und wir werden alle in China sein.

KAPITEL VI: Barbaren und Götzenanbeter

„Taiwan ist ein Teil Chinas – das Buch ist falsch!“ Mit Nachdruck hämmert der Zollbeamte an der chinesischen Grenze auf die Übersichtskarte in meinem „Lonely Planet“-Reiseführer, die Taiwan als separates Land zeigt. „Taiwan ist ein Teil Chinas – Sie dürfen das Buch nicht mit nach China einführen.“ Ich reagiere verstört. „Wäre es okay, wenn ich die ‚falsche Karte‘ einfach rausreiße?“ versuche ich es ganz freundlich. „Ich kann auch die erste Hälfte rausschneiden, sodass mir nur noch das letzte Drittel mit den wichtigen Informationen zu den Provinzen Xinjiang und Gansu bleibt“, pokere ich weiter. „TAIWAN IST EIN TEIL CHINAS!“ Das ganze Abteil hat diese Botschaft mittlerweile verstanden. Der Zöllner scheint nur den einen Satz auswendig gelernt zu haben. Seine zweite Aufgabe ist es, uns Touristen alle Bücher aus den Rucksäcken zu wühlen, um sicher zu gehen, dass keine chinafeindliche Literatur ins Land eingeführt wird. Nick und Richard aus England schwitzen ebenfalls Blut und Wasser. Richard hat in Usbekistan auf dem Antiquitätenmarkt einen alten Koran erworben und verbirgt ihn ganz unten in seinem Koffer. Dies könnte prekär sein, da wir in die autonome Provinz Xinjiang einreisen möchten, deren Volksgruppe der Uiguren muslimisch ist. Am Zoll sähen wir wie Sympathisanten aus. Aber das Buch wird nicht gefunden. Nicks „Ulysses“-Ausgabe, mit Tee bekleckert und ohne Buchdeckel, dafür aber mit hundert Eselsecken, wirkt unbedenklich und bekommt nur einen flüchtigen Blick. James Joyce würde sich bei so einer Ausgabe im Grab umdrehen. Ich versuche locker zu bleiben und halte dem ehrgeizigen Zollbeamten meinen Rucksack hin. „Keine Bücher“, lüge ich ihn an und verschweige ein weiteres Reisebuch zu Tibet, wo ich natürlich hinmöchte, was ich aber bei der Einreise nicht angegeben habe. Ich muss bei meiner Geschichte bleiben, die sich mit meinem Visumformular decken sollte. Gibt man beim Ausfüllen Tibet als Reiseziel an, so wird einem in Deutschland ein Visum verweigert. Also habe ich dreist gelogen und bekannte Reiseziele, wie Xi‘an, Peking, Shanghai und Hongkong auf das Formular geschrieben. An der Grenze bin ich wieder nach meinen Reisezielen gefragt worden und habe Tibet verschwiegen. Kommt jetzt das Buch zum Vorschein, gerate ich in Erklärungsnot. Des Weiteren habe ich noch ein englisches Buch, das von einem Exilchinesen geschrieben wurde, in kopierter Form im Rucksack. Aber der Zollbeamte gibt sich mit meinem „Lonely Planet“ zufrieden. „Sie können das Buch bei ihrer Abreise hier wieder abholen! Aber es ist falsch, da TAIWAN HIER NICHT ALS TEIL VON CHINA ANGEGEBEN WIRD!!!" Als hätte ich es nicht gewusst. Während uns der Zöllner verlässt, überlegen wir im Scherz, was passieren würde, wenn wir bei der chinesischen Botschaft in Berlin und in London ein Visum für Taiwan beantragen wollten ...

Der Zug windet sich durch die Dsungarische Pforte und ruckelt gemütlich in die chinesische Provinz Xinjiang, dessen nördlicher Teil zur Dsungarei gehört. Vom Zugfenster aus bemerke ich einen markanten Wechsel in der Landschaft: Grautöne signalisieren Trockenheit und lassen erahnen, was in den nächsten Wochen auf mich zukommen wird. Nirgendwo sonst auf dem Planeten ist man weiter von einem Ozean entfernt als hier. Ein extrem kontinentales Klima beschert den Menschen Hitze im Sommer und eisige Kälte im Winter. Dabei ist das bisschen Feuchtigkeit, das sich hierhin verirrt, kaum der Rede wert. Wüsten, wie die lebensfeindliche Taklamakan, und Halbwüsten sind überall auf dem Vormarsch. Sie machen den größten Teil der sogenannten „Unruheprovinz" aus. Unruhig war es in dieser Region schon immer. Im 5. Jahrhundert herrschte die Tang-Dynastie über die Grenzregion und unternahm immer wieder Eroberungszüge nach Zentralasien. Zu dieser Zeit tauchen in diesem Raum erstmals die Uiguren auf.[1] Über die Seidenstraße betrieben sie Handel mit Kaufleuten aus der Levante. Im 8. Jahrhundert wurden sie in der Grenzregion sesshaft und nahmen zeitgleich mit Dschingis Khans Durchmarsch im 13. Jahrhundert den Islam als Religion an. Die jüngere Geschichte zeigt, dass Xinjiang nach wie vor nicht zur Ruhe gekommen ist. Die muslimischen Uiguren kämpfen vergeblich für mehr Autonomie. Der verzweifelte Wunsch, einen eigenen, unabhängigen Staat ausrufen zu können, scheiterte immer wieder. Hunderttausende mussten dafür mit ihrem Leben bezahlen. Heute erinnern daran nur noch die Namen geplatzter Träume: „Chinesisch-Turkestan" oder „Ost-Turkestan". Das kommunistische China bot den assimilierungswilligen Uiguren nach 1949 weitreichende politische, kulturelle und wirtschaftliche Rechte an und erhoffte sich ein Ende der Aufstände im fernen Westen des Riesenreiches. Zwar brachte diese Politik in Xinjiang eine wirtschaftliche und soziale Entwicklung mit sich, sodass sich das Leben der Menschen insgesamt verbesserte, gleichzeitig aber wurden religiöse und demokratische Bewegungen streng unterdrückt. Wie unter der Herrschaft der Sowjets in Zentralasien ist der Islam auch hier mit der kommunistischen Ideologie

Chinas nicht kompatibel und wird deshalb scharf überwacht. Weder Schüler, Minderjährige noch Beamte der Uiguren-Minderheit dürfen in Xinjiang eine Moschee besuchen. Um den chinesischen Einfluss systematisch auszubauen, erfolgt eine massenhafte Ansiedlung der Han-Chinesen. Gleichzeitig werden die westlichen Provinzen durch Infrastrukturprojekte großräumig „geöffnet". Pekings Assimilationspolitik in der autonomen Provinz gleicht einer kulturellen Überflutung. Erwünschte Begleiterscheinung? Die Unterbindung jeglicher ethnischer Separatismusbestrebungen. Die Uiguren fühlen sich dadurch kulturell und religiös an den Rand gedrängt. Zahlen belegen dies deutlich: Waren 1949 noch neunzig Prozent der Bevölkerung Xinjiangs Uiguren, so ist die Zahl auf heute knapp fünfzig Prozent gefallen. Aber Ruhe ist in die „Unruheprovinz" dennoch nicht eingekehrt. Mit dem Niedergang der Sowjetunion im Westen und dem Aufschwung des Islams in der ganzen Region erhielt die nationale Separatismusbewegung der Uiguren erheblichen Zulauf. Trotz massiver Polizeipräsenz eskaliert auf chinesischer Seite regelmäßig die Lage. Im Flugzeug nach Usbekistan las ich in der Süddeutschen Zeitung einen Bericht über ein Attentat mit fünfzehn Toten. Die Täter sollen zur Volksgruppe der Uiguren gehören. Zwei Männer entführten nach einer Messerstecherei in Kashgar einen Laster und steuerten ihn in eine Menschenmenge. Zehn Tage zuvor erschoss die chinesische Polizei vierzehn Anführer, die eine Polizeistation gestürmt hatten. Peking spricht von Terrorismus und hat im Westen Verbündete: Die „Ostturkestanische Muslimische Bewegung" wird auch von den Vereinten Nationen als internationale Terrorgruppe bezeichnet. Jedoch ist nicht jede Gruppierung, die für mehr Religionsfreiheit, kulturelle Selbstbestimmung und politische Autonomie kämpft, gleich eine radikal-nationalistische oder fundamentalistische Terrorgruppe. Längst ist die Uigurenfrage nicht mehr allein auf China beschränkt. Kasachstan soll nach dem Willen der Chinesen stärker gegen Zehntausende Exiluiguren vorgehen. Diese sind somit Verlierer beiderseits der Grenze. Seit der Öffnung der kasachisch-chinesischen Grenze wurde Almaty das Zentrum für die transnationale Uigurenbewegung, deren politisches Ziel die Ausrufung eines unabhängigen Heimatlandes ist. Anfangs tolerierte Nasarbajew diesen Wunsch uigurischer Nationalisten. Er instrumentalisierte die Situation, um China wirtschaftspolitische Zugeständnisse abzuringen. Mit zunehmender ökonomischer Stärke wendete sich jedoch das Blatt. Pekings Machthaber griffen gekonnt in die kasachische Innenpolitik ein und schaden den Uiguren. Diese wünschen sich einen eigenen Staat, müssen aber ausdrücklich betonen, dass dieser nicht auf kasachischem Staatsgebiet, sondern in der Provinz Xinjiang liegen soll. Mit diesem Signal machen sie sich jedoch zu Staatsfeinden Chinas, das die Uiguren als Extremisten und Separatisten bezeichnet. In Kasachstan bildeten sie eine Gemeinschaft, deren Streben nach Unabhängigkeit heute von Präsident Nasarbajew bekämpft wird, weil dieser die jüngsten Wirtschaftsinvestitionen Chinas nicht gefährden will. So bleibt vielen keine andere Wahl, als dem Nasarbajew-Regime gegenüber Unterstützung und Loyalität auszudrücken. Als staatenlose Ethnie konzentrieren die Uiguren momentan ihre Aktivitäten auf die Provinz Xinjiang. Der vorläufige traurige Höhepunkt waren mehrere Konflikte zwischen ihnen und Chinesen im Jahr 2009. Auf offener Straße wurden zweihundert Menschen Opfer der Gewalteskalation. Uigurische Exilsprecher sehen die Ursache für andauernde Proteste in Landenteignungen und willkürlichen Verhaftungen sowie einer grundsätzlichen Benachteiligung der muslimischen Minderheit. Die Konflikte der letzten Wochen haben hier definitiv ihre Spuren hinterlassen. Unruhe wird im Keim erstickt. Kurz nach meiner Ankunft sehe ich am Bahnhof, wie die Armee mobilisiert und die Polizei in Alarmbereitschaft versetzt wurde. Soldaten und Polizisten marschieren mit Schlagstöcken und Schutzschilden bewaffnet durch die Straßen. Kein schöner Start in einem neuen Land.

Urumqi begrüßt mich mit Satellitenstädten und uniformen Wohnblöcken. Ich sehe die Einheitsfarbe Grau: graue Wohnblöcke, graue Teerstraßen und graue Kraftwerke. Die urbanen Vororte wuchern wie ein hässlicher Kranz um die Provinzhauptstadt. Chinas Bauboom ist ungebrochen. Auch an der westlichen Peripherie ist die Entwicklung des Landes sichtbar. Neue Hochhäuser wachsen rasant aus dem Boden, dazwischen entstehen Industriebetriebe und Fabriken. Autobahnen verbinden die Wohnviertel mit den Motoren der Wirtschaft. Baukräne sind das Symbol des Fortschritts in der trockenen Landschaft aus zweckgebundener Einheitsarchitektur. Die Innenstadt hingegen ist bunter und lebendiger. Ein stockender Strom an Fahrzeugen quält sich durch die Straßen. Das Chaos hat seine eigenen Regeln. Obwohl Busse und LKWs stärker sind, scheinen sie auf die schwächeren Verkehrsteilnehmer zu achten. An Kreuzungen kommen einem Fahrradfahrer oder Kleinwagen entgegen, die eigentlich auf die Gegenseite gehören. Alles findet seinen Weg und sein Ziel. Am Straßenrand verkaufen fliegende Händler frisches Obst. Jetzt im Spätsommer sind die Märkte voll davon. Dies ist die letzte Gelegenheit zum

Kauf, bevor die Winterkälte das Straßenbild verändert. Dreißig Grad unter Null räumen dann die Straßen auf. In Urumqi sieht man, wie auch in vielen anderen Millionenstädten Chinas, die Gratwanderung zwischen Moderne und Tradition. Im Schatten der ultramodernen Wolkenkratzer werden in den Seitenstraßen würzige Speisen im Wok zubereitet. Eine Feuerstelle und ein Wok reichen dazu aus. Gewürze und Zutaten werden mit einer Kelle hinzugegeben und kurz angebraten. Ein intensives Aroma entweicht aus jedem Topf. Die chinesische Küche bedient sich alter Rezepte. Gegessen wird auf Plastikhockern oder in einfachen Restaurants mit offenen Türen zur Straße. Jeder stochert frenetisch mit Essstäbchen im Essen herum oder schlürft laut seine Suppe. Dabei ist der Mund immer nah am Tellerrand. Es gilt als höflich, Reste zurückzulassen. In den muslimisch geprägten Vierteln werden Suoman-Nudeln mit frittierten Tomaten, Pfeffer, Knoblauch und Eigelb angeboten. Der Kontrast zu der traditionellen Lebensweise sind die „Food Stalls" in den modernen Einkaufszentren, die amerikanischen Malls nachempfunden wurden. Hier findet der Kunde auf mehreren Etagen alles – vom Supermarkt bis zur Elektronikabteilung. Das glänzende „Parkson Shopping Centre" in der Innenstadt ist zwar randvoll mit feinen Waren, aber ich sehe wenige Menschen dort einkaufen. Zwar wächst Chinas Mittelschicht stärker denn je, offenbar sind aber die Preise hier immer noch jenseits dessen, was sich die meisten Menschen leisten können. In der „Bread Factory" werden die wenigen Kunden herzlich willkommen geheißen. Sofort ist ein Verkäufer zur Stelle, falls man etwas braucht oder vergessen hat. Morgens singen die Angestellten zufrieden Parolen, die den Gemeinschaftsgeist stärken sollen. Einer stimmt an und der Rest singt mit. Für mich ist diese Art von Teamgeist gewöhnungsbedürftig. Wachleute kontrollieren die Ein- und Ausgänge des Supermarktes und reißen zur Kontrolle den Kassenzettel ein. Die Segregation des öffentlichen Raumes ist Teil der modernen Wirklichkeit. Reich ist erwünscht, Arm muss vor der Türe bleiben. Die Gesichter im „Parkson Shopping Centre" spiegeln aber auch eine andere Realität in der Stadt wieder: Wer hier einkauft, gehört zur ethnischen Gruppe der Han-Chinesen. Obwohl Urumqi ein wichtiges Handelszentrum in Zentralasien geworden ist und Geschäftsleute von den Sonderwirtschaftszonen im Osten Chinas Handel mit zentralasiatischen Partnern betreiben, ist die Stadt nicht kosmopolitisch und multikulturell. Muslimische Uiguren und Han-Chinesen bleiben unter ihresgleichen und wohnen in separaten Vierteln. Uiguren werden gezwungen, Mandarin zu lernen, Chinesen wiederum lernen aber nicht ihre Sprache, was die gegenseitige Annäherung erleichtern würde. Eine wirkliche Durchmischung der Kulturen findet derzeit nicht statt. Urumqi ist kompliziert und scheint sich selbst noch nicht gefunden zu haben.

Ausländer werden vielerorts freundlich begrüßt. Bei nicht vorhandenen Fremdsprachenkenntnissen wird einfach nur gelacht und mit den Achseln gezuckt. Mir gefällt die ausgesprochene Freundlichkeit und Hilfsbereitschaft der Menschen. Zur chinesischen Gesellschaft gehört es, dass man sein Gesicht nicht verliert. Dies bedeutet, dass Chinesen sich so verhalten, dass andere nicht peinlich berührt sind. Als Ausländer sollte man sich auch in komplizierten Situationen unter Kontrolle haben. Gelingt dies nicht, verliert man nicht nur sein eigenes Gesicht, sondern beschädigt auch das Ansehen seines Gegenübers. Spricht man die Menschen auf der Straße an, um nach dem Weg zu fragen, erkennt man schnell an ihrem Lächeln, dass sie entweder nichts verstanden haben, oder aber sich nicht trauen, dies zuzugeben. Ich bedauere es sehr, nicht ein Wort Mandarin zu sprechen. Beherrscht jedoch jemand Englisch, wie Herr Lee im Restaurant des „Parkson Shopping Centre", werden einem alle mögliche Fragen der Welt gestellt: „Ah, Marcus, wie viele Kinder hast du? – Ah, Marcus, welcher Arbeit gehst du in Deutschland nach? – Aha, mhm, wie gefällt dir Urumqi?" und so weiter. Ich verabschiede mich von Herrn Lee und bestelle mein Essen. Das blitzblanke Restaurant im vierten Stock des riesigen Einkaufszentrums ist Lichtjahre von den einfachen Garküchen der kleinen Seitenstraßen entfernt. Aber auch hier bekomme ich unglaublich leckeres Essen, das vor den eigenen Augen frisch zubereitet wird. Musterspeisen liegen auf einem Tresen. Ich zeige auf ein Gericht und der Koch schmeißt die frischen Zutaten in den Wok. Mit meinem Tablett gehe ich zu einem freien Platz und merke, wie die Blicke auf mich gerichtet werden. Herr Lee hat mich inzwischen seiner ganzen Familie vorgestellt und fünf Menschen grinsen und winken mir am anderen Ende der Tischreihen zu. Ich höre ihn von weitem, verstehe aber nicht, was er sagt. Die Nachbarn am Tisch nebenan haben sich auch umgedreht und gratulieren mir zu meiner Auswahl. Finger zeigen auf meinen Teller und Daumen gehen in die Höhe. Das Essen ist fantastisch und ich genieße die große Vielfalt der Zutaten in vollen Zügen. Plov ist nur noch eine vage Erinnerung.

Sechsunddreißig Schlafpritschen durchziehen auf zwei Stockwerken und in drei Reihen den Bus. Dazwischen sind ungefähr fünfunddreißig Zentimeter

Platz. Ich quetsche mich an den Pritschen vorbei und ecke überall mit meinem Rucksack an. Jede Pritsche misst vierzig Zentimeter in der Breite und hat einen Stauraum von der Größe eines Schuhkartons am Fußende. Ein Kopfkissen und eine Decke liegen bereit. Der Abstand zum Busdach beträgt maximal einen Meter. Die Klimaanlage kämpft, aber sie ist zu schwach. Stickig heiße Luft macht sich im oberen Drittel des Innenraums breit. Auf dem Boden miefen Socken und offene Schuhe vor sich hin. Es stinkt nach Schweißfüßen. In regelmäßigen Abständen kommt eine übel riechende Wolke zu mir nach oben. Drei Soldaten unter mir haben ihre Ausdünstungen nicht unter Kontrolle, verlieren aber nicht ihr Gesicht, da sie laut schnarchend nichts davon mitbekommen. Ich habe erlebt, dass der Chinese an sich der Meister des gepflegten Rotzens ist, aber mein Nachbar hinter mir hat einen Intensivkurs belegt. Alle paar Minuten wird die Kehle ohrenbetäubend laut gereinigt. Danach verfällt er wieder in einen Art Dämmerzustand. Ich bleibe hingegen wach.

Östlich von Urumqi fahre ich im Schlafbus am nördlichen Rand des Hami-Beckens entlang. Die Landschaft sieht aus wie im indischen Ladakh. Weite Wüstenabschnitte stoßen am Horizont auf karge Gebirgsketten mit einzelnen schneebedeckten Gipfeln von über dreitausend Metern. Plötzlich wechseln sich fruchtbare Talniederungen mit trockenen Salzseen ab. Dann rauschen wieder Flüsse mit ihrer sandreichen Fracht unter der Straße hindurch. Die Grenze zur Mongolei im Norden ist gerade einmal zweihundert Kilometer entfernt. China baut überall im großen Stil, seit drei Stunden sehe ich nun eine Erneuerung der Infrastruktur. Neue Brücken spannen sich über Täler, Straßen werden verbreitert. Ein Windpark mit mehreren Hundert Windrädern erstreckt sich im westlichen Teil des Beckens, der so gigantisch ist, dass ich minutenlang aus dem Bus starre. Weiter östlich rattern wir durch die Turpan-Senke, den zweittiefsten Punkt der Erde und eine der heißesten Regionen Chinas. Gewaltige Sandberge tauchen auf. Sie erheben sich aus einem Lössplateau, in das sich ein weiterer Fluss eingeschnitten hat. Lehmhäuser umgeben Baumgruppen und fruchtbare Ackerflächen an einer Oase. Am Ende der Siedlung erblicke ich eine Nekropole aus Lehmziegeln. Einige persisch anmutende Kuppelbauten, Mausoleen gleich, verleihen der Szenerie etwas Erhabenes. Arabische Halbmonde an Stangen wackeln im Wind. Die Sonne verleiht der lebensfeindlichen Mondlandschaft im Hintergrund ein glutrotes Abendkleid. Stunden später passieren wir die

In der Wüste - Seidenstraße in China

Ortschaft Hami. Marco Polo weiß hier zu berichten, dass die Ehemänner der „Götzenanbeter" in der Siedlung den Reisenden ihre Ehefrauen zum kostenlosen Beischlaf überlassen haben.[2] Interessant! Noch interessanter ist die Tatsache, dass der chinesische Autor Hung Hao, der ein Jahrhundert vor dem Venezianer lebte, in fast derselben Wortwahl den gleichen Brauch beschrieb, den er hier in der Gemeinschaft der Uiguren kennenlernte. Die Stadt Hami, die Marco „Kamul" nennt, lag jedoch nicht auf seiner Reiseroute. Wie in Samarkand strickt er sich eine Geschichte zusammen. Man muss annehmen, dass er seine Informationen auch hier von Zeitzeugen aus zweiter Hand bekommen hatte. Marco verwendet immerhin den türkischen Stadtnamen und weist zudem nach, dass zu jener Zeit Buddhisten in Hami gelebt haben. Was sich jedoch mit meiner Beobachtung deckt, sind seine Aussagen zum Reichtum an Wassermelonen. Solange es noch hell ist, sehe ich eine Bewässerungslandschaft und zum Verkauf angebotene Melonen neben der Straße. Dann plötzlich verschluckt uns die Dunkelheit. Wir holpern auf einer Sandstraße vorsichtig durch die Nacht und geraten in einen Sandsturm. Der Busfahrer fährt mit den LKWs auf Tuchfühlung. Uns trennt kein Meter von der Stoßstange des Vierzigtonners vor uns. Die Sichtverhältnisse sind miserabel. Bodenwellen lassen die Stoßdämpfer ächzen. Verkehrsschilder geben eine Höchstgeschwindigkeit von zwanzig Stundenkilometern vor. An

Schlaf ist nicht zu denken. Feiner Staub dringt in den Innenraum. Atmen ist nur noch mit Taschentuch vor dem Mund möglich. Wann hat der Wahnsinn ein Ende?

Ich befinde mich auf der Straße 312. Sie beginnt in Shanghai und durchkreuzt das gesamte chinesische Riesenreich bis nach Kasachstan. Während eines kurzen Aufenthaltes an einem Rasthof winkt der Busfahrer mich zu sich. Einige Reisende stehen um ihn herum. Er lacht mich an und signalisiert mir, dass ich ihm und der Gruppe Geld geben soll: „Moneeey? Give us moneey!" Ich zeige ihm meine leeren Hosentaschen und bitte ihn, mir Geld zu geben. Nun habe ich die Lacher auf meiner Seite. So lustig der Zwischenfall ist, so ernst ist die Lage der Fahrer, egal ob im Bus oder im Schwertransporter. Die Löhne sind niedrig, Benzinpreise steigen ständig. Jedes Fahrzeug ist mit zwei Busfahrern ausgestattet, sodass wir ohne große Zwischenstopps zum Ziel gelangen. Unsere beiden Fahrer rauchen Kette in der Fahrerkabine bei offenen Fenstern. Nicht einmal eine Zigarettenpause gönnen sie sich. Geschlafen und gefahren wird abwechselnd. Uns gestehen sie bei siebzehn Stunden Fahrt drei Toilettenpausen von fünf Minuten zu. Die Buskolonnen auf der Route 312 stehen symbolisch für Chinas Aufbruch im 21. Jahrhundert. China ist mehr denn je in Bewegung. Millionen Menschen verlassen ihre Dörfer auf dem Land und machen sich auf den Weg in die Städte oder in das Ausland, um dort nach Arbeit zu suchen. Viele ländliche Regionen garantieren keinen ausreichenden Wohlstand mehr. Wie riesige Förderbänder transportieren die Straßen Menschen in die regionalen und überregionalen Ballungsräume. Diese Förderbänder auszubauen, ist ein wichtiges Ziel der kommunistischen Partei. China verfolgt die Fertigstellung eines gewaltigen Autobahnnetzes. Von Peking aus werden Autobahnen strahlenförmig in alle Richtungen gebaut, neun verlaufen von Norden nach Süden und knapp zwanzig weitere Autobahnen verbinden den Osten mit dem Westen. Die Infrastrukturprojekte sind eine unglaubliche Kraftanstrengung.

Um mir die Zeit zu vertreiben, lese ich Rob Giffords „China Road". Giffords war drei Jahre lang britischer Korrespondent des BBC World Service in China. In seinem Buch nennt er Gründe für die jüngste Entwicklung des Riesenreiches.[3] So hat sich China nach Mao Zedong grundlegend verändert. Offiziell wird die neue Richtung als „Sozialismus mit chinesischen Charaktereigenschaften" bezeichnet. Inoffiziell muss man von einem harten und kompromisslosen Kapitalismus sprechen. Heute gehört China zu den führenden Wirtschaftsmächten der Welt. Das Land ist überall auf der Welt präsent. Seine Fabriken produzieren für globale Wirtschaftsunternehmen und die Nachfrage an Rohstoffen federt die weltweiten Finanzkrisen ab. Aber was hält China heute zusammen, nachdem der Kommunismus für alle sichtbar verschwunden ist? Befindet auch China sich, wie die zentralasiatischen Staaten, nach dem Transformationsprozess in einer Identitätskrise? Schon in Urumqi hörte ich, dass die Menschen heute noch ungleicher sind, als sie es unter den Kommunisten waren. Multimilliardäre und arme Tagelöhner sind Teil einer Gesellschaft, entfernen sich aber mehr den je voneinander und stellen die Staatspropaganda der kommunistischen Partei infrage. Es wird zwar überall im Reich der Mitte ein moderater Wohlstand propagiert, aber reicht das für eine politische Legitimation? Wie eine fette Seidenraupe, die sich verpuppt und in einen schönen Schmetterling verwandeln soll, hat sich die kommunistische Führung völlig verändert und über die Jahre immer weiter vom Proletariat entfernt. Die sozialistische Ideologie ist offensichtlich am Ende. Die kommunistische Partei hält sich wie ein Chamäleon mit Staatspatriotismus, Nationalismus und der Präsentation von Stärke nach außen über Wasser. Nach all den Jahren der Niederlagen und Entbehrungen gönnt die Regierung der chinesischen Psyche aber auch ein neues Selbstwertgefühl. Jüngster Ausdruck dessen sind die olympischen Spiele gewesen. Trotz der mannigfaltigen Probleme verliehen sie dem Land in den letzten Jahren viel Respekt und internationale Anerkennung. Dies erklärt die Obsession, nach außen hin Stärke, Macht und Selbstbewusstsein zu zeigen. Der in China entfachte Nationalismus ist dabei eng verbunden mit ökonomischen Prinzipien. Politische Stärke ist nur durch wirtschaftliche Macht zu erreichen und diese ist verknüpft mit der Ressourcengrundlage und industrieller Ausbeutung. Diesbezüglich erhält das chinesische Territorium eine elementare Wertschöpfung. Die „final frontier" wurde immer wieder verschoben. Bis in die moderne Zeit behinderten Gebirge, Wüsten und Kälte die rasche Verknüpfung mit dem Osten. China hat es heute jedoch geschafft, die natürlichen Grenzen zu überwinden. Höhe, Kälte und der Permafrostboden stellen keine Probleme mehr dar. Längst sind periphere Regionen an die Wirtschaftsmetropolen des Ostens angebunden worden. Seit dem Beginn meiner Reise kann ich miterleben, wie China durch moderne Infrastrukturprojekte im Ausland nach allen Rohstoffen greift und sie zu sich transportiert. Pipelines durchziehen die weiten Steppen des Kontinents.

Das Konzept der territorialen Erschließung umfasst mittlerweile auch Zentralasien und Südostasien, ja die ganze Welt.

Chinas Führung betrachtet den Raum also als Lebensgrundlage, in dem eine Souveränität über Ressourcen höchste Priorität hat. Peking betreibt die Erschließung Xinjiangs und sucht im großen Stil Bodenschätze aller Art.[4] Problematisch ist nur, dass die Han-chinesische Schatzsuche, wie die wirtschaftlichen Aktivitäten in Xinjiang von Kritikern genannt werden, in einem Gebiet erfolgt, in dem seit Jahrhunderten die ethnische Minderheit der Uiguren lebt. Somit befindet sich der „territoriale Nationalismus" auf Konfrontationskurs mit Besitzansprüchen der Muslime Xinjiangs. Welche Konsequenzen hat diese Entwicklung? Lange bevor in Zentralasien internationale Grenzen zwischen den heutigen Staaten gezogen wurden, bewohnten die unterschiedlichsten Völker diesen Raum ohne irgendein Gefühl der Zugehörigkeit zu einer bestimmten Nation. Zu jener Zeit nahmen sich die Muslime zuerst als Muslime und dann als Bewohner einer bestimmten Gegend wahr. Auch die „Buchara-Juden" Usbekistans und Tadschikistans betrachten ihre zentralasiatische Heimat als Teil ihrer Kultur. Über zweitausend Jahre abgeschnitten vom Rest der jüdischen Gemeinde entwickelten sie hier unter dem Einfluss des Islams ihre eigene Kultur und Sprache. Sie identifizieren sich besonders mit der „Machallah", dem Viertel, in dem sie leben. Ihrem Namen messen sie kaum Bedeutung bei. So ist es nicht wichtig, ob man als „Buchara-Jude" in Tadschikistan lebt und Buchara noch nie gesehen hat. Auch die Uiguren bezeichnen die Zugehörigkeit zur Glaubensgemeinschaft der Muslime als ein Merkmal ihrer Identität. Zu ihrer Kultur gehört aber genauso, dass sie sich als Teil der Turkvölker Zentralasiens sehen, in einer Oasengemeinde leben und die Turksprache verwenden. Die letzten beiden Aspekte sind im Kontext der territorialen Erschließung der westlichen Provinzen von besonderer Bedeutung. Für China ist die Identifikation mit einer spezifischen Örtlichkeit, wie zum Beispiel einer Oase in Xinjiang, ein Beweis dafür, dass sich ein Uigure trotz aller markanten Unterschiede auf chinesischem Boden auch als Chinese wahrnehmen kann – also Teil des Mutterlandes ist. Dies ist aber nicht der Fall. In jüngster Zeit ist daher eines der wichtigsten Abgrenzungsmerkmale für die uigurische Minderheit die Benutzung der Turksprache geworden. Die massive Ansiedlung von Han-Chinesen in Xinjiang sowie der Zwang, Chinesisch sprechen zu müssen, um Aufstiegsmöglichkeiten zu erhalten, sind Hauptgründe dafür, dass die Uiguren ihre Sprache mehr und mehr als Teil ihrer Identität betrachten, mit der sie sich distanzieren können. Der zunehmende Verlust ihrer Sprache und die gestiegene Präsenz von Han-Chinesen in ihren Siedlungsgebieten werden als Bedrohung ihrer eigenen Kultur bzw. ihrer Existenz interpretiert. Somit ist es nachvollziehbar, dass sie danach streben, ihre nationale Identität zu schützen – und das in einem Land, in dem die kommunistische Führung keinerlei politische Opposition gestattet, die für die Interessen der Uiguren eintreten könnte. Der Grad der Autonomie und der Umfang der Religionsfreiheit werden ihnen von Peking diktiert. Was den Uiguren neben der Sprache bleibt, ist der Islam. Dieser stellt, wie auch in anderen zentralasiatischen Staaten, mit autoritären Strukturen die einzige Möglichkeit der Opposition dar und ist somit gleichzeitig auch zu einem wichtigen Identitätsmerkmal geworden. China und Kasachstan wirken dieser Entwicklung entgegen, indem sie die ethnische Gruppe der Uiguren als Gefahr für die innere Sicherheit ansehen. Beide Länder einigten sich darauf, keine grenzüberschreitende Migration von Anhängern der Volksgruppe zuzulassen. Um Vertrauen und Stabilität in den Grenzgebieten zu garantieren, gründete China mit Kasachstan, Kirgisistan, Tadschikistan und Usbekistan die „Shanghaier Organisation für Zusammenarbeit (SOZ)“, deren Fokus die Bekämpfung von Extremismus, Separatismus und Terrorismus ist. Pekings Bemühungen, den äußersten Westen des Riesenreiches zu zähmen und Allianzen zu schmieden, um Aufständische in der Unruheprovinz zu bekämpfen, ist jedoch keine neue Erscheinung. Hier wiederholt sich nur die Geschichte. China leitet selbst den Besitzanspruch auf das Territorium, das heute erschlossen wird, historisch ab: Chinesische Historiker gehen zurück auf die Eroberung der westlichen Gebiete während der Han-Dynastie. So müsste die „Öffnung des Westens“ eigentlich die „Erneute Öffnung des Westens“ genannt werden.

Seide wurde zufällig vor 4500 Jahren entdeckt. Diese Entdeckung veränderte China für immer und läutete die erste Allianz mit den Herrschern Zentralasiens ein. Das Geheimnis der Seidenherstellung war ursprünglich nur in China bekannt. Die Chinesen hatten zu dieser Zeit keine Ahnung, dass diese Kunst einen transkontinentalen Austausch beflügeln und Seide einmal im Mittelmeerraum gehandelt würde. Eine wichtige Voraussetzung für den Seidenhandel war die Öffnung Chinas nach Westen. Dieser erfolgte aber über Umwege: Im 2. Jahrhundert vor Christus wurden chinesische Außenposten an der Westflanke des Han-Reiches von den „Xiongnu“ überfallen. Diese Reiternomaden kämpften als Territorialmacht auf dem heutigen Gebiet der Uiguren gegen Chinas Eroberungspolitik und wurden von diesen nur verächtlich als „Barbaren“ bezeichnet. Um im Westen potenzielle Verbündete gegen die permanente Grenzbedrohung zu finden, entsandte der Han-Kaiser Wudi eine Delegation in die Gebiete der Xiongnu. 138 vor Christus kämpfte sich der chinesische General Zhang Qian mit einer Gefolgschaft aus hundert Soldaten auf Geheiß des Kaisers durch das Territorium der feindlichen Barbaren und stieß auf das unabhängige choresmische Königreich in der Großoase Choresm im heutigen Usbekistan.[5] Der choresmische König hatte jedoch kein Interesse daran, durch ein Bündnis mit den Chinesen den Zorn der Xiongnu auf sein Königsreich zu ziehen. Er war aber sehr an den edlen Kleidern des chinesischen Generals interessiert, was diesem nicht entging. Zhang Qian machte sich auf den Weg zurück nach Osten und durchschritt das fruchtbare Ferghana-Tal, wo er eine zweite wichtige Entdeckung machte. Die Menschen im Westen waren nicht nur an der Seidenherstellung interessiert, sondern hatten im Ferghana-Tal prachtvolle, robuste Kriegspferde, die den schwachen, deutlich kleineren chinesischen Pferden weit überlegen waren. Beide Beobachtungen waren weitaus wichtiger, als potenzielle Verbündete gegen die Barbaren aufzutreiben. Dies war die Geburtsstunde der Seidenstraße. In der Folgezeit wurden Ferghanapferde gegen Seide getauscht und die mächtigen Tiere hatten entscheidenden Anteil am Sieg des Han-Reiches gegen das Nomandenvolk.

Nach dem Fall der Xiongnu konsolidierten die Chinesen ihre Macht im Gebiet der heutigen Provinz Xinjiang um Dunhuang herum. Die Stadt liegt strategisch am westlichen Ende des Hexi-Korridors, dem Verbindungsstück zur sich im Osten befindlichen Provinz Gansu. Am Rande der Nan-Shan-Gebirgskette war die strategisch hervorragend gelegene Oasensiedlung Dunhuang der Schnittpunkt, an dem sich die nördliche und südliche Seidenstraße trafen. Die Polos kamen auf der südlicheren Route vom westlich gelegenen Kashgar nach Dunhuang und brauchten für ihre Reise durch die Wüste dreißig Tage.[6] Marco sah hier zum ersten Mal eine große Anzahl von Chinesen. Er nennt die Stadt „Sachiu“, welche zu seiner Zeit zum Mongolenreich gehörte, das von Kublai Khan regiert wurde. Mit „Sachiu“ ist „Shachau“ gemeint, was soviel wie „Sanddistrikt“ bedeutet. Marco Polo benutzt die neue Bezeichnung, unter der die Stadt ab dem 7. Jahrhundert bekannt war. Sie gehörte zur Provinz

„Tangut". Beherrscht wurde die Region ab dem 10. Jahrhundert von den Tanguten, einem multiethnischen Volk bestehend aus Chinesen, Uiguren und Tibetern. Die Tanguten lebten vom Handel und Schmuggel, bis im 13. Jahrhundert die Mongolen das Gebiet eroberten. Marco Polo liefert in seinem Buch eine Fülle an Informationen über eine schon damals multikulturelle Stadt. Was mich an seinen Beobachtungen begeistert, ist sein Blick für das für ihn Ungewöhnliche, aber gleichzeitig auch Alltägliche. Seltsam ist, dass er weder die gewaltigen Sanddünen noch die heute weltberühmten Mogao-Höhlen erwähnt. Ihn faszinierten die Menschen mit ihren fremdartigen Kulturen und Religionen. Während er die Muslime beim Namen nennt und explizit von den nestorianischen Christen spricht, ist nicht eindeutig zu klären, wen Marco in Dunhuang als „Götzenanbeter" bezeichnet. Er schreibt, dass diese „eine merkwürdige Sprache haben, Kaufleute sind und von der Landwirtschaft leben." Dies hilft mir aber nicht wirklich weiter. Marco Polo betitelt in seinem Buch immer wieder die Buddhisten als solche. Da er schon vorher auf seiner Reise mit dem Buddhismus in Kontakt kam, würde dies einen Sinn ergeben. In Dunhuang lernte er ein breites Spektrum der buddhistischen Lebensweise und Kultur kennen. Die ersten Mönche erreichten die Oasenstadt im 4. Jahrhundert über die nördliche Route der Seidenstraße, wie ich heute. Seitdem entwickelte sich Dunhuang mit seinen weltberühmten Mogao-Höhlen zu einer der bedeutendsten buddhistischen Lehrstätten Zentralasiens. Unterschiedliche Kultureinflüsse strömten hier zusammen und machten die Stadt zu einer kosmopolitischen Enklave. Die Mogao-Höhlen enthielten einen wahren Schatz an religiösen Schriften, wie zum Beispiel auch eine chinesische Version des Diamant Sutras, das zu den wichtigsten Lehrtexten des Mahayana-Buddhismus gehört. Als erste Druckversion wurde das Sutra sechshundert Jahre vor der Gutenberg-Bibel angefertigt und gilt somit als das erste gedruckte Buch der Welt. Neben buddhistischem und muslimischem Kulturgut lernte Marco Polo auch tantrische Einflüsse kennen, die von den Tibetern eingeführt wurden und sich unter der Herrschaft der Tanguten ausbreiten konnten. Somit ist es durchaus möglich, dass er mit „Götzenanbetern" eine andere ethnische Gruppe gemeint hat. Laut Polo werden deren Götterbilder mit Inbrunst verehrt. Ich erfahre, wie Familien einen Schafsbock zum Neujahrsfest schlachten, in einer Zeremonie Opfergaben zum Tempel bringen und dann innerhalb der Familie feiern. Als der junge Polo in Dunhuang verweilte, lebten dort auch Angehörige der Volksgruppe der Kalmücken, die einen solchen Brauch praktizierten. Sie waren ursprünglich Schamanen und konvertierten später zum tibetischen Buddhismus. Möglicherweise wurde Marco Polo Zeuge eines alten Schamanenbrauches, der später von den buddhistischen Lamas verachtet wurde. Reiche Kalmücken wählten einen Schafsbock aus und gaben ihm den Namen „Tengri Tockho", was soviel wie „himmlischer Schafsbock" bedeutet. Dieser wurde im Herbst an einem vorher festgelegten Tag während eines großen Festes feierlich geschlachtet.

Dunhuangs ethnische Vielfalt bemerke ich schon am Busbahnhof. Menschen mit zentralasiatischen, chinesischen und türkischen Gesichtszügen schauen mir beim Aussteigen aus dem Bus zu. Auf dem Schotterplatz geht es drunter und drüber. Taxifahrer warten auf Touristen und Einheimische, die nach der Nachtfahrt schnell in ihr Hotel oder zu ihren Angehörigen möchten. Die Gruppe chinesischer Soldaten aus meinem Bus flitzt zu einem Transporter und verschwindet im Getümmel. Am anderen Ende des Platzes sehe ich buddhistische Mönche auf der Straße. Pralle Säcke fliegen von den Dächern zahlreicher Busse und werden auf Kleinlastern verstaut. Ein an der Kopfbedeckung zu erkennender muslimischer Taxifahrer schreit mir „Taxiiiiii!" zu. Vor mir steht ein Kerl mit überdimensionalem Cowboyhut, auf dem mit großen Buchstaben „Ronaldino" geschrieben steht. Er trägt ein dunkelblaues Hemd mit Drachenmotiven, das locker über einer ausgebleichten Jeans hängt. Sein gebräuntes Gesicht deutet nicht auf eine rein chinesische Herkunft hin. Er spricht kein Wort Englisch, aber grinst mich an. Ich nicke und schmeiße mein Gepäck auf die Laderampe seines Dreirades. Als er den Schlüssel umdreht, knallt es und der Motor beginnt zu leben. Ich springe hinten auf und zeige ihm meinen Zettel mit den chinesischen Schriftzeichen, die ihn hoffentlich den Weg zum „Dune Guesthouse" finden lassen. Während unserer Fahrt passieren wir die Moschee im Stadtzentrum und fahren in Richtung der Sanddünen, die schon von weitem am Stadtrand zu sehen sind. Unser Dreirad ist das langsamste Verkehrsmittel auf der Straße. Immer wieder werden wir überholt. Plötzlich kracht es im Getriebe und der Motor geht mitten auf der Straße aus. Passanten schauen uns neugierig an. Mein Chauffeur dreht sich um, lacht laut und ich blicke auf gewaltige Zahnlücken. Zwei Versuche, die Kiste wieder in Gang zu bringen, schlagen fehl. So wendet er sich mir zu und bietet mir erst einmal eine Zigarette an. Er schlägt sich auf die Brust und sagt „Tuzú". „Marcus" erwidere ich und warte, bis der Motor nach zwei weiteren Kraftanstrengungen wieder aufheult. Mein

Taxi der Extraklasse - Dunchuang - China

Fahrer ist ein Fan starker Zigaretten. Vor dem „Dune Guesthouse“ streikt der Motor wieder, sodass Zeit für eine weitere Zigarettenpause bleibt, die von einem monumentalen Hustenanfall unterbrochen wird. Auf dem Weg zu meinem Bungalow in einer grünen Gartenlandschaft keine zwanzig Meter von den Sanddünen entfernt winke ich ihm auf seinem Motorrad ein letztes Mal zu. Abends lese ich, dass „Tuzú“ die chinesische Eigenbeschreibung für das in China ansässige Volk der „Tu“ ist und nicht der Name des Fahrers, wie ich fälschlicherweise angenommen hatte. Die Tu sind mongolischer Abstammung und Anhänger des tibetischen Buddhismus.

Ich gönne mir in der beschaulichen Oasenstadt ein paar Tage Ruhe. Am Rande der Sanwei-Berge, der „drei gefährlichen Berge“, liegt die alte Karawanensiedlung eingequetscht zwischen schroffen Bergrücken und den daran anschließenden kolossalen Sanddünen der Wüste Gobi. Von den höchsten Dünen blickt man über den Mondsichelsee, einer Quelloase inmitten der Sandlandschaft, zur Stadt. Im „Dune Guesthouse“ finde ich in einem Reisekatalog eine Beschreibung des Mondsichelsees. Laut dieser sind die Sanddünen am Rande der Stadt die größte Touristenattraktion nach den weltberühmten Mogao-Höhlen. Abends vor Sonnenuntergang, so wirbt der

Text, gibt es hier viele schöne Fotomotive. „Mingsha", der Name der Dünen, bedeutet „singender Sand" und soll sich von den Geräuschen ableiten, die der vom Wind bewegte Sand hervorruft. Ich schnappe mir meine Kamera und flitze zum Parkeingang. Als ich dort nachmittags mein Eintrittsticket löse und den Park betrete, bin ich nicht alleine. Die schönen Fotomotive haben auch andere entdeckt. Hunderte Touristen bringen den singenden Sand zum Schweigen. Chinesen in irrwitzig komischen roten Stulpen zum Schutz gegen den Sand fahren im Elektroauto dreihundert Meter zur Düne und bleiben davor stehen, um ein Bild zu machen. Laute Buggys erklimmen mit Vollgas den Hang vor mir. Auf der anderen Seite rutschen einige Stulpenträger auf einem Plastikschlitten die Dünen herunter und quietschen dabei vor Vergnügen. Gelangweilte Kamele grunzen in einer Ecke neben ein paar Souvenirständen und warten auf Kundschaft. Ultraleichtflugzeuge rauschen über mich wie Drohnen, die ein Ziel ausgemacht haben und dies einkreisen. Mir wird schlecht! Eigentlich möchte ich hier nur schnell weg. Aber ich keuche eine Sanddüne empor, fühle mich oben wie nach einer Gipfelbesteigung und habe den Ehrgeiz, so lange zu warten, bis die Busgruppen hier verschwunden sind. Und tatsächlich, kurz vor dem Abendessen verschwinden die Touristengruppen und ich habe die spektakuläre Landschaft mit dem

Der Mondsichelsee - Dunchuang - China

Sonnenuntergang fast für mich alleine. Es singt immer noch keiner, aber das ist mir egal. Der Blick auf die untergehende Abendsonne ist wunderschön.

Die Stadt ist beschaulich und hat nichts von der Hektik Urumqis. Kleine Busse fahren gemächlich durch das Zentrum und nehmen Gäste mit, die mit einer Handbewegung signalisieren, dass sie mitfahren möchten. Die Bustür öffnet sich, indem der Fahrer ein Seil unter seinem Sitz feste nach vorne zieht. Ich werfe einen Yuan in einen weißen Plastikeimer neben der Gangschaltung und nehme Platz. Der Fahrer lässt den Bus gemächlich die Straße runterrollen. Irgendwann legt er den Gang ein und startet den Motor. Hat der Bus genügend Fahrt aufgenommen, klatscht die offene Tür laut zu. In der Mittagshitze jedoch fährt er vorsichtig an, sodass sie offen bleibt. Mir tippt ein älterer Chinese von hinten auf die Schulter und reicht mir zwei saftige Äpfel nach vorne. Seine Apfelkitschen spuckt er gekonnt aus dem Fenster in den Rinnstein. In der Innenstadt steige ich aus. Auf dem Markt schlafen die Fischhändler während der Mittagszeit mit offenem Mund in ihren Liegestühlen und bekommen nicht mit, wie ihre halb toten Fische in den Wasserbassins hin und her springen, sich ein letztes Mal aufbäumen und vorbeigehende Kunden nass spritzen. Ein gegrilltes Entenkarussell dreht sich mit rotierenden Stoffwedeln um die Wette, deren Bewegung soll Fliegen vom frisch geschlachteten Fleisch abhalten. Obst und Gewürze liegen säuberlich dekoriert im Schatten bunter Sonnenschirme. Welpen dösen unter den Ständen. Restaurants reihen sich in der Mitte des Marktes in einem Atrium aneinander. Ein alter Mann hockt in einer Seitenstraße und kaut Sonnenblumenkerne vor dem Eingang eines Lebensmittelgeschäftes. Ich setze mich mit einem Eis neben ihn und wir beide beobachten einen kleinen Hund, der einen Stein aus der Straßendecke rausscharrt. In den Hinterhöfen und Seitenstraßen abseits des Marktes tauchen kleine Handwerkerbetriebe auf. Händler liefern Rohmaterialien wie Holz und Stoffballen an. Vor einer Schreinerei stehen fertige Tische und Kommoden auf der Straße. In einer Nische entdecke ich hölzerne Särge. Marco Polo erläutert im Detail, wie die „Götzenanbeter“ solide Särge bestellten und den Leichnam eine Zeit lang im Haus aufbewahrten, bis Astrologen anhand der Position der Gestirne die rechtmäßige Zeit für die Verbrennung der toten Person ermittelt hatten. In seinem Buch ist zu lesen, wie damals die Holzkanten am Sargdeckel hermetisch versiegelt wurden, damit keine Luft in das Innere gelangen konnte. Um den Verwesungsprozess zudem zu verlangsamen, wurde er vereinzelt mit Stoffen überzogen, weiß Marco Polo zu berichten. Solange die Menschen den Leichnam im Haus behielten, stellte die Familie täglich einen mit Speisen gedeckten Tisch davor. Was der junge Polo hier schildert, sind typisch chinesische Bräuche. Dies gilt insbesondere für die Aufbewahrung eines toten Familienangehörigen im eigenen Haus. Die Verbrennung eines Leichnams, die man normalerweise mit dem Hinduismus assoziiert, wurde in China ebenfalls eine Zeit lang praktiziert. Auch bei den Tibetern und Mongolen war die Verbrennung eine häufige Art der Bestattung. Im nordindischen Zanskar machte mich mein Freund Stanzin Chotchen bei einer Trekkingtour zum Beispiel darauf aufmerksam, dass tibetische Mönche durchaus ihre Toten verbrennen, wenn ausreichend Holz als Brennmaterial vorhanden ist. Marco Polos muss in Dunhuang auf viele Chinesen gestoßen sein. Seine Beschreibungen geben uns Aufschluss über die ethnische Vielfalt zu dieser Zeit. Heute hat sich die Situation indessen dramatisch geändert. Die Han-Chinesen tragen mit weit über neunzig Prozent zur Gesamtbevölkerung der Stadt bei. Die zweitstärkste Gruppe bilden die Hui. Diese chinesischen Muslime werden in China offiziell als eigenständiges Volk angesehen, sprechen überwiegend Chinesisch, praktizieren aber ihre eigene Kultur. Im Vergleich zu den Uiguren gelten sie als sehr gut integriert und genießen deutlich mehr Religionsfreiheit. Sie folgten dem großen Mongolenherrscher Kublai Khan nach China und besiedelten von ihm unterworfene Gebiete. Die Mongolen profitierten enorm von diesen „Semuren", den sogenannten assimilierten Ethnien in ihrem Reich. Die Chinesen nannten sie „Huihui", was eine Abwandlung des Wortes „Uigur" ist. Kublai Khan ernannte viele zentralasiatische Muslime zu Administratoren, Gesetzeshütern und Steuerbeamten und schuf so erfolgreich eine Pufferzone zwischen sich und den Eroberten. So konnten „Ausländer" diese Positionen überhaupt nur besetzen, weil zuvor Li Tan, ein chinesischer Berater aus der Shangdong-Provinz und Günstling unter Kublai Khan, den Mongolenherrscher während des Krieges gegen die Song-Dynastie betrog und belog. Der Vertrauensverlust erklärt erstens, warum Kublai Khan danach nur noch „Ausländer" die eroberten Provinzen Chinas verwalten ließ und zweitens, warum Marco Polo als Berater des Khans vertrauenswürdig genug erschien, um am Hofe dienen zu dürfen.

Ich lerne Herrn Wang an einem Stand auf dem Markt kennen und lade ihn auf eine kalte Cola in einem kleinen Restaurant ein. Wir kamen ins Gespräch, weil er meinen Reiseführer entdeckte und ihn sich schnappte, um darin herumzublättern. Verblüfft ließ ich ihn gewähren. Wie sich herausstellte, ist er ein Kenner der Seidenstraße und arbeitet im Museum der weltberühmten Mogao-Höhlen außerhalb der Stadt. Daher das Interesse an dem Buch, denke ich. Als ich ihm von meiner Reise erzähle, wird er hellhörig und berichtet mir ausführlich vom Austausch entlang der alten Handelsroute. „Nach der Vernichtung der Xiongnu florierte der Handel. Luxusgüter sowie westliche Reisende gelangten über diese Route nach China. Marcus, du musst die Höhlen sehen. Sie sind sagenhaft!“ Seine Augen leuchten vor Freude. „Wo war ich stehen geblieben? Mhm, ach ja. Der Absatzmarkt in Europa ließ viele Karawanensiedlungen entlang der Seidenstraße entstehen, die sich wiederum zu eigenständigen Städten entwickelten.“ Von besonderer Bedeutung war diesbezüglich die Mongolenherrschaft im 13. Jahrhundert. Ich erzähle ihm von meinen Erlebnissen in Usbekistan. „Ja, ja, das ist völlig richtig“, pflichtet er mir bei. „Die Pax Mongolica sah einen ausgedehnten Kontakt der eroberten Völker untereinander vor. Zwar plünderten die Mongolen bedeutsame Oasenstädte wie Merv, Buchara und Samarkand, sie ließen aber auf der Seidenstraße auch den Austausch von Waren und Menschen zu.“ „Von Religionen und Entdeckungen ebenfalls“, sage ich. Nun schmunzelt Herr Wang: „Na klar, ihr in Europa habt doch von uns die Papierherstellung gelernt und nicht umgekehrt!“ Jetzt muss ich lachen und entgegne: „Okay, gut, dafür habt ihr den Buddhismus über die nordwestliche Route aus Indien bekommen.“ „All das wirst du in den Mogao-Höhlen sehen! Marcus, glaube mir, sie sind eine der großartigsten buddhistischen Hinterlassenschaften der Welt. Die erste Höhle dieser Pilgerstätte wurde im vierten Jahrhundert vor Christus in die Sandsteinfelsen entlang des ausgetrockneten Flussbettes gegraben. Zur Blütezeit gab es hier achtzehn buddhistische Klöster. Kannst du dir das vorstellen?“ Ich nicke ungläubig, was ihn noch mehr anspornt. „Ja ja, über 1000 Mönche, Nonnen, Kalligraphen und Übersetzer arbeiteten, meditierten und beteten an diesem Ort. Reiche Händler gelangten über die Seidenstraße nach Mogao und spendeten dort Geld für die kunstvolle Ausschmückung der Höhlen.“ Plötzlich rückt er mit seinem Stuhl auf mich zu und haut mir unerwartet auf die Brust. Fast verschütte ich meine Cola. „Mensch, du hast doch eben den Austausch angesprochen. In einer der Höhlen ist Zhang Qian abgebildet, wie er den chinesischen Kaiser verlässt und zu seiner Reise aufbricht. Ha!“ Er berichtet mir weiter, wie die Höhlen so bedeutsam wurden, dass die nördliche Route der Seidenstraße über Turpan und Hami nach Südosten abbog und den nördlichen Rand der Wüste Gobi streifte. Dunhuang erlebte dadurch einen wirtschaftlichen Aufschwung als Oasenstadt.

Am nächsten Morgen stehe ich vor den Mogao-Höhlen. Die Chinesen haben hier alles durchorganisiert, was mir nicht gefällt. Ich trage eine Gewitterwolke über meinem Kopf mit mir herum. Wir passieren in einer geführten Gruppe die Absperrung. Unsere Führerin, die uns ihren chinesischen Namen verschweigt, nennt sich „Serina". „Das ist für euch einfacher auszusprechen", sagt sie und lacht dabei. Lange schwarze Haare werden durch eine modische Sonnenbrille auf ihrem Kopf gebändigt. Ihr Sonnenschirm spannt sich immer dann schnell auf, wenn wir eine Höhle verlassen und zur nächsten gehen. „Hier gibt es 492 Höhlen mit Statuen und Wandmalereien. Insgesamt wurden über die Jahrhunderte knapp tausend Höhlen in den Sandstein hineingegraben", sagt sie stolz. Ich sehe leichtfüßige weibliche Bodhisattvas mit Jadearmreifen, die in ärmellosen Roben posieren. Ihre Gewänder sind aus einem seidenartigen Stoff. Ein anderer Bodhisattva steht auf einem Thron aus Lotusblüten und hält ein Tablett mit Früchten in der Hand. Ein langes Kleid weht leicht im Wind, genauso wie bunte Bänder, die von seiner Schulter fallen. Blüten landen sachte hinter ihm auf dem Boden. Bodhisattva sind Erleuchtungswesen, die im Mahayana-Buddhismus die höchste Erkenntnisstufe anstreben. Diese Wesen haben ohne fremde Hilfe alle weltlichen Bedürfnisse überwunden. So können sie den irdischen Kreislauf des Leidens und der Wiedergeburten durchbrechen und in das Nirvana eintreten. Auf dem Weg der Tugendvollkommenheit realisieren sie dabei die Buddhaschaft in sich, um anderen Menschen zu helfen. Das Ziel ist also nicht egoistischer Natur, da sie den Mitmenschen aktiv helfen, sich aus dem endlosen Kreislauf der Reinkarnation zu befreien, damit sie in das Nirvana gelangen können. In Höhle 112 tanzt eine Figur auf einem grünen Teppich. Dabei spielt sie auf einem Saiteninstrument, das sich hinter ihrem Kopf befindet. Der Künstler hat grazile Bewegungen auf die Sandsteinwand gezaubert. Der nackte Oberkörper der Figur sticht aus dem grünen Farbenensemble heraus und wird ins Zentrum des Gemäldes gerückt. Serina lenkt unsere Blicke mit ihrer Taschenlampe nach oben und erklärt die Deckenverzierung: „Viele Decken haben eine viereckige Vertiefung, in deren Zentrum eine Lotusblüte abgebildet ist. Drei Hasen umlaufen die Blüte im Uhrzeigersinn. In Höhle 329 sieht man zum Beispiel das Dharmakakra-Weltenrad. Die Lotusblüte

Die Mogaohöhlen - Dunchuang - China

repräsentiert dort Reinheit und Ruhe. Seht ihr die schönen himmlischen Nymphen, die um ein Zentrum schweben?“ Eine andere Höhlenwand erzählt die Geschichte von Manjursi, der ein Gehilfe Siddharta Gautamas, des historischen Buddhas, war. Die Illustration zeigt, wie er mit dem Titel der „Großen Weisheit“ für seine Eloquenz ausgezeichnet wurde. Daneben spielen weitere Erleuchtungswesen unterschiedliche Musikinstrumente und schauen voller Anerkennung in Manjursis Richtung. Viele Geschichten aus der buddhistischen Mythologie sind auf den Höhlenwänden abgebildet, weiß Serina zu berichten. „Höhle 285 schildert die Geschichte der fünfhundert Banditen, die gegen einen König im alten Indien rebellierten. Dies ärgerte den König so sehr, dass er Truppen entsandte, die die Banditen ins Exil schickten. Bevor sie in die menschenleere Gebirgswelt gejagt wurden, ließ der grausame König ihnen die Augen rausschneiden.“ Die verzweifelten und hysterischen Banditen sitzen mit leeren Augenhöhlen in einer Reihe vor Buddha, der von der Tat hörte. „Seht, wie Buddha seine Hand an sein Ohr hält und seinen Kopf zu den Banditen neigt“, schwärmt Serina. „Buddha hatte Mitleid mit ihnen und heilte sie. Die Gruppe küsst vor Dankbarkeit den Boden und bittet um Vergebung. Danach konvertierten sie zum Buddhismus und studierten über viele Jahre Buddhas Lehre, bis auch sie die Erleuchtung erlangten.“ In der Tat sehe ich im rechten Bildabschnitt eine Gruppe der ehemaligen Räuber mit

Mönchsroben bekleidet im Schneidersitz beim Gebet. Warme Erdtöne bilden den Hintergrund. Auf vielen Wänden ist auch Avalokiteshvara reich verziert und in vielen unterschiedlichen Darstellungen abgebildet. Einmal reicht er einer eleganten Dame die Hand, um sie ins Nirvana zu geleiten. Ein anderes Mal thront er über dem Himalaya. Er gilt als Schutzpatron Tibets und ist im Mahayana-Buddhismus der Bodhisattva des Mitgefühls. Serina wendet sich nun den vielen Statuen zu, die von herausragender Schönheit sind. Die Figuren haben alle ein Holzskelett, um das Stroh gewickelt wurde, das wiederum die äußere Tonhaut hält. Sie wurden modelliert und anschließend prachtvoll farblich verziert. Oft sieht man Buddhas Lieblingsschüler Kashyapa und Ananda an seiner Seite. Imposant sind in den großen Haupthöhlen die beiden riesigen Buddhastatuen, von denen eine mit siebenunddreißig Meter die drittgrößte sitzende Buddhastatue in China ist. Die Statuen sind in einem Block aus der Sandsteinwand herausgehauen worden. Beide zeigen den Maitreya-Buddha, den Buddha der Zukunft, der dem historischen Buddha folgen wird. Er wartet auf den Tag, an dem er als der Buddha in sterblicher Form auf die Erde kommen und den Menschen eine Zeit lang die buddhistische Lehre näherbringen wird. Ich kehre den Höhlen den Rücken zu und mache mich auf. Tibet lockt mich, ist in diesem Sommer aber nach wie vor für Ausländer gesperrt. Aus Angst vor Unruhen während der Sechzigjahrfeier der „Befreiung Tibets" riegelte Peking das Dach der Welt hermetisch ab. Nun verbreiten sich jedoch Gerüchte, dass Tibet eventuell Anfang September wieder für Ausländer geöffnet werden soll. Ich will keine Zeit verlieren und möglichst schnell nach Lhasa gelangen.

Im Zug nach Jiayuguan sitzt mir Cheng Daoyang gegenüber und spricht mich auf Englisch an. Cheng ist eine ruhige Person mit einer Haarpracht, die sich auf den Hinterkopf zurückzieht. Vielleicht aus Trotz lässt er einzelne Barthaare dafür länger wachsen. Er ist Reiseleiter und fährt nach Jiayuguan, um dort eine neue Gruppe abzuholen, die er nach Dunhuang begleiten wird. Cheng mag seinen Beruf, auch wenn er zeitweise sehr anstrengend ist. Er überlegt, ob er Lehrer werden soll. Er besitzt einen Abschluss und hat seine Englischkenntnisse in Amerika erworben. Dort spendierte ihm ein Freund ein Auslandsstipendium. „Salt Lake City hat mir gut gefallen. Gerne würde ich dorthin zurück gehen, aber ich muss mich um meine gebrechlichen Eltern kümmern. Ich habe zwar noch einen Bruder, aber das ist meine Aufgabe", erklärt er. Auf dem Tisch vor mir liegen einige Postkarten, auf denen die

Mogao-Höhlen abgebildet sind. Ich habe sie in Dunhuang gekauft. Cheng sind sie sofort aufgefallen. „Meiner nächsten Gruppe werde ich die Höhlen wieder zeigen. Weißt du, dass jedes Jahr andere Höhlen für die Besucher zugänglich gemacht werden. So versuchen wir, die kostbaren Wandmalereien zu schützen.“ Ich habe davon gelesen und erzähle ihm von meiner Reise und wie ich nach islamischen nun buddhistische Bauwerke bestauen kann. „Ein Grund für die hier abgebildete stilistische Vielfalt ist das Ende der Han-Dynastie 200 nach Christus. Autonome Königreiche kämpften um die Macht. Gleichzeitig hatten wir Chinesen die Nase voll von der konfuzianischen Lehre.“ Nun ist Cheng in seinem Element. Ich höre ihm aufmerksam zu. Am Ende eines jeden Gedankengangs hebt er die Hände leicht, als wolle er andeuten, dass daran auch nichts zu ändern sei. Ich frage ihn, warum Konfuzius Lehre im Niedergang begriffen war. „Die Chinesen waren desillusioniert. Seine Lehre war viel zu formal und langweilig. Der Buddhismus mit seinem Leben nach dem Tod in Form der Reinkarnationen bot Antworten, die weder der Taoismus noch der Konfuzianismus bieten konnten. In dieser unruhigen Zeit war der Gedanke, dass man vom Leid erlöst werden konnte, für Chinesen sehr ansprechend, sodass sich der Buddhismus schnell etablierte. Aus dieser Epoche stammen die ältesten Höhlen, deren Innenräume eindeutig dem indischen Stil zuzuordnen sind.“ Wie doch die Kunst von Krieg und Frieden abhängig war, denke ich. Im 10. Jahrhundert, dem goldenen Zeitalter der Tan-Dynastie, wurden Chinas Grenzen bis ins heutige Kasachstan ausgeweitet. Der Handel brachte fremde Kulturen und Religionen in das Tang-Reich und beeinflusste die chinesische Kultur. In dieser Epoche stellten die Künstler über zweihundertdreißig Höhlen fertig. „Entlang der Seidenstraße bist du ja sicherlich schon mit den Mongolen konfrontiert worden, oder?“ „Richtig, Dschingis Khan und Timur Lenk begleiten mich nun seit fast einem Monat von Land zu Land, sie zerstörten alles systematisch“, erwidere ich. „Stimmt“, lacht er, „im 12. Jahrhundert fielen sie auch hier ein und als Konsequenz zog sich China weit zurück. Der Bau der Chinesischen Mauer als Schutz vor Überfällen brachte Sicherheit. Warte, gleich in Jiayuguan kannst du das westlichste Stück der Chinesischen Mauer sehen.“ Deswegen möchte ich die Stadt besichtigen. Das Jiayuguan-Fort war der letzte Außenposten an der westlichen Peripherie des Ming-Reiches. So wie der Bau des unendlich langen Sicherungssystems für das chinesische Reich der damaligen Zeit Sicherheit vor den Mongolen brachte, so war dies das Ende für Dunhuang weiter westlich. Der Austausch über die Seidenstraße brach jäh zusammen.

Dunhuang wurde provinziell, neue Kultureinflüsse blieben aus und der Stil in den Mogao-Höhlen wurde simpler.

Anfang des 20. Jahrhunderts wurden auf drei unterschiedlichen Kontinenten sensationelle archäologische Entdeckungen gemacht. Alle drei gehen einher mit dem unwiderruflichen Verlust bedeutender Kulturschätze. In Peru stieß der Historiker Hiram Bingham 1911 auf die geheime Inkastadt Machu Picchu. Bis heute wird behauptet, dass Bingham die Stadt schon zwei Jahre vorher entdeckte und dies geheim hielt, um Zeit zu gewinnen, alle Funde, wie Gold und Grabbeilagen, in die USA zu schaffen. 1922 entdeckte Howard Carter das Tutanchamun-Grab im Tal der Könige in Ägypten. Carter sagt man hartnäckig nach, dass er die Grabkammer unerlaubt betreten habe, um Objekte zu entfernen, die nicht registriert wurden und sich heute in verschiedenen Museen befinden. So soll Carter den aus Holz gefertigten und bemalten „Kopf auf der Lotusblüte“ unterschlagen haben. Er wurde später in einer Rotweinkiste im Grab Ramses des XI gefunden. 1907 erreichte der ungarische und im Auftrag der britischen Regierung in Indien arbeitende Archäologie Aurel Stein mit seinem treuen Gehilfen Turdi Dunhuang.[7] Die Oasenstadt war zur Zeit der Jahrhundertwende außerhalb des direkten Einflussbereiches Chinas. Die Russen und die Engländer spielten auch in dieser Region ihr „Großes Spiel“. Russlands Einflussbereich umfasste mittlerweile Zentralasien und die Briten hatten ein militärisches Interesse an Tibet. Beide Seiten hörten unabhängig voneinander von buddhistischen Siedlungen im chinesischen Turkestan, die in der Wüste untergegangen waren. Steins langjähriger Freund und Geologe Lajos Lóczy weckte in ihm die Neugier an den Mogao-Höhlen, die er zu besuchen beabsichtigte. Er schrieb Lóczy im gleichen Jahr, dass er neben Marco Polo und seinem chinesischen Schutzpatron Usuan Tsang sein wichtigster Wegbegleiter sei und dass er während der langen Märsche durch die Wüste oft an ihn denken würde. Zuvor hatte er über Turdi von einem Händler aus Urumqi erfahren, dass ein daoistischer Mönch eine geheimnisvolle versteckte Höhle gefunden hatte. In Dunhuang hielt sich das Gerücht, die Höhle sei voller wertvoller Manuskripte und Kalligraphien. Aurel Stein setzte in der Folgezeit alles daran, das Vertrauen des Mönchs Wang Yuanlu zu gewinnen. Schließlich ließ der Mönch Stein einige Manuskripte begutachten und gewährte dem Archäologen Zugang zur Höhle. Für Aurel Stein öffnete sich eine Schatzkiste unglaublichen Ausmaßes. Mehrere zehntausend Manuskripte in Chinesisch,

Tibetisch und anderen Sprachen wurden dort aufbewahrt. Dazu gehörte auch die Kopie des chinesischen Diamant Sutras. Was die Chinesen heute so erzürnt, ist die Tatsache, dass Stein dem Mönch über 20 000 Schriften und Manuskripte für umgerechnet hundert Euro abluchste und sie kistenweise in das Britische Museum nach London schaffte. In London wurde einer der größten Kunstdiebstähle bejubelt, während in China bis heute Zähneknirschen über den Verlust herrscht.

KAPITEL VII: Alle Wege führen nach China

Die Morgensonne prallt auf die Quilian-Berge, die am Ende des weiten Schotterkorridors liegen. Eine graue Landschaft begleitet mich wieder seit Dunhuang. Cheng Daoyang macht ein Nickerchen. Einige Passagiere ziehen die Gardinen im Zug vor die Fenster, um sich vor der intensiven Sonne zu schützen. An anderen Stellen treffen die Sonnenstrahlen auf den Staub am Abteilboden und lassen ihn funkeln. Der Zug taucht in eine Dickensche Szenerie ein: Schlote, Fabriken und Kohlengruben soweit das Auge reicht. Kipplaster bringen stetig Nachschub und die Schornsteine pusten das dreckige Abfallprodukt in den Himmel. Eine braune Luftkloake liegt über Jiayuguan. Hässlichkeit triumphiert. Dickens hätte seinen Roman „Harte Zeiten" auch hier spielen lassen können. Mietskasernen aus braunen Backsteinen reihen sich entlang der dreckigen Gleise. Alle viereckigen Wohnbaracken sind durchnummeriert. Das Manchester des 18. Jahrhunderts grüßt. Die Industrialisierung hat hier jedoch später begonnen. Jiayuguan ist erst knappe fünfzig Jahre alt und am Reißbrett entstanden. Die Montanindustrie beherrscht das Stadtbild. Die Eisen- und Stahlverhüttung ist der Hauptarbeitgeber. Jeden Morgen fahren Hunderte Arbeiter in ihren blauen Overalls auf Elektromotorrädern zu den Fabriken. Tagelöhner warten am Straßenrand vor dem Busterminal auf Arbeit. Mehrspurige Stadtstraßen mit zusätzlichen Fahrstreifen für Motorräder verbinden Dickens Industriewelt und den Bahnhof mit der Innenstadt. Minibus Nr. 4 knattert über Bahngleise vorbei an Verladestationen zum Jiayuguan-Fort. Ich gehe um das Fort herum spazieren. Der Weg bringt mich zuerst zum westlichen Ausläufer der „Großen Mauer". Vor mir erheben sich die Reste eines Lehmwalls, der der Verwitterung preisgegeben ist. Trotzdem bin ich sehr beeindruckt. Ich stehe vor dem Ende eines über achttausend Kilometer langen Grenzbefestigungssystems, das zum UNESCO-Weltkulturerbe sowie zu den „neuen sieben Weltwundern" zählt. Einerseits bot die „Große Mauer" den Chinesen Schutz vor den Xiongnu. Andererseits ist sie aber auch ein gescheiterter Versuch, eine Grenzlinie zwischen zwei Kulturen zu ziehen. Schon Kublai Khan überrannte das Bauwerk und kam dem Niedergang der Song-Dynastie zuvor. Seitdem ist der Umgang mit Kublai Khan für die Chinesen nicht ganz einfach. So argumentieren heute viele Quellen, dass erst der Charme der zivilen Welt Chinas seine rabiate und brutale Natur bändigte.

Letzte Bastion im Kampf gegen die Xiongnu - Jiayuguan - China

Des Weiteren ist es für sie schwierig anzuerkennen, dass ein Ausländer, sprich ein „Barbar“ aus Zentralasien, China zu einem Großreich vereinte, in dem arabische Berater tätig waren und ein transkontinentaler Warenaustausch möglich wurde.

Im Museum des Forts möchte ich mehr über die Verbindung zu Zentralasien erfahren. Ein eingerahmter Fünfzeiler weist dort theatralisch auf die Verbindung zwischen Seidenstraße und Hexi-Korridor hin: „Die Abendsonne geht über dem Horizont des Flusses unter; die Seidenstraße ist bedeckt mit Blüten; die große Mauer und die Seidenstraße in Hexi; die große Mauer und die Seidenstraße waren gegenseitig voneinander abhängig.“ Eine ganze Abteilung im Museum erläutert, wie der Bau der chinesischen Mauer den Handel im Hexi-Korridor begünstigte und der Region Sicherheit brachte. Die Menschen profitierten vom Warenaustausch und fast jeder Haushalt produzierte Seide. Interessant ist jedoch die im Museum überhaupt nicht thematisierte Abhängigkeit sowie die politisch gefärbte Präsentation der Volksgruppen entlang der Seidenstraße. Eine Hinweistafel beschreibt die chinesische Gesellschaft im 3. Jahrhundert nach Christus folgendermaßen: „Aufgrund der ausgleichenden Rolle der Staatsmacht nahmen die Konflikte unter den einzelnen Volksgruppen ab, so dass eine multinationale Gesellschaft geschaffen wurde, deren ethnische Gruppen friedlich miteinander zusammenlebten." Hier wird die Geschichte eines vereinten multikulturellen, von den Han-Chinesen dominierten Chinas präsentiert. Zu diesem Kulturverständnis gehört auch die Weigerung, die Macht und Legitimation der häufig als „Barbaren" bezeichneten Nachbarn anzuerkennen. Während die Geschichte Zhang Qians ausführlich nacherzählt wird, erfährt der Besucher des Museums beispielsweise wenig über die Bedeutung des Nomadenvolkes der Xiongnu. Abhängigkeit – Fehlanzeige! Warum wohl? Mit der Erschließung der westlichen Provinzen Anfang des 20. Jahrhunderts wurde China gezwungen, sich im Kontext der Ausformung der nationalen Identität einmal mehr mit den kulturellen Unterschieden der vielen ethnischen Gruppen zu befassen. Der Versuch einer schnellen Erschließung der innerasiatischen Randgebiete scheiterte nämlich an der kulturellen Andersartigkeit der Turkvölker und Tibeter, sodass eine Neubewertung der „Barbaren" notwendig wurde. Peking beschloss, dass beispielsweise der Uigure im Herzen eigentlich ein Chinese sei, er lebe nur im Land der „Barbaren". Diese Sichtweise gab den ethnischen Minderheiten im Westen Chinas über Nacht eine neue – sprich chinesische – Identität, sofern ihr Verhalten der vorgegebenen Norm entsprach. Religion, Herkunft, Sprache und Gebräuche spielten überhaupt keine Rolle mehr. Peking musste dann aber am Widerstand der Uiguren und Tibeter erkennen, dass eine schnelle Integration so nicht funktionierte. Das im Museum propagierte friedliche Zusammenleben der Völker Chinas ist spätestens seit der Ansiedlung der Han-Chinesen in den „Unruheprovinzen" in ernsthafter Gefahr.

Von Multikulturalität ist in meinem Hotel nicht viel übrig geblieben. Auch sind Fremdsprachenkenntnisse Mangelware. Ich lese mir sorgfältig die Informationsbroschüre auf meinem Tisch im Zimmer durch und versuche die Regeln zu verstehen. Regel Nr. 1: „Du sollst die Wertsachen vor dir checken und gute Unterbringungsformalitäten, ansonsten, wenn verloren, die Konsequenzen." Regel Nr. 2: Für deine eigene Sicherheit, sei nicht entzündbar, explosiv, toxisch oder radioaktive Substanzen im Hotel." Ich kann manchmal explodieren, bin aber nicht entzündbar! Regel Nr. 3: „Verboten sind wilde Schlägereien, Drogen, Wettspiele und illegale Kohabitation oder deren Spekulation sowie illegale und kriminelle Aktivitäten." Wer um Himmelswillen spekuliert in diesem Hotel auf illegalen Sex? Entweder man hat ihn, oder man hat ihn nicht. Eine Seite weiter sehe ich eine Preisliste.

Gehen Gegenstände aus dem Hotelzimmer verloren, kann man hier nachlesen, was einen die Wiederbeschaffung kosten wird: Wasserboiler = 4000 Yuan, Klimaanlage = 3000 Yuan. Ich lache laut auf und überlege mir, wie ich unentdeckt die Klimaanlage aus der Wand reißen und an der Rezeption vorbei nach draußen schmuggeln soll. Fernseher = 1600 Yuan, Aschenbecher = 5 Yuan und zu guter Letzt eine multifunktionale Steckdose im Wert von 40 Yuan. Dabei ist Folgendes zu beachten: „Man möge die hoteleigenen Gegenstände schützen. Wenn man eines der oben genannten Gegenstände als Souvenir erwerben möchte, möge man bitte unter der Nummer 1600 die Rezeption anrufen. Herzlichen Dank für die Kooperation." Eigentlich gefällt mir der Wasserboiler im Badezimmer ganz gut. Ich könnte ihn meiner Mutter als Souvenir mitbringen. Auf der letzten Seite der Broschüre werden Dienstleistungen des Hotels angepriesen. Großartig! „Im Beauty Salon des dritten Stockwerks bekommt der Hotelgast einen Haarschnitt, eine Gesichtswäsche und eine Massage. Danach fühlt man sich …" – (ich zitiere hier!) – „… wie eine von einem Nissan Pick-up geblasene frische Frühlingsbriese." Weltklasse! „Im zweiten Stock ist das Thermalsofa mit allen Sorten an sauberen Wasserknabbereien ausgestattet. Ein ehrenhaftes Vergnügen."

Was Ausländer außer dem Fort in Jiayuguan noch sehen sollen, erschließt sich mir nicht. Zwei Tage reichen völlig aus und man freut sich auf saubere Luft. Ich schaue abends aus dem Fenster meines Hotelzimmers und sehe die Smoghülle langsam dunkler werden. Die letzten Sonnenstrahlen verschwinden hinter einem Vorhang aus Kohlenmonoxid und Rußteilchen. Jiayuguan ist kein Einzelfall. Die Verschmutzung der Luft und des Wassers nimmt in China monumentale Zustände an. In meinem Reiseführer lese ich nach, dass sieben der zehn schmutzigsten Städte weltweit in China zu finden sind. Die rasante Industrialisierung des Landes sowie die schiere Größe der Bevölkerung tragen zu einer drastischen Verschlimmerung der Lage bei. Kohlekraftwerke produzieren den Löwenanteil der in China benötigten Energie. Der Anteil des Landes an der globalen Erwärmung ist gewaltig. Dies hat nachhaltige Konsequenzen für die Wasserqualität und für die Produktivität der landwirtschaftlichen Flächen, die mit saurem Regen verseucht werden. Kann das noch lange so weitergehen? Ich glaube nicht. Der Turbokapitalismus hält die Nation trotz zunehmender Proteste im Würgegriff. Wie lange dieses

Modell überlebensfähig ist, bleibt abzuwarten. Die Zukunft wird meiner Meinung nach durch zwei Faktoren entschieden: Erstens ist Chinas politische Führung in ernster Gefahr, wenn eine internationale Krise die Wirtschaft derart lahmlegt, dass Peking die Bedürfnisse der Abermillionen von Arbeitern nicht mehr befriedigen kann. Unabhängige Ökonomen schätzen, dass das Land jetzt schon jedes Jahr Millionen neue Arbeitsplätze schaffen muss, um zivilen Ungehorsam im Keim zu ersticken. Zweitens bedroht die ausufernde Umweltverschmutzung das jährliche Wirtschaftswachstum. Lösungen für die drängenden Probleme hängen von den politischen Entscheidungen der kommunistischen Partei ab. Quo vadis China?

Und wieder eine Busfahrt, aufgeteilt in zwei Etappen. Zuerst bleibe ich einen Tag in Zhangye inmitten der Wüste Gobi nördlich der Quilian-Gebirgskette. Der Hauptgrund für meinen Zwischenstopp ist erstens die Distanz von Jiayuguan nach Xining und zweitens der Tempel des größten liegenden Buddhas Asiens, den ich in einer mächtigen hölzernen Halle besichtigen möchte. Marco Polo verbrachte ein Jahr in Zhangye.[1] Zu dieser Zeit war die Seidenstraße im Niedergang begriffen, da die schnelleren Schiffsrouten nach Asien bereits entdeckt worden waren und sich der Handel auf die See verlagert

Straßenszene - Kulturenmix - China

hatte. Marco Polo beschreibt in seinem Buch ausführlich den liegenden Buddha. Ich erfahre von ihm, dass „Campichiu auch eine großartige und ehrenhafte Stadt in Tangut ist". Mit „Campichiu" ist zweifelsfrei Kanchau gemeint. Kanchau oder Kanchou ist ein älterer Name für Ganzhou, was wiederum ein Stadtbezirk Zhangyes ist. Polo benennt Campichiu als die Hauptstadt und den Regierungssitz der Provinz Tangut. Er berichtet hier von den „Götzendienern" mit ihren Buddhastatuen und Protektoren in den Klöstern und zudem von den Sarazenen und Christen. Letztere sollen laut Polo in Zhangye drei sehr schöne Kirchen haben. Polo erwähnt die vielen „großen und kleinen" Buddhastatuen im Detail. Er erkennt, dass einige aus Holz oder aus Ton und andere aus Stein gearbeitet wurden. „Sie sind extrem poliert und mit Gold überdeckt. Die großen Götzen, von denen ich spreche, liegen. Und um sie herum sind andere Figuren von beachtlicher Größe, als würden sie die liegenden Statuen vergöttern und ihnen huldigen." Marco meint mit dem „großen Götzen" den Schlafenden Buddha, der in der Mitte des Tempels liegt. Die Statue ist knapp fünfunddreißig Meter lang und hat eine Schulterhöhe von mehr als sieben Metern. Hinter dem Schlafenden Buddha sehe ich ein Arrangement von zehn Schülern Buddhas. Achtzehn Arhats, buddhistische Heilige, und Polos Protektoren befinden sich zudem in den südlichen und nördlichen Nebenhallen.

Am nächsten Morgen überquere ich die Provinzgrenze und rolle durch den Süden Qinghais. Die Provinz gehört zum Armenhaus Chinas. Fortschritt und Wohlstand sind hier flächendeckend nicht angekommen. Eine nationale Statistik führt Qinghai als drittärmste Provinz Chinas. Als Parallele zu Russlands Sibirien haben die Chinesen ihre Dissidenten und politisch Andersdenkenden hierher verbannt. Qinghai ist kein Touristenmekka, aber berühmt, da sowohl der Dalai Lama als auch der Gründer der Gelugpa, der Gelbmützensekte, hier geboren wurden. Anhand der Geburtsorte lässt sich ablesen, dass die Grenzlinie zu Tibet ein künstliches Konstrukt der kommunistischen Führung ist.[2] Über Jahrhunderte gehörte diese Landschaft zum nördlichen Rand des tibetischen Hochlandes. Chinesische Willkür hat Qinghai geschaffen und von der heutigen „Autonomen Region Tibet" durch einen Strich auf einer Karte abgetrennt.

Im Bus flimmert nun schon die dritte Stunde chinesische Stand-up-Comedy über den Bildschirm. Die einzigen, die lachen, sitzen im Publikum. Die

Businsassen strafen das Programm mit gelangweilten Gesichtern ab. Der Mann hinter mir gähnt demonstrativ aus dem Fenster, als wolle er seiner Umwelt mitteilen, dass das Unterhaltungsprogramm des Busses suboptimal ist. Die drei Kung-Fu-Filme mit Jet Lee in der Hauptrolle im Bus gestern waren dagegen Highlights. Auch ich wende mich ab. Draußen schaut ein altes Pärchen ihren Schafen beim Weiden zu. Menschen bewirtschaften ihre Äcker mit vorchristlichen Landwirtschaftsmaschinen. Der Mais steht meterhoch. Einsame Vögel sitzen auf Stromleitungen. Auf einem Motorrad werden eine halbe Familie und Kisten durch die Landschaft kutschiert. Heu liegt sorgfältig aufgehäuft an Häuserwänden. Frauen hocken in den Feldern und schneiden den Weizen mit Handsicheln. Eine vereinsamte chinesische Flagge weht im Wind zwischen Ackerparzellen. Brückenpfeiler säumen die Straße nun schon seit Stunden. Irgendwie fehlen überall die Brückenelemente. Nach zwei Stunden Fahrt ändert sich plötzlich die Szenerie. Wir tauchen in die Quilian-Gebirgskette ein. Flache Plateaulandschaften enden abrupt an schroffen Felsformationen. Der Bus schraubt sich mit letzter Kraft eine Serpentine hinauf. Hier oben sehe ich saftiges Grasland, auf dem Yaks weiden. Nomaden zelten entlang der Flussbetten in einfachen Zelten. Rauch steigt aus dem Zeltinneren hervor. Die Erosion der Flüsse durchschneidet das grüne Polster der Bergrücken. Ein Straßenschild nennt die Quilian-Berge die „Östliche Schweiz“ – ein Vergleich, der mächtig hinkt.

Die Fahrt ist nicht ganz unriskant. Vor zwei Wochen wurden Ausländer auf dieser Strecke im Bus von der Polizei gestoppt und zurückgeschickt. Chinas Machthaber sind nervös, dass sich die Situation in den Unruheprovinzen zuspitzen könnte. Im August hatte sich im Labrang-Kloster in Xiahe ein Mönch angezündet, nachdem er Benzin geschluckt hatte. Er wollte mit seiner Tat auf die mangelnde Religionsfreiheit hinweisen. Das Kloster wurde daraufhin für Touristen gesperrt. Seit sechzig Jahren formiert sich in dieser Provinz der Widerstand. 1958 ereignete sich in Xunhua in den Bergen südöstlich von Xining die Xunhua-Revolte, bei der mehrere hundert tibetische Mönche von der chinesischen Befreiungsarmee umgebracht wurden. Tausende Zivilisten verschwanden damals in dunklen Gefängniszellen. Seit dem Selbstmord in Xiahe herrscht erhöhte Alarmbereitschaft. Mittlerweile habe ich vertrauenswürdige Informationen über Tibet erhalten: Erst seit einer Woche gestattet China wieder einigen Ausländern, Tibet zu besuchen. Aber nicht alle bekommen die Erlaubnis einzureisen. Zwei Engländerinnen berichten mir im Bus, dass ihre Bekannten an einer Polizeisperre aufgefordert wurden, umzukehren. Da die Provinz Qinghai ein Tor zur „Autonomen Region Tibet“ ist, werden die Zufahrtsstraßen stärker bewacht. Ich kann die politische Situation nicht einschätzen und ziehe daher im Bus bei jeder Polizeikontrolle die Gardinen vor meinem Fenster zu, um keine Aufmerksamkeit zu erregen. Während ich abtauche, hoffe ich, dass die Polizisten nur an den Fahrzeugpapieren des Busfahrers interessiert sind. Der hat unterdessen andere Sorgen. Um seinen Lohn aufzubessern, hat er mehr Fahrgäste mitgenommen, als Plätze im Bus zur Verfügung stehen. Sieben arme Seelen sitzen die knapp acht Stunden lange Busfahrt über auf mickrigen Schemeln im Gang und versuchen, die Balance zu halten. Eine junge Chinesin rutscht bei jeder Kehre auf mein Bein zu und muss sich abstützen. Weit vor einer Straßensperre in einem kleinen Dorf im Nirgendwo hält der Bus plötzlich unerwartet. Der Fahrer schreit hektisch und die Schemelfraktion verlässt fluchtartig den Bus. Danach werden die zusätzlichen Sitzmöglichkeiten eingesammelt und bei einem Gast im hinteren Teil des Busses versteckt. Wir passieren den Kontrollpunkt, fahren aus dem Dorf heraus und halten wieder an, um die restlichen Fahrgäste einzuladen, die zwischenzeitig mit einem Taxi vorgefahren waren. Stunden später machen wir eine kurze Rast in einem kleinen Dorf. Vor meinem Fenster schneidet ein Metzger im Brustkorb einer geschlachteten Kuh herum und versucht, ein Stück Fleisch freizubekommen. Der Torso hängt an einem Eisenhaken keinen Meter von unserem Bus entfernt. Geräuchert wird das Fleisch in den Dieselabgasen. Ein Huf liegt in der Bordsteinrinne. Vor den Innereien sitzt eine Katze in Lauerstellung. Fliegen kreisen wie Segelflugzeuge über dem aufgehängten Fleischbrocken. Im Hintergrund steht eine moderne Moschee. Ein arabischer Halbmond glänzt in der Sonne zwischen zwei Minaretten. Die Provinz Qinghai hat eine große muslimische Minderheit. Man trifft hier überall auf der Straße auf Männer, die die „Taqiya“ – eine weiße, gehäkelte Mütze – tragen. Die Vorfahren der heutigen hiesigen Muslime gehören zum Volk der Salar und wanderten im 14. Jahrhundert aus Samarkand in Usbekistan über die Seidenstraße in die Region ein. Auf der Suche nach einer neuen Heimat folgten sie einer Legende zufolge einem weißen Kamel. Als sie Xunhua erreichten, erstarrte das Kamel zu Stein und die Menschen blieben. Die ursprüngliche Samarkandgruppe vermischte sich mit den lokalen Tibetern, Mongolen und Han-Chinesen und bildete die „Salar-Gruppe“.

Lobsang, ein sehr hilfsbereiter Tibeter in lockerem rotem Hemd, Jeans und Sandalen führt das Reisebüro „Tibetan Connections“ im siebzehnten Stock eines Hochhauses in Xining. Zwei Treppen darunter befindet sich die „Lete Jugendherberge“, in der ich abgestiegen bin. Über Lobsang habe ich eine zwölftägige Tour nach Tibet gebucht. Meine Informationen haben sich als richtig herausgestellt. Tibet ist wieder offen, aber als Individualtourist darf ich Tibet nicht mehr bereisen. Wer das Land des Ewigen Schnees sehen will, muss einige bürokratische Hürden nehmen. Um nach Tibet zu gelangen, muss der Ausländer zwei weitere Genehmigungen erhalten: Das „Tibet Autonomous Region Permit“ sowie das „Alien Travel Permit“ gewähren einem Einlass in die „Autonome Region Tibet“ und Zugang zu Regionen außerhalb der Präfektur Lhasa. Der Papierkram sowie die Organisation eines Reiseleiters und Jeepfahrers vor Ort können nur von einem chinesischen Reisebüro erledigt werden.

Ich treffe Lobsang völlig aufgelöst in seinem Büro an. Irgendetwas ist ihm auf den Magen geschlagen. Wie ein rastloses Tier im Käfig rennt er von Computer zu Computer und wuselt in Aktenmappen herum. „Das ist so unfair! Warum lässt sie ihre schlechte Laune an mir aus?“ „Was ist los?“, frage ich nach. Lobsang erzählt mir von seinem Problem mit einer norwegischen Touristin, die schlecht informiert und vorbereitet war und ihm eine miese Bewertung im Lonely Planet eigenen Reiseforum „Thorn Tree“ geschrieben hat. Ich möchte ihm helfen, eine Gegendarstellung zu verfassen und gemeinsam machen wir uns an die Arbeit. Er berichtet mir im Detail, wie problematisch die Beschaffung von Bahntickets nach Lhasa ist und welche Probleme er mit der Norwegerin hatte. „Ich muss, wie alle anderen Reisebüros auch, mit der chinesischen Mafia zusammenarbeiten“, klagt er. „‚Soft Sleeper‘-Tickets sind in der Sommerzeit so gut wie nicht zu bekommen, da sie ausnahmslos an Regierungsbeamte und Offizielle verkauft werden. Die ‚Hard Sleeper‘-Tickets werden dann je nach Bedarf und Nachfrage zu unterschiedlich hohen Preisen an die Reisebüros abgegeben. Das wiederum bedeutet, dass ich je nach Reisezeit und je nach Angebot mit völlig unterschiedlichen Preisen kalkulieren muss. Die Ticketmafia kontrolliert die Preise eines staatseigenen Bahnunternehmens.“ „Unglaublich“, erwidere ich und stelle mir vor, welche Geldbeträge in einer Saison in die Kassen der Mafia gespült werden. Offensichtlich ist die Korruption so ausufernd, dass der Sumpf von den Politikern nicht trockengelegt werden kann.

Während unserer Arbeit vor dem Laptop lerne ich den Tibeter genauer kennen. Lobsang hat eine bewegende Geschichte zu erzählen. Mit sieben Jahren verließ er seine Familie, um in die Schule zu gehen. „Ich habe eine Mutter und zwei Väter, musst du wissen." „Habe ich gehört", entgegne ich. Die Polygamie war und ist in Tibet teilweise noch ein adäquates Mittel, eine Überbevölkerung zu verhindern, die ein extrem fragiles Ökosystem nicht tragen kann. So durften Frauen zwei Männer haben. „Wo bist du aufgewachsen?", frage ich ihn. „Ich stamme aus einer großen Nomadenfamilie aus dem Westen Tibets. Große Viehherden sind in dieser Region zum Überleben notwendig. Je mehr Tiere, desto reicher ist der Besitzer. Große Herden verlangen einem viel Arbeit ab und so wird die Arbeit auf mehrere Schultern verteilt." Als Lobsang aufwuchs, gingen wenige Kinder zur Schule, weil die Eltern nicht auf notwendige Arbeitskräfte verzichten wollten. „Kurze Zeit später in den siebziger Jahren flüchtete ich mit meinen Verwandten über die Himalaya-Berge nach Dharamsala ins benachbarte Indien. Die kommunistische Regierung zwang uns Nomaden nach der ‚Befreiung Tibets' sesshaft zu werden." Lobsangs Verwandte beschlossen, einen Teil der Kinder mit auf die Flucht zu nehmen, da sie für die Kleinen in Tibet keine Zukunft mehr sahen. „In Dharamsala lebte ich dreizehn Jahre lang. Dort ging ich zur Schule und lernte Englisch sprechen. Mit zwanzig Jahren kontaktierte mich einer meiner Brüder, der in Tibet bei meinen Eltern zurückgeblieben war. Er sagte mir, dass meine Eltern nicht mehr lange zu leben hätten und bat mich, zurückzukommen, um sie ein letztes Mal zu sehen." „Und, bist du gegangen?" bohre ich nach. „Es war für mich eine schwierige Entscheidung. Womöglich habe ich zu lange gezögert", sagt er leise und wirkt nachdenklich. Ich habe gelesen, dass China Flüchtlinge, die im Exil gelebt haben, wieder aufnimmt. Die Rückkehrer müssen aber mit weitreichenden Repressalien rechnen. Wie es ihm wohl ergangen ist? „Die Flucht nach Indien dauerte vier Wochen. Unser Führer verirrte sich auf dem Weg und wäre an seinem Irrtum beinahe in einem Schneesturm gestorben. Für uns Kinder war die Himalayaüberquerung eine Tortur, ein Kraftakt, der nur in der Gruppe gemeistert werden konnte." Lobsang erzählt, wie sie wochenlang nur von „Tsampa" gelebt haben, Gerstenmehl, das man in den Buttertee rührt. „Und, bist zu zurückgegangen?", wiederhole ich ungeduldig meine Frage. „Ja, letztendlich entschloss ich zu gehen. Unglücklicherweise starb meine Mutter in der Zwischenzeit. Vielleicht habe ich wirklich zu lange gezögert." Ich weiß nicht, was ich erwidern soll und frage ihn stattdessen nach seinem heutigen Leben in Xining. Zurück in China traf das ein, was er befürchtet hatte. Einmal als Flüchtling zurückgekehrt, darf er seitdem das Land nicht mehr verlassen und auch die Einreise nach Tibet wird ihm verwehrt. Er würde gerne als Reiseleiter in Lhasa arbeiten, aber ohne Genehmigung ist dies unmöglich geworden. Lobsang versuchte es vor zehn Jahren ohne offizielle Papiere. Nachdem China die Kontrollen verstärkte, flog er auf und musste für sein illegales Handeln eine hohe Strafe zahlen. Nun versucht er vergeblich, eine neue Genehmigung für die Arbeit als Reiseleiter zu bekommen. Er sitzt in Xining ohne Freundeskreis fest. „Hier ist keiner, meine Familie ist weit weg", sagt er traurig. Abends riecht er öfters nach Alkohol. Ob dies ein allabendlicher Zeitvertreib ist oder ob er sein Heimweh etwas betäubt, habe ich mich nicht getraut zu fragen. Er sitzt viel mit anderen Reisenden zusammen und hört sich deren Geschichten an. Seine beiden chinesischen Kolleginnen haben zu diesem Zeitpunkt schon lange das Büro verlassen.

Lobsangs Geschichte ist eine unter vielen, die mir auf der Reise begegnet sind. Es scheint, als gäbe es im sozialistischen China unterschiedliche Regeln und Bedingungen für die Bürger des Landes. Lobsang als zurückgekehrter Flüchtling hat nicht die gleichen Aufstiegschancen wie andere Staatsbürger. Und er ist nicht alleine. In Dunhuang saß ich gemeinsam mit Kevin (schon wieder ein Chinese mit komischem Namen) aus Montreal auf einer Sanddüne. Kevin lebt seit zehn Jahren in Kanada. Er musste China verlassen, da er als Ingenieur für Umwelttechnologie zu revolutionäre Ideen entwickelte. Womit er in Montreal sein Geld verdient, mochte er nicht sagen: „Es ist ein Job, ein anderer Job." Kevin wollte Tibet bereisen, aber ihm wurde die Genehmigung verweigert. „In Montreal bin ich ein Ausländer und hier im eigenen Land bin ich auch ein Ausländer", brachte er sein Dilemma auf den Punkt. Am Busbahnhof in Dunhuang gesellte sich Wilson zu mir. Er wurde in Taiwan geboren und lebt heute in Australien. Ich erzählte ihm mein Erlebnis mit meinem Buch an der Grenze. Lachend entgegnete er, dass China auch zwischen Chinesen und Taiwanesen einen Unterschied macht, was die freie Reise nach Tibet angeht. Auch er braucht eine extra Reisegenehmigung. Ich hätte Kevin am liebsten eingepackt und meinem Zöllner einen Besuch abgestattet. In der „Lete Jugendherberge" in Xining spreche ich zufällig mit Namgyal, einem tibetischen Mönch, der in der Stadt zwei Solaranlagen für sein Waisenheim gekauft hat. Er macht sich bald wieder auf den Heimweg nach Yushu im Süden der Provinz Qinghai. Unterstützt durch einen deutschen Geldgeber

(„Marcus, kennst du Ben?“) finanziert er das Waisenheim und nimmt im Sommer dreißig und im Winter hundertvierzig Kinder auf. Drei Lehrer unterrichten die Kinder in Englisch, Chinesisch und in der Lehre Buddhas. Namgyal hat vor dreißig Jahren das Mönchsgelübde abgelegt. „Im indischen Dharamsala studierte ich Philosophie und die buddhistische Lehre, bevor mir nach meiner Rückkehr nach China der Reisepass abgenommen wurde. Seitdem kann ich das Land nicht mehr verlassen“, sagt er ohne Emotionen und mit einer Ruhe, die anderswo als Gleichgültigkeit aufgefasst werden könnte. „Vielleicht bekomme ich ja bald einen neuen Pass.“ Ich erkenne, wie für buddhistische Mönche die Vergänglichkeit, hier von Zeiträumen, völlig sekundär ist. Seine Geschichte unterstreicht aber auch, dass Chinas politische Führung die Mönche im Land genau kontrolliert und nichts dem Zufall überlässt.

KAPITEL VIII: Auf dem Dach der Welt

Xining verabschiedet sich mit einer Orwellschen Atmosphäre. Am Stadtrand wuchert eine neue Vorstadt aus dem Boden. Wo wir in Europa einen Wolkenkratzer nach dem anderen bauen und danach die Wohnungen vermieten, bauen die Chinesen gleich mindestens fünfzig zehn- und mehrstöckige Betonmonster. Das kalte Mondlicht leuchtet durch fensterlose Löcher in den seelenlosen Rohbau. Keine Straßenlampe, keine Bäume, kein Verkehrsschild, nicht einmal eine Stromleitung, geschweige denn eine einzige strahlende Glühbirne deutet in dieser dystopischen Wüste auf menschliches Leben hin. „Big Brother" hat Trostlosigkeit hinter Betonmauern verordnet. Kälte und Einsamkeit beherrschen die Nacht. Wie daraus eine Wohnsiedlung werden soll, in der Menschen sich wohlfühlen können, bleibt mir ein Rätsel.

Die Lhasa-Bahn oder, wie unsere männliche Lautsprecherstimme im Zug genauer erklärt, die „Qinghai-Tibet-Bahn" fährt pünktlich ab. Knapp zweitausend Kilometer südlich und vierundzwanzig Stunden später werde ich in Lhasa, der Hauptstadt der ‚Autonomen Region Tibet' sein. Die Eisenbahn ist ein Meisterwerk der Ingenieurskunst und China darf zurecht stolz auf den Bau dieser Eisenbahntrasse sein. Mit einer Passüberquerung von über fünftausend Metern ist sie die höchstgelegene Bahnstrecke der Welt. Über neunhundertsechzig Kilometer verlaufen in Höhen über viertausend Meter über dem Meeresspiegel. Im Abteil meldet sich die freundliche Männerstimme wieder auf Englisch zu Wort. Ich nenne ihn mal Herrn Wu. Er erläutert ohne Hektik die Reisebedingungen für unsere Fahrt auf die tibetische Hochebene: „Unsere Qinghai-Tibet-Bahn verkehrt durch eine große Höhe. Für den Notfall sind in allen Zugwagen Systeme zur Sauerstoffversorgung eingebaut. Über eine zentrale Klimaanlage wird für ihren Komfort während der nächsten vierundzwanzig Stunden die Luft so mit Sauerstoff angereichert, wie es einer Höhe von zweitausend Metern entspricht. In allen Waggons steht für den Notfall medizinisches Personal bereit." „Sehe ich nicht", murmel ich vor mich hin. Herr Wu lässt sich nicht ablenken und weist auf die Gesundheitsinstruktionen hin, die die freundlichen Mitarbeiter und Mitarbeiterinnen austeilen werden. Diese mögen bitte aufmerksam gelesen und unterschrieben zurückgegeben werden. Danach macht er Platz für seine Kollegin, die dies noch einmal auf Tibetisch wiederholt. Und wie angekündigt, halte ich bald den Informationszettel in der Hand. Reisende dürfen nur dann auf das tibetische Plateau reisen, wenn sie nicht zu folgender Risikogruppe gehören: Menschen mit Herzkrankheiten, Blutkrankheiten, mit chronischer Bronchitis, Erkrankungen der Atemwege, Tuberkulose, Diabetes „außer Kontrolle“ (was ist das?), Hysterie, Schizophrenie und Menschen mit Ödemen. „Hochgefährliche schwangere Frauen“ sind auch nicht erwünscht. Mit mir geht die Bahn kein Risiko ein, sodass ich den Zettel ohne Angst, wieder rausgeworfen zu werden, abgeben kann. Herr Wu hat schon Feierabend gemacht. Plötzlich geht in allen Abteilen das Licht aus, die Nachruhe wird zentral verordnet und wir legen uns schlafen. Am nächsten Tag sind wir auf dem Dach der Welt. Ich sehe unglaubliche Landschaften. Nach einem ersten Trockengürtel mit Schmelzwasserbächen und weiten Flussbetten, die erkennen lassen, welche Menge an Wasser sich zur Zeit der Schneeschmelze in die Landschaft ergießt, durchfahren wir Grasland, das von wuchtigen Gebirgsmassiven eingerahmt ist. Die Bahn schraubt sich über den höchsten Pass und taucht ein in den weltweit höchsten Eisenbahntunnel. Herr Wu ist wieder da und klingt begeistert. Er beginnt seine Ausführungen immer mit „Liebe Bahnreisende und Freunde ...“ Er hat sich über die bautechnischen Schwierigkeiten informiert und referiert heute über die Besonderheit des Reliefs. „Knapp fünfhundert Kilometer der Strecke wurden auf dem Permafrostboden konstruiert. Da die obere Bodenschicht im Sommer kurzzeitig auftaut, kann das Wasser nicht in die tieferen, gefrorenen Schichten einsickern und bildet so oberirdisch eine Matschschicht, in die die Schienentrasse einsinken könnte. Das würde die Stabilität der Konstruktion enorm gefährden. Um dies zu verhindern, wurden spezielle Kühlröhren aus Stahl mit Ammoniak gefüllt und in den Boden getrieben. Zehntausend Stäbe begrenzen die Schienentrasse.“ Herr Wu erklärt stolz, wie das flüssige Ammoniak im Sommer im Sockel der Stäbe verdunstet und den Permafrostboden kühl hält, da der Ammoniakdampf am oberen Ende des Stabes die Wärme an die Atmosphäre abgibt. Ihm ist wichtig, dass die Passagiere wissen, dass alles getan wurde, um die Bedingungen für die Arbeiter in dieser Höhe optimal zu gestalten. Er erläutert auch die Flora und Fauna. Zum Schluss, kurz vor Lhasa, berichtet er über die tibetische Kultur und erwähnt die Befreiung der Tibeter durch die Chinesen. Schade ist, dass seine chinesische Kollegin zuvor in ihrem Vortrag mehrmals den Dalai Lama erwähnte. Vielleicht war Herr Wu nach der langen Reise schon etwas müde, sodass er den englischsprachigen Gästen nicht mehr alle Einzelheiten der Befreiung Tibets zumuten wollte. Ich schaue immer und immer wieder aus dem Fenster. In der Abendsonne erfolgt eine Metamorphose der Landschaft. Die Grüntöne der Grasflächen schimmern golden. Riesige Yakherden durchstreifen die endlosen Hügelketten. Nomadensiedlungen liegen wie Farbkleckse in der Weite. Die Wolkenformationen am Himmel zaubern ein Schattenkunstwerk auf das Dach der Welt.

Ich tauche in eine andere Welt ein. Massen an gläubigen Pilgern gehen betend die Straße entlang. Die Tibeter murmeln Gebete vor sich hin. „Om mani padme hum, om mani padme hum" rezitieren die Gläubigen das wohl bekannteste Mantra der buddhistischen Lehre. Sehr devote Pilger werfen sich auf den Boden und verbeugen sich. Arme und Beine sind ausgestreckt. Körperlänge um Körperlänge bewegen sie sich jeden Tag auf dem „Barkhor Kora" fort, einem rituellen Pilgerweg, der im Uhrzeigersinn um den Jokhang-Tempel, dem wichtigsten religiösen Bauwerk Lhasas, absolviert wird.[1] Manche tragen als Schutz Knieschoner und haben zwei Holzbretter vor den Handflächen. Bei jeder Verneigung werden die Hände über dem Kopf zusammengeschlagen. Das Klacken der Bretter ist von weitem zu hören. Jung und Alt sind in tiefem

Tibeter in Lhasa - Tibet

Gebet vereint. Greise halten Gebetsmühlen in den Händen und auch sie drehen sich im Uhrzeigersinn. Dadurch werden die im Inneren der Mühlen aufgespannten Mantras vom Gläubigen aktiviert. Gebrechliche Menschen stützen sich auf Stöcke und absolvieren die Kora in Zeitraffer. Es herrscht keine Hektik, wohl aber ist die Menge in einer gleichmäßigen Geschwindigkeit unterwegs. Frauen haben Kleinkinder auf dem Rücken. Sie und ihre Männer tragen einfache, farbenfrohe tibetische Trachten. Ihre Körper sind in lange rockartige Beinkleider gehüllt. Alle haben einen Sonnenschutz auf dem Kopf. Die Haare der Tibeterinnen sind entweder zu zwei einfachen Zöpfen geflochten oder hochgestreckt und mit wunderschönen türkisfarbenen Edelsteinen oder bunten Bändern geschmückt. Alle strömen an Verkaufständen vorbei, an denen Stoffe, Schmuck, Gebetsmühlen und Tücher angeboten werden. Das meiste davon wird billig in Nepal produziert und über die Grenze geschafft. In einer Straßenecke drehen unzählige Hände eine mannshohe Gebetsmühle. Inmitten der Pilger stechen Mönche als rote Farbtupfer hervor. An den vier Ecken der Kora stehen „Darchen", Gebetsmasten, die mit bunten Gebetsfahnen umwickelt sind und Orte markieren, wo Tsongkhapa, der Gründer des Gelbmützenordens, 1409 seinen Gehstock auf den Boden platzierte. Die Inbrunst, mit der auf dem Pilgerweg gebetet wird, lässt mich vor Ehrfurcht erstarren.

Lhasa ist das spirituelle Zentrum des tibetischen Buddhismus und Stadt der Götter. Im Jokhang-Tempel schlägt das religiöse Herz Tibets. Sein Haupteingang wird vom Rauch zweier mächtiger „Sangkangs", Öfen aus Stein zum Verbrennen von Weihrauch, eingenebelt. Das Räucherwerk soll die Tore des Himmels öffnen und die Götter gnädig stimmen. Daneben erinnert eine Steinstele mit Inschrift aus dem Jahr 822 daran, dass Chinesen sowie Tibeter ihre Grenzen gegenseitig respektieren sollen. Lobsang hat ein richtig gutes Händchen gehabt! Meine tibetische Reiseleiterin Yangkyi ist ein wandelndes kunsthistorisches Buch. Am Tag zuvor holte sie mich am Bahnhof ab. Ich war nervös, weil ich Angst hatte, man würde mir einen wortkargen Aufpasser an die Seite stellen, mit dem ich nun die nächsten zwölf Tage auskommen sollte. Yangkyi stattdessen sprüht vor Energie und nach nur einer halben Stunde im Auto auf dem Weg vom Bahnhof nach Lhasa war ich ehrlich gesagt regelrecht überrascht, wie offen sie mir gegenüber ist. Nun stehen wir beide vor dem Jokhang. Stolz hilft sie mir, ihre Kultur kennenzulernen. „Songtsen Gampo errichtete ursprünglich den Tempel in der ersten Hälfte des 7. Jahrhunderts, um zwei Buddha-Abbilder zu beherbergen, die seine beiden Frauen ihm zur Hochzeit geschenkt hatten. Seine chinesische Frau, Prinzessin Wenching, überreichte ihm ein Abbild von Jowo Shakyamuni, das den historischen Buddha im Alter von zwölf Jahren zeigt." „Daher der Name, nicht wahr?" „Genau! Jokhang oder Jowokhang bedeutet ‚Kapelle des Jowo' und ist die religiöse Seele Tibets." Sie kramt eine Stadtkarte aus ihrem Rucksack und zeigt sie mir. „Schau mal. Im Vergleich zu anderen buddhistischen Tempeln weist das Bauwerk doch eine ganze Reihe an Unterschieden auf – kannst du es erkennen? Allen voran seine Ost-West-Achse, die zu Ehren von Songtsen Gampos nepalesischer Frau, Prinzessin Bhrikuti, in Richtung Nepal zeigt. Lass uns mal reingehen." Wir lösen unsere Tickets. Ohne Yangkyis Begleitung dürfte ich als Ausländer den Tempel nicht betreten – so die Vorschrift. Im Inneren des Heiligtums lenkt sie meinen Blick auf die tragenden Säulen. „Sie und die Eingangsbögen sind auch das Werk nepalischer Handwerksmeister aus dem Kathmandutal, die zur Konstruktion der Anlage nach Tibet kamen. Sie sind einzigartig." Ich bin total begeistert. Der Jokhang ist wirklich die beste Adresse, um einen Einblick in das buddhistische Pantheon Tibets zu bekommen. Ohne Yangkyi jedoch wäre ich bei der Bestimmung der unterschiedlichen Kunststile, Buddhas und Bodhisattvas hoffnungslos verloren.

Die Luft ist gesättigt mit dem Geruch ranziger Yakbutter und Öl in Messingkesseln, in denen Kerzen unablässig brennen und so in den einzelnen Tempelräumen eine mystische Atmosphäre erzeugen. Yangkyi gibt mir einen Überblick und beschreibt die fünfzig Kapellen, die über zwei Stockwerke um einen zentralen Gebetsraum arrangiert sind. „Schau mal, im Zentrum stehen sechs überlebensgroße Statuen. Im Vordergrund ist Guru Rinpoche abgebildet. Er ist eine historische Figur, die im 8. Jahrhundert geboren wurde und die bösen Geister aus Tibet unterjochte. Somit half er entscheidend mit, den Buddhismus im Himalaya zu etablieren." Ich erkenne ihn wieder. „Heißt er in Sanskrit nicht Padmasambhava?", frage ich nach. Ein buddhistisches Wandbild, „Thangka" genannt, mit seinem Abbild hat mir mein Vater vor Jahren aus Ladakh in Indien mitgebracht. Heute hängt es bei mir im Wohnzimmer. „Auch das stimmt." Yangkyi lächelt. „Guru Rinpoche wird von den Anhängern des buddhistischen Nyingmapa-Ordens als der zweite Buddha angesehen." Neben ihm kann ich zwei weitere Statuen identifizieren: „Rechts von ihm ist der Maitreya-Buddha zu sehen und links, ja, das müsste Avalokiteshvara

Der Potala - Tibet

sein." „Richtig", sagt Yangkyi, „wahrscheinlich hast du ihn an den vielen Armen erkannt. Wir nennen ihn in Tibet ‚Chenresig', den ‚Bodhisattva des Mitgefühls'. Alle Dalai Lamas sind Reinkarnationen Avalokiteshvaras. Der jetzige 14. Dalai Lama ist dementsprechend seine vierzehnte Manifestation. Marcus, kannst du dir vorstellen, dass die Kommunisten hier im Tempel während der Kulturrevolution einen Schlachthof eingerichtet haben, um uns Tibetern eine Lektion zu erteilen? Schweineblut klebte überall an den Wänden."

Wir reihen uns in eine Schlange von Gläubigen ein, die wiederum im Uhrzeigersinn alle Kapellen abschreiten. Sie opfern Geldscheine, welche sie an die Trennscheiben vor den Buddhastatuen heften oder in Schlitze stecken, von wo sie auf einen Haufen Banknoten vor den Füßen der Statuen niederregnen. Vor und hinter uns halten Tibeter Thermoskannen mit flüssiger Yakbutter in den Händen. Ein älterer Herr reicht mir seine Kanne und bittet mich darum, an seiner Stelle ein bisschen Yakbutter in einen Messingkessel zu gießen. So bekommen die darin befindlichen Kerzen stetige Nahrung und brennen endlos. In anderen Kapellen sehe ich, wie die Pilger aus Plastiktüten feste Butter mit einem Löffel in die Kessel geben. Die schiere Menge an Menschen macht es erforderlich, dass Mönche in regelmäßigen

Abständen die oberste Schicht abschöpfen, um zu verhindern, dass die Messingkessel überlaufen. Riesige blaue Müllsäcke mit überschüssiger Butter stehen in den Ecken des Gebetsraumes. Mehrmals auf dem Weg zur nächsten Kapelle berühren Tibeter mich lächelnd und streicheln meine Haare auf den Armen. Ein alter Mann steht vor einer Statue, die Songtsen Gampo im hohen Alter mit weißen Haaren und Bart zeigt. „Taschi delek", grüßt er, dreht sich zu mir um und deutet grinsend auf seinen Kopf. Tatsächlich, er ähnelt dem tibetischem König ungemein.

Am größten ist der Andrang der Menschen vor dem wichtigsten Schrein im Jokhang-Tempel. Hier wird das Abbild des Jowo Shakyamuni aufbewahrt. Die Pilger streicheln die Türschwelle und Kettenvorhänge beiderseits der Tür. Mit ihren Köpfen berühren sie sachte, im Gebet versunken, die Basis der Statuen. Vor Jowo Shakyamuni erblicken wir vier Könige, die auf der linken Seite milde lächeln und rechts böse dreinschauen. „Sieh her, auf beiden Seiten wachen Schutzgottheiten über Shakyamuni", erläutert Yangkyi leise, um die Gläubigen nicht zu stören. „Eine der bekanntesten Schutzgottheiten ist der dicke Chana Dorje dort drüben, der in Sanskrit ‚Vajrapani' genannt wird. Er ist der ‚Bodhisattva der Energie'. Chana Dorje bedeutet ‚Donnerkeil'. Siehst du, er hält ihn in seiner Hand. Der Keil ist das fundamentale Symbol des tantrischen Glaubens." Überall im buddhistischen Himalaya habe ich diesen Bodhisattva, der immer mit blauer Hautfarbe dargestellt wird, gesehen. Seine Fratze schreckt Dämonen und böse Geister ab. Dann endlich gelangen wir zu der Jowo-Shakyamuni-Statue, die mit Edelsteinen und feiner Seide geschmückt ist. Um sie herum erkennt man silberne Säulen mit Drachenmotiven. Der Baldachin darüber wurde von einem mongolischen Khan gestiftet. Hier schließt sich der Kreis wieder. Weit weg von den Steppen Usbekistans und Kasachstans begegnen mir erneut die Mongolen, die die Geschichte Tibets entscheidend beeinflusst haben.

Neben dem Jokhang-Tempel als dem religiösen Zentrum war der Potala-Palast das politische Zentrum Tibets. Ich sah ihn das erste Mal auf meiner Fahrt vom Bahnhof zum Hotel. Ob in den frühen Morgenstunden oder in der Abenddämmerung, der Potala ist ein besonderer Anblick, der einen nicht loslässt. Einer gewaltigen Trutzburg gleich schrauben sich seine dreizehn Stockwerke in den Himmel. Anfang des 20. Jahrhunderts war er das höchste Bauwerk der Welt. Von der Straße aus sieht man den Roten und Weißen

Palast. Die knapp tausend Zimmer können hinter der mächtigen Fassade nur erahnt werden. Eine breite weiß getünchte Front mit kleinen Fenstern wirkt wie eine uneinnehmbare Mauer und muss feindliche Armeen schon von weitem abgeschreckt haben.

König Songtsen Gampo erbaute an diesem Ort im 7. Jahrhundert einen ersten Palast, um seine chinesische Frau, Prinzessin Wencheng, in Tibet willkommen zu heißen. Die Akropolislage war wahrscheinlich der wesentliche Grund für die Konstruktion der heute hier zu bestaunenden enormen Festungsanlage. Sein Bauherr Lozang Gyatso, der ‚Große 5. Dalai Lama', zog nach seiner Fertigstellung 1649 erstmals vom weiter westlich gelegenen Drepung-Kloster in die neue Residenz. Der Potala war seitdem der offizielle Wohnort aller nachfolgenden Dalai Lamas und Sitz der tibetischen Regierung bis zum Einmarsch der Chinesen. Nach dem Aufstand der Tibeter gegen die chinesische Besatzung im Jahr 1959 wurde die tibetische Regierung abgesetzt, der Dalai Lama floh in das indische Exil und der Potala wurde in ein Museum umgewandelt.

Der Besuch führt einem die radikale Zweckentfremdung der ehemaligen Residenz des Oberhauptes der Tibeter in ein gesichtsloses Museum vor Augen. Mindestens einen Tag vorher müssen Tickets für Ausländer beantragt werden. Die Zuteilung erfolgt durch die Museumsleitung. Am Tag der Besichtigung wird man durch die Räume geschleust, als wäre man auf einem Fließband. Yangkyi beleitet mich durch das Innere und gibt mir vor Hinweistafeln Informationen zur Geschichte des Palastes. Auch wenn mich die Art der Besichtigung eines der großartigsten Bauwerke der Welt erheblich stört, ist der Besuch unvergesslich. Beindruckend sind in allen Räumen die exquisiten Wandmandalas. Die Kapelle mit den Gräbern der verstorbenen Dalai Lamas verschlägt mir die Sprache. Den Raum dominiert der goldene Sarg des 5. Dalai Lama. Über 3700 Kilogramm Gold und etliche Edelsteine zieren die Frontseite. Ein Reliquienschrein erhebt sich darüber mehr als zwölf Meter in die Höhe. Im Audienzzimmer des ‚Weißen Palastes' werde ich zum Schluss mit der jüngeren Geschichte konfrontiert. Auf der linken Seite des Throns hängt ein Bild des 13. Dalai Lama. Das Bild des jetzigen 14. Dalai Lama auf der rechten Seite fehlt absichtlich. Für ein Porträt des geistlichen Oberhauptes der Tibeter ist im eigenen Palast heute kein Platz mehr. Yangkyi hat den zeitlichen Rahmen eingehalten und atmet erleichtert auf. Sie musste ihre Vorträge im Gehen halten. Wenn wir irgendwo länger stehen blieben, weil ich mir eine Statue oder ein Mandala etwas genauer anschauen wollte, ermahnten uns in orange Overalls gekleidete Sicherheitskräfte und gaben uns mit hektischen Armbewegungen zu verstehen, dass wir weiterzugehen haben. Wäre die Führung länger als eine Stunde gewesen, hätte Yangkyi ein erhebliches Bußgeld zahlen müssen. In welchem anderen Land werden die einheimischen Reiseleiter dafür bestraft, dass sie dem Besucher ihre lokale Kultur näher bringen möchten?

Lhasa gleicht im Barkhor-Distrikt und um den Potala herum einer besetzten Zone. Auf dem Platz vor dem Jokhang-Tempel hat es immer wieder gewaltsame Auseinandersetzungen gegeben. Hier formierte sich der tibetische Widerstand. Proteste in der Vergangenheit forderten Verletzte und Tote. Logischerweise ist die Militärpräsenz massiv. China ist nervös. Auf dem Platz weist noch ein Blumenarrangement auf die Annexion Tibets vor sechzig Jahren hin. Polizeikommandos marschieren an vielen Ecken in einer Fünferformation die Straße auf und ab. Die Soldaten tragen Maschinengewehre, Helme mit Schutzvisieren, Bein- und Armprotektoren und schwarze Sonnenbrillen.

Militärpräsenz in Lhasa - Tibet

Um sie herum fließt der unablässige Strom der gläubigen Pilger, die auf ihrer Kora die Soldaten nicht zur Kenntnis nehmen. Alle zweihundert Meter steht ein Polizeizelt in der Mitte der Straße. An sämtlichen markanten Punkten des Barkhor-Platzes sind Kameras installiert. Auf den Häuserdächern bedienen Soldaten unter Sonnenschirmen Videokameras. Mich schockiert die Feindseligkeit und Schärfe, die mir von den Soldaten entgegengebracht wird. Ich hocke mich hin, um einige Bilder zu machen und werde von ihnen angepfiffen. Fotografiert man nur in der Nähe der Soldaten, muss man die Bilder sofort löschen. Dies passiert einem Ausländer neben mir, der zu nah an einem Polizeizelt fotografierte. Das Militär soll sicherlich Stärke demonstrieren. Arroganz und Autorität werden aber auch kommuniziert. Das Anraunzen und Gängeln selbst der Touristen soll einschüchtern. Ich bin schon in vielen Ländern mit starkem Militär- bzw. Polizeiaufgebot gewesen. Ich habe mit Soldaten in Vietnam ein Bier getrunken. Polizisten in Burma boten mir an, mich ein Stück des Weges mitzunehmen. In Südamerika wollten mir Gesetzeshüter gegen ein Trinkgeld Inka-Ruinen zeigen. In vielen dieser Länder haben die Polizeikräfte einen eintönigen und schlecht bezahlten Beruf und sehnen sich nach Abwechslung, sei es ein Gespräch mit einem Ausländer oder das gemeinsame Rauchen einer Zigarette. Wie oft habe ich in Indiens Grenzregion Kashmir gelangweilte Soldaten gesehen, die mir Löcher in den Bauch gefragt haben? In Lhasa aber nehmen die Soldaten den militärischen Drill hingegen sehr ernst und lassen kaum Austausch und wenig Freundlichkeit zu. Ich frage mich, wie chinesische Touristen hier auf die Militärpräsenz reagieren. Nehmen sie die Soldaten überhaupt wahr? Eigentlich dürften sie das Militär genauso wenig ignorieren wie ich. Sind sie stolz oder gar peinlich berührt? Und wir Ausländer – vielleicht doch zu sensibel und parteiisch? Ich weiß es nicht. Yangkyi kann mir meine Fragen auch nicht beantworten, aber sie berichtet mir von einer Begebenheit, die die unterschiedlichen Ansichten verdeutlicht. Manchmal hat sie chinesische Gäste in ihrer Gruppe, die sie wissen lassen, dass China viel Geld in Tibet investiert. „Dies ist sicherlich richtig,“, sagt sie, „auch wenn chinesische Touristen häufig nicht in tibetischen Restaurants und Hotels absteigen. Aber ich finde diese Bemerkungen unfair. Bei solchen Worten werde ich ganz still und denke daran, dass die Rohstoffe, die mit der Lhasa-Bahn unser Land verlassen, an Wert nicht zu beziffern sind und noch viel stärker zu einer Entwicklung unseres Landes beitragen könnten.“

Über die Situation in Tibet scheiden sich die Geister. Die Medien präsentieren die Tibeter als unterdrückte Minderheit und zeigen den Dalai Lama als Vorzeigefigur des gewaltlosen Protestes. Staatsempfänge verleihen ihm internationale Akzeptanz und Anerkennung im Ausland. Währenddessen pflegen die Chinesen ihr Image als rücksichtslose Besatzer, indem sie auf solche Einladungen mit dem temporären Einfrieren der diplomatischen Beziehungen antworten. Wir alle kennen das Engagement von Richard Gere und anderen Hollywoodaktivisten in der Regenbogenpresse. Die Mehrheit im Westen ist eindeutig auf der Seite der tibetischen Minderheit und ignoriert die Argumente der Chinesen. Während Aurel Stein im Auftrag Englands in Dunhuang die Mogao-Höhlen erforschte, wurde Tibet zum Spielball der imperialen Großmächte. Englands und Russlands „große Spiele" auf dem Dach der Welt sorgten dafür, dass der 13. Dalai Lama in die Mongolei floh. Der Aufmarsch der ausländischen „Schattenkrieger" entzündete einen nicht beabsichtigten chinesischen Nationalismus, der auf der Sorge fußte, dass die beiden Kolonialmächte Tibet dem Reich der Mitte entreißen könnten. China ließ die Muskeln spielen und schickte seine Armeen nach Tibet. Gleichzeitig zwangen Diplomaten den Dalai Lama zur Rückkehr aus seinem Exil. Dieser traf 1908 in Peking auf den chinesischen Kaiser und beide gelobten, sich gegenseitig zu unterstützen. Zuvor rief der Dalai Lama sich zum Oberhaupt der Tibeter aus, was den Separatisten bis heute als offizielle Unabhängigkeitserklärung gilt. Die Chinesen hingegen ignorieren diese Auslegung und verweisen auf einen offiziellen Brief des Dalai Lama, in dem er nach seiner Rückkehr seine Liebe zum Vaterland ausdrückte. Somit sollte Tibet ein Teil Chinas bleiben. Nach dem Zweiten Weltkrieg war das Land dann zu keinerlei Unabhängigkeitsgesprächen mehr bereit. Der Dalai Lama im indischen Dharamsala spricht von einem systematischen Völkermord und prangert fürchterliche Menschenrechtsverletzungen an. Chinas Führung kontert mit dem Hinweis auf die wirtschaftliche Entwicklung in der „Autonomen Region Tibet", die wir häufig nicht sehen wollen. Wir fotografieren die Tibeter in ihren Trachten, bewundern ihre traditionelle Lebensweise, verteufeln die Amerikanisierung sowie den Export unserer westlichen Kultur und ignorieren allzu oft auf der Hand liegende Tatsachen. Abseits von modernen Fastfood-Ketten in Lhasa und Shigatse ist die Armut in diesem Teil Chinas vielerorts sehr wohl zu sehen, doch möchten wir lieber Bilder einer in der Zeit konservierten Kultur mit nach Hause nehmen. Das

Leben hat sich aber verändert und China muss neben aller Kritik zumindest attestiert werden, dass sich der Lebensstandard der Tibeter deutlich verbessert hat. Trotz besserer Lebensbedingungen kann ich mich aber nicht davon freisprechen, mit den Tibetern zu sympathisieren, besonders dann nicht, wenn Pilger mit Gebetsmühlen von Soldaten mit Maschinengewehren in Schach gehalten werden.

Um besser verstehen zu können, wie einige Chinesen sich angesichts der Militärpräsenz hier in Lhasa fühlen könnten, lese ich einige Kapitel aus „Roter Staub", geschrieben von dem chinesischen Dissidenten Ma Jian, der 1997 nach Deutschland floh und zwei Jahre später nach London zog. Ich habe Teile seines Buches kopiert und mit nach China geschmuggelt, um seine Beobachtungen mit meinen eigenen Erfahrungen vergleichen zu können. Berühmt ist Ma Jian mit seinem Werk „Peking Koma" geworden. Er schildert hier die blutigen Proteste auf dem Tiananmen-Platz 1989 aus der Sicht des fiktiven Dai Wei, einem Aktivisten, der am Ende der Proteste aufgrund schwerer Verletzungen in ein Koma fällt. Der komatöse Erzähler fungiert als eine Metapher für die Fähigkeit zu erzählen und für die Unfähigkeit zu handeln. Man erkennt hier eine Parallele zu Ma Jians eigener Biografie. Der Schriftsteller und Künstler wurde in China schikaniert und seine Bücher zensiert, sodass er das Land verließ und seitdem nur aus dem Exil die Missstände anprangern kann. Die Einreise nach China wird ihm bis heute verboten. In „Roter Staub" begibt sich Ma Jian auf eine Reise durch sein Heimatland, nachdem er als Künstler auffiel und überwacht wurde. Für das Interesse der Han-Chinesen oder „Han-Tibetophilen", wie er sie nennt, an Tibet führt Ma Jian ästhetische und nicht religiöse Gründe an. Seine eigene Erfahrung in Lhasa schildert er bewegend. So sagt er, dass er nicht als Tourist sondern als Pilger auf der Suche nach Bestätigung nach Tibet kam. Dort angekommen war er verwirrter als zuvor. Er fühlte sich als Schauspieler, der eine Bühne betreten hatte. Die Menschen um ihn herum waren völlig von ihren Rollen eingenommen und führten dieses großartige Stück auf – nichts aber schien Ma Jian real. Jedes Objekt sah wie eine Requisite aus. Da er keine Rolle zu spielen hatte, wurde er auf die Rolle des Zuschauers reduziert, konnte sich aber nirgendwo hinsetzen, sodass er sich unter die Schauspieler mischen musste. Für ihn war dies ein furchtbares Gefühl.[2] Später relativiert er seinen Eindruck, indem er herausstellt, dass nicht alles eine Aufführung sei. Er erkennt, dass die ältere Generation von Tibetern von ganzem Herzen

Buddha verehrt. Ma Jian sieht aber auch die jungen Tibeter, die die Mode des Westens nachahmen und ihre Kultur nicht mehr praktizieren. Jedoch irrt der Schriftsteller meines Erachtens, wenn er zum Schluss zu der Überzeugung kommt, dass der Kommunismus zwar individuelle Rechte auslöschen, nicht aber die Traditionen einer Nation zerstören kann. Meine Reiseleiterin ist ebenfalls anderer Meinung. Yangkyi, die wie Lobsang nach Indien geflohen ist, berichtet mir von der immer größer werdenden Kluft zwischen Jung und Alt. Dies ist ihr nach ihrer Rückkehr besonders aufgefallen. „Meine Mutter ist sehr gläubig und macht die Kora regelmäßig." „Und die junge Generation?" „Das ist komplizierter. Die jungen Tibeter werden schon ab dem Kindergarten in Chinesisch unterrichtet, ihre Eltern sprechen Chinesisch zu Hause, da sie es in der Schule gelernt haben." „Warum das denn?" frage ich nach. „Wer unsere Heimatsprache verwendet, gilt als Analphabet. Um später wettbewerbsfähig zu sein, fördern viele junge Eltern ihre Kinder zu Hause. Auch für mich ist es wichtig, dass ich Chinesisch gut beherrsche. Ohne Sprachkenntnisse werde ich beim Einkaufen über den Tisch gezogen oder bekomme in meinem Job Probleme mit den Behörden. Das ist ein gemeines Spiel und kein Schauspiel!", sagt sie im Vorbeigehen an den Ständen im Barkhor-Distrikt. „Die älteren Menschen haben es besonders schwer. Alle Geschäfte haben chinesische Schriftzeichen, die die Alten nicht verstehen, sodass sie deshalb nur bei Bekannten und Verwandten einkaufen. Schlimm aber ist, dass das Chinesisch unserer Kinder besser ist als ihr Tibetisch." „Und das bedeutet, dass die tibetische Sprache systematisch vernachlässigt wird", antworte ich. „Genau, und wenn sie ausstirbt, stirbt auch der Buddhismus. Die Jugendlichen verstehen die alten Mantras und Sutras einfach nicht mehr und verlieren so ihren Glauben. Das ist ungefähr so, als würde Ma Jian vor einem neuen Buch sitzen und könnte kein einziges Wort aufschreiben. Viele alte Leute beschimpfen die Chinesen heute noch als ‚Gyami'." „Gyami? Habe ich noch nie gehört", antworte ich. „Ja, Gyami – Ziegenbärte. Damit sind die Chinesen gemeint."

Diese Auswirkungen der chinesischen Assimilierungspolitik haben für die jungen Tibeter dramatische Konsequenzen. Einerseits kommt es zum Identifikationsverlust mit der eigenen Kultur, andererseits ist ihnen die Kultur des Han-Chinas fremd. Eine weitere Konsequenz dieser Entwicklung ist, dass die junge Generation außerhalb Tibets nicht gut genug Chinesisch spricht, um mit den Chinesen konkurrieren zu können. Sie werden also zu

Alte Männer beim Glücksspiel - Tibet

Gefangenen im doppelten Sinne. Dass sich dagegen Widerstand formiert, ist nicht verwunderlich. Orientierungslosigkeit und Angst vor der Zukunft sind weit verbreitet. Die Zahl der Selbstverbrennungen junger Mönche nahm in jüngster Zeit stark zu. Neben diesen Verzweiflungstaten bekommt die tibetische Nationalismusbewegung steten Zulauf. Die Proteste weiten sich im Land aus. Als Antwort darauf haben Chinas Machthaber schon seit Jahren den Dalai Lama als Ursache für die Unruhe in China ausgemacht. Ihm wird die Anstiftung zum Separatismus vorgeworfen. So wird auch der Ton der amtlichen chinesischen Nachrichtenagentur Xinhua schärfer. „Die Bemerkungen des Dalai Lamas erinnern uns an die blindwütigen und grausamen Nazis während des Zweiten Weltkriegs", heißt es in einem Kommentar. Peking meint damit die Haltung des geistlichen Oberhaupts der Tibeter gegenüber der Ansiedlung von Han-Chinesen, die dieser als „kulturellen Völkermord" bezeichnet. Parallelen zu der Situation der Uiguren in Xinjiang können nicht ignoriert werden. Auch in Tibet war ein „Ethno-Nationalismus" vor dem Einmarsch der Chinesen nicht existent, wohl aber ein Nationalbewusstsein, das seit dem 13. Jahrhundert ausgeformt wurde.[3] Demnach zivilisierte der Buddhismus die „Barbaren auf dem Dach der Welt". Tibet veränderte sich zum „reinen Land umgeben von schneebedeckten Bergen". Die Transformation erfolgte durch Avalokiteshvara, den Bodhisattva des Mitgefühls. Als Vorfahre der Tibeter kommt er seinem Volk seit Jahrhunderten zur Hilfe und die Menschen identifizieren sich mit ihm und seinen Taten. Für Tibeter ist ihr Land die göttliche Landschaft des Avalokiteshvara. Das Leben in dieser besonderen Region stiftet eine kollektive Identität, die nicht mit den nationalistischen Bestrebungen der Neuzeit gleichzusetzen ist. Ein Identitätskonflikt ist jedoch vorprogrammiert: Die Gründung der Guerillabewegung „Vier Flüsse und Sechs Gebirgsketten" in den sechziger Jahren sowie Proteste und Selbstanzündungen sind Folge der Besetzung Tibets durch die Chinesen. Ähnlich wie in Xinjiang trieben systematische Repression, staatliche Umerziehung, ein der eigenen Kultur fremdes nationalistisches Leitbild sowie eine generelle Perspektivlosigkeit junge Tibeter in die Arme einer gewaltbereiten Widerstandsbewegung. Eine junge wütende Generation definiert Tibet heute als ein buddhistisches Land mit buddhistischen Werten und Traditionen, das vereint ist in der Opposition gegen die Chinesen. Religion und Sprache spielen in diesem „Ethno-Nationalismus" eine zentrale Rolle. Da die Han-Chinesen als Bedrohung der Reinheit der buddhistischen Kultur angesehen werden, richtet sich der tibetische Nationalismus gegen die Verdrängung der Chinesen aus ihrem Heimatland. Erschreckend sind die Begleiterscheinungen dieser Radikalisierung im Ausland, wo die Vorstellung der Heimat zu einem utopischen Zerrbild wurde und deren Befreiung Erlösung verspricht. So erklären sich beispielsweise militante Mitglieder radikaler Gruppen bereit, für die vollständige Unabhängigkeit Tibets zu sterben. Diese Ideologie ist mit dem Buddhismus nicht mehr vereinbar – und mit China schon gar nicht. Daher bezeichnet Peking solche Aktivisten in Xinjiang und in Tibet auch als gefährliche Terroristen.

KAPITEL IX: Propaganda entlang der Teeroute

China hat auf die Gewaltbereitschaft und Radikalisierung einzelner Gruppen in der Gesellschaft reagiert. Im Oktober 2006 verabschiedete das Zentralkomitee der kommunistischen Partei das Konzept der „harmonischen Gesellschaft". Laut den Machthabern gilt es nun, „die interessenbezogenen Probleme, die der Bevölkerung am meisten am Herzen liegen, die sie am unmittelbarsten betreffen und die von größter Aktualität sind, angemessen zu lösen und eine Situation herbeizuführen, in der alle ihr Können zur vollen Entfaltung bringen, damit die Menschen ihren gebührenden Platz einnehmen und harmonisch miteinander leben."[1] Beim Lesen dieser Passagen des Parteitagsberichtes schießen mir Schlagwörter, wie „verantwortungsbewusster Sozialstaat" und „nachhaltige Entwicklung" durch den Kopf. Offensichtlich ist mittlerweile ein öffentliches Äußern von Interessen kein staatsfeindlicher Akt mehr. Das Konzept beinhaltet weiter explizit eine aktive Beschäftigungspolitik sowie den Abbau der Disparitäten zwischen der Stadt- und Landbevölkerung. Ich kehre den Neonreklameschildern Lhasas den Rücken zu und möchte durch das Land in eine kulturgeschichtlich wichtige Region an der tibetischen Peripherie reisen, um dort selbst zu sehen, ob Pekings Antwort ernst gemeint ist und schon umgesetzt wurde.

Prinzessin Wengcheng war für die chinesische Tang-Dynastie ein Geschenk Gottes. Die ersten diplomatischen Beziehungen zwischen Tibet und China erfolgten Anfang des 7. Jahrhunderts, um die militärischen Konflikte zwischen den beiden Nachbarstaaten zu beenden. Der chinesische Kaiser schickte Songtsen Gampo seine Nichte, Prinzessin Wengcheng, zur Frau und weitete damit seinen Einfluss auf den tibetischen König aus. Diese Allianz brachte beiden Seiten wirtschaftliche Vorteile, denn China musste im 6. Jahrhundert eine herbe Niederlage einstecken: Über zwei Jahrtausende lang hegte und pflegte das Reich das Geheimnis der Seidenproduktion, bis clevere Schmuggler Eier der Seidenspinnerraupe in den Mittelmeerraum brachten. Damit war das Monopol der Chinesen gebrochen. Die chinesischen Kaufleute verloren auf den Märkten Zentralasiens entlang der Seidenstraße ihr Haupthandelsgut. Das Reich der Mitte musste aber weiterhin robuste Pferde einkaufen, um die eigene Militärmaschinerie aufzurüsten. Glücklicherweise hielten sie eine weitere Trumpfkarte in den Händen. Während des Niedergangs des Seidenmonopols wurde Tee als zentrales Exportgut entdeckt. China rieb sich die Hände, als erkannt wurde, dass die Steppenvölker Zentralasiens und die Nomaden der Mongolei zu Teeliebhabern wurden. Großes Interesse am Teehandel bekundete auch König Songtsen Gampo und er hatte etwas, das den Chinesen gefiel: robuste Pferde aus dem Hochland Tibets. Da Tee nicht auf dem Dach der Welt wächst, musste er aus China importiert werden. In der Folgezeit wurde das Getränk zu einem Grundnahrungsmittel der Tibeter, die Tee am liebsten aus der Präfektur Pu'er im heutigen Yunnan bezogen. „Pu-Erh-Tee" wächst in einem Band in Südasien, zu dem Laos, Burma, Vietnam, Yunnan und das östliche Assam gehören. Händler verpackten dort die Teeblätter zu Teeziegeln, um sie auf den Rücken der Lasttiere transportfertig zu machen. Von Pu'er aus machten sich die Karawanen auf ihren mühsamen Weg zum Dach der Erde. Somit ist Pu'er auch der Ausgangsort einer von mehreren „Teerouten" nach Tibet.[2] Der englische Fachbegriff „Tea and Horse Route" ist eigentlich besser gewählt, da er die Austauschbeziehung der beiden Regionen verdeutlicht. Die Hauptroute verlief über Ya'an in Sichuan zur alten Karawanenoase Litang auf dem tibetischen Hochland, wo die Händler auf 4600 Meter Höhe rasteten und ihren Lasttieren Zeit zum Grasen auf den Hochweiden im Schatten der schneebedeckten Berggipfel gaben. Danach nahmen sie das letzte Stück der Reise zur Hauptstadt Tibets in Angriff. Lhasa diente aber nicht nur als Endpunkt und Hauptabsatzmarkt für „Pu-Erh-Tee" aus Südwestchina, sondern fungierte auch als Verteilerstation. Von dem Sitz des Dalai Lamas aus marschierten Kaufleute auf dem westlichen Ast der „Teeroute" nach Indien und verkauften dort ihre Teeziegel.

Mit Yangkyi überquere ich den Kampa-La-Pass und umrunde den traumhaften Yamdrok-See. Entlang der „Teeroute" zeigt das Himalaya-Gebirge seine ganze Pracht. Gletscher lassen einen klein und bedeutungslos erscheinen. Tiefe Schluchten mit Flüssen und Gerstenfeldern, die grünen Kissen gleichen, liegen neben der Straße auf dem ersten Teilstück unserer Tour. Ein großes Stück der alten Handelsroute hat heute einen neuen Namen bekommen. Als „Friendship Highway" bekannt, führt die Straße an magischen, in die Landschaft eingebetteten Bergseen und fruchtbaren Taloasen vorbei über Gyantse und Shigatse nach Nepal. In dieser Wüstenregion Tibets sticht jedes Dorf wie eine Oase hervor. Die Menge des verfügbaren Wassers bestimmt die Größe und Ausdehnung. Bewässerungsgräben, welche vor vielen Generationen gebaut wurden, zapfen Bachläufe mit Schmelzwasser

Mittagspause auf 5.000 Meter - Tibet

an und bringen es zu den Feldern, auf denen Gerste bis auf eine Höhe von 4500 Metern angebaut wird. Die Erntezeit beschränkt sich auf ein Drittel des Jahres. Gerste ist über die Zeit zur zentralen Achse geworden, um die sich das Leben Tibets dreht. Gerstenmehl bildet das Grundnahrungsmittel. Es wird in Buttertee gerührt und dient so als volle Mahlzeit. Viehzucht ist ein weiterer Bestandteil der Landwirtschaft. Tiere liefern Wolle und Milch. Ihr Dung dient als Brennmaterial in den harten Wintermonaten. In dieser Region sind auch „Drokpas" – Halbnomaden – beheimatet, die ihre domestizierten Yaks auf die Hochweiden treiben. Ihre großen, runden und schwarzen Familienzelte stehen in der Weite des südlichen Hochlandes. Halten wir mit dem Jeep in einer Siedlung an, kommen einige Neugierige zu uns und beäugen interessiert den Wagen. Lachende Gesichter, unter dicken bunten Wollmützen versteckt und dennoch machtlos gegen die Intensität der Sonne, verfolgen gespannt jede unserer Bewegungen. Die Kinder reagieren heiter auf meine Späße und erforschen aufmerksam die mitgebrachten Sachen. Ihre Hände greifen nach meiner Kamera oder blättern im Reiseführer. Die Menschen haben ein Lächeln auf den Lippen. Ich spreche ihre Sprache nicht, verstehe sie aber trotzdem. So könnten Stunden vergehen, ohne dass digitaler Wohlstandsschrott nötig wäre, um den Spannungsbogen aufrecht zu erhalten.

Plötzlich erhebt sich eine mächtige Burg auf einem Felsen über einer kleinen Stadt im Nyang-chu-Tal. Gyantse war ein weiterer Austragungsort des „Großen Spiels" in Zentralasien. Als die Russen 1884 Merv im heutigen Turkmenistan einnahmen, sandte dies Schockwellen über das Himalaya-Gebirge in das von den Briten kontrollierte Indien.[3] In London hatte man Angst, eine Pufferzone an die Russen zu verlieren. Mit der Stadt Merv in russischer Hand war plötzlich ein Einmarsch über Afghanistan auf das Dach der Welt und nach Britisch-Indien realistisch geworden. England musste reagieren und versuchte die Chinesen auf seine Seite zu ziehen. Sechs Jahre später entsandte die Regierung in London Francis Younghusband zu den Chinesen, um eine gemeinsame Vorgehensweise auszuloten. Auf dem Weg zurück durch das Pamir-Gebirge lief Younghusband den russischen Truppen auf ihrem Vormarsch in die Arme und durfte sich entscheiden: entweder Gefangenschaft oder vollständiger Rückzug. Er entschied sich für Letzteres. In London musste die Regierung mit Herzrasen zusehen, wie fast ganz Zentralasien den Russen in die Hände fiel. Lord Curzon, der Vizekönig von Britisch-Indien, beauftragte erneut den Abenteurer Younghusband, 1903 eine Expedition nach Lhasa anzuführen, um weiteren russischen Expansionsgelüsten endlich ein Ende zu bereiten. In Gyantse scheiterte eine Kontaktaufnahme mit den Tibetern mehrmals, sodass Younghusband die Festung einnahm und dann nach Lhasa marschierte, um festzustellen, dass der Dalai Lama in die Mongolei geflohen war. Insgesamt war die Expedition aber nur ein Teilerfolg. Tibet blieb ein integrativer Teil Chinas, der russische Vormarsch aber wurde gestoppt.

Gyantse ist heute ein verschlafenes Örtchen mit vielen alten Gebäuden und einem der wohl bedeutsamsten buddhistischen Bauwerke Tibets. Der pyramidenartige Gyantse Kumbum ist ein dreidimensionales Mandala mit siebenundsiebzig Kapellen und „hunderttausend heiligen Bildern", so die tibetische Übersetzung. Die Wandbilder und Statuen sind in den einzelnen Kapellen auf sechs Stockwerke verteilt und präsentieren den buddhistischen Kosmos. Pilger umrunden das fünfunddreißig Meter hohe Gebäude im Uhrzeigersinn. So wird dem Gläubigen die Teilnahme an der buddhistischen Wahrnehmung des Universums ermöglicht. Über die Jahrhunderte hielten Karawanenführer hier mit ihren Tieren an und pilgerten zur „Stupa der hunderttausend Bilder", bevor sie sich auf ihren beschwerlichen Weg über die „Teeroute" zur Stadt Yalong an der Grenze zu Sikkim aufmachten, um von dort nach Indien zu reisen.

Als ich den Kumbum betrete, mustert mich ein Mönch von einem Fenster am Eingang aus, das von vielen Topfpflanzen eingerahmt ist. Ich möchte mir für die Besichtigung Zeit nehmen. Zeit, die devote Pilger offenbar nicht haben. Sie schubsen mich zur Seite, berühren mit ihrem Kopf die Holzabsperrungen vor den Statuen und werfen als Opfergabe Geldscheine in die jeweiligen Kapellen. Es scheint, als seien viele in Eile. Auf den schmalen Holztreppen im Inneren des Bauwerks staut sich die Menge und Ellenbogen schieben die Schwächeren aus dem Weg. Plötzlich kommt eine deutsche Studienreisegruppe die Treppe herauf. „Sind wir in dieser Kapelle nicht schon gewesen?“, fragt Gast Nr. 1 konsterniert. Der Reiseleiter sehr diplomatisch: „Auch wenn es Ihnen so vorkommt, nein, dieses Statuenensemble haben wir noch nicht besichtigt!“ „Mensch, was ist das heiß hier drin.“ stöhnt Gast Nr. 2. Die Spezies „Fotoreporter“ hat mit zwei dicken Kameras um den Nacken schon fünfzehn Bilder geschossen und quetscht sich an den gläubigen Tibetern vorbei, um eine gute Perspektive zu ergattern. Inzwischen hat der Weitgereiste der Gruppe einen unaufgeforderten Vergleich aufgezwungen: „Habe ich in Burma auch so gesehen, nur waren da noch weniger Leute unterwegs.“ Nun greift der Reiseleiter in das Geschehen ein. „Herr Huber, das glaube ich nicht. Der ‚Gyantse Kumbum‘ ist einzigartig und in Burma nicht zu finden. Es gibt noch zwei weitere Kumbums in Tibet, die aber weniger gut erhalten sind. Glauben Sie mir, dass dieses großartige buddhistische Bauwerk nirgendwo sonst in Asien zu finden ist.“ Die Gesichter der Gruppe hellen sich wieder auf. Der Weitgereiste schmollt etwas, konnte er doch seinen großen Erfahrungsschatz nicht an den Mann bringen. Klick-Klack, der Fotoreporter hat zur Sicherheit noch eine Karte vollgeknipst. Eine dicke Frau wird von zwei Tibetern fast umgerannt: „Müssen die denn so drängeln? Ich war doch vor denen hier!“ Die Gruppendynamik entfaltet sich. Der Reiseleiter hält einen Vortrag zur Entstehung des Klosters. Gast Nr. 3 hört nicht zu und schaut lieber hinaus in das fruchtbare Tal. Später wird er bestimmt zahlreiche Fragen haben. „Ich habe gelesen, dass hier im Pelkor-Chöde-Kloster gewaltige Wachtürme zu sehen sind. Die gibt es doch gar nicht.“ „Nein, Sie meinen das Sakya-Kloster. Das werden wir morgen besichtigen.“ Wird die Frau ihre Fehlinformation verdauen? „Ach so“, kommentiert sie die Aussage des Reiseleiters knapp. Unten am Eingang entdecke ich noch ein weiteres Mitglied der Reisegruppe. Vielleicht geht es ihm nicht gut. Er sitzt allein auf den Treppenstufen, hat sich abgewendet und lässt die Sonnenstrahlen sein

Gesicht wärmen. Möglicherweise hat ihn die „Klostermüdigkeit“ erwischt und er nimmt sich eine Auszeit.

Während des Mittagessens in einem Dorf außerhalb Gyantses gesellt sich plötzlich ein älterer Herr namens Tadur zu uns. Wir mögen doch bitte mit ihm und seiner Familie am Nachbartisch eine Tasse Tee trinken. Yangkyi und ich nehmen seine Einladung überrascht, aber sehr gerne an. Tadur schenkt mir unentwegt Tee ein. Seine Frau reicht uns Schokolade. Die gemeinsame Tochter, ein Verschnitt aus Mangafigur und Girlie im Trainingsanzug mit modischer Hornbrille und grellroten Turnschuhen, sitzt mir etwas desinteressiert am anderen Ende gegenüber und weiß nicht so recht, was sie von mir halten soll. Ihr Vater arbeitet für eine Behörde des Landwirtschaftsministeriums und erzählt mir von seiner Arbeit. „Meine Aufgabe ist es, in die entlegenen Regionen Tibets zu reisen und den Menschen vor Ort moderne landwirtschaftliche Produktionsmethoden zu zeigen. Viele bestellen das Land noch wie vor hundert Jahren und sind sehr unproduktiv.“ „Woran liegt das?“, möchte ich wissen. „Sie benutzen keine Düngemittel, keine Pestizide und keine Herbizide, weil diese viel zu teuer sind. Permanent müssen die Bauern mit der Erosion kämpfen. Die Ackerflächen bieten dem

Gyantse Kumbum - Tibet

Wind zu viel Angriffsfläche, sodass die fruchtbare Ackerkrume weggeweht wird." „Wie unterrichtest du die Bauern auf dem Land?" „Nun, ich muss viel anhand von Schaubildern und Postern erklären, da sehr viele Menschen Analphabeten sind und keine Informationsbroschüren lesen können. Häufig sind einfache Maßnahmen, wie windbrechende Schutzwälle am effektivsten. Oft müssen meine Mitarbeiter und ich Hand anlegen, um die Leute vor Ort zu überzeugen. Nur eine bessere Ernte lässt die Bauern ernsthaft über unsere Ideen und Vorschläge nachdenken." „Euch wird also viel Skepsis entgegengebracht!" „Ja, die meisten Bewohner in diesen Regionen sind sehr abergläubig und möchten ihr Land lieber bewirtschaften, wie ihre Familien das seit Generationen getan haben. Sie misstrauen uns und haben Angst, Dämonen und Geister zu verschrecken, die in der Landschaft zu Hause sind. Ich erlebe oft, dass die Bauern eher traditionell wirtschaften wollen, als eine bessere Ernte einzufahren." Zurück im Jeep berichtet Yangkyi mir vom Aberglauben der Drokpa-Nomaden: „Hier im Hochland lebt eine besondere Raupe, die sich nach der Verpuppung in einen Pilz verwandelt. Die Menschen könnten mit dem Sammeln der Pilze sehr viel Geld verdienen. Ein Pilz wird in Lhasa für fünf Yuan verkauft." „Und? Sammeln sie die Pilze ein?", möchte ich wissen. „Nein, die Drokpas glauben, dass die Pilze die Haarspitzen der Berggeister sind und rühren sie nicht an." Die Angst der Bauern, ihr Land falsch zu bewirtschaften oder die Furcht der Nomaden vor dem Zorn der Berggeister zeigt die tiefe Verwurzelung der Menschen mit der animistischen Bön-Religion. Lange zuvor dominierte diese Volksreligion mit ihren Geistern und Dämonen das Land. Ein Blick aus dem Fenster erklärt den Glauben an übernatürliche Kräfte. Ich bestaune mystische Landschaften, die von Geistern und Dämonen beherrscht sein könnten. Jederzeit kann die Idylle jedoch vorbei sein. Lawinen, Erdrutsche, Erdbeben und extreme Klimaverhältnisse können das Leben der Menschen plötzlich grundlegend verändern.

An der südlichen Peripherie Innerasiens holt mich die Geschichte der Mongolen wieder ein, die mich nun seit sechs Wochen begleitet. Die Landschaften ähneln sich. Steppen und Halbwüsten wechseln sich ab oder werden von Gebirgsketten unterbrochen. Tibet bietet zahlreiche Gemeinsamkeiten mit dem zentralasiatischen Grasland in den Herkunftsgebieten der Mongolen. Auf dem Höhepunkt ihrer Macht nahmen die Vorfahren Timurs den tibetischen Buddhismus als ihre Religion an.[4] Im 11. Jahrhundert hatte sich

Yangkyi in Action - Tibet

durch Beziehungen zu Indien ein neuer buddhistischer Orden entwickelt. Der Sakyapa-Orden dominierte im 13. Jahrhundert das Dach der Welt und repräsentierte das tibetische Volk in politischen Fragen, um drohendes Unheil von Tibet abzuwenden. Im heutigen Sakya, südlich von Gyantse, trafen die Mongolen auf den buddhistischen Schüler Kunga Gyaltsen, der später als Sakya Pandita berühmt wurde und die Steppenkrieger zum Buddhismus konvertierte. Yangkyi führt mich durch das berühmte Kloster und bemerkt meine Begeisterung. „Ja, mein Lieber, hier triffst du wieder auf die Mongolen. Wusstest du, dass Sakya Panditas Neffe Pagpa nach seinem Tod die Macht übernahm und von Kublai Khan die uneingeschränkte Regentschaft über das Schneeland erhielt?“ Yangkyi lacht, als sie mein Gesicht sieht. „Es kommt noch besser! In dem offiziellen Schreiben schenkt Kublai Khan Pagpa mehrere hundert Kisten Teeziegel, die über die Teeroute auf das Dach der Welt transportiert wurden.“ Mit dem Beginn der Ming-Dynastie in China im 14. Jahrhundert endete die Macht der Mongolen und damit fielen die wichtigen Unterstützer des Sakyapa-Ordens in Tibet weg. Zur gleichen Zeit begann mit dem jungen Tsongkhapa-Mönch aus Osttibet die Herrschaft der Gelbmützen, des buddhistischen Gelupa-Ordens. Seine dritte Reinkarnation akzeptierte zweihundert Jahre später eine Einladung der Mongolen und traf den Herrscher Altyn Khan, der ihm den Titel des ‚Dalai‘, des Ozeans der Weisheit, verlieh. Seitdem tragen alle Reinkarnationen Tsongkhapas den Titel des ‚Dalai Lamas‘.

Die Polos blieben im Zuge der Ausbreitung des mongolischen Machtbereiches am nördlichen Rand des tibetischen Hochplateaus zurück. Laut Polo ist das Land so groß, dass acht Königreiche und eine große Anzahl an Städten und Dörfern sowie viele Flüsse und Seen zu ihm gehören. Er benennt Wolle als ein wichtiges Handelsgut, das ausreichend vorhanden ist und erklärt, dass „die Menschen in ‚Tebet‘ eine eigene Sprache haben und alle ‚Götzendiener‘ sind.“ Zudem beschreibt Polo viele Gewürze, die er in Europa noch nie gesehen hat. Am Ende des Kapitels fügte er an, dass die Tibeter „in einem schlechten Zustand“ seien.[5] Leider hat sich auf dem Land bis heute wenig daran geändert. Dies ist wohl auch dem Telekommunikationsunternehmen „China Mobile“ aufgefallen, das sich entlang des „Friendship Highways“ eingekauft hat. Blaue Reklameschilder tischen eine ökologisch angehauchte Propaganda auf: „Lasst uns ein wunderbares Tibet aufbauen.“ – „Es ist Jedermanns Pflicht, die Umwelt zu schützen.“ – „Erhalte ein ökologisches

Gleichgewicht." Ein umgekippter LKW am Wegesrand hält sich nicht dran. Öl sickert in den Boden. Eine Menschenmenge sammelt die Ladung auf und belädt einen zusätzlich herbeigeholten Laster. Fahrer und Beifahrer hocken im Straßengraben und warten auf Unterstützung. Ein Mechaniker leistet Erste Hilfe und schraubt am Wrack herum. Bei Straßenkilometer 4912 sitzen zwei Männer auf Gaskanistern und warten auf eine Mitfahrgelegenheit. Vorchristliche Landwirtschaftsmaschinen knattern an einem weiteren „China Mobile"-Schild vorbei, das mit folgender Weisheit grüßt: „Halte unsere Luft sauber und unser Wasser rein." Und noch eins: „Möge Grün ewig mit uns sein!"

Hier versprüht China Nationalgeist mit einer gehörigen Portion Patriotismus. Die Bedeutung dieser Schilder darf aber nicht unterschätzt werden. Peking rückt den Menschen seit dem letzten Volkskongress Anfang März 2011 im neuen Fünfjahresplan bewusst in den Mittelpunkt. Bezüglich der sozialen und wirtschaftlichen Entwicklung des Landes nimmt die kommunistische Führung eine signifikante politische Kurskorrektur vor. Insgeheim hat Pekings jüngste Politikergarde erkannt, dass mit der „Wachstum-über-alles"-Ideologie keineswegs die gesamte Bevölkerung zu gleichen Teilen am Aufschwung profitieren konnte.[6] Nirgendwo in China wird diese Entwicklung deutlicher als hier auf dem Dach der Welt. Die Partei hatte jüngst Strategien entwickelt, wie die Lebensbedingungen der ländlichen Gemeinden Tibets verbessert werden können. Dies alleine ist ein Eingeständnis, dass ländliche Tibeter erhebliche Wettbewerbsnachteile im eigenen Land haben und der in der Region propagierte Wohlstand schon gar nicht alle Haushalte erreicht hat. Im Gegenteil, die Kluft zwischen der urbanen und ländlichen Bevölkerung ist gestiegen. Nun sucht die Partei nach einer Balance, indem sie neben dem rein messbaren Wachstum stärker die Lebensqualität in den Fokus rückt. Ausländische Beobachter sehen jedoch in der neuen Programmatik eine ideologische Bestätigung des eigenen Selbstbildes. Peking beabsichtigt mit neuen sozialistischen Tugenden im turbokapitalistischen System den Rückbezug auf alte sozialistische Werte durch die Hintertüre.

Wann der politische Kurswechsel am Randes des tibetischen Hochplateaus erste Früchte zeigt, kann nicht einmal erahnt werden. Es gibt wenige Orte auf meiner Reise, die ich furchtbarer fand, als beispielsweise Tingri, wenige Stunden von der nepalesischen Grenze entfernt. Der Anblick der Siedlung ist bedrückend. Wer nicht unbedingt hier bleiben muss, sollte schnell verschwinden. Das sehen die Einheimischen auch so. Keiner scheint auf ein Schwätzchen zu bleiben. Ich werde auf der Straße als wandelnder Geldautomat angesehen. „Money Meeesta, Money!", rufen mir aggressive Bettler zu. Ich bin im völlig überteuerten „Snowland Hotel", einem Loch mit Wänden auf fünftausend Meter Höhe, abgestiegen. Vor dem Hoteleingang hat sich eine Combo des Grauens niedergelassen. Eine zerzauste und völlig verdreckte ältere Frau mit Zahnruinen im Mund schreit mir entgegen: „Money!" Ihre Kollegin ist blind und wird als Unterstützung auf mich geschubst. Schnell hole ich etwas Kleingeld aus meiner Hose, um die Gemüter zu beruhigen. Kein Dankeschön, kein Blickkontakt. Die beiden haben, was sie wollten und ich bin uninteressant geworden. Tringri ist eine einzige Müllhalde, die als Stadt getarnt wird. Ein paar Häuser auf fünfhundert Metern Straße, zahlreiche Billig-Restaurants, einfache Geschäfte und eine halb fertige Tankstelle. Schaut man genauer hin, verkrümeln sich die Häuser zwischen riesigen Müllbergen. Raue Gestalten teilen sich die Straße. Beim Überholen ecken Landwirtschaftsmaschinen mit Holzanhängern und Motorrädern an. Abends trifft sich die Nachbarschaft vor dem „Snowland Hotel". Menschen in geflickten Mänteln und schmierigen Mützen trinken billiges Lhasa-Bier und kauern vor Gebäudeeingängen. Eine alte Frau verteilt Essen an wilde Gestalten auf der Straße. Pferdegespanne halten an der Tankstelle und blockieren die eine Hälfte der Schlaglochpiste. Ein Hund bellt vor einem LKW, der aussieht, als hätten Mechaniker auf ihn eingeprügelt. Im hohen Bogen fliegt eine leere Bierflasche zwischen zwei Häuser und landet in den Fäkalien, die ein Rohr aus einer Hauswand in einen völlig verdreckten Bach entlässt. Entweder sind die Bewohner alle Analphabeten oder ihnen ist die „China Mobile"-Straßenreklame der letzten zweihundert Kilometer herzlich egal. Wie kann man hier leben, geschweige denn in Ruhe schlafen? Nachts beherrschen die Straßenköter Tingri. Eine Kakophonie bellender Hunde beschallt die Ortschaft. Einige Vierbeiner stacheln sich gegenseitig an. Diese herrenlosen Tiere sind nicht die Freunde des Menschen. Sie sind auch für nichts gut. Tagsüber liegen sie träge im Straßendreck und ruhen sich für die allnächtliche Lärmbelästigung aus. Was machen sie hier? Sie bewachen kein Haus und sind keine treuen Begleiter.

Eine Englischstunde für Anfänger. Eigentlich wollte ich eine neue Thermoskanne mit heißem Wasser holen, damit ich mir in meinem

Hotelzimmer eine Fertigsuppe zubereiten kann. Ich stolpere in die Wohnstube. Fünf kleine kniehohe Tische sind nebeneinander gereiht. Eine Sitzbank und einzelne Stühle sind darum gruppiert. Drei Gäste schlürfen sehr laut ihre tibetische Nudelsuppe. Lange Spaghetti garen mit Gemüse in einer heißen Brühe um die Wette. Die Köpfe hängen tief über den Schüsseln. Am schwierigsten sind die letzten Löffel. Man muss den Trick kennen. Zuerst mit dem Löffel die langen Nudeln teilen und dann zum Mund führen. Ansonsten spritzt beim Schlürfen die heiße Brühe über den Tisch oder – wie bei mir meistens – auf die Hose. Die Hausherrin läuft mit einer Gießkanne durch das Wohnzimmer und benässt den Lehmfußboden um uns herum. Gäste heben ihre Beine und ich trete zurück. Warum der Wohnzimmerboden nass sein muss, ist mir ein Rätsel. Da wo er uneben ist, entstehen Minipfützen – richtige Mückentümpel, nur dass es in dieser Höhe keine Blutsauger gibt. Eine Weihrauchkerze brennt ab und entsendet ihren Duft in alle Ecken der Stube. Würde ich hier den ganzen Tag sitzen, wären Kopfschmerzen vorprogrammiert. Zentraler Ort des Wohnzimmers ist der große Ofen, auf dem drei große blecherne Wasserkessel stehen. Die Türe zur Küche ist offen. Am Tisch neben dem Eingang sitzen die drei Töchter und ihr kleiner Bruder. Ich möchte gerade nach einer Thermoskanne fragen, da rufen sie mir „Engliiiiiish!" entgegen. Die vier sitzen vor einem zerfledderten Schulbuch und machen Hausaufgaben. Ich setze mich dazu und die Englischstunde beginnt mit dem Spiel „Simon Says". Simon nennt Körperteile und berührt sie gleichzeitig. Eigentlich sollten die vier danach alle wesentlichen Körperteile kennengelernt haben, aber ihre Aufmerksamkeit ist nicht die Beste. Der Kleine schiebt sich die Baseballkappe in die Stirn, lacht und wiederholt nur jedes dritte Wort. So kommen wir nicht weiter! Ich gebe mich geschlagen und ändere die Taktik. Wir widmen uns dem Englischbuch. Während ich den Mädchen einen Dialog vorlese, entlässt ihr kleiner Bruder neben mir gelassen einen Flatus in das Sofakissen und schaut mich an, als wäre nichts gewesen. Mit meinem Blick gratuliere ich ihm zu seiner Leistung. Das scheint ihn anzuspornen. Er spuckt sich genüsslich in die Hände. Eine kleine Lache Schleim sammelt sich in der linken Handfläche. Bläschen bilden sich am Rand. Während sich die drei Schwestern an der Aussprache des englischen „th" üben, sehe ich aus dem Augenwinkel, wie der Komiker neben mir die Spucke aus seiner Hand auf den Boden fließen lässt. Jetzt kenne ich den Grund für die Gießaktion der Mutter. Keiner scheint sich daran zu stören, sodass wir weiter machen. „Tze, tze, tze" mühen sich die drei ab. Es klingt nicht wirklich gut, aber sie bekommen von mir viel Lob und ihre Gesichter zeigen mir ihre Dankbarkeit. Plötzlich ist das Interesse des kleinen Bruders geweckt. Er versucht sich ebenfalls am „th". Seine Aussprache hat eine solche Wucht, dass beinahe die Schneidezähne fliegen gehen und er mir auf den Arm spuckt. Alle vier grinsen und es geht weiter. Die älteste Schwester holt die Speisekarte und wir lesen gemeinsam die Speisen vor: „Tibetan noodle soup – 15 Yuan, fried potatoes with yak meat – 20 Yuan, rice and curry – 10 Yuan; noodle soup with cabbage and yak meat – 25 Yuan" Der Jüngste hat sichtlich Spaß an der Übung bekommen und hopst auf dem Sofa auf und ab. Er holt sich die Katze, die hinter uns auf der Fensterbank döst. Sie muss nun mitspielen. Er zieht an ihren Ohren und ich wiederhole: „two ears". Er rupft an ihren Pfoten und ich sage: „two paws". Danach wird es ihr zu viel und sie verschwindet in der Küche. Ein weiterer deftiger Furz kracht zum Abschied aus der Hose des Kleinen. Wir lernen, dass Katzen Pfoten und keine Füße haben. Alle wiederholen die Worte artig. Zum Schluss zeige ich auf meine Nase, Ohren und Augen und möchte einige der gelernten Worte abfragen. Leider wurde alles vergessen, aber der Enthusiasmus ist ungebrochen. Mein Wasser ist mittlerweile kalt geworden, sodass der Kessel erneut auf den Ofen gesetzt werden muss. Vielleicht gibt es noch warmes Wasser in der Küche. Ich frage an der Türe nach und werde sofort von der Mutter am Ärmel hineingezogen. „What this?" fragt sie mich und drückt mir Ingwer in die Hand. „Ginger", antworte ich und bekomme danach eine Knoblauchzehe, dann Weißkohl und zum Schluss Zwiebeln gezeigt. Ich übersetze alles brav und darf dann mein heißes Wasser mitnehmen. Zurück im Wohnzimmer hält mir einer der Gäste eine Flasche vor die Nase und schreit lachend: „Beer!" Richtig.

Am nächsten Tag verlasse ich das Hotel und würdige die Straßenköter keines Blickes. Yangkyi sieht ziemlich mitgenommen aus. Das letzte Stück des Weges ist eine Fahrt vor grandioser Kulisse. Unser Jeep schraubt sich noch einmal auf fünftausend Meter hinauf. Schneebedeckte Achttausender stehen wie gigantische Zuckerhüte am Horizont. Davor hat ein Riese einen gewaltigen Sandkasten ausgekippt. Wolken verhüllen wie Vorhänge die Bergmassive und verwehren dem Betrachter teilweise den Blick auf Schnee und Eis. Hinter uns liegen einfache Dörfer, in denen Menschen ein karges Leben führen und ihren Lebensunterhalt mit der Landwirtschaft bestreiten. Hochgebirgsgerste wächst noch auf den allerkleinsten Feldern am Rande von Flussterrassen. Es ist eine raue Landschaft. Das Leben ist hart und entbehrungsreich. Die Farbe

Grün deutet auf den Anbau von Nutzpflanzen hin. Der Rest ist grau und trocken. Staub wird aufgewirbelt. Die Farbtupfer in der Weite sind Menschen, die in der Dorfgemeinschaft zusammen die Felder ernten. Gemeinsam in der Gruppe wird Gerste geschnitten und gedroschen. Gefüllte Säcke stehen zum Abtransport bereit. Meist junge Familienmitglieder hüten währenddessen die Yak- und Ziegenherden auf den Hochweiden. Tagsüber sind die Dörfer leer. Das einzige Leben bringen hupende Laster und Jeeps mit, die über den „Friendship Highway" Richtung Nepal rauschen. Der Nukleus des Dorfes ist das Stück Straße, das die Siedlung in zwei Hälften teilt. Beiderseits des Asphalts sehe ich weiße Häuserfronten mit säuberlich aufgestapeltem Yakdung an den Außenmauern. Ich frage mich, wie lange so ein Stapel Dung den Menschen im Winter Wärme spendet oder wie viele Tassen Buttertee damit aufgekocht werden können.

Einige Kilometer zuvor sah ich ein letztes „China Mobile"-Reklameschild mit folgender Nachricht für die hiesige Bevölkerung: „Hilfe für das Land, Hilfe für die Menschen und Hilfe zur Selbsthilfe." Wer hilft den Menschen hier denn? Sie scheinen nicht Teil des Ganzen zu sein. Wird sich ihr Lebensstandard in den nächsten zehn oder zwanzig Jahren signifikant verbessern? Die Schilder machen mich wütend und ich schaue weg. Während der Geburtsstunde des kommunistischen Chinas sah die damalige Führung die unerträgliche Armut auf dem Land.[7] Unzufriedenheit und leere Mägen waren ein perfekter Nährboden für den Kommunismus in China. Mao selber schrieb, dass innerhalb einer kurzen Zeit hunderte Millionen Bauern mit der Wucht eines Hurrikans im Norden und Süden aufbegehren würden. Er wollte das Land zerstören und neu formen. Mao entfachte den Aufstand. Die mächtigen Großgrundbesitzer wurden enteignet und die kommunistische Partei avancierte zum Anwalt für die über Generationen Unterdrückten und Geknechteten. Deren Situation verbesserte sich aber nicht. Mao hatte Großes vor und wollte mit Lichtgeschwindigkeit in die Zukunft reisen. Sein Volk saß angeschnallt und machtlos auf dem Beifahrersitz. Man nimmt heute an, dass Maos „großer Sprung nach vorne", also der Versuch, Anschluss an den verhassten Westen zu bekommen, Millionen von Menschen das Leben gekostet hat. Das Drama hatte seinen Höhepunkt noch nicht erreicht. Der letzte Akt des Wahnsinns in Gestalt der Kulturrevolution zerstörte weitere Millionen von Familien und nahm den Menschen einen Großteil ihrer kulturellen Identität. Erst knapp fünfunddreißig Jahre nach Maos Tod hat das

Begegnung auf dem Dach der Welt - China

Land aufgeholt, aber hat es auch aus den Fehlern der Vergangenheit gelernt? China betet den Turbokapitalismus ohne Rücksicht auf Verluste an. Zum Kollateralschaden dieser Entwicklung gehören heute regionale und soziale Disparitäten. Ich kann nicht wirklich den Versuch erkennen, in allen Regionen des Landes gleiche Lebensverhältnisse zu schaffen. Kritiker mögen sagen, dass ich zu ungeduldig und zu pessimistisch bin und China mehr Zeit geben möge. Dies ist vielleicht richtig, aber eine Fahrt durch das ländliche China in den nördlichen und westlichen Provinzen macht unmissverständlich klar, dass die arme Bevölkerung ein zweites Mal vergessen wurde.

Beim Anblick der Achttausender frage ich mich, warum die Tibeter nicht genauso wie die Nepalesen vom Geschäft mit den Bergsteigern aus aller Welt profitieren? Möglichkeiten gäbe es ausreichend. Ich lese Yangkyi einen offiziellen Bericht der chinesischen Nachrichtenagentur Xinhua vor, den ich mir im Internet heruntergeladen habe. Danach unternahm Peking in letzter Zeit intensive Bemühungen, den Tourismus in Tibet weiter zu fördern. Eine Pressemitteilung in der „China Business News“ vom 23. November 2011 nennt als Ziel, die jährliche Besucherzahl bis 2015 auf jährlich 15 Millionen Touristen zu verdoppeln. Der zwölfte vorliegende Fünfjahresplan bezeichnet den Tourismus als Schlüsselindustrie, die in Tibet jährlich 15 Milliarden

Yuan erwirtschaften soll. So könnten doch die einzelnen Regionen sowie die Menschen gleichermaßen vom Tourismusgeschäft profitieren. Während der letzten fünf Jahre verzeichnete Tibet jährlich über zwanzig Millionen Besucher, was einen Zuwachs von mehr als dreißig Prozent pro Jahr bedeutet. Die Tourismusagentur der „Autonomen Region Tibet“ sieht angesichts dieser Zahlen die Notwendigkeit, in diesem Sektor hunderttausende neue Arbeitsplätze zu schaffen. Yangkyi zieht ein Gesicht und bleibt bei diesen Zahlen skeptisch. „Haben denn die Chinesen unsere Interessen auch im Blick?“, fragt sie mich. „Wir sind nicht immer die ersten Nutznießer der Entwicklungsstrategie. Und nicht jedes groß angelegte Förderprogramm ist gut für uns.“ „Was meinst du damit?“ Vorne auf dem Beifahrersitz klappt sie ihr Buch zu und sagt: „Chinesische Reiseführer wurden ausgebildet und nach Tibet geschickt, um dort ihr Wissen und ihre Erfahrung weiterzugeben. Als offizielle Begründung für die Bevorzugung der Chinesen gegenüber der Ausbildung tibetischer Führer, die in ihrer Heimat verwurzelt sind und die lokale Kultur vermitteln könnten, sagt man uns nicht ausreichend vorhandene Fremdsprachenkenntnisse nach. Fließend Chinesisch sprechende Reiseleiter könnten chinesische Touristengruppen besser führen, so die offizielle Argumentation. Marcus, zuerst zwingt man uns, Chinesisch zu sprechen und dann ist es ihnen nicht gut genug!“ Später durchforsche ich das Internet und finde mehrere Artikel und Blogeinträge, die von dieser Diskriminierung berichten. So soll die von Chinesen geleitete tibetische Tourismusbehörde einem ehemaligen tibetischen Reiseleiter beispielsweise offen mitgeteilt haben, dass der Tourismus in Tibet vorrangig politischen Profit abwerfen solle. Die wirtschaftliche Entwicklung sei zweitrangig. So haben Exiltibeter natürlich kaum Chancen auf eine Festanstellung. Mangelnde Sprachkenntnisse führen zur Benachteiligung der lokalen Bevölkerung, obwohl gerade diese ihre eigene Kultur am besten repräsentieren könnte. Ausländer müssen etliche bürokratische Hürden nehmen, um nach Tibet einreisen zu können und dürfen sich dann im Land nicht frei bewegen. Offensichtlich fördert China einen individuellen, „sanften“ Tourismus nicht so sehr wie den Massentourismus. Ein Beispiel dafür ist auch die schnelle Entwicklung der Region durch einen massiven Ausbau der Infrastruktur. Mit der Qinghai-Tibet-Bahn kann in kürzester Zeit eine immer größer werdende Anzahl an Touristen nach Tibet transportiert werden. Straßen, die in entlegene hochempfindliche Gebiete gebaut werden, importieren dann auch die Nebeneffekte des Massentourismus wie die Umweltverschmutzung und das

Abfallproblem. Während der ökologische Fußabdruck hier sichtbar ist, wird der ökonomische Profit außerhalb der Region abgegriffen. Die Gewinner der steigenden Tourismuszahlen in Tibet sind chinesische Agenturen.

Ich sehe den propagierten „moderaten Wohlstand“ in den autonomen Unruheprovinzen vielerorts nicht. Die vielen Straßenschilder, die Menschen ermutigen, eine „harmonische Gesellschaft“ aufzubauen, wirken wie blanker Hohn und dienen eher dazu, den Führungsanspruch der kommunistischen Partei vor dem Hintergrund einer wachsenden sozio-ökonomischen Kluft und mannigfaltiger anderer Probleme zu legitimieren. Das Konzept der „harmonischen Gesellschaft“ rechtfertigt zwar das Vorbringen eigener Interessen, wenn lokale Regierungen sich unrechtmäßig verhalten, verbietet aber jegliche Kritik an der Zentralregierung. Dieser Widerspruch zeigt, dass Chinas Machthaber weiterhin das Steuer fest im Griff halten. So lösen sie vor Ort im Kleinen Probleme und zeigen Kompromissbereitschaft, sind aber sofort bereit, bei weitreichenden Konfliktsituationen oder einer Infragestellung des Führungsanspruches der Partei Oppositionelle einzugrenzen, zu isolieren und Dissens zu unterdrücken. Diese Position zu korrigieren, ist aber meiner Meinung nach die große Aufgabe des Chinas im 21. Jahrhunderts. Vom Erfolg hängt das Überleben der kommunistischen Partei ab. In Xinjiang und Tibet habe ich erfahren, dass nicht alle Menschen zur „harmonischen Gesellschaft“ dazugehören möchten und die regionalen Entwicklungsunterschiede beklagen. So unterscheidet sich der gesamte Osten in allen Strukturdaten von den zentralen und westlichen Provinzen. China hat in Sachen Lebensstandard, Wirtschaftswachstum, Zugang zu Bildung und Zukunftschancen ein gewaltiges Ost-West-Gefälle. Homogenität, die Harmonie erzeugen kann, ist momentanes Wunschdenken und ein anzustrebendes Zukunftsziel. Etwas anderes habe ich aber auch gesehen: China hat heute aber auch, wie kaum ein anderes Land, die wirtschaftliche Kraft, die regionalen Disparitäten zügig zu beseitigen. Eine Trumpfkarte dabei sind die extrem gut ausgebildeten jungen Menschen. Dieses Humankapital ist der wichtigste Rohstoff des Landes. Die Kreativität und Flexibilität der jungen Leute sind von elementarer Bedeutung für die Gesellschaft und letztendlich für den Fortbestand der politischen Führung. Die Voraussetzung dafür sind Wissen und Innovation. Fragt sich nur, ob China denn auch den politischen Willen hat, diesen jungen Menschen die nötigen Freiheiten zu geben, sich völlig zu entfalten. Kann und möchte

China den Turbokapitalismus und damit die Spaltung der Gesellschaft zähmen? Kommen bald wirkliche politische Reformen auf die Tagesordnung? Wird sich Peking also der Realität stellen und sich in Zukunft weiter öffnen? All dies bleibt abzuwarten. Hier jedoch, weit weg von den neuen glänzenden Kathedralen des Konsums, genauer gesagt an einem Begrenzungsstein am „Friendship Highway", der eine Distanz von 5103 Kilometern zu Shanghai angibt, wird erst in einigen Jahren zu sehen sein, ob das Projekt „harmonische Gesellschaft" in China wirklich Fahrt aufgenommen hat oder ob es von der Fahrbahn abgekommen ist, wie der nächste umgekippte Laster, an dem wir gerade vorbeifahren.

Eine unendliche Sand- und Geröllwüste, die nur von dem oberen Tal des Yarlung Zangbo, auch als Brahmaputra bekannt, durchschnitten wird, trifft erst am Horizont auf eine Mauer aus Eis und Schnee. Mit dem Everest, Lhotse, Makalu, Cho Oyu und dem Shishapangma stehen fünf der höchsten Berge der Welt jetzt direkt vor mir. Wolken verdecken die meisten Spitzen der Bergmassive, sodass ich deren Form nur erahnen kann. Der Wind hebt die Wolken leicht an und gestattet mir immer wieder einen Blick auf andere Bereiche der Welt aus ewigem Eis. Den Lhotse und Makalu kann

Am Ende des Friendship Highways - Tibet

ich aber erkennen. Ich steige aus dem Jeep und fotografiere die Kulisse. Unser Wagen erreicht das südliche Ende Tibets. Mit 5050 Metern ist der Jalang-Pass der Tellerrand des tibetischen Hochlandes. Von hier aus geht es dreitausend Meter senkrecht in die Tiefe. Die Landschaft ändert sich abrupt. Subtropischer Regenwald klebt an den Berghängen. In den Baumkronen hängen Nebelschwaden. Über zweihundert Meter hohe Wasserfälle stürzen die Schlucht herab. Vögel fliegen durch die Gischt. Häufig klatscht der Sprühregen auf unsere Windschutzscheibe. Unser Fahrer Bassang hält den Jeep direkt unter einem Wasserfall in einer Kurve an, um ihn von Staub und Dreck zu befreien. Die Dusche ist zu intensiv für das Schiebedach. Plötzlich rinnt Wasser von der Decke und tropft auf Yangkyi, die mit einem unterdrückten Schrei fast in das Handschuhfach eintaucht. Doch ihr ist das Wasser egal. Bei jedem Fotostopp hüpft sie voller Vergnügen die Straße auf und ab. Sie macht mit ihrem Mobiltelefon unentwegt Bilder von der Landschaft, die sie zu Hause ihrer Mutter zeigen möchte. „Schon jetzt spüre ich, dass dieses Klima meiner Haut gut tut. Ich glaube sie wird schon weicher“, sagt sie und hält sich ihre Wangen. Auf etwas mehr als zweitausend Metern endet die Fahrt in Zhangmu, einer klassischen Grenzsiedlung. Nicht Schönheit, sondern Zweckmäßigkeit war das Leitmotiv bei der Planung dieser Stadt. Zhangmu klebt wie eine zusammengeschobene Schlange am Bergrand. Mehrstöckige Betonbauten stehen dicht gedrängt beiderseits der Serpentinenstraße. Ober- und Unterstadt sind gefühlte zweihundert Höhenmeter voneinander getrennt. Mal eben seinen Nachbarn am anderen Stadtende besuchen führt definitiv zur Kurzatmigkeit. Überall drängen sich LKWs und Jeeps in jede Parklücke, die die enge Straße bietet. Ein unaufhörliches Hupkonzert deutet auf den Verkehrsinfarkt hin. Wasser rinnt unablässig die Straße herunter. Die Außenmauern der Gebäude sind vergammelt und verkeimt. Moos und Flechten quetschen sich in jede Ritze. Die Architektur kämpft gegen die Natur und scheint permanent zu verlieren. Viele Menschen haben den Kampf schon aufgegeben. Der subtropische Artenreichtum lässt sich am besten in den drei tulpenförmigen Lampenschirmen in meinem Hotelzimmer bestaunen. Die Glühbirnen ragen nur noch zur Hälfte aus einem Haufen toter Nachtfalter, Motten, Mücken und Fliegen hervor. Dementsprechend armselig ist der Lichteinfall im Zimmer.

Am nächsten Morgen breche ich früh auf. Zhangmu ist schon auf den Beinen. Reihenweise LKWs verkeilen sich auf der Straße ineinander. Dazwischen huschen Geldwechsler von Hotel zu Hotel und tauschen Yuan, Dollar und nepalesische Rupien. „Money Change Meesta!" Bassang steuert den Jeep ganze fünf Minuten die Straße herunter, dann ist die Fahrt zu Ende. Er muss sich in eine Schlange wartender Fahrzeuge einreihen. Yangkyi erkundigt sich nach dem Problem. Als ich den gewaltigen Kipplader erblicke und wenig später den schweren Bagger sehe, der sich auf seinen Raupen an den Jeeps vorbeischiebt, wird mir sofort klar, worin das Problem liegt. „Heute Nacht gab es zwei schlimme Erdrutsche", erklärt meine Begleiterin. „Einen auf der chinesischen Seite und einen außerhalb von Zhangmu auf nepalesischem Staatsgebiet. Lass uns zu Fuß gehen, das hier wird länger dauern." Ich schnappe mir mein Gepäck, verabschiede mich von Bassang und steige die letzten dreihundert Höhenmeter über einen kleinen Trampelpfad im Regenwald zur Grenze herunter. Vor mir kämpft sich eine chinesische Buschexpedition mit Rollkoffern durch den Wald. Sie hatten die gleiche Idee. Alle haben panische Angst vor Blutegeln und lassen sich sofort nach Erreichen der chinesischen Zollstation von den Soldaten absuchen. Wie liebevolle Schimpansen wühlen sie sich gegenseitig im Haar herum und leuchten sich in die Ohren.

Oje! Nicht schon wieder. „Das Buch ist in China verboten", höre ich den chinesischen Zöllner sagen und habe ein Déjà-vu. Ich stelle mich doof. „Das Buch ist in China verboten!", heißt es diesmal mit etwas mehr Nachdruck. „Wieso?", frage ich nach. „Das Buch ist politisch." Kann gar nicht sein, denke ich. Ich habe aus meinem „Lonely Planet" über Tibet sowohl die Übersichtskarte mit den umstrittenen Grenzverläufen zu Indien als auch das Vorwort des Dalai Lamas fein säuberlich herausgerissen. Yangkyi schiebt sich nach vorne, um mir zu helfen. Der tibetische Reiseführer der Gruppe hinter mir kommt zur Verstärkung dazu. „Das Buch ist politisch. Hier fehlen einige Seiten!" Nun wird die Stimme forsch und fordernd. Offensichtlich wissen die ganz genau, wonach sie suchen müssen. „Oh, ist mir gar nicht aufgefallen." „Wo haben Sie das Buch gekauft?" Darauf habe ich gewartet. „In Lhasa", schießt es aus mir heraus. „In Lhasa? Das kann nicht sein. Mit dieser Information kann der Zöllner überhaupt nicht umgehen. Ein verbotenes Buch, das in China gekauft werden kann, passt nicht in sein Weltbild. „Wo in Lhasa? Sagen Sie uns, in welchem Laden sie dieses Buch gekauft haben." „Keine Ahnung, ich kann keine chinesischen Schriftzeichen lesen. Auf der Straße in Lhasa auf dem Barkhor-Platz." Damit kommt der Grenzbeamte noch weniger zurecht. Meine Angaben werden immer diffuser. Yangkyi bestätigt, dass ich das Buch seit Lhasa bei mir habe und dass es nicht politisch ist. „Sehen Sie, ich brauche es in Nepal“, füge ich hinzu. Schnell zeige ich ihm die Sektion über Kathmandu auf den vorderen Seiten. Man könnte jetzt glauben, ich wäre behandlungsresistent und hätte aus dem Vorfall an der Grenze von Kasachstan nach China nicht gelernt, aber das Buch ist wirklich sehr hilfreich. Ein Hotel habe ich ebenfalls schon gebucht. Ich brauche die Adresse für den Fahrer. Zwei weitere Grenzbeamte kommen dazu und diskutieren erregt, was zu machen ist. So vergehen Minuten. Plötzlich reicht der Zöllner mir das Buch zurück. „Sie dürfen es behalten. Gehen Sie bitte weiter.“ Ich bedanke mich artig und packe meine Sachen zusammen. In die Schlange hinter mir kommt Bewegung. Mein Pass wird abgestempelt und mir zurückgegeben. „Sie sollten wissen, dass dies ein politisches Buch ist und wir es in China nicht erlauben!“, höre ich den Grenzbeamten noch einmal hinter mir. Ich drehe mich nicht mehr um. „Dann ist es ja gut, dass ich es aus China mitnehme!“, denke ich mir, verabschiede mich von Yangkyi und laufe über die Freundschaftsbrücke zur nepalischen Seite. China liegt nun hinter mir. „Namaste Sir, wie geht es Ihnen? Möchten Sie ein Visum? Kein Problem, Sir.“ Beim Ausfüllen des Antrages stolpere ich über Angaben, die ich zu meinen mitgeführten Devisen machen soll. Ich frage bei den Zöllnern nach, um keinen Fehler zu machen. „Sir, dort nichts eintragen – völlig egal – interessiert eh keinen!“, antwortet er, nimmt meinen Pass, haut die Stempel hinein und fügt hinzu: „Viel Spaß in Nepal, Sir.“ Oh Gott, wie schön und einfach, denke ich.

KAPITEL X: Tropendonner in Thuwuma Bomi

Als der Gesandte Zhang Qian mit seiner Gefolgschaft 139 vor Christus den chinesischen Kaiserhof im heutigen Xi'an verließ, machte er sich auf eine gefährliche Reise durch das weite Grasland westlich der damaligen Reichsgrenze. Um Verbündete im Kampf gegen die Xiongnu zu finden, opferte er zehn Jahre seines Lebens in der Gefangenschaft der Barbaren. Er erlitt Hitze, kämpfte sich durch Staubstürme und überquerte schneebedeckte Gebirgspässe. Seine Reise führte ihn in das Ferghana-Tal und dann weiter westlich in das baktrische Land „Daxia“ im heutigen Afghanistan. Zurück am Hofe des Kaisers berichtete er von einer außergewöhnlichen Entdeckung. In Baktrien konnte er beobachten, wie Kaufleute aus dem nördlichen Indien zwei Artikel auf den lokalen Märkten verkauften: Shu-Brokat und Stäbe aus Qiong-Bambus. Beide Erzeugnisse stellten Bewohner aus der Provinz Sichuan seit dem Beginn der Han-Dynastie her. Bei dem Anblick der Brokatseide muss Zhang Qian sofort die typisch helle Farbe mit den unnachahmlichen roten Schattierungen des Stoffes aufgefallen sein. Seine Frage, ob andere Botschafter vor ihm nach Baktrien entsandt wurden, konnte von Kaiser Wudi nur verneint werden. Er war der erste Reisende, der Kunde aus den fremden Ländern zurück nach Xi'an brachte. Somit, so schlussfolgerte Qian, musste der Brokatstoff und der Bambus aus Indien stammen. Aber wie kamen sie dorthin? Es musste also eine südlichere Direktroute von Sichuan über Indien nach Zentralasien geben. Zhang Qians Entdeckung der Existenz einer südwestlichen Seidenstraße war Händlern aus Sichuan schon seit langem bekannt.[1] Ein ganzes Netzwerk an Überlandwegen reichte von Zentralchina über die Gebirgskämme der südwestlichen Provinzen Sichuan, Guizhou und Yunnan nach Burma[*] in das östliche Gebiet Südasiens hinein. Entlang dieser uralten Verbindungen transportierten Pferde-, Yak- und Maultierkarawanen neben der Brokatseide weitere lokale Erzeugnisse zu den großen Absatzmärkten Indiens und Zentralasiens. Glaswaren, Gold, Silber und Kupfer aus Burma sowie Edelsteine, Zinnober und Eisenerzeugnisse aus Sichuan fanden Käufer in Indien und dem heutigen Afghanistan.

* Die Namen „Burma“ und „Myanmar“ stellen ein Problem dar. „Burma“ wird von dem burmesischen Wort „Bamar“ abgeleitet, was wiederum die Kurzform von „Myanmar“ oder dem altburmesischen „Mranma“ ist, mit dem in der Geschichte die Mehrheit der Bevölkerung, nämlich die „Bamar“ bezeichnet wurden. Die Vereinten Nationen erkennen den Namen „Myanmar“ offiziell an. Da es aber kein Adjektiv für „Myanmar“ gibt, verwende ich den Namen „Burma“ und „burmesisch“.

Somit verknüpfte die südwestliche Seidenstraße China und Indien miteinander und war Teil eines differenzierten Netzwerkes von Handelsstraßen. Ausgangspunkt der Südroute war Chengdu im heutigen Sichuan. Über Ya'an reisten Pilger und Händler in südwestlicher Richtung nach Dali am Erhai-See in der Provinz Yunnan. Ya'an, eine der chinesischen Hauptanbauregionen für Tee, war auch eine bedeutende Karawanensiedlung, von wo aus Tee nach Tibet exportiert wurde. Burma erreichten die Karawanen über die Grenzstadt Ruili. Auf burmesischem Staatsgebiet führte die südwestliche Seidenstraße über Mogok nach Bagan und von dort über Assam in Indiens äußersten Osten. Wie auch auf dem nördlichen Pendant verbreiteten sich Kultureinflüsse und Religionen im Süden. Zwar gelangte der Buddhismus nicht über diese Strecke nach China, aber zumindest brachten Pilger aus Indien buddhistische Artefakte nach Yunnan. Südwestchina empfing den tibetischen Buddhismus aus dem Himalaya und die tantrische Lehre erreichte Tibet aus Indien – beide religiösen Richtungen reisten entlang der „alten Teeroute" und hatten einen profunden Einfluss auf das Leben der Menschen. Derweil verbreitete sich im 13. Jahrhundert der Islam in Südwestchina als Resultat der Eroberung durch die Mongolen. Marco Polo reiste zu guter Letzt ein Stück entlang der südwestlichen Seidenstraße und berichtete über die Schlacht des Khans gegen die „Mien" im heutigen Bagan. Grund genug für mich, von Kathmandu über Thailand nach Burma zu fliegen und meine Reise hier fortzusetzen.
Landeanflug auf Yangon. Was fällt auf? Die Landschaft unter mir ist arm an Industrie und Infrastruktur. Ich sehe keine Fabriken und Lagerhallen. Ein Speckgürtel an urbanen Außenbezirken oder Vororten fehlt auch. Felder, nichts als Felder, sind zu erkennen. Eine Zeitreise zurück in eine Agrargesellschaft des 18. Jahrhunderts. Vereinzelt durchziehen Schotterpfade die landwirtschaftlichen Flächen. Bambushütten kann man erahnen. Flüsse und Bäche winden sich durch das Land. Hier, wo der mächtige Irrawaddy in einem enormen Delta ins Meer fließt, wohnt ein Großteil der Bevölkerung des Landes. Zugleich ist das Irrawaddy-Delta die fruchtbare Kornkammer der Nation. Der Reisanbau prägt überall das Landschaftsbild. Vereinzelte kleine Dörfer und Weiler tauchen unter dem Flugzeug auf.

Im Westen des Deltas hat Burma eine knapp zweitausend Kilometer lange, durchgängige Küstenlinie. Im Süden befindet sich die Andamanensee und im Norden die Bucht von Bengalen. Mit einer Fläche von über 650 000 Quadratkilometern hat das größte Land Südostasiens im Nordwesten eine gemeinsame Grenze mit Bangladeschs Chittagong-Region sowie mit dem sagenumwobenen Nagaland im benachbarten Indien. Im Norden und Nordosten liegen die Ausläufer des tibetischen Hochlandes und der chinesischen Provinz Yunnan. Im „Goldenen Dreieck" trifft Burma auf Laos und Thailand.

Plötzlich sehe ich Yangon von meinem Sitz aus und kurze Zeit später setzt das Flugzeug sachte auf der Landebahn auf. Seit meinem letzten Besuch 2006 hat sich der Flughafen völlig verändert. Was direkt auffällt, ist die nagelneue Flughafenhalle. Musste man sich vor ein paar Jahren noch mühsam durch die Passkontrolle wuseln, ist jetzt alles ordentlich geregelt und läuft zügig ab. „Hallo Bruder Marcus. Wie geht es dir? Bist du wohlauf?", fragt mich mein Freund Ko Soe, der im „Longyi" und weißem Hemd gekleidet vor mir steht. Ein „Longyi" ist ein knöchellanges, traditionelles Tuch, das um die Hüften gewickelt wird. Früher hatten fast alle Haushalte einen Webstuhl, auf dem die zylindrischen Tücher gewebt wurden. Ein altes Sprichwort besagt, dass Männer, die nicht lesen können, blind sind und Frauen, die nicht weben können, Krüppel sind. An Ko Soes Hemd ist ein Flughafenausweis befestigt, der ihm Zutritt in den inneren Bereich gewährt. Er drückt mich feste und ist begeistert: „Marcus, als du das letzte Mal hier warst, hatten wir das Militär an der Macht. Jetzt haben wir eine demokratische Regierung." Er strahlt vor Glück und nimmt mich an den Arm. Gemeinsam holen wir mein Gepäck und gehen zum Ausgang. In der kurzen Zeit hat Ko Soe schon drei Telefonate geführt. So hatte ich ihn in Erinnerung, schon vor fünf Jahren klebte ständig ein Telefon an seinem Ohr. Neben der Ausgangstür zeigt er mir stolz seinen Informationsstand. Ko Soes Agentur „Golden Swallow Transport" ist im Flughafen präsent. Mitarbeiter schütteln mir die Hand. Und dann steht plötzlich sein ältester Sohn Aung Khae vor mir. Er hat sich mächtig verändert. Ich habe ihn als extrem übergewichtigen Teenager in Erinnerung, der mir mit nacktem Oberkörper in der Wohnung seines Vaters gegenübersaß. Aufgrund seiner Körpermasse in jungen Jahren bekam er einige Rollen in Werbefilmen des staatseigenen Fernsehens. Ko Soe sagte schon damals liebevoll: „Mein Sohn ist gewaltig, er sieht aus wie ein Sumo-Ringer." Als sein Vater mich und meine Frau im letzten Jahr in Deutschland besuchte, haben Ko Soe und ich in Köln zahlreiche Bekleidungsgeschäfte abgeklappert, um Hemden in Übergröße für ihn zu bekommen. Bei jedem meiner Vorschläge antwortete mein Freund: „Nicht groß genug, muss größer sein. Mein Sohn ist ein

Shwedagon Pagode - Yangon

Riesenbuddha! Er hat Schuhgröße 47,5. Ein großer Mann!“ Heute ist Aung Khae achtzehn Jahre alt, macht gerade seinen Führerschein und studiert Englisch an der Universität in Yangon. Er ist immer noch voluminös, hat aber an Größe zugelegt und überragt seinen Vater deutlich. Aus dem Teenager ist ein junger Student mit gegelten Haaren und wachen Augen geworden, dem seine Brille etwas Intellektuelles verleiht. Auf dem Weg zum Auto sprechen wir beide gemeinsam über sein Englischstudium. „Mein Lehrer spricht gutes Englisch, obwohl er aus der Schweiz kommt“, sagt er. „Was lernt ihr im Englischunterricht an der Universität?“, möchte ich von ihm wissen. „Wir haben Grammatikkurse und Phonologieunterricht, zudem lesen wir auch viel“, antwortet er. „Auch Romane oder andere Texte?“ „Ja natürlich. Wir erarbeiten jede Menge Zeitungsartikel und tauschen uns über Bücher aus. Und nach den Vorlesungen treffe ich mich mit einigen Freunden und meinem Lehrer in einem Teehaus und wir diskutieren viel. Hier kann ich mein aktives Vokabular erweitern.“ Während meiner Abwesenheit hat sich Aung Khae sehr verändert. Auf dem Weg vom Flughafen in die Innenstadt werden wir viel Zeit haben, uns zu unterhalten. Es ist schön, ihn nun in seinem Land zu besuchen. Gemeinsam beladen wir das Auto und stürzen uns in den Morgenverkehr.

Yangon ist das wirtschaftliche und kulturelle Zentrum des Landes.[2] Häufig wird die Stadt im Deutschen auch Rangun genannt. Diese Verstümmelung des Namens geht auf die Briten zurück. Ich entscheide mich hingegen bewusst für den alten burmesischen Namen, der übersetzt „Ende des Konflikts" bedeutet, auch wenn viele Länder und Nachrichtenagenturen die Umbenennung in Yangon durch die Militärjunta 1989 boykottieren und weiterhin von Rangun sprechen. Seit dem 11. Jahrhundert wurde dieser Siedlungsort „Dagon" genannt und gehörte zum Einflussbereich der Mon, die den Süden des heutigen Burmas beherrschten. König Alaungpaya, der erste burmesische König, eroberte 1755 Zentralburma und verdrängte damit die Mon aus dem Süden. Er nannte „Dagon" in „Yangon" um und signalisierte mit der Namensänderung das Ende des Krieges. Die Stadt selber ist vergleichsweise jung. Die Briten verliehen ihr erst 1885 den Status einer Hauptstadt. Während der Mitte des 19. Jahrhunderts entwickelte sich Yangon zum kommerziellen Zentrum der Kolonie „Britisch-Burma". Große Parkanlagen, zwei innerstädtische Seen und breite Alleestraßen verliehen der Siedlung schon damals den Beinamen „Gartenstadt des Ostens".

Obwohl nicht ganz im Zentrum gelegen, dominiert die prächtige Shwedagon-Pagode die Skyline. Mit knapp hundert Metern Höhe triumphiert sie als Wahrzeichen auf dem Singuttra-Hügel und ist von allen Seiten zu erkennen. Bei guten Sichtverhältnissen kann man einen Blick von den umliegenden Dörfern im Irrawaddy-Delta auf ihre goldene Haut erhaschen, die in alle Himmelsrichtungen strahlt. Wie alle Stupas Asiens ist die Shwedagon-Pagode ein Reliquienschrein. In ihr werden acht Haare von Siddharta Gautama, dem historischen Buddha, aufbewahrt. Dies macht die „Paya" zum heiligsten buddhistischen Bauwerk der Burmesen und zu einer der wichtigsten Pilgerstätten Asiens. Die Mutter aller Pagoden Burmas steht im Zentrum eines ganzen Komplexes von Schreinen, Tempeln, Gebetshallen und kleinen Stupas. Sie umgibt eine besondere Atmosphäre. Ich erlebe eine Kombination aus Andacht, Meditation, Gebet und fröhlichem Zusammensein auf dem ganzen Komplex. Man stelle sich den Petersdom mit Pilgern vor, die gemeinsam auf dem Fußboden sitzen und laut Gespräche führen würden. Ein Priester, der sich plötzlich vor einen Touristen stellt und sich fotografieren lassen will, wäre völlig undenkbar. Hier aber spricht ein alter Mönch mich an. „Du, mach ein Foto von mir", sagt er knapp, klopft mir auf die Schulter und stellt sich in Position. Ich drücke ab und zeige ihm das Ergebnis im Display meiner

Kamera. „Gut, Cè zu bèh – Danke!“, ruft er mir hochzufrieden entgegen, hält mich fest und drückt mir ein Kokosnussbonbon in die Hand. So schnell wie er gekommen ist, verschwindet er wieder. Ich schaue ihm nach und schmunzle ein wenig. Etwas weiter sehe ich eine indische Pilgergruppe. „Namaste“, begrüßen sie mich fast einstimmig. Sie sitzen in der Nähe von einem der beiden Banyan-Bäume, die aus einem Ableger des indischen Originals herangewachsen sind. Unter dem Baum erlangte Siddhartha Gautama im indischen Bodhgaya die Erleuchtung. Die Inder hingegen werden von den zahlreichen Lampen des Komplexes angeleuchtet. Ihre dunklen Augen sind in ihren Gesichtern kaum auszumachen. Eines wird hier sofort deutlich: In Asien sind die religiösen Bauwerke gleichzeitig Begegnungsstätten. Menschen praktizieren in ihnen nicht nur ihren Glauben, sondern Pagoden und Stupas sind auch ein wichtiger Bestandteil des öffentlichen Lebens. So reihen sich meditierende Pilger mit Besuchern aneinander, die in aller Ruhe ein Buch lesen und ab und zu den Blick auf die Pagode richten. Kinder flitzen über die blanken Fliesen und schmeißen sich vor Freude auf den Boden.

Was für eine magische Anziehungskraft muss die Shwedagon-Pagode vor Jahrhunderten gehabt haben, als Yangon eine mickrige Siedlung im Irrawaddy-Delta war. Die Abendsonne muss die „Paya“ in eine leuchtende Fackel verwandelt haben, die Pilgern von weither den Weg durch den Urwald zeigte. Hielten die britischen Kolonialherren vor Ehrfurcht einen Moment inne, als sie ihr goldenes Antlitz erblickten? Der englische Schriftsteller Rudyard Kipling jedenfalls beschrieb bei einem Besuch 1889 die Shwedagon-Pagode als ein goldenes Mysterium, das sich über den Horizont erhob und weder einer muslimischen Kuppel noch einer hinduistischen Tempelspitze glich. Auch heute noch ist ihr Besuch ein besonderes Erlebnis, weil das ganze Areal vor Menschen nur so wimmelt. An vielen Stellen nehmen Gläubige rituelle Waschungen vor, indem sie mit Plastikbechern Wasser über Buddhastatuen und Tierfiguren träufeln. Dies beschert einem Glück, so glauben sie, und man reinigt sich symbolisch. Die Tierfiguren symbolisieren die unterschiedlichen Wochentage des burmesischen Kalenders. Im Gegensatz zu uns hat die burmesische Woche acht Tage, da der Mittwoch zweigeteilt ist. Vormittag und Nachmittag sind jeweils ganze Tage. Die Tiere geben Auskunft über den Wochentag, sodass man vor dem richtigen Schrein beten sollte, was wiederum gutes Karma bringt. Der Löwe zum Beispiel steht für den Dienstag und der Elefant für den Mittwoch. „Bouddahu“, der Elefant mit Stoßzähnen, repräsentiert den Vormittag und sein zahnloser Artgenosse den Nachmittag. Die Namensgebung ist in Burma ebenfalls an die Wochentage angebunden, so dass ‚Soe', wie in Ko Soe zum Beispiel Dienstag bedeutet. Zudem ist es für burmesische Buddhisten äußerst wichtig, den Wochentag, an dem sie geboren wurden, zu kennen. Ansonsten wären sie nicht in der Lage, den richtigen Ort für Gebete und Opfergaben auf der Plattform zu finden. Ein weiteres sehenswertes Gebäude neben der Pagode ist der Pavillon, der die „Maha Ganda Glocke" beherbergt. Vor dem Klangkörper sitzen zwei Mönche und sprechen mich an. „Min Gala ba. K'amyà shin kaùn yét là? – Hallo, wie geht es dir?" Ich grüße zurück und wir wechseln ins Englische. „Bist du zum ersten Mal hier?", möchte der größere der beiden von mir wissen. „Nein, 2006 war ich schon einmal für zwei Wochen in Burma und es hat mir sehr gut gefallen", antworte ich. „Oh", wendet sich mir der kleinere zu. Ein großes Tattoo prangt auf seinem Oberarm und zeigt einen Affenschädel. „Seitdem hat sich hier viel verändert. Wir haben viel gelitten, aber jetzt ist es besser. Wir haben eine neue Regierung! Schön, dass du wiedergekommen bist. Wir freuen uns, wenn Ausländer nach Burma reisen und unser Land besuchen." Wir bleiben noch eine Weile gemeinsam in der Nähe der Glocke sitzen und beobachten die vorbeiziehenden Pilger. Die Worte des Mönchs haben mich beeindruckt. Seine Offenheit hat mich sehr überrascht und ich möchte herausfinden, was sich genau verändert hat.

Ko Soe steuert seinen Nissan Corona geschickt durch die Innenstadt zu seiner Wohnung. Wir passieren das koloniale Yangon mit seinen repräsentativen Bauten. Man könnte sich auch beim Anblick des Obersten Gerichtshofes und der Immanuel Baptist Church irgendwo in Manchester befinden. Ein roter Backsteinbau mit zentralem Uhrturm erinnert an das England des 19. Jahrhunderts. Die tropische Hitze zerstört solche Gedankenspiele aber schnell. Zur Zeit der Briten war Yangon eine reiche südostasiatische Handelsstadt mit internationalen Beziehungen. Was ist seitdem aus dem Zentrum im Irrawaddy-Delta geworden? Yangons Niedergang steht beispielhaft für die Situation des ganzen Landes. Eine im internationalen Vergleich unterirdische Wirtschaftsleistung sowie ein auf monumentalen Fehlentscheidungen basierendes Experiment des Sozialismus haben das Land ruiniert. 1962 löste der damalige General Ne Win nach seinem Militärputsch das Parlament auf und kündigte an, das Land „auf dem Weg des burmesischen Sozialismus" marschieren zu lassen – ein gesellschaftliches Experiment, aus dem nichts wurde. Im Gegenteil, er manövrierte das Land dem Abgrund entgegen und keiner konnte diese Entwicklung aufhalten. Heute beläuft sich das nationale Pro-Kopf-Einkommen um die 1400 US-Dollar pro Jahr – im Vergleich dazu beträgt es knapp 40 000 US-Dollar in Deutschland. Jeder dritte Burmese lebt unterhalb der Armutsgrenze und muss mit durchschnittlich einem Dollar am Tag auskommen. Ein internationales Wirtschaftsembargo verhindert fast jede Investition von außen und verbietet größtenteils den Export der schier unerschöpflichen Rohstoffe des Landes. All dies kann man an dem Zustand der Wohnhäuser in der Innenstadt und in den Vororten ablesen. Hier müsste eine ganze Stadt grundsaniert werden, aber die dafür dringend benötigte Elektrizität fehlt. Während ich diese Sätze schreibe, fällt dreimal der Strom aus und ich sitze mit einer Stirnlampe im Dunkeln vor meinem Laptop. Seit meinem letzten Besuch 2006 haben sich Yangons hässliche Wohnhäuser kaum verändert. Alleine das tropische Klima und der alljährliche Monsun haben vielerorts mehr Farbe auf den grauen Beton gezaubert. Grüne Moose und Flechten wachsen die Außenwände empor und unterbrechen die graue Monotonie. Vor den Häusern findet indessen das Leben statt. Die Gassen sind voller Menschen. Straßenverkäufer suchen potenzielle Abnehmer für ihre Waren. Busfahrer schreien nach Kunden und lassen Frauen mit vollgepackten Einkaufstüten aussteigen. Diese „people mover“ sind umgebaute japanische Kleinlaster, die zwanzig bis dreißig Menschen auf ihrer Ladefläche transportieren. Ihre Seiten sind offen und nur Eisengitter trennen die menschlichen Körper von der Straße. Einige sitzen auf dem Dach der Fahrerkabine, andere stehen auf der hinteren Stoßstange und halten sich an der Dachkonstruktion fest. Ich habe sogar Fahrgäste an den Seiten der überfüllten Kleinlaster gesehen, die mit einem Fuß Halt auf dem Radkasten fanden und diese gefährliche Mitfahrgelegenheit nutzten. Bei jeder Ampelphase sortiert sich die Belegschaft neu und danach drücken die Fahrzeuge wieder eine schwarze Wolke aus ihren metallischen Eingeweiden heraus, die dem Passanten die Sinne vernebelt. In der Innenstadt sehe ich große neue Reklameschilder, die burmesische Produkte wie Elektronikartikel oder asiatische Automarken anpreisen. Was ebenfalls sofort auffällt, sind die unendlich vielen Mönche, die ein sehr wichtiger, ja integrativer Teil der burmesischen Gesellschaft sind. Jeden Tag machen sie sich mit ihren hölzernen Aufbewahrungsgefäßen auf den Weg und nehmen Nahrungsmittel von der Bevölkerung entgegen. Fast alle laufen barfuß, mit einem fächerartigen Sonnenschutz in einer Hand durch die Straßen und halten an Geschäften oder an Marktständen an. Die Burmesen verneigen sich und überreichen ihnen Reis und andere Lebensmittel.

„Lass uns zu mir nach Hause fahren und etwas essen", sagt Ko Soe zu mir und biegt in eine Seitenstraße ab, die deutlich mehr Charme besitzt, auch wenn hier die gleichen gesichtslosen mehrstöckigen Gebäude stehen. Diese werden aber umgeben von üppiger Vegetation. Palmen stehen vor und hinter dem Wohnkomplex. Büsche wachsen zur Straße hin. Eine enge Treppe führt nach oben. Die Nachbarn haben schon ihre Türen geschlossen und überlassen uns den Flur. Ein paar Möbelstücke stehen im Treppenhaus im Weg herum. Oben unter dem Dach betreten wir Ko Soes Wohnung, dessen Wohnzimmer auch gleichzeitig der Hauptraum ist. Daran grenzen Küche und Schlafzimmer an. Ich begrüße die Familie herzlich und werde von seiner Frau So So in den Arm genommen. Seine Mutter sitzt regungslos in einem Sessel auf dem Balkon, von wo sie häufig die Aussicht in die Natur genießt. Jetzt aber dämmert sie dort vor sich hin und aus dem Augenwinkel sehe ich, wie sie im Halbschlaf das Gleichgewicht verliert und nach vorne kippt. Plötzlich ist sie wach, schaut mich verwundert an und lehnt sich wieder in den Sessel zurück. Ko Soe hat sie zu sich genommen, um sich um sie zu kümmern. Das gleiche gilt auch für ein junges Mädchen im Teenageralter aus seinem Dorf. Momo, wie er sie nennt, kommt aus armen Verhältnissen und kann von ihren Eltern nicht unterstützt werden. Sie lernt bei ihm den Haushalt führen und kümmert sich gemeinsam mit So So um die Großmutter. Später einmal soll sie für Ko Soe und seine Frau sorgen. Dafür ermöglicht er ihr jetzt ein Einkommen, Zugang zu Bildung und eine Bleibe in Yangon. Der Zusammenhalt der Familie ist von großer Bedeutung in Burma. Bilder seiner Eltern und Schwiegereltern, die an der Wohnzimmerwand hängen, zeigen die tiefe Verehrung für die Alten. In Anbetracht aller Missstände und Unwägbarkeiten rückt die Gesellschaft noch enger zusammen und hilft sich gegenseitig.

Am 3. Mai 2008 raste der Wirbelsturm „Nargis" mit über zweihundert Stundenkilometern über Burma und löste in dem unterentwickelten Land eine unvorstellbare Katastrophe aus.[3] Die anschließenden Sturmfluten spülten im Irrawaddy-Delta auf mehreren tausend Quadratkilometern ganze Dörfer aus Bambushütten in den Ozean. Die totale Vernichtung hinterließ Leichenberge, verseuchte Brunnen und völlig auf sich allein gestellte Menschen. Insgesamt waren wahrscheinlich vierundzwanzig Millionen

Menschen betroffen, zwei Millionen Überlebende verloren ihr Hab und Gut. Der Sturm richtete Schäden im Wert von zig Milliarden US-Dollar an und kostete schätzungsweise über 130 000 Menschen das Leben. Yangon selber wurde schwer getroffen. Orkanböen mit über hundert Stundenkilometer Geschwindigkeit fegten über die Hauptstadt hinweg und entwurzelten viele alte Bäume. Ganze Baumstämme flogen durch die Luft, beschädigten parkende Autos und ließen Menschen auf den Straßen schwer verletzt zurück. Passanten, Obdachlose und Orientierungslose irrten durch die Stadt auf der Suche nach Trinkwasser, Nahrung und Kleidung. „Nargis" deckte Wellblechdächer ab, löste Eisenstücke und wandelte sie in tödliche Geschosse um. „Oh, mein Gott, mein ganzes Dach wurde vom Haus gerissen und Wasser lief wie aus einer Dusche in meine Wohnung." „Was hast du dann gemacht?" „Die ganze Familie war auf den Beinen. Zuerst haben wir nachgeschaut, ob keiner verletzt war. Der Sturm wütete draußen mit unglaublicher Wucht. Man konnte ihn toben hören. Im Wohnzimmer war der Schaden am größten, sodass wir alle Elektrogeräte und Wertgegenstände in anderen Räumen in Sicherheit brachten. Unentwegt floss Wasser die Wände hinunter. Mein Wohnzimmer war eine Badewanne. Mit allem möglichen versuchten wir, das Wasser aus der Wohnung zu bekommen. Dann warteten wir, bis alles vorbei war. Oh mein Gott, wir haben die ganze Nacht gearbeitet. Wir haben uns zehn Tage lang von Instantsuppen ernährt." „Habt ihr Hilfe bekommen?" „Nein, die Nachbarn waren damit beschäftigt, nach ihren Wohnungen zu schauen. Ich habe später im Haus gefragt, ob mir jemand bei den Kosten für ein neues Dach helfen könnte, denn schließlich ist das Dach ja für das ganze Haus da, aber keiner wollte sich beteiligen. Letztendlich habe ich zehntausend US-Dollar aus eigener Tasche gezahlt, um die Reparaturarbeiten zu begleichen. „Verdammt, zehntausend Dollar sind eine Menge Geld in Burma!", antworte ich. „Ja, ich musste auch noch meine Arztkosten zahlen." „Hast du dich verletzt?", frage ich nach. Davon hatte er mir nie etwas erzählt. Nach dem Zyklon „Nargis" habe ich immer wieder versucht, ihn per E-Mail zu erreichen. Er hat mir häufig geschrieben, aber keine Verletzungen erwähnt. „Ich brach mir den linken Fuß, als ich auf das Dach kletterte, um es notdürftig zu flicken. Danach konnte ich erst einmal nicht mehr Auto fahren." Er zeigt mir die Stelle, indem er seinen Fuß unter dem Esstisch hervorschiebt und sich den Knöchel reibt. „Kannst du dich noch an die praktische Taschenlampe erinnern, die du mir 2006 geschenkt hast?" „Ja natürlich", antworte ich und denke an die zwei Situationen zurück, in denen Ko Soe im Dunkeln am Straßenrand an seinem

Motor herumschraubte und meine Lampe auf dem Kopf trug. Ich habe sie ihm dann am Ende unserer Reise dagelassen. „Sehr nützlich" sagte er damals, da er so beide Hände benutzen konnte. „Dein Geschenk ist beim Sturm kaputt gegangen. Es ist Wasser in die Lampe gelaufen und ich musste sie wegwerfen." Ko Soe zeigt mir in der Wohnung, an welchen Stellen Wasser eingedrungen war. Da der gegenüberliegende Wohnblock baugleich ist, sehe ich auf der anderen Straßenseite die dünnen Dächer aus Wellblech. Diese hatten gegen die Naturgewalt keine Chance und wurden einfach weggeblasen.

Nach einem fantastischen Abendessen und langen Gesprächen mit seiner Familie, fährt Ko Soe mich zurück in mein Hotel und verabschiedet sich. Da ich noch nicht müde bin, verlasse ich das Hotel auf eigene Faust. Ich nehme mir ein Taxi und fahre zum Kandawgyi-See, von wo aus man einen wunderbaren Blick auf die beleuchtete Shwedagon-Pagode genießen kann. Der Taxifahrer fragt mich nach meiner Herkunft. „Ah, Deutschland! Dann kennst du ja bestimmt Antonia Rados, nicht wahr?" Erst als er mir mit dem Sender RTL auf die Sprünge hilft, macht es bei mir Klick. „Ich habe sie mit meinem Taxi 2008 durch Yangon gefahren!", berichtet er stolz und reicht mir sein Referenzenheft rüber. Dies haben viele Taxifahrer im Auto, um anderen Touristen zeigen zu können, dass Gäste mit ihnen zufrieden waren. Ich lese eine Widmung von ihr, die Dankbarkeit für seine Fahrkünste und sein Geschick ausdrückt. Antonia Rados ist Auslandskorrespondentin und hat für den Privatsender während der Wirbelsturmkatastrophe aus Yangon berichtet. „Was hast du für sie getan?" frage ich. U Khin** erzählt mir, wie er sie und ihr Kamerateam zu unterschiedlichen Orten in der Stadt gefahren hat, damit sie von der Zerstörung durch den Zyklon „Nargis" berichten konnte. „Ich umfuhr viele Straßensperren des Militärs, um sie in Stadtteile zu bringen, die für ausländische Kamerateams verboten waren. An den Checkpoints kontrollierte das Militär alle Fahrzeuge nach Ausländern." Besonders schwer getroffen hatte „Nargis" das Kyanktan-Viertel in Yangon. Anstatt den Menschen dort und in allen anderen betroffenen Teilen des Landes zu helfen, lehnte die Regierung Burmas aus Angst vor einer Einmischung trotz größter Not die Hilfe ausländischer Organisationen ab. Dabei wollten diese angesichts der Katastrophe nur schnell helfen, wurden aber bei diplomatischen

** Im Folgenden sind alle Namen und Beschreibungen von Personen geändert worden, deren Geschichten oder Äußerungen politisch sensibel oder „regimefeindlich" sind oder als solche gewertet werden können.

Verhandlungen immer wieder vor den Kopf gestoßen. Mitarbeitern der Welthungerhilfe und zahlreicher Nichtregierungsorganisationen verweigerten die Generäle Burmas über Wochen die Einreise in das gebeutelte Land. US-Militärhubschrauber durften sich ebenfalls nicht an der dringend notwendigen Hilfsaktion beteiligen. Währenddessen starben Zehntausende an Seuchen oder ihren Verletzungen. Der Generalsekretär der Vereinigten Nationen Ban Ki Moon sprach von völlig unverständlichen und inakzeptabel langsamen Reaktionen auf die Naturkatastrophe. Während die Welt tatenlos zusehen musste wie Leben unsinnig geopfert wurden, hielt die Militärjunta ein Verfassungsreferendum ab, anstatt sich um Überlebende und die Koordination der Hilfsaktion zu kümmern. Laut Berichten zahlreicher Nachrichtenmagazine zählte das Militär Lebendige im Delta für die Stimmabgabe. Die Propagandamaschinerie lief auf Hochtouren und zeigte Generäle im Militärdress, wie sie zusammengetriebenen „Kameraopfern“ Reis und Trinkwasser reichten. Nach eineinhalb Wochen durften die internationalen Helfer endlich in das Land, da zwischenzeitlich das Verfassungsreferendum abgehalten wurde und die Menschen über ein knapp zweihundert Seiten mächtiges Dokument abzustimmen hatten. U Khin schaut zu mir rüber und sagt: „Ich habe die TAW-Mitarbeiter gesehen.“ „Wen?“, antworte ich. „Die TAW-Mitarbeiter aus Deutschland in blauen Anzügen.“ Jetzt dämmert es. „Ach so, die Helfer des Technischen Hilfswerks, des THW“, erwidere ich. „Ja genau die. Ich habe die Anlagen gesehen, die sauberes Wasser herstellen.“ „Wie lange bist du mit Frau Rados durch Yangon gefahren?“, möchte ich wissen. „Eine Woche lang und dafür habe ich zehntausend Dollar bekommen. Kannst du dir das vorstellen? So viel Geld!“ Ich staune. „Wahnsinn“, höre ich mich sagen. „Ich kaufte für einen großen Teil des Geldes Kleidung und Nahrung und bin nach der Abreise des Kamerateams in den Süden gefahren, um den Überlebenden zu helfen.“ Des einen Freud ist des anderen Leid. Ko Soe musste die gleiche Summe für sein Dach ausgeben. Als ich ihm die Geschichte am nächsten Tag erzähle, staunt er nicht schlecht. „Fernsehgesellschaften haben so viel Geld“, murmelt er nur knapp und startet seinen Toyota Corona. Wir brechen auf zu einem Tagesausflug in das Irrawaddy-Delta.

Die Sonne ist gnadenlos. Der gute alte Toyota läuft auch mit eingeschalteter Klimaanlage auf Hochtouren. Unser Ziel heißt Thanlyin östlich des Yangon-

Flusses, knapp eine Stunde von der Hauptstadt entfernt. Hoch steht der Reis in den Feldern. Diese hellgrünen, saftigen Teppiche sind umgeben von Myriaden kleiner Rinnsale, Bäche und mächtiger Flüsse. Ein Netz aus Wasseradern transportiert zur Regenzeit fruchtbaren Schlamm in das Flussdelta, der sich wie eine nährstoffreiche Haut auf die Reisfelder legt. Zudem bietet diese Küstenlandschaft reiche Bestände an Süß- und Salzwasserfischen. Voll beladene Boote landen ihre Fracht an den Stegen an. Geld und noch zappelnde Ware wechseln ihren Besitzer. Katzenfische, Welse, Frösche, die komischerweise fast alle auf dem Rücken liegen, Krabben und Garnelen warten in Holz- und Blechgefäßen auf den Märkten auf Kundschaft. Die Händler führen einen Krieg gegen lästige Fliegen. Fischpaste türmt sich in Schüsseln auf und kann nur mit äußerst robusten Geruchsnerven ertragen werden. Die Marktstände biegen sich unter dem üppigen Angebot. Händlerinnen lachen mich an und reichen mir Kostproben, die ich dankend ablehne. Dunkelbraun gebrannte Männer schleppen schwere Säcke zu einigen Ständen. Die Regen- und Trockenzeit diktieren den Lebensrhythmus der Menschen in dieser Wasserwelt. In diesen Alltag drang 2008 der Zyklon „Nargis" ein und veränderte das Leben der Menschen grundlegend. Die Orte Thanlyin und Kyauktan wurden am schlimmsten von der Naturkatastrophe getroffen. Der

Abt Baddanda Nandawansa in Kyauk Ye Dwin

Wirbelsturm vernichtete hier neunzig Prozent aller Gebäude und entwurzelte Palmen, die Menschen erschlugen. Eine gewaltige Wasserdecke zerstörte die Reisernte. In dem kleinen Örtchen Kyauk Ye Dwin parkt Ko Soe den Toyota vor dem „Su Taung Pyae Parahita"-Waisenheim, einem Kloster, das über fünfhundert Kinder aus vielen Landesteilen aufgenommen hat. Baddanda Nandawansa, der Abt des Klosters, begrüßt mich in seinem Zimmer. Ein kleiner Mönch mit einem Tattoo auf dem linken Oberarm sitzt in roter Mönchsrobe entspannt auf einem blauen Plüschsofa mit Garfield-Kissen. Das Zimmer des Abts gleicht einer Rumpelkammer. Neben ihm steht ein Fernseher auf dem Boden. Im Hintergrund lagern diverse Gegenstände auf einem Holzschrank. Mir gegenüber schrauben zwei Mönche an einer Kaffeemaschine herum und versuchen, einen Fehler zu beheben. Baddanda bietet mir und Ko Soe Tee an und berichtet von „Nargis". „In dieser Region stand so gut wie kein Gebäude mehr. Nur unsere Pagoden und die Kloster- und Schulgebäude aus Beton und Steinmauern haben die Verwüstung überstanden." „Wie habt ihr den Sturm erlebt?" „Es hat sich angehört wie ein unvorstellbar lautes Pfeifen und Grollen. Wir haben sofort alle Kinder in die Schulräume geholt. Dort sind die Mauern solide. Viele der Kinder hatten enorme Angst und weinten viel. Wir haben sie beruhigt so gut es ging und warteten, bis die Wucht des Sturmes nachließ." Während wir miteinander sprechen, kommt ein kleiner Junge in den Raum, läuft zu Baddanda Nandawansa und schmiegt sich an den Unterschenkel des Abtes. Wortlos hält er sich an den Füßen fest. Baddanda streichelt ihm währenddessen liebevoll den Kopf. „Was war das größte Problem?", möchte ich wissen. „Die Trinkwasserversorgung brach zusammen und wir mussten über fünfhundert Kinder mit frischem Wasser versorgen. Das war unendlich schwer, weil wir nicht genügend Wasserflaschen hatten." „Wie ging es weiter?" „Als die braune Brühe abgeflossen war, machten wir uns an die Arbeit und haben die Schäden an den Gebäuden behoben. Finanzielle Unterstützung bekamen wir aus Singapur." Neben dem Schulgebäude steht ein neuer Schlaftrakt für Mädchen, den wir uns ansehen. Von außen kann ich Doppelbetten wie in einer deutschen Jugendherberge erkennen. Kinder sitzen auf der Treppe und halten sich am Türrahmen fest. Neugierige Augen verfolgen jeden meiner Schritte. An der Außenmauer hängt ein Schild, das die großzügigen Spender nennt. Die Fertigstellung des neuen Gebäudes sowie Reparaturarbeiten an den anderen Einrichtungen der Klosterschule konnten aus einem Hilfsfond des Roten Kreuzes aus Singapur sowie durch Spendengelder der „Man Fut Tong"-Wohltätigkeitsorganisation beglichen werden. Über die Militärjunta fällt in diesem Zusammenhang während unseren Gespräches nicht ein einziges Wort. Ich bedanke mich bei Baddanda Nandawansa für seine Zeit, die er mir geopfert hat, und wir gehen zusammen zum Auto zurück. Dabei kommen wir an den Klassenräumen vorbei. An die Außenmauern der Klassenzimmer wurden bunte Fische und andere Fabelwesen gemalt. Ich betrete einen Raum und grüße über fünfzig Kinder unterschiedlichen Alters, die auf Holzbänken sitzen und Hefte vor sich liegen haben. Eine einfache Tafel hängt an einer sonst völlig nackten Wand. Für die Kleinen ist der Unterricht schon zu Ende. Draußen tobt eine Gruppe Jungs. Novizen spielen mit Waisenkindern Fußball. Wie auch bei uns verlieren sie beim Kampf um den Ball total den Überblick und müssen aufpassen, dass sie nicht den Lehrer abschießen, der nebenan bei offener Türe versucht zu unterrichten. Etwas Normalität ist zurückgekehrt. In dieser Institution geschieht Gutes. Das „Su Taung Pyae Parahita"-Waisenheim führt somit die Tradition der buddhistischen Klöster fort. „Kyaung", das burmesische Wort für „Schule", bedeutet gleichzeitig auch „Kloster" und signalisiert, dass die Verbindung zwischen Religion und Erziehung in Burma sehr stark ist. Obwohl das burmesische Volk seine Wurzeln in der Landwirtschaft hat, kann ein hoher Prozentsatz lesen und schreiben. Dies geht auf die Tradition zurück, Kinder für eine Schulausbildung in das örtliche Kloster zu schicken. Ursprünglich beschränkte sich die Ausbildung auf das Erlernen religiöser Texte. Nach und nach aber wurde das Curriculum erweitert. Da staatliche Schulen, so kann ich in der Myanmar Times am nächsten Tag nachlesen, fast ausschließlich auf Spenden und die finanzielle Unterstützung der Eltern für die Durchführung des alltäglichen Schulbetriebes angewiesen sind, stellen die 1431 registrierten Klosterschulen im Land für 215 000 Kinder eine dringend benötigte Alternative dar.

Singapur, Heimat derer, die das „Su Taung Pyae Parahita"-Waisenheim unterstützten und das Örtchen Thanlyin haben eine gemeinsame Geschichte. Ausländische Kolonialherren etablierten in beiden Orten strategische Handelshäfen. Ich lese Thant Myint Us „Der Fluss der verlorenen Fußspuren". Das Buch ist ein Abriss der Geschichte Burmas, die sich auch mit der Familienbiografie überschneidet. Thant Myint U ist der Enkel des dritten Generalsekretärs der Vereinten Nationen und wurde 1966 in New York geboren. Thant folgte seinem Onkel U Thant und wurde ein UN-Mitarbeiter. In „Der Fluss der verlorenen Fußspuren" erfahre ich, wie Thanlyin während

Die Kirche des heiligen Herzens - Kyauktan

des 16. und 17. Jahrhunderts die Ausgangsbasis für die Eroberungssehnsüchte des portugiesischen Abenteurers Filipe de Brito e Nicote wurde.[4] Zu dieser Zeit versuchte Portugal die Tür zu Asiens Schätzen zu öffnen. Dies ließ ambitionierte Abenteurer wie de Brito von neuen Reichtümern träumen. Laut Thant Myint U hatte der Mann aus Lissabon, der offiziell ein portugiesischer Handelsvertreter im Namen der Krone war, einen einfachen Schlachtplan. Entlang der Bucht von Bengalen gab es, bis auf die Ausnahme von Malakka, nicht eine einzige Handelsniederlassung der Portugiesen. De Brito hatte dies im Hinterkopf und wartete, bis die Zeit reif war. Nachdem der burmesische König Bayinnaung 1581 starb, zerfiel sein Königreich und die Burmesen verlegten die Hauptstadt weg von der Küste in das Landesinnere nach Ava, südlich von Mandalay. Diese Gelegenheit nutze Filipe de Brito sofort. Er scharte einen wilden Haufen von Europäern, Asiaten und Afrikanern um sich und baute im heutigen Thanlyin seine Machtbasis aus. Mit der Unterstützung des portugiesischen Vizekönig in Goa wurde er reich, indem er Steuern von den Handelsschiffen einnahm, die er zwang, nur in seinen Hafen in der Nähe Yangons einzulaufen. Gleichzeitig vertrieb er sich die Zeit damit, die umliegenden Dörfer auszurauben und die mächtigen Messingglocken der Pagoden einzuschmelzen, um daraus neue Kanonenkugeln herzustellen. Dies kam bei der Bevölkerung weniger gut an. Bayinnaungs Enkel Anaukpetlun, mittlerweile König des Landes, bereitete dem Treiben ein Ende. Eine mächtige Streitmacht trieb de Brito hinter seine eigenen Festungsmauern zurück. Nach einem Monat Belagerung wurde de Brito gefangen genommen und gepfählt. Nichts, bis auf die Reste einer kleinen katholischen Kirche Thanlyins, ist von seinem Vermächtnis entlang der Küste übrig geblieben.

Ko Soe fährt mich einen sachten Hügel hinauf und plötzlich stehe ich vor den Resten des Gotteshauses. Eine braune Backsteinruine aus der Mitte des 18. Jahrhunderts ist dem Verfall preisgegeben. Fünf Rundbögen und die Apsis stehen noch. Ich schaue von innen auf große Bäume, die sich den kleinen portugiesischen Friedhof zurückerobern. Überall wuchern Pflanzen die Kirchenmauern hoch und krallen sich in den Fugen fest. In der Mitte des Kirchenschiffes befindet sich ein überdachtes Grab. Ein rotes „Hip Hop"-Graffiti prangt an einer Mauer. Inschriften in Latein, Portugiesisch und Burmesisch sind auf der Grabplatte zu erkennen. „1732" und den Namen „Antonio Fernandes" lese ich laut vor. Ko Soe nickt und dreht sich um, denn mittlerweile haben wir Besuch bekommen. Zwei Wachleute einer der in der Nachbarschaft ansässigen staatlichen Erdölraffinerie stehen hinter uns und kontrollieren unsere Anwesenheit. Das Grundstück der Ölraffinerie beginnt direkt hinter den Kirchenmauern. Richtig erwünscht sind wir hier nicht. Vor allem meine Kamera erregt Aufsehen. So lassen sie uns nicht aus den Augen, bis wir in das Auto einsteigen und weiterfahren. Überall im Deltagebiet sehe ich, dass die katholische Kirche heute immer noch präsent ist. In der Nachbargemeinde Kyauktan teilen sich burmesische und tamilische Christen die „Kirche des heiligen Herzens". Mittwochs feiern die Tamilen den Gottesdienst. Am Vorabend sehe ich, wie eine Nonne in Tamilisch die Lieder auf eine schwarze Tafel schreibt. Ein kleiner Junge hilft ihr bei den Vorbereitungen. Die Szene hätte auch in Colombo spielen können, nur passt die Landschaft nicht dazu. Aber gerade die Unterschiede gefallen mir. Die Region ist immer noch reich an unterschiedlichen Kulturen und Religionen. Auf dem Weg zurück in die alte Hauptstadt begleiten uns dann wieder die goldenen Pagoden, die Burma seinen Namen geben: "Thuwunna Bomi – Goldenes Land".

KAPITEL XI: Die Dame und der Komiker

Seit meinem letzten Besuch 2006 hat sich einiges in Burma verändert. Ich tappe in die gleiche Falle, wie zahlreiche andere Touristen, obwohl ich es hätte besser wissen müssen. Ko Soe klingt, als müsse er sich für meinen dummen Fehler rechtfertigen. „In meinem Land ist alles sehr teuer geworden. Es wird immer einfacher, burmesische Kyat auszugeben und immer schwerer, Kyat zu bekommen." Was Ko Soe damit meint, sehe ich an der Preisentwicklung im Land. Vor zwei Jahren lag seine monatliche Stromrechnung bei noch lächerlichen 5000 Kyat, also knapp vier Euro. Diesen Monat musste er 35 000 Kyat dafür hinblättern. In den letzten zwei Jahren sind die Benzinpreise um fünfzig Prozent gestiegen. Im Vorhinein war es für mich sehr schwierig zu überschlagen, was Ko Soe, sein Wagen, Hotelkosten und Verpflegung für vier Wochen in Burma kosten würden. Obwohl ich alles sauber durchgerechnet hatte, fehlen mir am Ende fünfhundert US-Dollar. Da aufgrund des internationalen Wirtschaftsembargos wirklich nirgendwo im Land auch nur ein einziger Bankautomat steht, der Kreditkarten akzeptiert, müssen sämtliche Devisen in Bargeld eingeführt werden. Ein Geschäftsfreund Ko Soes leiht mir die Summe und ich verspreche ihm, später seinem Mittelsmann in Bangkok das Geld zurückzuzahlen. Ich komme also immerhin an Dollar. Früher wurden nur US-Dollar in FEC – „Foreign Exchange Certificates" umgetauscht. Man bekam also für seine harten Dollar Monopoly-Geld in die Hand gedrückt, das man im Land ausgeben musste. 2006 galt diese Praxis schon nicht mehr und ich konnte Dollar direkt auf dem Schwarzmarkt in Kyat tauschen. Bei burmesischen Banken hätte ich dreißig Prozent meines Geldes durch Gebühren und einen extrem schlechten Wechselkurs verloren. Ko Soe nahm mir damals zweihundert US-Dollar ab, fuhr in die Stadt und kam nach einer Stunde mit einer Plastiktüte voller Kyat zurück. Mittlerweile hat sich eine bemerkenswerte Entwicklung vollzogen. Seit zwei Wochen haben Ausländer die Möglichkeit, in einer offiziellen Wechselstube in Yangon Dollar und Euro in Kyat zu tauschen. Wir machen uns auf den Weg, denn auch für Ko Soe ist dies eine neue Erfahrung. In dem Gebäude haben sechs burmesische Banken ihre Filialen. Vor jeder stehen Kunden mit Banknoten in den Händen. Angestellte zählen Geldbündel und tragen Daten in lange Listen ein. Es geht chaotisch zu wie in einem Taubenschlag. Offensichtlich sind wir nicht die einzigen, die hier den Durchblick verloren haben. Ko Soe drängelt sich nach vorne und wir tauschen meine Dollar bei der „Myanma Economic Bank". Alle Banken akzeptieren nur absolut lupenreine und nicht geknickte oder angerissene Dollarnoten. Diese absurde Regel gilt für Euros nicht. Ich frage mich, wer das verstehen soll. Ausländer müssen sich mit ihrem Reisepass ausweisen und profitieren doppelt. Laut dem offiziellen Wechselkurs bekomme ich für einen US-Dollar 810 Kyat. Auf dem Schwarzmarkt liegt der Rücktauschkurs bei 780 Kyat für einen Dollar. Bei hundert Dollar könnte ich einen Profit von 3000 Kyat machen, was dem Tagelohn eines Arbeiters in Burma entspricht. Burmesen dürfen hier keine harten Devisen tauschen. Fair ist das nicht.

Nachdem wir genügend Geld gewechselt haben, sehe ich etwas für mich wirklich völlig Neues. Ich muss mir im Auto den Hals verrenken, um hinzuschauen. Überall in der Stadt lesen Menschen Zeitungen. Journale und Tageszeitungen werden an kleinen Ständen verkauft und fliegende Händler reichen einem vor roten Ampeln druckfrisch die „Myanmar Times" oder die „Popular News" („Right decisions come from wide vision") in das Auto. Das ist unglaublich, konnte doch die Bevölkerung vor kurzer Zeit ausnahmslos die Propagandazeitung „The Light of Burma" kaufen. Eine unabhängige Meinung und unzensierte ausländische Nachrichten waren nur über den Satellitenreceiver sowie über das Radio zu empfangen. Die Geräte schmuggelten Schwarzmarkthändler von China aus in das abgeschottete Land. So war es mir 2006 möglich, auf meinem Hotelzimmer BBC und CNN zu sehen. Seit den Wahlen im November 2010, der Verfassungsänderung und der Ausrufung einer Republik mit Präsident Thein Sein an der Spitze scheint ein etwas differenziertes Meinungsbild im Land erwünscht zu sein. Ko Soe kauft die „Myanmar Times" im Stau, dreht sich um und sagt: „Siehst du, jetzt haben wir eine demokratische Regierung und einen Präsidenten, der die Dinge im Land verändert. Er ist sehr schlau. Lange hat er abgewartet, bis er gewählt wurde. Nun legt er los." Ko Soe liest die Schlagzeilen, während vor ihm zwei Laster um die Vorherrschaft auf der Straße ringen. Am Flughafen dachte ich, er wollte einen bösen Witz machen, aber nun glaube ich, dass er es wirklich ernst meint. „Marcus, mein Land verändert sich. Schau hier, unser Präsident hat Zarganar freigelassen. Er ist einer von über 6000 meist politischen Gefangenen, die endlich die Gefängnisse verlassen dürfen." Ko Soe dreht sich zu mir um und klopft mit dem Finger auf das Titelbild, auf dem eine lange Menschenschlange abgebildet ist, die das berüchtigte

Myitkyina-Gefängnis verlässt. Plötzlich hupt ein Taxifahrer hinter uns. Wir haben nicht gemerkt, dass die Ampel vor uns auf Grün umgesprungen ist. Ko Soe reicht mir die Zeitung nach hinten und gibt Gas. Auf der Fahrt zur Sule-Pagode in der Innenstadt bin in die Zeitung vertieft und bekomme nichts um mich herum mit. An dem Platz vor der Pagode springe ich aus dem Auto, denn Ko Soe möchte für unsere Fahrt durch das Land noch ein paar Besorgungen erledigen. Wir wollen uns zum Abendessen treffen. Ich habe also genug Zeit, alleine die Seitenstraßen um den Mahabandoola-Garten zu erkunden. In einer kleinen Gasse bleibe ich vor einem DVD-Laden stehen und durchforste die burmesischen und chinesischen Seifenopern sowie Spielfilme, die hier angeboten werden. „Zarganar ist frei! Er wurde gestern endlich entlassen." Verwundert drehe ich mich um und sehe den jungen Ladenbesitzer vor mir stehen, wie er auf die Titelseite meiner „Myanmar Times" zeigt, die ich zusammengefaltet unter meinem Arm trage. „Er ist einer von über 6000 Häftlingen, die Amnestie erhalten haben. Ich habe gerade erst den Artikel gelesen", erwidere ich. Dieser eindrucksvolle Mann mit Brille und Mönchsfrisur genießt einen Kultstatus im Land. Zarganar ist ein Künstlername und bedeutet „der, der die Haut abzieht", was auf seine Arbeit als Satiriker abzielt. Als Regierungsgegner verpackt Ko Thura, wie er mit bürgerlichem Namen heißt, mit seinen satirischen und ironischen Witzen eine beißende Kritik an der Militärregierung. Dabei bringt er die Wahrheit ans Tageslicht, indem er wie beim Häuten einer Zwiebel die einzelnen Schalen der Lügen und Propaganda abzieht und den Kern, sprich die Wahrheit, freilegt. Immer wieder saß er für seine Äußerungen im Gefängnis in Einzelhaft, musste Folter erleiden und verlor dabei seine Zähne. Insgesamt leistete er vier Haftstrafen ab, zuletzt von 2008 bis 2011, weil er Hilfslieferungen für Opfer der verheerenden Wirbelsturmkatastrophe organisiert hatte. 2008 brachte das Militär ihn hinter Gitter, da er folgenden Witz in aller Öffentlichkeit aufführte: „Treffen sich ein Amerikaner und ein Burmese. Sagt der Amerikaner: ‚Stell dir vor, wir haben einen Bergsteiger, der ohne Beine den Everest bestiegen hat.' Antwortet der Burmese: ‚Ach das ist noch gar nichts. Wir haben eine Regierung, die seit zwanzig Jahren ohne Gehirn das Land regiert.'"

„Setz dich, ich lade dich zum Tee ein. Übrigens, ich heiße Aung Min." Der Aufforderung komme ich gerne nach. Von meinem Stuhl aus habe ich einen guten Blick auf die Straße. Mir gegenüber steht ein großer Fernseher mit

DVD-Spieler. Ein Haufen DVDs türmt sich seitlich davon auf. Der Laden ist recht dunkel. Eine einzelne Glühbirne wirft einen schwachen Lichtkegel in den Raum. An den Wänden hängen Filmposter junger burmesischer Filmstars. Daneben sehe ich das Portrait eines schön geföhnten Sprösslings einer Castingshow, der „Big Seven" genannt wird und locker und lässig auf mich herabschaut. „Wo kommst du her?" Mein Gastgeber ist mit einer großen Kanne Tee zurückgekommen. „Deutschland", antworte ich und erzähle ihm von meiner Reise. „Deutschland? Ihr habt auch gute Komiker wie Zarganar, oder?" „Einige sind hervorragend, andere..." „Kennst du Michael Mittermeier?", fällt er mir ins Wort, ohne meine Antwort abzuwarten. An den hatte ich jetzt gerade nicht gedacht, aber er ist mir ein Begriff, sodass ich nicke. „Weißt du, dass wir seinen Mut bewundern und seine Arbeit schätzen?" „Ich verstehe nicht, was du meinst", antworte ich etwas verstört. „Na, er hat hier in Yangon verdeckt eine Dokumentation über Zarganar gedreht. Wusstest du das nicht?" Ich staune nicht schlecht und bemerke, wie Aung Min in einer Ecke des Raumes eine Raubkopie des Films hervorzaubert, die Eingangstüre seines Ladens zuschließt und die DVD einlegt. Die nächsten zwanzig Minuten schaue ich mir mehr oder weniger wortlos große Teile der Dokumentation mit ihm an. Der Film wurde von Rex Bloomstein produziert und handelt von Michael Mittermeiers Reise nach Burma. Hier traf er sich im Geheimen mit Zarganar, der ihm von seiner Arbeit berichtete. Es ist befremdlich, Mittermeier mit seinem bayrischen Akzent Englisch sprechen zu hören, aber der Film geht unter die Haut, da er sehr eindrucksvoll zeigt, unter welchem menschenverachtenden Militärregime die Menschen leben mussten. Mittermeier und sein Team begeben sich während der Recherchearbeiten selbst in ernste Gefahr. Einer ihrer burmesischen Mittelsmänner muss das Land zum Schluss aus Sicherheitsgründen verlassen. Aber Zarganars Ausschnitte aus seinem Bühnenprogramm lassen den Zuschauer auch laut auflachen. Sein Wortwitz ist legendär. Hochinteressant ist, dass diese englische Dokumentation illegal in Burma zirkuliert, obwohl der Besitz höchst strafbar ist. „Woher hast du die DVD?", möchte ich wissen. „Ist ne Raubkopie, habe ich von einem Kumpel bekommen. Wir tauschen viele Filme, Musik und unzensierte Nachrichten, aber bitte rede mit niemandem darüber." Seine Offenheit überwältigt mich. Ich weiß, dass Aung Min sich in einer illegalen Schattenwelt bewegt und mir unglaubliches Vertrauen entgegenbringt. „Soll ich dir eine Kopie brennen?", fragt er zum Schluss unseres Gespräches. Da mir die Ausreise mit der illegalen DVD im Gepäck zu

Zarganar trifft Aung San Suu Kyi - Popular News - Burma

heikel ist, lehne ich ab und danke ihm sehr für die Zeit, die er sich genommen hat. Draußen auf der Straße laufe ich ziellos umher und denke nach. Was ist bemerkenswerter – die Tatsache, dass Präsident Thein Sein mit der Entscheidung, so vielen ehemaligen Regimegegnern Amnestie zu gewähren, auf direkten Konfrontationskurs zu den alten Hardlinern geht oder aber die Möglichkeit, all diese jüngsten politischen Entwicklungen in Zeitungen nachlesen zu können? Vor einem Jahr noch war jede kritische Äußerung äußerst gefährlich, jedes Gespräch über Politik in der Öffentlichkeit konnte Burmesen in ernsthafte Bedrängnis bringen und jetzt kann ich eine Zeitung auf der Straße kaufen und die Menschen informieren sich gegenseitig über die neusten Entwicklungen.

Innerhalb der nächsten vierzehn Tage sollen sich die Ereignisse überschlagen. Zarganar trifft Aung San Suu Kyi, die Ikone der Freiheitsbewegung Burmas. Sie hat ihm zu seiner Entlassung ein Buch geschenkt. Ein Foto auf der Titelseite der „Popular News“ zeigt beide an einem Fenster. Sie sprechen zu den Menschen, Zarganar mit einem Megafon in der Hand. In einem Zeitungsartikel beschreibt Zarganar den Zustand der Insassen in den Gefängnissen. Eingangs erklärt er, dass er immer die Wahrheit gesagt habe. Hat das Militärregime Menschenrechte verletzt, hat er dies stets scharf kritisiert. Nun, so Zarganar, gäbe es aber auch Positives zu berichten. So sollen sich die Haftbedingungen unter der neuen Regierung gebessert haben. Wurden Gefangene früher rücksichtslos gefoltert und grundlos umgebracht, so würden sie jetzt einige Rechte genießen. Er berichtet, wie Insassen Radio hören und auch Pflanzen in ihren Zellen züchten dürfen. Er selber möchte sich dafür einsetzen, dass seine inhaftierten Leidensgenossen mehr Bücher lesen können und dass Bibliotheken in den Gefängnissen eingerichtet werden, sodass diese Menschen mehr Zugang zu Bildung und vor allem mehr Abwechslung bekommen. Und all dies sagt ein Mann, der mehrmals von der alten Militärjunta hinter Gitter gebracht wurde, weil er politisch anders dachte. Noch in der gleichen Woche läd die „Clinton Foundation" Zarganar in die USA ein. Er selber würde gerne seine Frau und Kinder dort wieder sehen und an einem Seminar für Öffentlichkeitsarbeit teilnehmen, wartet aber noch auf einen Reisepass, denn sein alter Pass wurde ihm weggenommen. Der Mann nimmt richtig Fahrt auf! Einen Tag später druckt die „Myanmar Times" ein ausführliches Interview mit Zarganar und befragt ihn zu seinen zukünftigen Ambitionen. Der Komiker antwortet, dass er seine Kunst immer mit politischen Aktivitäten verknüpft habe. Im Gefängnis kam er zu der Erkenntnis, dass sich wenige Menschen mit der Politik beschäftigen, weil dies immer noch ein sensibles Feld sei. Mit seinem künstlerischen Schaffen demonstrierte er für ein Mehrparteiensystem. Heute gäbe es nun ein parlamentarisches System, aber das Land sei noch weit entfernt von echter Demokratie. „Wir müssen die andere Hälfte des Glases füllen, um echte Demokratie zu bekommen. Momentan übt in unserem Parlament nur eine Partei starken Einfluss aus", so Zarganar. Deshalb wolle er sich mehr auf politische Aktivitäten konzentrieren, als auf seine Kunst.

Kann es wirklich sein, dass politisches Tauwetter in Burma hereinzieht? Über zwei Jahrzehnte regierte das Militär das Land mit eiserner Hand. Die neurotischen Generäle um den Vorsitzenden Than Shwe versuchten unzensierte Nachrichten und Informationen mit aller Macht zu verhindern. Die Staatspropaganda dominierte die Medien. Wie müssen sich die ehemaligen Machthaber jetzt fühlen, nachdem Wahlen, die sie inszeniert haben, einen – so wie es scheint – gemäßigteren Präsidenten an die Spitze des Landes befördert haben, der in kürzester Zeit einige Zeichen setzt, die Burma schrittweise aus der internationalen Isolation führen könnten? Was geht wirklich hinter den Kulissen vor? Kämpfen Ewiggestrige mit der neuen

Regierung um Privilegien und Zugeständnisse oder werden Kompromisse ausgehandelt, damit diese nicht dazwischenfunken? Wie ernst es der neuen Regierung wirklich ist, bleibt vorerst abzuwarten. Es ist jedoch zu erkennen, dass die Friedensnobelpreisträgerin Aung San Suu Kyi eine zentrale Rolle spielen könnte. Sollte sich die Geschichte wiederholen? Könnte sich Aung San Suu Kyis langer und unermüdlicher Kampf für Demokratie und Freiheit letztendlich auszahlen? Besteht die Hoffnung, dass sie vollendet, was ihr Vater, General Aung San, begonnen hat?

Aung San wuchs als jüngster von sechs Kindern einer einfachen Familie im Dorf Natmauk im Trockengürtel Burmas auf.[1] Seine Tochter Aung San Suu Kyi beschreibt ihn als einen rauen Landburschen, der sich an seinem schmutzigen Aussehen nicht störte. Der Junge ging auf eine Dorfschule und begann mit achtzehn Jahren sein Studium an der Universität in Yangon, wo – so seine Tochter – sein Äußeres nicht so recht zu den schick gekleideten Studenten der Universität passte. Er interessierte sich früh für politische Reden und Debatten seiner Zeit und entwickelte in Yangon eine Leidenschaft für die Politik. Durch sein Charisma und seine Überzeugungskraft gewann er an Ansehen innerhalb der Studentenszene, die ihn schnell zum Studentenführer wählte. 1938 wurde er Präsident der „Yangon University Student‘s Union“ und wenig später Generalsekretär der „Dohbama Asi-agone“, der „Wir sind Burmesen“-Organisation. Aung San Suu Kyi nennt als Grund für seine damalige Beliebtheit seine Ehrlichkeit und Hingabe für die Armen. Sie schreibt, dass seine Ausstrahlung und Anziehungskraft nicht so sehr Extremisten beeindruckte, sondern die große Mehrheit der gewöhnlichen Bürger, die ein Leben in Frieden und Wohlstand unter einem Führer leben wollten, dem sie vertrauen konnten. Noch heute sehe ich überall in Häusern und Restaurants Bilder von ihm. Selbst in einem kleinen Kloster mit acht Novizen im Shan-Staat hängt ein berühmtes Schwarzweißbild an einem hölzernen Pfeiler im Gebetsraum. Alte Kyat-Geldscheine mit einem Bild von ihm haben heute Sammlerwert und werden auf den Märkten für sehr viel Geld gehandelt. Er selber nannte Abraham Lincoln und den mexikanischen Führer der Nationalisten, Benito Juárez, als seine politischen Helden. Laut Aung San Suu Kyi war er ein einfacher Mann mit einem einfachen Ziel – er wollte für die Unabhängigkeit des Landes kämpfen. Zu diesem Zweck gründete er 1941 die „Burma Independence Army“ (BIA) und ging zu Beginn des Zweiten Weltkriegs mit den Japanern eine Allianz ein. Er und seine „Dreißig Weggefährten“ erhielten in Japan ein Guerillatraining und kamen verkleidet als chinesische Seeleute nach Burma zurück. Mit Hilfe der Japaner sollte die verhasste britische Kolonialmacht aus Burma vertrieben werden. Japan wollte Burma im Gegenzug Unabhängigkeit garantieren. Aung San schreibt 1940: „Ich hatte einen großen Plan, eine landesweite massenhafte Widerstandsbewegung gegen den britischen Imperialismus von gewaltigem Ausmaß.“ Aber schnell erkannte er, dass die Japaner anderes im Sinn hatten. „Ich ging nach Japan, um meine Leute zu retten, die unter den Briten wie Ochsen kämpfen mussten. Aber jetzt werden sie wie Hunde behandelt.“ Die Armeeführung unter General Aung San nahm zu diesem Zweck Kontakt zu den Engländern auf und kämpfte gemeinsam in der „Operation Chindit“ gegen die japanischen Besatzer, die über 200 000 Todesopfer zu beklagen hatten und sich danach aus Burma zurückziehen mussten. Das Land bekam seine vollständige Unabhängigkeit am 04. Januar 1948 zurück. Aung San sollte dies nicht miterleben können. Er erlag ein halbes Jahr zuvor einem Attentat, inszeniert von einem politischen Widersacher. Bis heute gilt er als der große Nationalheld der Burmesen und wird über das gesamte gesellschaftliche Spektrum, inklusive des Militärs, sehr verehrt. Als ihr Vater starb, war Aung San Suu Kyi zwei Jahre alt und konnte damals noch nicht wissen, dass die Familiengeschichte fortgeschrieben werden sollte.

Die Friedensnobelpreisträgerin ist 2010 entlassen worden. Fünfzehn der letzten einundzwanzig Jahre verbrachte sie als Oppositionelle unter Hausarrest, weil sie den mächtigen Generälen immer wieder die Stirn bot. Kurz vor meiner Ankunft in Yangon traf sie sich mit Staatspräsident Thein Sein zu einem Vieraugengespräch und betonte danach, dass sie sehr zufrieden über die jüngsten politischen Entwicklungen sei. Als ich 2006 das erste Mal nach Burma reiste, waren Veröffentlichungen von Bildern der „Lady“ in Burmas Medienlandschaft strikt verboten. Mittlerweile sind Tabus gebrochen worden und Suu Kyis Fotos werden auf den Titelblättern abgedruckt. Burmesen verschlingen ihre Kommentare und die Zeitungen berichten jeden Tag von ihr. An ihrem Geburtstag ruft sie das Volk auf, sich an die Gesetze zu halten und zusammenzuarbeiten. Es geht Schlag auf Schlag. Die 66-Jährige gönnt sich keine Atempause. Sie trifft sich mit weiteren Ministern der Regierung. Immer wieder artikuliert sie ihren Wunsch zur Zusammenarbeit, um eine Versöhnung des Landes zu erreichen. Suu Kyi diskutiert dabei Wege der Demokratisierung und die Zeitungen hängen ihr an den Lippen. Als Tochter des Mannes, der als „Vater der Nation“ gilt, so sagt sie, war es ihr unmöglich, sich nicht mit der Politik des Landes auseinanderzusetzen. „Seit meiner Kindheit war ich an der Geschichte der Unabhängigkeitsbewegung und an der sozialen sowie politischen Entwicklung Burmas sehr interessiert“, schreibt sie 1988 in einer Publikation mit dem Titel „Glaube an die Zukunft Burmas“.[2] Ihre Mutter Daw Khin Kyi arbeitete in den fünfziger Jahren für die Regierung U Nus in Yangon und vermittelte ihr früh die enorme Bedeutung ihres Vaters für das Land. Aung Sans Protégé U Nu ernannte als Premierminister des Landes Daw Khin Kyi zur burmesischen Botschafterin in Indien. Die Zeit in Neu Delhi wurde für Aung San Suu Kyi zu einer reichen, intensiven Erfahrung. Beziehungen zur britischen Oberschicht ermöglichten ihr ein Studium an der Universität in Oxford. Nach ihrem erfolgreichen Abschluss zog sie nach New York und arbeitete als Mitarbeiterin für die Vereinten Nationen. 1985 ging sie nach Tokyo und verfolgte die Spuren ihres Vaters zurück. Erst als sie älter wurde und Material über das Leben ihres Vaters zu sammeln begann, lernte sie ihn wirklich kennen und verstand, wie viel er in seinen zweiunddreißig Jahren erreicht hatte. „Ich empfand nicht nur eine tiefe Bewunderung für ihn als Patrioten und Staatsmann, sondern ich entdeckte auch viele Gemeinsamkeiten in unseren Einstellungen“, schreibt sie. Ihrer Meinung nach ist diese Verbindung verantwortlich für ihren unermüdlichen Einsatz zum Wohle des burmesischen Volkes. Kurz nach ihrer Rückkehr aus Japan erfuhr sie von dem Schlaganfall ihrer Mutter, ließ ihren Mann Michael Aris und ihre drei Söhne in London zurück und flog mit der nächsten Maschine nach Yangon. Kurz darauf, während ihrer Anwesenheit in Burma, brach die inkompetente und arrogante Militärregierung Ne Wins in sich zusammen. Ne Win hatte sich 1962 an die Macht geputscht und verfolgte den „burmesischen Weg des Sozialismus“, der das Land ruinierte, bis die Menschen 1988 auf die Straße gingen und massenhaft demonstrierten. Das Militär schlug brutal zurück und tötete mehr Bürger, als ein Jahr später auf dem Platz des Himmlischen Friedens in China starben. Aung San Suu Kyi nahm sofort ihr politisches Erbe entgegen und wurde zur Speerspitze der Opposition. Auf die Frage, ob die Unabhängigkeitsbewegung Erfolg haben werde, antwortete sie damals mit einem unmissverständlichen „Ja“. Kurz schien es, als sollte sie recht behalten. Völlig unerwartet wurden Wahlen ausgerufen, sie wurde Sprecherin der neu gegründeten Oppositionspartei „National League for Democracy“ (NLD) und erzielte zu aller Überraschung der Militärs eine haushohe Mehrheit. Obwohl die NLD Gewinner der Wahl war, ignorierten die Generäle das Wahlergebnis, verhafteten Schlüsselfiguren der Partei und nahmen Aung San Suu Kyi fest. Es folgten zwanzig Jahre Militärdiktatur, wovon Suu Kyi fünfzehn unter Hausarrest verbrachte.

Ihr Mut und ihr Durchhaltevermögen sind außergewöhnlich. Was treibt diese Frau an? Sie hätte jederzeit ins Exil gehen können, aber genau diesen Gefallen hat sie der Militärjunta nie getan. Stattdessen hat sie ihre Familie für Burma geopfert. Ihre drei Söhne sind größtenteils ohne ihre Mutter aufgewachsen und ihr schwerkranker Mann starb in ihrer Abwesenheit. Eine Antwort auf diese Frage gibt sie selber. Für Aung San Suu Kyi bedeutet wahre Demokratie „politisch involviert und gewillt sein, Opfer zu erbringen". Damit definiert sie ihre Rolle in Burma und ihr Verhältnis zum burmesischen Volk sowie letztendlich auch ihren Willen, die Aufgabe ihres Vaters, quasi sein Vermächtnis, zu Ende zu bringen. Bisher hat sie sich nicht von ihrem Weg abbringen lassen.

Am nächsten Morgen brechen Ko Soe und ich zu einer dreiwöchigen Rundreise durch Burma auf. Ich möchte sehen, was sich seit meinem letzten Besuch verändert hat. In Yangon habe ich eine vorsichtige Euphorie, definitiv aber eine Aufbruchsstimmung verspürt. „Marcus, du wirst es sehen. Mein Land verändert sich!", mit diesen Worten knüppelt Ko Soe den ersten Gang rein und der Toyota Corona schießt Richtung Norden.

KAPITEL XII: Bayinnaungs Vermächtnis

Fruchtbares Land beiderseits der Straße, Siedlungen dahinter. Sonnenschirme schützen Kinder vor der tropischen Sonne auf dem Schulweg zurück nach Hause. Die Dorfbewohner verkaufen Waren auf den Märkten, an denen wir vorbei rauschen. Etwas außerhalb von Yangon erinnert das Taukkyan-Kriegsdenkmal an ein dunkles Kapitel der Weltgeschichte. Hier ruhen 27 000 Gefallene, die ihr Leben für „Britisch-Burma" während des Zweiten Weltkrieges gaben. Ein zentraler Säulenkreis in einem Meer von Gräbern britischer Soldaten erinnert in drei Sprachen an gefallene Engländer, Inder und nepalesische Gurkhas. Die Inschriften der Grabplatten lassen einen stumm werden, erinnern aber auch an imperialistisches Gedankengut: „H. L. Ward – The York and Lancaster Regiment – Aged 26 – In loving memory. A corner of a foreign field that is forever England." Ein paar Kilometer weiter überragen Kokosnusspalmen Holzhäuser, deren Fronten große Werbeplakate zeigen. Vom Kaffeemix über Shampoo bis zum Myanmar-Bier wird hier alles beworben. PS-Monster, beladen mit Teakholz, rollen langsam auf uns zu und schnaufen schwarze Abgase in die Luft. Der Straßenrand wird zum Küchentisch. Hier und da trocknet frisch geschnittenes Gras auf dem Asphalt. An anderen Stellen liegen Reiskörner oder Chilis in der Sonne. Wir müssen immer wieder abbremsen, weil Wasserbüffel sich plötzlich entscheiden könnten, die Straße mitzubenutzen. Eine Abzweigung führt zum „Yenan Island Golf Course". Hier zeigt sich der Sozialismus von seiner wahren Seite. Während Armeeoffiziere in weißen Handschuhen die Schläger schwingen, pflügen Bauern mit ihren Ochsengespannen nebenan den Acker um. Auf der Straße sieht man in den offenen Kleinlastern lachende Gesichter. Oft schauen Menschen in Ko Soes Wagen und winken mir zu. Neu sind die sauberen und bunten Tankstellen im Land, die wie Pilze aus dem Boden sprießen. Ko Soe verzweifelt an mir, da ich auch nach dem zwanzigsten Anlauf die Privatisierung des Benzinmarktes nicht ganz durchblicke. Noch vor zwei Jahren war alles so einfach: Jeder Bürger bekam alle zwei Tage zwei Gallonen (9 Liter) Benzin. Der Erhalt wurde im blauen Büchlein der „Myanmar Petroleum Trade Association" akkurat mit Stempel eingetragen. „Zwei Gallonen und kein Foto", war damals unser Motto, da regierungseigene Tankstellen militärisches Sperrgebiet sind und nicht fotografiert werden dürfen. Zwei Gallonen reichten nie, sodass wir den Tank um die Ecke auf dem Schwarzmarkt füllten.

Häufig begann das illegale Terrain auf der Rückseite der offiziellen Zapfsäule. „Russensprit ist billig, aber auch dreckig", sagte Ko Soe und meinte damit den hohen Anteil an Staubpartikeln im Benzin, das die Militärjunta aus Russland bezieht. 2006 blieb unser Wagen prompt zwischen Bagan und Yangon im Nirgendwo stehen und er musste den Benzinfilter wechseln. Heute kann man zusätzlich sogenanntes „Oktan" kaufen, so viel man will, nur ist der viel reinere Kraftstoff aus Malaysia oder Thailand fast doppelt so teuer. Mich verwirren die Tankstellen. Einige haben nur „Russensprit", andere nur „Oktan" und dritte wiederum beides. Manche haben eine Lizenz, andere nicht, können aber trotzdem Treibstoff verkaufen. Eine weitere Tankstelle lässt uns abblitzen, da der billige „Russensprit" in Fässer umgefüllt und zu einem höheren Preis auf dem Schwarzmarkt verkauft wird. Einfach, oder? Endlich erreichen wir Bago. Die ehrwürdige Shwemawdaw-Pagode kündigt sich von weitem mit ihrer goldenen Verkleidung an. Sie hat seit ihrer Erbauung viel überstehen müssen. Erdbeben haben ihr immer wieder schwer zugesetzt, zuletzt 1930. Schon im Jahr der Entdeckung Amerikas durch Christoph Columbus blies ihr ein Orkan die Krone vom Leib.

„Möchtest du etwas über die Geschichte Burmas hören? Es kommen nicht viele Touristen hierher. Wenn du Lust hast, erzähle ich dir etwas über den Palast. In Ordnung?" „Gerne", antworte ich und bleibe bei Yin Mon stehen, die hinter einem kleinen Holzpult kauert und Papierkram erledigt. Sie sitzt am äußersten Ende einer riesigen Halle des Kanbawzathadi-Palastes und stellt mir ein Ticket aus. Wir kommen ins Gespräch und sie erzählt mir von König Dhammazedi, der die zerstrittenen Mon-Völker vereinte und den Königssitz im 15. Jahrhundert nach Bago verlegte. „Gab es unter ihm nicht die ersten Kontakte mit europäischen Kaufleuten?" „Stimmt", antwortet sie. „Der Italiener Niccolò di Conti reiste auf den Spuren der Timuriden über Land nach Südostasien und erreichte Bago. Zuvor hatte er sich intensiv über den Gold- und Gewürzhandel informiert und folgte dem Edelmetall in unser Land. 1569 folgten ihm die Landsleute Caezer Frederick und Ralph Fytch." Von di Conti hatte ich gehört, da er als erster Europäer nach Marco Polo über den Seeweg von China nach Europa zurückreiste. „Dhammazedi hat aber nicht diesen Königspalast erbaut, oder?" „Nein, das war König Bayinnaung. Er weitete die Landesgrenzen aus, indem er die kleinen Mon- und Shanreiche eroberte und das zweite burmesische Königreich nach dem Fall von Bagan im 13. Jahrhundert schuf", antwortet Yin Mon. „Er ist für uns sehr wichtig und wird nach wie vor verehrt, weil er die vielen Völker in unserem Land einte und ein Imperium schuf, dass sich bis in das heutige Thailand erstreckte." „So viel ich weiß, hat er auch Ayutthaya erobert, was nördlich von Bangkok liegt", schieße ich dazwischen. „Viel wichtiger war jedoch, dass Bayinnaung einen Vielvölkerstaat klug regierte und somit seine Macht konsolidierte. Seine Minister gehörten unterschiedlichen Ethnien an und er verlangte den lokalen Herrschern in den Shan- und Mongebieten Solidarität ab. Sein Volk lebte in Frieden und Wohlstand." „Also ein Aung San des 16. Jahrhunderts." „Das kann man so sagen. Nur überwog bei Aung San das politische Kalkül und nicht der Griff zu den Waffen. Beide gaben uns Burmesen eine Identität." Ich möchte Yin Mon nicht länger von ihrer Arbeit abhalten, danke ihr und schaue mich ein wenig um. Draußen hupt Ko Soe. Es geht weiter. Er drückt etwas auf die Tube, da wir heute noch Mawlamyine im Mon-Staat erreichen wollen.

Während ich im Auto sitze und die Landschaft an mir vorbei rauscht, wird mir bewusst, dass die Geschichte des Landes zyklisch ist. Burma hat früher wie heute keine Kontrolle über alle Landesteile. Zahlreiche Regionen waren nicht gewillt, sich von der Militärjunta regieren zu lassen und streben nach wie vor nach Unabhängigkeit oder mehr Autonomie. Was König Bayinnaung mit militärischer Stärke und Aung Sang mit politischem Fingerspitzengefühl zu erreichen versuchten, ist unvollendet geblieben. Nach 1948 verlangten die Mon Selbstbestimmung im Staat, die ihnen von der U Nu-Regierung nicht gewährt wurde. Die Karen, auch Kayin genannt, sind im gleichnamigen Nachbarstaat die einzige ethnische Gruppe, die nie ein Friedensabkommen mit irgendeiner Regierung unterzeichnet hat. Sie sind auch innerhalb ihrer Volksgruppe sehr heterogen. Untergruppen existieren nebeneinander in den Grenzbergen zu Thailand. Dieser Umstand macht es fast unmöglich, sich auf eine politische Linie zu einigen. Als einzigen gemeinsamen Nenner haben die Karen den Wunsch, relativ unabhängig zu bleiben. Ko Soe berichtet mir, dass die Karen nicht von den Burmesen regiert werden wollten. Sporadische Kämpfe zwischen der „Karen National Liberation Army" (KNLA) und den Regierungstruppen treten nach wie vor auf. Auch im Norden Burmas leisten Rebellen der Kachin- und Shan-Minderheiten weiterhin bewaffneten Widerstand. Den Machthabern in Naypyidaw werfen viele Rebellenführer eine „Politik der verbrannten Erde" vor. Thant Myint U reiste schon Anfang der neunziger Jahre in die Kachingebiete und sprach mit Rekruten der „Kachin Independence Army“ (KIA) über ihre Motive, sich an kämpferischen Auseinandersetzungen zu beteiligen.[1] Nicht unrealistischer Nationalismus, sondern einfach der Wunsch, die Lebensbedingungen der Kachin zu verbessern, war die Antwort der zukünftigen Kämpfer. Kaum Bildungschancen, miserable hygienische Zustände und Perspektivlosigkeit in den Dörfern ließen sie für mehr Gerechtigkeit die Waffen in die Hand nehmen. Seit der Unabhängigkeit von den Briten haben die Machthaber immer wieder die drohende Desintegration des Staates als Rechtfertigung für das Eingreifen des Militärs genannt – so auch heute. Schon ein Jahr vor den Parlamentswahlen wurde das „Border Guard Force Programm“ (BGF) ins Leben gerufen. Das burmesische Militär, offiziell als „Tatmadaw“ bekannt, verspricht sich von dieser Maßnahme mehr Kontrolle über Rohstoffe und Widerstandskämpfer in den Rebellengebieten entlang der Grenzen. Das Programm sieht eine Umwandlung von bewaffneten Rebelleneinheiten in die „Border Guard Force“ vor, die der Regierung von Präsident Thein Sein unterstellt ist. Gemeinsame Bataillone aus Rebellen und burmesischen Armeeeinheiten sollen die Grenzen kontrollieren. Anstatt eine politische Lösung über Verhandlungen und Zuständigkeiten zu suchen, stellte die

Straßenbau in Burma

burmesische Militärführung den ethnischen Minderheiten ein Ultimatum für die Umwandlung. Die großen Rebellenarmeen, wie die „United Wa State Army" (UWSA) und die KIA, verweigerten die Kooperation. In der Folgezeit kollabierten Waffenstillstandsabkommen der Karen, Shan, Mon und Kachin mit der Regierung. Seitdem ist eine Eskalation der Gewalt zu sehen. Das burmesische Militär führt Krieg gegen zahlreiche Rebellenarmeen in mehreren Staaten. Schwere Menschenrechtsverletzungen sind die Folge. Schätzungsweise 112 000 Menschen flüchteten alleine 2011 aus ihren Dörfern in andere Gebiete oder über die Grenze nach Thailand.

Östlich von Bago beginnt der Mon-Staat. Völlig überladene Reistransporter ächzen auf der Straße unter ihrer Last. Wasserbüffel baden in Gräben und Bachläufen oder werden von Kindern nach Hause getrieben. In der späten Nachmittagssonne glüht die Algenschicht auf der Wasseroberfläche kleinerer Tümpel neongrün. Im Schlamm suhlt sich eine fette Sau und wälzt sich genüsslich von links nach rechts. Ein Bauer drischt auf widerspenstige Ochsen ein, die den hölzernen Flug nicht über den Acker ziehen wollen. Vor einem Kloster verabschiedet das Lehrpersonal die Kinder in den schulfreien Nachmittag. Hand in Hand ziehen die Kleinen mit ihren Henkelmännchen die Straße hinauf. Die Kulisse wechselt von idyllisch zu unangenehm. Zuerst schaue ich Dorfbewohnern am Straßenrand zu, wie sie auf dem Asphalt hockend Fische ausnehmen und deren Köpfe abtrennen. Ein großer Haufen Augen schaut in alle Himmelsrichtungen. Die Blicke sind leer. Die Menschen singen bei ihrer Arbeit und Kinder toben im Wassergraben. Einige Kilometer weiter tauchen dann plötzlich die roten Fahnen auf. Sie signalisieren den Autofahrern, dass die kommenden Streckenabschnitte unter der Kontrolle der Regierungstruppen stehen und Mon-Rebellen aus diesem Gebiet vertrieben wurden. Die Soldaten der Regierung haben sich hier tief eingegraben. Wir passieren mehrere Checkpoints, hinterlassen Kopien meines Reisepasses und sehen Soldaten mit Maschinengewehren, wie sie hinter Sandsackbarrieren strategisch wichtige Brücken bewachen. Kurz vor Mawlamyine kommt uns auf den Gleisen neben der Straße ein Zug entgegen. Ein leerer Eisenwagen vor der Lok schützt den Triebwagen vor einem möglichen Bombenanschlag, indem er zuerst in die Luft fliegen würde.

Die Mon bleiben bis heute eine unterdrückte, aber ungebrochene Minorität, die immer wieder gegen die Machthaber des Landes und für mehr Selbstbestimmung kämpften. 1974 wurde ihnen partielle Autonomie garantiert, aber einzelne Einheiten der „Nationalen Befreiungsarmee der Mon“ (MNLA) befinden sich weiterhin in einem Guerillakampf. Trotz eines fragilen Waffenstillstandes ereignen sich vereinzelte Übergriffe. Es geht nicht nur um Unabhängigkeit, sondern auch um die Kontrolle über die Rohstoffe. Im Mon-Staat befinden sich die größten Kautschukplantagen Burmas. Kautschuk wird in diesem Land, das seit Jahren international isoliert ist, eine immense wirtschaftliche Bedeutung beigemessen. Zwischen den Plantagen sehe ich immer wieder Arbeitslager und Gefängnisse. Schilder an der Straße weisen darauf hin. Häftlinge verrichten im Schatten der Kautschukbäume ihre Zwangsarbeit und ich beobachte, wie sie nach getaner Arbeit in Kolonnen durch die Baumreihen zurück zu ihren Baracken marschieren. Stacheldrahtzäune stoppen Unerwünschte. Dahinter verschlingt der dichte Urwald den Blick auf irgendetwas.

In einem kleinen Restaurant an der Straße hängt ein Bild an der Wand, diesmal von Aung San Suu Kyi selber. Vor einem Jahr wäre der Eigentümer sofort abgeführt worden. Jetzt ist die Friedensnobelpreisträgerin salonfähig geworden. Sie ist momentan, so scheint es, die einzige Symbolfigur im Land, die die unterschiedlichen Interessengruppen zum gemeinsamen Dialog an einen Tisch bringen könnte. Damit die Aussöhnung des Landes Erfolg haben kann, ist es notwendig, dass alle ethnischen Minderheiten zusammenarbeiten. Nur durch die Bündelung aller Kräfte im Land kann ein Fortschritt erzielt werden. Die ungelöste Minderheitenfrage steht dabei ganz oben auf der politischen Tagesordnung. So knüpft die „Lady“ da an, wo sie vor knapp zwanzig Jahren gestoppt wurde. Im April 1989 besuchte sie Myitkyina im Staat der Kachin und warb vor einer Pagode in der Stadt für mehr Solidarität unter den einzelnen Minoritäten.[2] Sie sprach davon, dass eine „Union“, also ein einheitliches Burma, nur dann möglich sei, wenn alle Bürger für ihre eigenen Bedürfnisse, aber auch für die Belange anderer einstünden und gewillt seien, etwas zu opfern. Dieser Opfergedanke zieht sich wie ein roter Faden durch viele weitere Reden und Artikel. Zur Verdeutlichung erwähnte sie in der Rede ihre Mutter, die ihr früh einen Gemeinschaftssinn vorlebte. Im Haushalt lebte die Familie immer mit Menschen aus unterschiedlichen Kulturen zusammen. Dies prägte sie von Kindheit an – Toleranz und Kooperation haben für sie höchste Priorität. Ihrer Meinung nach kann der Aufbau einer Nation auch nur dann gelingen, wenn alle Bevölkerungsgruppen des Landes Sympathie und Verständnis füreinander aufbringen. „Wenn wir Demokratie haben wollen, müssen wir Mut zeigen. Mit Mut meine ich aber nicht, dass neue Probleme geschaffen werden“, rief sie damals der Menschenmenge entgegen und kritisierte damit indirekt den andauernden bewaffneten Widerstand sowie zusätzliche Forderungen einzelner Gruppen. Zudem geißelte die Friedensnobelpreisträgerin damals schon diejenigen, die Wirtschaftsinteressen mehr Bedeutung zukommen ließen, als der Politik. Auch hier müssten Opfer gebracht werden, so Suu Kyi, die sich an die Kachin wandte, die ihre politische Ideologie überdenken und mehr Kompromissbereitschaft zeigen sollten. „Die Einstellung ‚Ich bin ein Kachin, ich bin ein Burmese, ich bin ein Shan‘ muss im Kampf um mehr Demokratie und politische Rechte aufgegeben werden“, so Suu Kyi 1989. Des Weiteren erinnerte sie an den Erfolg ihres Vaters und gab den Menschen mit auf den Weg, dass die Unabhängigkeit 1948 nur durch die Einheit der verschiedenen Nationalitäten erzielt wurde.

Heute hat sich am Status Quo kaum etwas geändert, nur ist die Ausgangssituation komplizierter geworden.[3] Insgesamt muss festgestellt werden, dass der Aufbau einer Nation von den einzelnen Minderheiten torpediert wird, da diese sich eine multiethnische Gemeinschaft überhaupt nicht vorstellen können. So wird das burmesische Staatskonzept von den ethnischen Gruppen in Burma dahingehend interpretiert, dass Mitglieder außerhalb der eigenen ethnischen Gemeinschaft nicht zur Nation gehören. Ein hochrangiger Führer der Karen schrieb mir, dass es für alle „Nicht-Burmesen“ ein Affront sei, als solche bezeichnet zu werden: „Ich bin ein Kare. Ich gehöre dem Volk der Karen an.“ Diese Einstellung ist darüber hinaus ein erhebliches Hindernis für die Entstehung eines gesamtburmesischen Nationalbewusstseins, für die Schaffung einer nationalen Identität und letztendlich für die Akzeptanz einer gemeinsamen Landesregierung. Welche Gründe gibt es dafür? Erstens mussten die Bürger über vierzig Jahre lang miterleben, dass Machthaber das Land für ihre eigenen politischen Träume ausbeuteten. Nach dem militärischen Staatsstreich des Diktators Ne Win war in den sechziger Jahren schon abzusehen, dass der „burmesische Weg zum Sozialismus“ aus der „Reisschüssel Südostasiens“ eines der ärmsten Länder der Welt machte. Um von seiner verfehlten Wirtschaftspolitik abzulenken, führte er Krieg gegen die Untergrundbewegung und ethnischen Minderheiten im Land. Zweitens sahen die Burmesen zu, wie die korrupten Generäle, allen voran Than Shwe, sich zügellos bereicherten. Ein General der „Karen National Liberation Army“ (KNLA), der anonym bleiben möchte, erklärt mir, dass die Ursache für die Zerstrittenheit der ethnischen Minderheiten leider auch in der Kolonialpolitik der Briten zu sehen ist. „Die Engländer regierten Burma mit der ‚Teile-und-herrsche-Taktik‘. Die burmesische Regierung geht nun nach dem gleichen Prinzip vor. Solange die Konfiszierung von Ländereien und schamlose Bereicherung an den Ressourcen auf dem Gebiet der ethnischen Minderheiten weitergehen, kann es keinen Frieden und keine Versöhnung geben.“ Ein Betreiber eines Internetcafés erzählte mir, dass Than Shwes verhasster Enkel im Volk als „Diamantenäffchen“ bekannt sei. Schnell bediente er die Tastatur. Zwei, drei Klicks und die Zensur war umgangen. Über den amerikanischen PROXY-Server surfte er ohne Angst vor den Behörden im Internet und zeigte mir auf der Homepage der „Burma Campaign UK“ ein zehnminütiges Hochzeitsvideo der Tochter des ehemaligen Machthabers. Die Geschenke alleine sollen einen Wert von 50 Millionen US-Dollar gehabt haben. Über die Jahre hin hat die Familie zum Neujahrsfest von burmesischen Wirtschaftsunternehmen großzügige Spenden entgegengenommen. 2006 belief sich die Summe auf umgerechnet infame 600 Millionen Euro. Gleichzeitig mangelt es dem Volk an allem. Dementsprechend haben drittens die unterschiedlichen Minderheiten im Land im gleichen Zeitraum gelernt, dass diejenigen zur Minderheit zu zählen sind, die Zugang zu Macht und Reichtum haben und Macht ausüben können. Sie selber aber gehören der einflusslosen, abhängigen und armen Mehrheit im Land an. Interessanterweise hat jedoch dieser gemeinsame Umstand nicht dazu beigetragen, dass eine einheitliche Demokratiebewegung oder stärkerer Widerstand entstanden sind. Die einzigen, die einheitlich für das gesamte Volk auf die Straße gingen und die Missstände anprangerten, waren die Mönche im Jahr 2007 während der „Safran-Revolution“.

Heute vereint Aung San Suu Kyi die Wünsche und Sehnsüchte vieler Menschen in ihrer Person. „Sie hat eine sehr gute Ausbildung und hat Einfluss. Mit ihrer Beteiligung an der Regierung wird sich das Land entwickeln. Warte ab!“, sagt ein Zeitungsverkäufer in gebrochenem Englisch morgens vor meinem Hotel, als er mir die „Myanmar Times“ in die Hand drückt. Ich lese, wie sich Suu Kyi und die Führung der „National League for Democracy“ (NLD), der führenden Oppositionspartei im Land, mit Vertretern der Minderheiten zu Gesprächen trafen. Diese Runde diskutierte Aspekte der internen Verwaltung der Minderheitengebiete. Des Weiteren erörtert sie in regelmäßigen Gesprächen mit U Aung Kyi, dem Minister für Arbeit und Soziales, Themen aus Politik und Wirtschaft. Beide Seiten beteuern, dass es dabei keine Tabus gebe. Reformanstrengungen, Verhandlungen mit den bewaffneten ethnischen Gruppen sowie die Freilassung weiterer politischer Gefangener sind Gegenstand der Gespräche. Kritiker werfen ihr vor, dass sie das politische Erbe ihres Vaters antreten möchte, aber nicht ausreichend politischen Handlungsspielraum zur Verfügung hat. So wirbt sie zwar mit der Neuauflage einer weiteren „Panglong-Konferenz" bei den diversen Volksgruppen um Vertrauen, diese aber suchen zunehmend ihr Heil in radikaleren Lösungen. 1947 einigten sich Vertreter der Shan, Kachin und Chin mit ihrem Vater als Führer einer Übergangsregierung bei der ersten „Panglong-Konferenz" im Grundsatz auf das schnelle Erreichen der Unabhängigkeit sowie auf die Ausrufung einer „Union" mit gleichen Rechten für alle ethnischen Minderheiten. Ob eine neue Generation von Rebellenführern an eine zweite Auflage des Treffens glaubt, muss die Zeit zeigen. Wie dem auch sei, Aung San Suu Kyi ist in aller Munde und die politischen Entwicklungen verbreiten sich wie ein Lauffeuer im Land. Beeindruckend ist, wie optimistisch die Menschen die kleinen Veränderungen kommentieren. Das Prinzip Hoffnung überwiegt bei vielen, obwohl die Geschichte eigentlich Anlass zum Pessimismus gibt.

Mawlamyine, auch „Moulmein" genannt, an der Mündung des Thanlwin-Flusses ist ein verträumtes Nest an der Martabanküste. Das tropische Klima lässt das Herz der wichtigsten Handelsstadt im Mon-Staat langsam schlagen. Rudyard Kipling, der drei Tage hier wohnte, verewigte die Stadt in seinem Gedicht „Mandalay": „By the old Moulmein pagoda – Lookin' lazy at the sea – There's a Burma girl a-settin' – and I know she thinks o' me."[4] Er beschreibt mit diesen Zeilen die Kyaikthanlan-Pagode auf dem Bergrücken vor der Stadt, von wo aus ich eines Abends einen traumhaften Sonnenuntergang miterleben darf. Ein Mönch auf einer Bank neben mir scheint den Ausblick gewöhnt zu sein. Er ist in einen Roman vertieft. Kipling ärgert sich später über sein Interesse an der Burmesin, in die er sich Hals über Kopf auf den ersten Stufen der Treppe verliebte. Hätte er doch besser den Ausblick auf den mächtigen Thanlwin-Fluss genossen, der beim Hafen in die Andamanensee mündet. Das Mündungsdelta ist geschichtsträchtig. Hier endete eine uralte Karawanenroute, die mindestens seit dem 15. Jahrhundert existierte. Chinesische Muslime aus Yunnan handelten mit kostbaren Tropenhölzern, feiner Seide, Tee und Opium zwischen China und dem indischen Ozean. Im Gegenzug gelangten Elfenbein, Tabak, Baumwolle, Betelnüsse, Gold und Kupfer auf Pferderücken zu den lokalen Märkten Yunnans. Die Händler nutzen die Route über Chiang Mai im heutigen Thailand als Abkürzung für den schnellen Transport von Rohstoffen an die Küste Burmas. Der Einsatz dieser Lasttiere geht auf eine alte Tradition zurück, die die chinesischen Händler von den Mongolen übernommen hatten, die Yunnan im 13. Jahrhundert überfielen. Neben den „wundersamen Transporttieren" nannten die Thailänder die Ausländer aus dem Norden „Jeen Hor" – gallopierende Chinesen.

Die einzige Hektik in Mawlamyine verbreiten wahnsinnige Motorradfahrer. „Sehr gefährlich, sehr gefährlich. Ich habe Angst vor den Motorrädern!", ruft mir Ko Soe am Steuer seines Wagens zu. Die Zweiräder sorgen für Anarchie auf der Straße. Er hat deswegen Angst, weil ein sinnloses Gesetz der Regierung bei Verkehrsunfällen mit Motorrädern grundsätzlich dem Autofahrer die Schuld gibt. „Ich musste schon einmal für den Schaden aufkommen und war unschuldig. Was sollte ich denn machen? So ist das Gesetz hier!" Während er vor mir stöhnt und schimpft, krame ich meinen Reiseführer raus. Seit der britischen Kolonialzeit hat sich in Mawlamyine an der Küste von Tenasserim kaum etwas verändert, so mein Buch. Einige alte Kolonialhäuser rotten vor sich hin. Erhalten wird nur, was die geschäftstüchtige indische Minderheit billig erwirbt, restauriert und teuer verkauft. Ich lese die Passage laut vor. „Stimmt das?" „Leider ja. Die Inder sind cleverer und tüchtiger als wir Burmesen. Schau nur, wie schön die alten Holzhäuser renoviert wurden", höre ich Ko Soe sagen. Die Ansiedlung der indischen Minderheit erfolgte nach 1820, als Burma ein Teil des indischen Imperiums wurde. Mitte der fünfziger Jahre des 19. Jahrhunderts erhielt der prosperierende Handelsplatz den Rang der ersten Hauptstadt der Kolonie „Britisch-Burma". Viele der großen Kautschukplantagen, die ich gesehen habe, wurden von britischen Landwirten angelegt und bis zur Unabhängigkeit des Landes bewirtschaftet. Auf den Märkten der Stadt sehe ich heute noch den Reichtum des Landes. Die drittgrößte Stadt Burmas ist für ihre Tropenfrüchte und erstklassige Küche bekannt. Aung San Suu Kyi zitiert in ihrem Artikel „My Country and People" ein altes burmesisches Sprichwort, dass die Vorzüge Mawlamyines zum Ausdruck bringt: „Mawlamyine für's Essen, Mandalay für's Reden und Rangun für's Prahlen."[5]

Der englische Schriftsteller George Orwell machte die Stadt zum Schauplatz des Geschehens in seiner berühmten Kurzgeschichte „Einen Elefanten erschießen" aus dem Jahr 1936.[6] Orwell wurde in Indien geboren, wuchs in England auf und arbeitete als „Assistant Superintendent" der britischen „Imperial Police" ab 1921 für fünf Jahre in Mawlamyine. Die Abneigung des sozialkritischen Schriftstellers gegenüber repressiven und totalitären Regimen entwickelte Orwell sicherlich während seiner Zeit in Burma. Er sah sich gefangen zwischen der Verpflichtung, die Politik der britischen Kolonialmacht, mit der er nicht sympathisierte, umzusetzen und der Verachtung der burmesischen Bevölkerung, die er für sein Handeln erntete. Orwell schreibt, wie er von einer großen Menge an Menschen im Land gehasst wurde. Diese Konfliktsituation setzt er literarisch um. Ein Polizeioffizier muss in der Kurzgeschichte einen Elefanten töten, der einen Kuli zu Tode getrampelt hat. Als Repräsentant des Britischen Empires vertritt er die staatliche Ordnung. Die Erwartungshaltung der Menschenmenge und der Druck, nicht als Feigling zu gelten, lassen ihn widerwillig schießen. Der Elefant stirbt qualvoll und der Protagonist der Geschichte wendet sich voller Grauen und Hass ab. George Orwell selber verließ Burma mit der Erkenntnis, dass der Imperialismus letztendlich sowohl die Kolonialherren als auch die Eroberten zerstört.

Ein Mahnmal des Imperialismus ist der Kriegsgräberfriedhof von Thanbyuzayat im Süden des Mon-Staates. Graham, ein Australier mit Wohnsitz in Tasmanien, ist auf der Suche nach dem Grab eines Familienangehörigen. „Mein Onkel war ein Kriegsgefangener der Japaner und starb bei der Konstruktion des ‚Death Railways'. Er liegt mit über dreitausend gefallenen Soldaten auf dem Friedhof", sagt er zu mir. Während der japanischen Besatzung Burmas im Zweiten Weltkrieg war die Konstruktion einer Eisenbahnverbindung zwischen Burma und Thailand ein strategisches Ziel. Sie sollte als Transportlinie dienen und die Truppen an der Front mit Nachschub versorgen. Japanische Ingenieure prognostizierten eine Bauzeit von fünf Jahren. „Wusstest du, dass über hunderttausend Menschen unter erbärmlichen Bedingungen verheizt wurden? Sechzehntausend Kriegsgefangene und über achtzigtausend Asiaten starben an Erschöpfung, Malaria und Cholera. Statt in fünf Jahren haben die das Ding in nur sechzehn Monaten gebaut! Mein Onkel hat sein Leben dafür gegeben." Die Brücke liegt auf thailändischem Staatsgebiet in der Nähe der Stadt Kanchanaburi. Am Ende des Krieges diente sie den Japanern als Fluchtweg vor den Alliierten, die sie nur zweiundzwanzig Monate nach ihrer Vollendung bombardierten. Sie ist bekannt geworden durch den Film „Die Brücke am Kwai". Während Graham und ich auf der Dachterrasse unseres Hotels einen Kaffee miteinander trinken, zeige ich ihm Bilder von Grabinschriften. Zwei Inschriften bewegen ihn besonders. Während er sie liest, fährt er sich mit den Fingern durch den dicken weißen Bart. L. James – 19. August 1943 – 29 Jahre alt: „Deep in our hearts your memory is kept, we smile with the world but we never forget." und A. E. Trott – ebenfalls 19. August 1943 – 38 Jahre alt: „To the world only one, to me all the world. Good night, darling."

Hier im Südosten Burmas an der Grenze zu Thailand sind beide Länder politisch und wirtschaftlich eng miteinander verbunden. Der thailändische König Rama I gründete Kanchanaburi jenseits der burmesischen Grenze als erste Verteidigungslinie gegen Aggressionen aus dem „Land der goldenen Pagoden". Die Stadt liegt an einer alten Invasionsroute über den „Drei-Pagoden-Pass". Wenige Jahre vor seiner Machtergreifung marschierte hier eine burmesische Streitmacht durch und legte die Hauptstadt des

Flussüberquerung im Mon-Staat

Königreiches von Ayutthaya Mitte des 18. Jahrhunderts in Schutt und Asche. Die Burmesen verwüsteten die umliegende Landschaft vollständig. Von diesem vernichtenden Schlag sollte sich Ayutthaya nie wieder erholen und einige Thailänder nehmen ihre Nachbarn im Westen teilweise heute noch als unbarmherzige Barbaren wahr. Das Ereignis war derart einschneidend, dass wieder einmal der königliche Sitz verlegte wurde – diesmal nach Bangkok. Nach wie vor kommen Menschen aus Burma über diese alte Verbindungsstraße nach Thailand – nicht aber als Besatzer, sondern als Vertriebene und Wanderarbeiter. Die erste große Flüchtlingswelle schwappte Mitte der achtziger Jahre über die Grenze, als burmesische Regierungstruppen in die Mon- und Kayinstaaten eindrangen und dort Militärbasen errichteten. Schwere Menschenrechtsverletzungen, die Unterdrückung der Demokratiebewegung sowie weitere politische Verfolgung ließen über 500 000 Menschen die Flucht ergreifen.[7] Das Flüchtlingskommissariat der Vereinten Nationen schätzt, dass über 120 000 Burmesen in neun Flüchtlingslagern entlang der Grenze leben. Die Dunkelziffer ist noch höher. Vertriebene, die nicht Opfer direkter Kampfhandlungen sind, sondern Zwangsumsiedlungen oder Naturkatastrophen erdulden mussten und ihr Hab und Gut verloren haben, werden nicht als internationale Flüchtlinge angesehen und tauchen dementsprechend nicht in der Statistik auf. Viele fristen als Gast- oder Wanderarbeiter in Thailand ihr Dasein. Oft fehlt ihnen dabei die Registrierung durch die Behörden, sodass sie sich hinsichtlich ihres rechtlichen Status in einer Grauzone bewegen. Diese Menschen laufen Gefahr, durch skrupellose Arbeitgeber ausgebeutet zu werden und müssen ihre Abschiebung nach Burma fürchten. Dabei leben große Teile der Mon und Karen in erbärmlichen Verhältnissen in der Region Sangkhlaburi, unweit des „Drei-Pagoden-Passes“ und schuften für umgerechnet zweieinhalb Euro am Tag im Baugewerbe, in der Fischindustrie und der Landwirtschaft. Die thailändischen Behörden dulden schätzungsweise zwei Millionen Menschen als extrem billige Arbeitskräfte. Während ich den Süden Burmas bereise, spitzt sich auf thailändischem Staatsgebiet die Lage der Flüchtlinge zu. Grund ist eine der schlimmsten Flutkatastrophen der letzten fünfzig Jahre. Für den Umgang mit den Flüchtlingen wird Bangkok international scharf kritisiert. Laut thailändischem Gesetz ist es Arbeitsmigranten verboten, die Zone, in der sie registriert sind, zu verlassen. Dies bedeutete, dass tausende Menschen in der Grenzregion vor der Wahl standen, entweder in ihren überschwemmten

Gebieten auszuharren, oder zu riskieren, dass sie verhaftet und an Burma ausgeliefert werden.

Ko Soe und ich machen einen Abstecher in die traumhafte Landschaft des Kayin-Staates und rücken näher an die thailändische Grenze heran. Karstformationen brechen aus den Reisfeldern hervor. Selbst ihre schroffen Spitzen sind mit dichter Urwaldvegetation bewachsen. Sagenhafte Höhlensysteme mit Buddhastatuen zeugen von einer jahrhundertealten Besiedlungsgeschichte. Sechs Tage sehe ich keinen anderen Ausländer, dafür nimmt die Anzahl der Checkpoints wieder zu. Bewaffnete Soldaten gehören zum Straßenbild dazu. „Wir hatten hier früher noch viel mehr Kontrollpunkte. Korrupte Soldaten haben den Menschen das Geld aus der Tasche gezogen. Nun hat die Regierung viele abgeschafft. Oh mein Gott, mein Land verändert sich!“, murmelt Ko Soe vor sich hin. Er kann es selber nicht fassen und er kennt die Region gut. 1985 hat er in Hpa'an, der Hauptstadt des Staates, studiert und bei seinem Bruder gewohnt, der im örtlichen Krankenhaus arbeitete. Plötzlich wird der Wagen langsamer. „Schau nur, in diesem Holzhaus habe ich damals gelebt.“ Wir sind in eine kleine Straße eingebogen und halten vor einem schmalen Grundstück mit einfachem Haus, das in die Jahre gekommen ist. „Im hinteren Zimmer habe ich bei Kerzenlicht gelernt“, sagt er und wendet sich schwermütig ab. Seine ehemaligen Nachbarn haben uns zum Mittagessen eingeladen. Die Umarmung ist herzlich. Wir sitzen gemeinsam am großen Küchentisch und Bekannte im Haus nebenan machen durch das offene Fenster mit ihrem Handy Bilder von mir. Offensichtlich kommen nicht allzu viele Ausländer in ihr Viertel.

Östlich von Hpa'an in der Grenzregion zu Thailand ist Ausländern die Einreise verboten. Die Gebiete, die ich bereisen darf, zeigen mir ein sehr heterogenes Bild. Ärmliche Siedlungen mit windschiefen Bambushütten wechseln sich mit Dörfern ab, in denen die vielen neu gebauten Holzhäuser einen scharfen Kontrast darstellen. Dies irritiert mich. „Wieso geht es einigen Menschen hier besser?“, frage ich verwundert nach. „Die Konflikte der Karen mit der Regierung um Kautschuk und Landrechte sind um Hpa'an beigelegt worden. Gleichzeitig haben sich die diplomatischen Beziehungen zu Thailand verbessert“, erklärt Ko Soe. „Wurden die Grenzformalitäten erleichtert?“ „Ja“, antwortet er. „Es dauert zwar immer noch sehr lange, aber mehr und mehr

Menschen bekommen einen Reisepass und eine Arbeitserlaubnis ausgestellt. Thailand braucht billige Arbeitskräfte und wir brauchen Arbeit."

Armeeeinheiten auf der Straße deuten auf bestehende bewaffnete Auseinandersetzungen zwischen den Rebellen und der Regierung hin. Auch die Karen-Minderheit kämpft gegen die Regierung in Naypyidaw, die ihre Truppenpräsenz im Kayin-Staat verstärkt. Durch die anhaltende „Burmifizierung" der Karengebiete kann es ihrer Meinung nach keinen Frieden mit Naypyidaw geben. Die Karen wollen sich nicht an der von der Zentralregierung kommandierten „Border Guard Force" beteiligen und leisten bewaffneten Widerstand. Laut der oppositionellen „Karen National Union" (KNU), der politischen Plattform der Karen-Minderheit, sind 20 000 Menschen vor Übergriffen der Regierungstruppen geflüchtet. Und wieder ist die Rede von Vergewaltigung, Zwangsarbeit und der Verwendung von Kindern als menschliche Schutzschilde. Kaum etwas davon ist zu überprüfen. Unabhängige Berichte gibt es nicht, da der Großteil des Kayin-Staates für Ausländer unzugänglich ist. Die Überwachung ist hier schärfer als anderswo und zum Schluss erlebe ich dies am eigenen Leib: Plötzlich steht ein Herr in Zivil vor mir. Ein Funksprechgerät baumelt an seinem „Longyi". „Bitte reichen Sie mir ihren Pass!", werde ich aufgefordert, obwohl ich an mehreren Checkpoints Kopien meines Visums sowie meines Reisepasses hinterlegt habe. Sauber notiert sich der Mann meine Daten auf einem Notizblock und auch Ko Soe muss sich ausweisen. Ich tippe auf Sicherheitsdienst oder Polizei – von meinem Freund bekomme ich keine Antwort. „Warum werde ich kontrolliert?", frage ich nach. Ko Soe übersetzt: „Wenn du von Rebellen nach Thailand verschleppt wirst, wissen die Behörden, wo du dich zuletzt in Burma aufgehalten hast." Ohne mich anzusehen, steckt der Mann seinen Notizblock wieder ein und reicht mir meinen Pass zurück. „Zu ihrer Sicherheit!" Was für ein Blödsinn, denke ich, sage aber weiter nichts. Der Staat überwacht Ausländer nach wie vor penibel. In Mandalay erfahre ich später von einem Hotelbesitzer, dass insbesondere Amerikaner und Briten im Visier der Sicherheitsorgane stehen. Nach abgeschlossener Kontrolle macht sich der Herr doch noch nützlich und geleitet uns mit seinem Motorrad zu einem sehr guten Restaurant. Wir halten und er winkt uns von weitem freundlich. Schon ist er um die nächste Straßenecke verschwunden. „Das kann einem nur in Burma passieren!", platzt es aus mir heraus und Ko Soe nickt energisch. „Was für eine absurde Situation!" Nach einem köstlichen Mittagessen brechen wir auf und fahren in die burmesische Hauptstadt. Naypyidaw war bei meinem ersten Besuch 2006 noch eine gigantische Baustelle und für Ausländer eine No-go-Area. Nun möchte ich selber sehen, wie die Schaltzentrale der Macht aussieht, von der die Veränderungen im Land ausgehen.

Man stelle sich eine Autobahn vor, auf der keiner fährt. Für manch einen wäre das zu schön, um wahr zu sein. Diese Wunschvorstellung ist in Burma Realität geworden und heißt im Volksmund „Yangon-Mandalay-Superhighway". Dieser Euphemismus ist eine knapp sechshundert Kilometer lange Panzerstraße, die Yangon mit der Hauptstadt Naypyidaw und dem nördlichen Mandalay verbindet. Das Volk durfte 2010 die Eröffnung beklatschen, wird aber größtenteils von der Autobahn verbannt. Es gibt ein Fahrverbot für Lastwagen und Motorräder sowie eine heftige Maut von 2500 Kyat pro Personenwagen. Zwanzig Minuten Fahrt und ich zähle neun Autos, darunter drei mit Motorschaden am Seitenstreifen. Das wirtschaftliche Potential wird überhaupt nicht ausgeschöpft. Aus Angst vor kollabierenden, altersschwachen Lastern, so die offizielle Begründung, findet der Frachtverkehr immer noch auf der bröseligen Landstraße statt – im Schneckentempo, zusammen mit Kühen, Ochsenkarren oder in der Gemeinschaft von mehr oder minder fahrtüchtigen Maschinen. In anderen Ländern dienen Infrastrukturprojekte der Wirtschafts- sowie Regionalentwicklung, hier erlauben sie Regierungsmitgliedern, Wohlhabenden und den Militärs die schnelle Heimkehr aus der langweiligen Hauptstadt in das vibrierende Yangon. Bei Straßenkilometer 109 müssen wir scharf bremsen. Eine Herde Wasserbüffel überquert die Fahrbahn. Auf dem Mittelstreifen tragen zwei Frauen Bambuskörbe mit Nahrungsmitteln und ein Radfahrer kommt uns gemächlich mit einer Spitzhacke über der Schulter entgegen – wohlgemerkt auf unserer Fahrbahn!

„Welcome to Naypyidaw" werden wir an der Abfahrt nach insgesamt 322 Kilometern begrüßt. Nach der Konsultation von Astrologen und eventuell auch aus Furcht vor einem Einmarsch fremder Truppen im Süden verlegte der damalige Oberbefehlshaber der Streitkräfte Than Shwe 2005 den Regierungssitz in das Zentrum des Landes auf die trockene Pyinmana-Ebene. Than Shwe folgte dabei einer alten Tradition der burmesischen Könige, äußerst kostspielig neue Hauptstädte im Land zu gründen. Selbst die sonst so treuen Chinesen schüttelten bei dieser Entscheidung nur die Köpfe.

Das erste Mal treffe ich auf ein burmesisches Suburbia. So wie in Margaret Atwoods dystopischen Roman „Der Report der Magd“ die Farbe der Kleidung Macht, Unterdrückung und Privilegien symbolisiert, gibt der Farbkodex in Naypyidaw Auskunft über das Arbeitsverhältnis.[8] Ein Kastensystem, erschaffen durch Architektur und Farben. Mitarbeiter des Gesundheitsministeriums wohnen in Gebäuden mit blauen Dächern und Bedienstete des Landwirtschaftsministeriums haben grüne Dächer auf ihren Häusern. Beamte beziehen Wohnungen, die ihnen nach Rang und Ehestatus zugeteilt werden. Tagelöhner, Gastarbeiter und Umgesiedelte hausen am Stadtrand in einfachen Bambus- oder Holzhütten, die Generäle hingegen residieren in den benachbarten Hügeln hinter hohen Mauern und umgeben von riesigen Parkanlagen. Die Orientierung ist schwierig. Weder sind Straßennamen zu finden noch kann man Stadtkarten erwerben. Ich erlebe eine in Beton und Asphalt umgesetzte Andersartigkeit, die System hat. Hier möchte man nicht gefunden werden und auch nicht dazugehören. Selbst auf einer völlig leeren Straße müssen wir anhalten, weil Regierungsmitglieder, flankiert von einem Polizeikonvoi mit Blaulicht, an uns vorbeirauschen. „Kein Hund, kein Schwein und keine Autos! Dafür aber viele Lampen“ bringt ein Restaurantmitarbeiter die Situation auf den Punkt. Abends spielen Jugendliche Fußball auf einem Stück Straße, hell erleuchtet wie eine Landebahn. Die Tore sind auf dem Mittelstreifen abgesteckt. Zweckentfremdung eines extravaganten Wahnsinns. Während das Land nach Elektrizität schreit und Yangon ständig mit Stromausfällen zu kämpfen hat, leistet sich der „Sitz der Götter“ eine fast schon unverschämte Stromvergeudung. Allein der Stromverbrauch des Einkaufszentrums „CAPITAL Hypermall“ könnte in Yangon einen ganzen Stadtteil versorgen. In der Eingangshalle hämmert mir burmesische Popmusik entgegen. Im „Tasmarina Fast Food Restaurant“ nehmen westlich getrimmte Kellnerinnen mit kurzen schwarzen Röcken die Bestellung auf. Die Verkäuferinnen der Boutiquen „Pretty Girl“ und „Gag‘s Corner“ warten auf Kundschaft und überprüfen kritisch ihre Fingernägel. Im ersten Stock finde ich in einem Konsumtempel eine Buchhandlung. Ein einsames englisches Buch von Randy Charles Epping mit dem Titel „The 21st Century Economy“ erinnert an uneingelöste Regierungsversprechen. Unter internationalen Markennamen wie „Pierre Cardin“ hängen importierte chinesische Billiganzüge aus Ballonseide.

Konsum kann das Leben nur bis zu einem gewissen Grad versüßen. Sogar für zahlreiche Regierungsmitglieder und deren Familien ist die Hauptstadt so unattraktiv, dass sie am Wochenende das Weite suchen. Was sollten sie hier auch unternehmen? Unter „Sehenswürdigkeiten" schlägt mir mein Reiseführer den „Nationalen Kräutergraten" vor. Wie aufregend! Mittlerweile können Touristen die Uppasanti-Pagode, eine Kopie der Shwedagon-Pagode, bestaunen. Wer aber das Original kennt, will die Kopie nicht sehen. Naypyidaw kann mit Brasilia verglichen werden. Die von Oskar Niemeyer geplante brasilianische Hauptstadt ist auch nur mit dem Auto „bewohnbar". Eine lebendige Innenstadt gibt es nicht, nur Weite auf einem ariden Plateau. Was bleibt also nach vierundzwanzig Stunden Aufenthalt bei mir hängen? Nicht viel, außer der Erkenntnis, dass nirgendwo sonst im Land die Unterschiede zwischen Regierungsmitgliedern und der einfachen Bevölkerung gravierender sind, als in Naypyidaw. Die Hauptstadt scheint völlig losgelöst vom Rest Burmas zu existieren. Naypyidaw ist ein extravaganter Irrsinn, der auf Kosten des Landes erbaut wurde. Nicht die Stadt selber, aber das Gedankengut dahinter ist ein gewaltiges Hindernis für die Versöhnung des Landes. Ko Soe und ich kehren der Hauptstadt den Rücken zu und fahren in die Shan-Berge. Es gibt Gerüchte, dass die Regierung an Friedensverhandlungen mit den Shanrebellen interessiert sei und erste Sondierungsgespräche stattgefunden hätten. Gleichzeitig soll es erneute Konflikte mit regierungstreuen Truppen in den für Ausländer nicht zugänglichen östlichen Gebieten des Shan-Staates gegeben haben. Ich möchte mir selber ein Bild machen.

KAPITEL XIII: Im wilden Shan-Staat

Die jungen Anwärter der Offiziersschule hat es meiner Meinung nach in Kalaw deutlich besser getroffen, als ihre Vorgesetzten in Naypyidaw. Das burmesische Militär orientiert sich an den Vorlieben der britischen Kolonialherren, die diese „Hill Station“ im Shan-Staat gründeten. In den heißen Sommermonaten zog sich die britische Elite in die kühlen Berge zurück. Das gemäßigte Klima auf tausend Meter Höhe über dem Meeresspiegel ist auch heute noch angenehmer als die tropische Hitze. Kein Wunder also, dass ausgerechnet hier Kadetten ausgebildet werden. Sie gehören zum Straßenbild dazu. Überall parken militäreigene Toyota Land Cruiser und KIA Pick-ups – alle frisch gewaschen. Es ist nicht ein Staubkörnchen auf der Motorhaube zu erkennen. Soldaten laufen in ihren Uniformen über den Markt und kaufen ein. Am Wochenende spielen sie außerhalb des Örtchens Golf.

Wenige Straßen vom Zentrum entfernt gleicht das Hochland einer Landschaft in der Toskana im Spätsommer. Mein Führer U Soe Thein nimmt mich mit durch eine malerische Landschaft. Mit ihm möchte ich fünfundachtzig Kilometer durch die Bergwelt des Shan-Staates zum berühmten Inle-See wandern. Pinienartige Nadelbäume wechseln sich mit Reisterrassen ab. Bauern ernten Orangen auf ihren Feldern. Mit archaischen Ochsengespannen transportieren sie die Ware zu den Straßen, von wo sie auf Laster verladen wird. Die Menschen sind ausgelassen und feiern, da der Verkauf der Ernte Geld in die Kassen spült. Einige werden am Abend zu lange in der Gaststätte bleiben und zu viel trinken, sodass das Ochsengespann am nächsten Tag eigenständig den Heimweg finden muss. Die Palaung bilden die dominierende Minderheit in dieser Region des Shan-Staates. Menschen mit dicken bunten Stofftüchern um die Köpfe durchstreifen mit ihren Vieherden das Land. Die Feldarbeit findet völlig ohne motorisierte Unterstützung statt. Männer tragen schwere Schneidewerkzeuge und Sonnenschirme aus Bambusholz am Gürtel ihrer weit geschnittenen Stoffhosen. U Soe Thein selber ist hier in den Bergen aufgewachsen, kennt die Trampelpfade wie seine Westentasche und bringt mir die Kultur der Menschen näher. „Die Palaung mischen sich kaum mit anderen ethnischen Gruppen. Sie heiraten früh, so mit fünfzehn oder sechzehn, und verwenden ihre eigene Sprache. Burmesisch wird nur auf den

Märkten gesprochen.“ „Warum kapseln sie sich derart ab?“ „Weil sie Angst vor der Assimilierung haben und ihre Bevölkerung vergrößern wollen“, antwortet U Soe. „So sind zahlreiche Bräuche erhalten geblieben. Früher waren die Palaung Opiumbauern, heute kultivieren sie Tee und braunen Reis. Opium wird nur noch vereinzelt angebaut.“ Das Land ist fruchtbar, aber die Arbeit und das Leben sind hart und eintönig. Die Brandrodung bietet nur wenige Jahre eine gute Ernte. Frauen befreien die Felder mühsam vom Unkraut. Jede Art von Komfort muss sich schwer erkämpft werden. Die Regenzeit zerstört immer wieder die Trampelpfade, sodass Männer mit Hacken und Schaufeln die tiefen Spurrillen beseitigen müssen. Die erste Nacht wohne ich im Haus einer Bauernfamilie. Es gibt keine Elektrizität. Ich esse ein großartiges Mahl im Lichtkegel meiner Stirnlampe. Gewaschen wird sich im Trog hinter dem Haus. Abends schaut eine dicke Spinne von der Decke auf meinen Schlafsack. Die Sonne wird von der Dunkelheit um halb sechs hinter die Berge gescheucht. Im Nachbarhaus singen kleine Kinder das ABC auf Englisch. Am nächsten Morgen umgibt mich dichter Nebel und es ist kalt. Im Laufe des Morgens kämpft sich dann die Sonne durch die Nebelglocke. Von den umliegenden Bergrücken schaue ich auf einen weißen Teppich, der die Dörfer in den Niederungen bedeckt. Gesang ist zu hören. Junge Feldarbeiter der Pa-Oh-

Pa-Oh Frau auf dem Markt in Kalaw

Minderheit, der zweitgrößten ethnischen Gruppe im Shan-Staat, verlassen ihre Häuser und machen sich auf zur Arbeit. An diesem Tag treffe ich den britischen Journalisten Mark Stratton, mit dem ich gemeinsam Richtung Inle-See laufe. Mark ist Reiseschriftsteller und arbeitet freiberuflich für die englischen Zeitungen „The Guardian", „The Times" und „The Independent". Momentan schreibt er einen Reisebericht über Burma für das „National Geographic Traveller Magazine". Sein burmesischer Begleiter ist sehr offen und geht das Risiko ein, einen britischen Journalisten durch das Land zu führen. Abends trinken wir zu dritt ein Bier in einem kleinen Pa-Oh-Dorf. Ich erzähle ihm von meiner Reiseroute durch Zentralasien nach Südostasien. „Turkmenistan ist wahrscheinlich der interessanteste ‚Stan' von allen", sagt er und nippt an seiner Flasche. „Mhm, in Tibet bist du auch gewesen! Ich mag Lhasa nicht. Die Behörden haben mir für zehn Jahre verboten, nach China einzureisen. Ich habe zwei Reisepässe und mit keinem bekomme ich ein Visum." „Warum lassen Sie dich nicht rein?" „Vor ein paar Jahren war ich Zeuge eines Brandanschlages auf das Shigatse-Kloster. Du bist auch dort gewesen, nicht wahr?" Ich nicke und warte, bis er weitererzählt. „Nun, die Polizei hat mich abgeführt und in meinem Hotelzimmer festgesetzt, als ich darüber berichtet habe. Zwei Wachen saßen die ganze Nacht vor meiner Tür. Am nächsten Morgen steckten sie mich in einen Bus und schoben mich nach Pakistan ab. Da wollte ich eh hin! Seit der Veröffentlichung meines Berichtes stehe ich auf der schwarzen Liste. Hier in Burma bin ich offiziell als Feuerwehrmann registriert." Ist auch besser so, denke ich. Zwei Tage zuvor traf ich Mark in Kalaw in einem kleinen Internetcafé und bekam mit, wie er seinem Gegenüber etwas zu laut erklärte, dass er Journalist sei. Daraufhin zeigte der Mann ihm schwarze Stellen auf seinen Beinen, die ich nicht richtig erkennen konnte. Nun spreche ich ihn darauf an. „Das waren Foltermale, die ihm mit glühenden Eisenstäben zugefügt wurden. Der Kerl saß lange Zeit im Gefängnis und wurde übel zugerichtet. Meine Reportage darf nicht mehr als 2500 Wörter umfassen. Ich könnte 10 000 schreiben." „Wie bist du auf Burma gekommen?", möchte ich wissen. „In England hat sich die Wahrnehmung seit dem letzten Jahr geändert. Zuvor hatten Regierung und Opposition gemeinsam eine Empfehlung ausgesprochen, das Land nicht zu bereisen, damit das Regime nicht unterstützt wird. Nun gilt Burma als neue Destination, die ‚IN' ist."

Ich erlebe diese Situation am eigenen Leib. Burma ist ‚hip' geworden. Deutlich mehr Touristen, insbesondere Individualtouristen, begegnen mir hier in den Shan-Bergen und auch anderswo, als noch 2006. Ausländer nehmen Teil an der Euphorie im Land. Min Min, ein burmesischer Reiseleiter, erzählt mir, wie er noch vor zwei Jahren von seinen Vorgesetzten instruiert wurde, auf gar keinen Fall mit Touristen über Religion und Politik zu reden! „Das war das offizielle Dogma, das uns eingebläut wurde. Mittlerweile spreche ich offen über Aung San Suu Kyi und keinen juckt es mehr. Interessieren sich Touristen für die Politik meines Landes, sage ich ihnen, was sie wissen wollen." Trotz aller Veränderungen lebt man als Tourist in Burma aber in einer Parallelwelt, in der die Zensur der Medien den Zugang zu unabhängigen Informationen größtenteils verhindert. Momentan jedoch werden Ausländer zu Verstärkern für gute Nachrichten. Die Kunde von der Wende geht durch die Welt. Internationale Zeitungen berichten vom „Ende einer politischen Eiszeit". Das Ausland stürzt sich auf die positiven Entwicklungen und reicht der neuen Regierung die Hand. Präsident Thein Sein wird mit offenen Armen in Indien empfangen. Während seines Staatsbesuches besucht er buddhistische Pilgerstätten, spricht mit Präsident Mammohan Singh und reist mit 500 Millionen US-Dollar Aufbauhilfe aus Neu Delhi nach Naypyidaw zurück. Anfang November erfolgt der nächste diplomatische Triumph: Die südostasiatische Staatengemeinschaft (ASEAN) erteilt Burma ab 2014 für drei Jahre den Vorsitz. Die medienwirksame Annäherung an die USA verleiht der Thein-Sein-Regierung Legitimation.

Was aber wirklich in den Grenzregionen vor sich geht, weiß keiner genau und bleibt der Außenwelt weitgehend verborgen. Selbst die Einheimischen führen ein Dasein wie in einem Seidenkokon und nur die wenigsten können abschätzen, welche Menschenrechtsverletzungen dort nach wie vor begangen werden. Erst nach Verlassen des Landes durchblicke ich die Situation genauer und kann mir ein differenzierteres Bild machen. Während Mark Stratton im heimischen Dartmoor an seinem Artikel schreibt, reise ich in den Norden Thailands. In Mae Hong Song, nordwestlich von Chiang Mai an der burmesischen Grenze, treffe ich Mitarbeiter des „Thailand Burma Border Consortiums" (TBBC), einer Nichtregierungsorganisation mit Sitz in Bangkok, und höre, dass die Flüchtlingsproblematik eskaliert ist.[1] Seit den Bestrebungen Naypyidaws, die Rebellenarmeen in die „Border Guard Force"

Mit U Soe im wilden Shan Staat

umzuwandeln, gibt es in fast allen östlichen und nordöstlichen Staaten Burmas bewaffnete Auseinandersetzungen und schwere Menschenrechtsverletzungen. Die Gründe sind in jedem Staat dieselben. Es ist schon mehr als reiner Zufall, dass das Wiederaufflammen von Konflikten in den Grenzregionen zu einer Zeit erfolgt, in der es Bestrebungen der Regierung gibt, Erdgas- und Ölvorkommen auszubeuten, Wasserkraftwerke und Staudämme zu bauen sowie grenzüberschreitende Sonderwirtschaftszonen zu errichten. So übte die Regierung von Präsident Thein Sein 2010 massiven Druck auf die zahlenmäßig kleine „Karenni Nationalities People‘s Liberation Front" (KNPLF) im Kayah-Staat aus. Die Transformation zur „Border Guard Force" erfolgte umgehend. Gleichzeitig unterzeichnete die chinesische Staatsfirma „Datang Corporation of China" eine Absichtserklärung mit der burmesischen Regierung, im Kayah-Staat drei Wasserkraftwerke zu bauen. TBBC spricht von Zwangsarbeit bei der Rodung von Wäldern an den Baustellen. Parallelen sind im südlicheren Kayin-Staat zu erkennen. Auch hier gibt es Berichte über Landenteignungen und Zwangsarbeit, die in Verbindung mit der Konstruktion von Staudammprojekten stehen. In den angrenzenden Dörfern wurden laut TBBC über 10 000 Menschen vertrieben, weil ihre Dörfer, Plantagen und Felder im Reservoir des Dammes untergingen. Nebenan im Mon-Staat, wo ich entlang der Straßen Checkpoints und Militärstellungen sehen konnte, verweigerte auch die „New Mon State Party" (NMSP) die Transformation ihrer bewaffneten Armeeeinheiten in gemeinsame BGF-Bataillone, signalisierte aber in jüngster Zeit wieder Gesprächsbereitschaft. Splittergruppen besetzten direkt nach der Parlamentswahl 2010 den „Drei-Pagoden-Pass" und nahmen den bewaffneten Widerstand gegen das burmesische Militär auf. Wanderarbeiter in Thailand konnten deshalb lange nicht zu ihren Familien auf burmesisches Staatsgebiet zurückkehren und mussten in thailändischen Auffanglagern versorgt werden. Im nördlichen Kachin-Staat wurde kurz vor meinem Besuch in Burma ein siebzehn Jahre währendes Waffenstillstandsabkommen mit der „Kachin Independence Army" (KIA) aufgekündigt. Auch hier investieren die chinesischen Staatsunternehmen auf dem Gebiet der ethnischen Minderheiten in Energieprojekte. Auslöser des Konflikts sind der Myitsone-Staudamm am Oberlauf des Irrawaddy-Flusses und die im Bau befindliche Arakan-Yunnan-Pipeline. Der 6000-Megawatt-Damm wird von der „China Power Investment Corporation" (CPI) finanziert und soll 20 Milliarden US-Dollar kosten. Insgesamt können, Berichten der „Myanmar Times" zufolge, 29 400 Millionen Kilowattstunden Elektrizität produziert werden. Der Vertrag sieht vor, dass China neunzig Prozent der Strommenge importieren darf. Gegen diesen Ressourcenausverkauf protestierten die Kachin vehement. Naypyidaw verstärkte nach ersten Auseinandersetzungen mit Rebelleneinheiten die Militärpräsenz im Kachin-Staat durch die Entsendung von mehreren Kampfbataillonen. Laut „Burma Digest", einem unabhängigen Nachrichtenmagazin, das schwerpunktmäßig Menschenrechtsverletzungen dokumentiert, sollen über 15 000 Kachin aus ihren Häusern vertrieben worden sein. Die wohl mitunter schlimmsten bewaffneten Auseinandersetzungen mit Regierungstruppen ereigneten sich im nördlichen Shan-Staat, durch den sich die Arakan-Yunnan-Pipeline zieht. Es ist kaum zu glauben, dass ich auf meiner Trekkingtour durch die Shan-Berge davon zu keiner Zeit etwas mitbekomme. Dort im Südosten entwickelt sich der Tourismus positiv. Pa-Oh und Palaung profitieren von immer mehr zahlenden Gästen und ortskundige Führer wie U Soe Thein bieten ihre Dienste zwischen Inle-See und Kalaw an. Aber nur wenige Kilometer östlich und nordöstlich leisten bewaffnete Rebelleneinheiten erheblichen Widerstand gegen das burmesische Militär. Das Ausmaß der Katastrophe spiegelt die Situation in den Flüchtlingslagern auf thailändischem Staatsgebiet wider, in denen die „Feeding Figure", wie die Gesamtzahl der Menschen genannt wird, die Nahrungsrationen entgegennehmen, ansteigt. Dem neuesten Bericht der

TBBC zufolge versorgt die Organisation alleine über 140 000 burmesische Flüchtlinge.

In einem kleinen Dorf im Norden Thailands, unweit von der burmesischen Grenze, treffe ich auf Mike, wie ich meinen Kontakt nennen darf. Mike gibt sich selbst als Verbindungsmann zwischen drei Rebellenarmeen und der Außenwelt aus. Er leitet Informationen der „Shan State Army-South" (SSA-S), der „Shan State Army-North" (SSA-N) und der „Pa-Oh National Liberation Organisation" (PNLO) an westliche Regierungen sowie Nichtregierungsorganisationen weiter. Beim Frühstück berichtet er mir von schlimmen Menschenrechtsverletzungen durch das burmesische Militär sowie von anhaltenden Kämpfen im nordöstlichen Shan-Staat. „Das ist Wahnsinn. Seit Jahren war es nicht mehr so schlimm! Das Militär greift die ethnischen Minderheiten in fast allen Staaten des Landes an. Mit der Operation ‚Zwe Man Hein' brach das Militär ein Waffenstillstandsabkommen mit der SSA-N, das seit zweiundzwanzig Jahren Bestand hatte. Die Militäroffensive hatte über 31 000 Flüchtlinge zur Folge." Vor Wut vergisst er sein Frühstück und legt mir Bilder aus den Kriegsgebieten vor. Ich sehe Kämpfer mit ihren Maschinengewehren, wie sie vor einfachen Holzhütten stehen. „Es ist immer das Gleiche. Die Soldaten lassen ihre Frustration über eigene Verluste an der Zivilbevölkerung aus. Das Dorf, das am nächsten an der Frontlinie liegt, wird niedergebrannt. Frauen werden von über vierzig Soldaten vergewaltigt. Zuerst die Befehlshaber, dann die Untergebenden. Alles vor den Augen der Dorfbewohner. Danach werden einigen Frauen die Ohren, Nasen und Brustwarzen abgeschnitten. Von Exekutionen ist die Rede. Die Regierungstruppen sind keine Soldaten, sie sind Schlächter und haben keine Disziplin." „Hast du dafür Beweise?", frage ich ihn. Er überreicht mir eine CD mit Daten. Auf meinem Computer lese ich einen von der SSA-N und dem politischen Arm, der sogenannten „Shan State Progressive Party" (SSPP), verfassten Bericht über Kriegsverbrechen der burmesischen Armee. Während einer Militärkampagne der „Tatmadaw" auf das Wan-Hai-Hauptquartier der „Shan State Army" sollen die Regierungstruppen chemische Waffen verwendet und somit gegen die Genfer Chemiewaffenkonvention verstoßen haben. Nach schwerem Artilleriefeuer wurden Stellungen der Rebellen mit Mörsergranaten beschossen, die Giftgas freigesetzt haben sollen. Sechs Soldaten wurden, laut der Datei, Opfer der Giftgasattacke. Leutnant Sai Nu berichtet von temporärer Bewegungsunfähigkeit sowie

Bewusstlosigkeit, Erbrechen und Durchfallerscheinungen. Die amerikanische Menschenrechtsorganisation „Global Justice Center" (GJC) listet im Anhang 2 des Berichtes „Putting Democracy Out of Reach" eine genaue Chronologie der angeblich verübten Verbrechen auf.[2] Jedoch gab es bis dato keine formelle Untersuchung des Einsatzes von Chemiewaffen. Mikes Schriftverkehr mit ausländischen Botschaften und Menschenrechtsorganisationen legt nahe, dass sich die internationale Gemeinschaft sehr bedeckt hält und vorsichtig ist. Wahrscheinlich sind die Ereignisse in Wan Hai jedoch keine Einzelfälle. Augenzeugen aus dem Dorf Mai Ya Yang im Kachin-Staat beobachteten einen „gelben Regen" in der Nähe des Hauptquartiers der 3. Brigade der „Kachin Independence Army" (KIA). Die mysteriöse gelbe Substanz wurde vom Wind in die Konfliktzone geweht und brannte Löcher in Blätter, so das „Kachin News Group"-Netzwerk. Einige Tage später tauchte die gleiche Flüssigkeit an Häuserwänden im südlichen Shanzu-Viertel in der Stadt Myitkyina auf. KIA-Soldaten fielen Granatsplitter und Munitionsteile in die Hände, die von Regierungstruppen in der Hpakawn-Kriegszone im südöstlichen Kachin-Staat zurückgelassen wurden. Internationale Experten sollen die Munitionsteile auf Rückstände chemischer Waffen prüfen, um die Authentizität der Berichte zu verifizieren. Diese müssen dazu erst außer Landes gebracht werden, was äußerst schwierig ist. Allem Anschein nach möchte sich im Ausland keiner die Finger an dem Material verbrennen. Aufgrund der anhaltenden militärischen Auseinandersetzungen entsendet selbst das Internationale Rote Kreuz keine Mitarbeiter in den Kachin-Staat, um das Beweismaterial zu untersuchen. Bei den Führern der ethnischen Minderheiten geht die Angst um, dass der Westen bestens über die Menschenrechtsverletzungen in Burma informiert ist, aber nicht angemessen reagiert, da man die Beweise als Verhandlungsmasse benutzen könnte, um die Regierung Burmas aus dem Einflussbereich Chinas zu locken. In einem Brief stellt Hkun Hom, ein hochrangiges Mitglied des „Union Nationalities Federal Councils" (UNFC), einer im Frühjahr 2011 gegründeten Rebellenallianz, die Frage, ob der Westen der burmesischen Führung die Gräueltaten für einen solchen politischen Richtungswechsel durchgehen lässt. China geht unterdessen auf Koalitionskurs mit dem Westen, befürwortet offiziell die Öffnung Burmas, bewertet jedoch das Engagement der Amerikaner als inakzeptable geopolitische Einflussnahme. Somit ist es kein Zufall, dass China den Führer der burmesischen Streitkräfte empfing, um die militärische Kooperation der beiden Länder zu verstärken.

Welche Strategie verfolgt Burmas Führung wirklich? Um mehr Informationen zu diesem Thema zu bekommen, arrangiere ich ein Treffen mit Khun Myo, dem beigeordneten Sekretär der Nationalen Befreiungsorganisation der Pa-Oh-Minderheit. Irgendwo im Norden Thailands lande ich in einem einfachen Holzhaus. Ein Tisch mit fünf blauen Plastikstühlen sowie ein Ventilator sind die einzigen Einrichtungsgegenstände. Mir gegenüber sitzt ein hagerer Mann mittleren Alters mit blauem Hemd, Brille und dünnem Bart. Freundlich heißt er mich willkommen und bietet mir ein Glas Wasser an. „Ich habe keine Ahnung, welche Strategie Thein Sein verfolgt. Die Situation ist für uns alle nicht einzuschätzen. Die burmesische Regierung soll ihre Karten offenlegen und Schritte einleiten, die Vertrauen schaffen, sodass wir ihr glauben können. Zu oft sind wir von Naypyidaw betrogen worden.“ Er spricht das chinesische Engagement im Shan-Staat offen an. Auch die Pa-Oh wurden gezwungen, ihr Land zu verlassen. Die russische Firma „Tyazhpromexport“ baut in Kooperation mit der „Myanmar Economic Cooperation“ (MEC) die größte Eisenerzmine östlich des Inle-Sees. Einem Bericht der „Pa-Oh Youth Organisation“ (PYO) zufolge bedroht die Ausbeutung der Bodenschätze des Pinpet-Berges sowie die Konstruktion zweier Aufbereitungsanlagen siebentausend Pa-Ohs durch Zwangsumsiedlungen und die Beschlagnahme von Ländereien. MEC ist eine von zwei burmesischen Firmen, die direkt dem burmesischen Verteidigungsministerium unterstellt sind und Schlüsselindustrien in Burma dominieren. In diesem Zusammenhang ist auch eine anhaltende Militarisierung im südlichen Shan-Staat zu erklären. Seit 1991 hat die Militärjunta ihre Truppen in der Region um den Pinpet-Berg nahe Hopone und der Shan-Hauptstadt Taunggyi verstärkt. In Taunggyi kann man Propaganda-Schriftzüge im Stadtzentrum sehen, die vor einer Konfrontation mit dem Militär warnen: „Never hesitating to sacrifice blood and sweat to the Tatmadaw. Tatmadaw and the people co-operate and crush all those harming the Union.“ Khun Myo glaubt momentan angesichts der jüngsten Kämpfe nicht an einen Sinneswandel der Regierung in Naypyidaw. „Es scheint, als wolle Thein Sein uns gegenseitig ausspielen. Wir haben Angst, dass er einen Keil in die Geschlossenheit der Rebellenunion schlägt.“ Diese Einschätzung könnte richtig sein. So bleibt abzuwarten, ob die diplomatischen Schritte sowie die Annäherung des Westens Erfolg haben werden und ob die politische Führung Burmas ein ehrliches Interesse an einer Demokratisierung des Landes sowie an einer friedlichen Lösung der ethnischen Konflikte hat.

Mike hat den Kampf gegen die burmesische Regierung verinnerlicht. Häufig wählt er die Pluralform: „Wir brauchen mehr Einheit. Dann können wir die Tatmadaw-Truppen innerhalb von sechs Monaten besiegen." Auch er erkennt das Dilemma der einzelnen Minderheiten. Ihre politischen Organe haben unterschiedliche Forderungen und Ziele. Das macht sie angreifbar und in genau diese Wunde schlägt die burmesische Regierung. Nach dem Motto „Teile und herrsche" profitiert sie von der Unentschlossenheit der Verhandlungsführer, sich auf eine einheitliche Linie zu einigen. Seine Kontakte sind echt, soweit ich dies überprüfen kann. Voller Hingabe setzt er sich für Menschenrechte ein und schreibt unermüdlich an westliche Regierungen und Menschenrechtsorganisationen wie „Amnesty International" und „Human Rights Watch". Seine E-Mails sind Berichte aus einem Kriegsgebiet: „Besuch Loi Kaw Wan – Status um Basis ruhig – keine Anzeichen von Truppenbewegungen oder von Vorbereitungen. Viele Tatmadaw-Deserteure – keine Aktivität in der Luft/Nov. 20 Treffen mit ICRC Chef Cederic Piralla – Weitergabe von Informationen zu C-Waffeneinsatz 3. Juni Mong Hsu Shan Staat/1000 Tatmadaw um SSA-N HQ Wan Hai – 4. KIA Brigade & 1. SSA-N Brigade koordinieren Einsätze gegen ethnische Säuberungsaktionen der Militärjunta/KIA tötet 800 Tatmadaw – 1. Brigade

Die kleinen Mönche vor dem Hti Thein-Dorfkloster - Shan Staat

SSA-N tötet ca. 450 und verwundet 500 Tatmadaw/In 4. Brigade KIA Region Tatmadaw Verwendung von 15 BTR – 3U (APCs) – Herkunft ukrainische Rüstungsfirma mit Sitz in Meiktila." Zudem telefoniert er mit der militärischen Führung der Rebelleneinheiten nie länger als fünf Sekunden. „Der burmesische Geheimdienst ist nicht zu unterschätzen. Seit einer Woche sind fast alle Mobiltelefone der Rebellenführer tot. Alle sind abgetaucht." Ich bleibe weiterhin vorsichtig.

Zurück im Shan-Staat: Nach meinem Gespräch mit Mark Stratton liege ich auf dem Holzboden in der Gebetshalle des Hti-Thein-Dorfklosters, meiner Übernachtungsgelegenheit. Um mich herum wirbeln die acht kleinen Mönche, die sich um ihren halbseitig gelähmten Abt kümmern. Plötzlich ist es mucksmäuschenstill und die Klostertüre wird geschlossen. Während ich meine Tagebuchnotizen in Ordnung bringe, schnarcht neben mir ein weiterer Gast so laut, dass der Fußboden vibriert. Am nächsten Morgen werde ich von den Mönchen geweckt. Im Dämmerschlaf lausche ich dem Morgengebet der acht Kleinen und sehe draußen den Tag anbrechen. Lustig ist, dass sie nicht einstimmig singen. Ein oder zwei Stimmen sind immer aus dem Takt. Dann schwärmen die Novizen, wie Fledermäuse aus ihrem Bau, aus in die Nachbarschaft, um ihr Frühstück einzusammeln. U Soe und ich nehmen die letzte Etappe unserer Tour in Angriff. Vor dem Kloster parken zwei schwere Straßenbaumaschinen der „Lingong"-Marke, die der chinesischen „New Energy Development Corporation" (NEDC) gehören. Die Arbeiter kontrollieren den Ölstand, starten die schweren Maschinen und rollen zur Baustelle. Ich erfahre, dass die Chinesen die lokale Infrastruktur im Einzugsgebiet einer Zementfabrik sowie eines Elektrizitätswerkes am Inle-See entwickeln. „Ja, es gibt hier viele Chinesen und die Menschen mögen sie nicht, denn sie nehmen uns die Bodenschätze weg und zerstören unser Land", sagt Mark Strattons burmesischer Führer. Mark legt direkt nach: „Diese Art von Sino-Kolonialismus ist überall gleich. Als Gegenleistung bekommen die rohstoffreichen Länder von den Chinesen eine zweitklassige Infrastruktur. Diese Straßen überdauern doch keine Monsunzeit." Damit meint er die rote Schotterpiste, auf der wir Richtung Inle-See wandern. U Soe ist etwas anderer Meinung. „Für die Pa-Oh hier in den abgelegenen Dörfern ist die Straße wichtig. Auf ihr können sie nun schneller ihre Produkte zu den Märkten bringen. Auch der Austausch zwischen den Siedlungen ist viel besser geworden. Einige Dörfer waren früher von der Außenwelt abgeschnitten."

Damit hat er recht, dennoch wird ein extrem hoher Preis für das Engagement der Chinesen gezahlt.

In jüngster Zeit wurden die bilateralen Beziehungen zu China stärker, als manch einem im Westen lieb ist. Später in Thailand fällt mir Khun Myos Charakterisierung seines Landes auf: „Burma ist eine Provinz Chinas. Hier kann man sich nach Belieben bedienen." „EarthRights International" (ERI), eine Nichtregierungsorganisation, spezialisiert auf die Stärkung von Gruppen, deren Ressourcengrundlage bedroht ist, hat in Burma mindestens neunundsechzig chinesische Firmen identifiziert, die an über neunzig Energieprojekten beteiligt sind.[3] Staudämme und Wasserkraftwerke werden mit chinesischer Beteiligung oder chinesischen Investitionen gebaut. Chinesische Unternehmen durchwühlen die rohstoffreiche Erde des südostasiatischen Landes. Laut ERI beliefen sich die Auslandsdirektinvestitionen im Erdöl- und Gassektor alleine 2007 auf über 400 Millionen US-Dollar und machten damit neunzig Prozent aller ausländischen Investitionen in Burma aus. Offiziell verfolgt China eine Politik der Nichteinmischung in die inneren Angelegenheiten anderer Staaten. Hinsichtlich der Gewinnung von Rohstoffen unterstützt der Riese im Nordosten Burma jedoch politisch, militärisch und finanziell. Angaben von ERI zufolge kommt diese gewaltige politische und wirtschaftliche Einflussnahme sehr wohl einer Einmischung in innere Angelegenheiten gleich. Fünfundvierzig chinesische Firmen sind in dreiundsechzig burmesische Wasserkraftprojekte involviert. Sinopec leitet hier, wie auch in Usbekistan, eine Renaissance der alten Handelsrouten ein. Die Arakan-Yunnan-Pipeline steht dabei wie kaum ein anderes Projekt für die jüngsten sino-burmesischen Wirtschaftsbeziehungen.

Ich habe die malerische Wasserlandschaft des Inle-Sees mit den beeindruckend fotogenen Einbeinruderern und schwimmenden Märkten bereits verlassen. Quälend langsam windet sich die Straße aus dem Gebirge in den zentralen Trockengürtel und lässt den Toyota Corona immer wieder über Bodenwellen und Schlaglöcher hüpfen. Wir sind auf dem Weg Richtung Mandalay, wollen aber vorher noch im nördlichen Monywa Halt machen. Auf unserer Fahrt sehe ich überall Schwertransporter, die Pipelinestücke durch das Land transportieren. Immer wieder müssen wir anhalten, um den Blechungetümen die Straße zu überlassen. Mächtige Rohre werden verlegt. Schweres Gerät frisst sich durch die Landschaft. Fast parallel zur Route der südwestlichen

Seidenstraße wird die Arakan-Yunnan-Pipeline bald China von Kunming und Ruili aus über Mandalay mit Burmas Arakanküste verbinden.[4] 2009 übernahm Peking die Bauarbeiten und trägt seitdem alleine die Projektkosten von mehr als 1,2 Milliarden US-Dollar. Diesem Schritt vorausgegangen war die Unterzeichnung einer gemeinsamen Absichtserklärung im Jahr 2000. Damals einigten sich Vertreter der CNPC, der südkoreanischen „Daewoo International Corporation“ und der „Myanmar Oil and Gas Enterprise“ (MOGE) darauf, gemeinsam Unterwassergasreserven vor der Küste von Arakan in der Bucht von Bengalen zu fördern. Heute durchkreuzen Erdgas- und Erdölpipelines alleine Burma auf über 2300 Kilometern, nur ist der Warenhandel unausgewogen. Die fossilen Energieträger werden von China förmlich angesaugt. Das Projekt soll bald fertiggestellt werden. Gas und Öl könnten dann neben Zentralasien von der Arakanküste in das Reich der Mitte fließen. Umgekehrt fließen die US-Dollar an das burmesische Militär. Somit haben die burmesischen Generäle ein enormes Interesse an einer raschen Inbetriebnahme der Pipeline. Schon 2009 gab es während der Bauarbeiten Zwangsenteignungen im Arakan-Staat zu beklagen. Kompensationszahlungen wurden nicht geleistet. Dabei ist MOGE ein alter Bekannter in diesem schmutzigen Geschäft. Schon im Zusammenhang mit dem Bau des Yadana-Pipeline-Projektes in den neunziger Jahren profitierten MOGE und die Militärjunta von Menschenrechtsverletzungen während der Bauphase. Heute hat sich offensichtlich nichts an der Vorgehensweise geändert. Das burmesische Militär rückt verstärkt in den nördlichen Shan-Staat vor, um die Kontrolle über das Pipeline-Territorium zu bekommen, damit die Eröffnung bald garantiert werden kann. Laut meinem Kontakt in Thailand leisten Einheiten der „Kachin Independence Army“ (KIA) und der „Shan State Army-North“ (SSA-N) erbitterten Widerstand im nordwestlichen Shan-Staat. China macht wohl im Hintergrund mächtig Druck.

KAPITEL XIV: Die Herren aus dem Norden

Nördlich der Stadt Monywa am Chindwin-Fluss tanzte einer Sage zufolge der Einsiedler und Alchemist Hpo Win vor ungefähr tausend Jahren mit einem Zauberstab in der Hand auf einem Hügel herum. Sein Stock konnte Gebrechen heilen, Medizinbäume pflanzen und allerlei Probleme lösen. An diesem heiligen Ort wurden zwischen dem 14. und 18. Jahrhundert 492 Höhlen in das Plateau aus Sandstein gegraben. Die Baumeister meißelten über 2500 Buddhastatuen in Nischen und Alkoven. Exquisite Höhlenmalereien in Indigo- und Pastelltönen sind dort ebenfalls zu bestaunen. Licht strömt durch Fenster und Wandlöcher und strahlt liegende Buddhas sowie Statuen in unterschiedlichen Größen magisch an. 500 Jahre später klopft weder irgendein Zauberstab auf die Hügellandschaft noch werden filigrane Abbilder Buddhas vorsichtig aus dem Sandstein freigelegt. Wenige Kilometer von den Höhlen entfernt greifen mächtige Baggerschaufeln auf dem Gebiet der Letpadaung-Kupfermine in die Erde und tragen rabiat ganze Bergrücken ab. Riesige Großmuldenkipper schaffen den Abraum weg, Kupfer wird rund um die Uhr gefördert. Auch hier in der Monywa-Sagaing-Division wird der Bergbau von chinesischen Unternehmen kontrolliert. Die „China Nonferrous Metal Mining Cooperation“ (CNMMC) ist Eigentümer dieses offenen Tagebaus und investierte in den Rohstoffabbau nördlich von Mandalay mehr als 600 Millionen US-Dollar.

Am Fuße des Tagebaus stoße ich auf Chit Win, einen Burmesen mittleren Alters, der ein völlig durchlöchertes Hemd trägt. Er verwertet die Reste, die die Chinesen zurücklassen. Chit Win lebt mit seiner Familie in einer windschiefen Holzhütte am Rande einer Mondlandschaft aus Hügeln und Wasserlöchern. Einzelne Bäume sind noch als Erinnerung an eine einstmals reiche Vegetation übrig geblieben. Auch er lebt vom Geschäft mit dem Weichmetall. „Schau hier, wir geben die kupferreiche Erde in ein Wasserbecken und das Wasser löst die Kupferreste aus den Erdbrocken.“ Ich folge ihm zu einer Lehmwanne, die eine grüne Brühe enthält. „Wir gewinnen das Metall mithilfe der Eisendosen.“ Chit Win holt eine alte Dose aus dem Wasser. „Siehst du, das Kupfer setzt sich ab. Nach einem Monat im Becken brauchen wir nur noch die Kupferrückstände in der Sonne zu trocknen und einzuschmelzen.“ Gemeinsam gehen wir zurück zu einem fauchenden

Chit Win bei der Kupfergewinnung

Generator, der ein Gebläse antreibt, das ein Kohlenfeuer auf über 1000 Grad erhitzt. Chit Win macht sich an die Arbeit. Mit bloßen Händen hebt er den Ofen an und die glutrote Kupferschmelze fließt in eine Auffangform. Seine beiden Kinder stehen kaum zwei Meter von diesem Hochofen aus der Bronzezeit entfernt und schauen zu. Keiner trägt Schutzkleidung, im Gegenteil, die Kinder rennen barfuß über die Baustelle und Chi Win trägt Sandalen. „Pro Becken mache ich fünfzig Euro im Monat. Ich habe zwei. Vom Gewinn gehen aber noch die Kosten für den Generator ab und gegessen haben wir auch noch nichts." „Es bleibt also nichts übrig", antworte ich und sehe ihn nicken. „Die Chinesen benutzen immer effizientere Maschinen. In der Resterde, die wir bekommen, ist kaum noch Kupfer drin. So verdiene ich noch weniger als früher." Alternativen hat er keine. Seine Kinder gehen nicht zur Schule. Über ihre Zukunft will ich gar nicht nachdenken. Chit Win könnte den Zauberstab des Eremiten dringend gebrauchen, um seine Probleme zu lösen, aber das ist Wunschdenken. Mich deprimiert der Anblick so sehr, dass ich zum Aufbruch dränge.

Die Letpadaung-Kupfermine ist nur ein Beispiel des chinesischen Engagements im Norden des Landes. Wie die chinesische Antwort auf die jüngsten Entwicklungen in der burmesischen Politik ausfallen werden, ist ungewiss. Eins ist jedoch klar: China wird sich definitiv nicht aus Burma zurückziehen oder seine wirtschaftlichen Aktivitäten reduzieren. Dafür ist der kleine Nachtbar viel zu reich mit Rohstoffen ausgestattet und die chinesischen Investitionen zu hoch. Inwieweit sich Naypyidaw dem Einfluss Chinas entziehen kann oder überhaupt entziehen möchte, ist kaum zu beantworten. Im Moment deutet alles auf eine weitere Eskalation der Situation im Kachin- und nördlichen Shan-Staat hin. Ein Vorstoß des burmesischen Militärs, der wohlmöglich von Naypyidaw geduldet und vom Ausland nicht thematisiert wird, soll das umkämpfte Territorium sichern, sodass die Großprojekte der Regierung vorangetrieben werden können. Die Ankündigung, dass der Krieg gegen die Kachin voraussichtlich nur wenige Jahre dauern soll, ist genauso schändlich, wie die Weigerung des Westens, eine unabhängige Untersuchung zu erzwingen. In diesem Politikpoker überwiegt die Angst, die jüngste Annäherung an das südostasiatische Land aufs Spiel zu setzen und Burma ein weiteres Mal an China zu verlieren. Die burmesischen Generäle hoffen, eine baldige Zerschlagung der KIA-Truppen zu erreichen. Dies ist im Interesse der Chinesen, die mit am Spieltisch sitzen und die Arakan-Yunnan-Pipeline so schnell wie möglich fertigstellen möchten. Egal welche Karte aufgedeckt wird, China spielt fleißig mit und denkt überhaupt nicht daran, seinen Einsatz aufzugeben.

Dabei ist die jüngere Entwicklung der sino-burmesischen Beziehungen nur die Fortsetzung eines jahrhundertealten Austausches über das Netzwerk aus alten Karawanenrouten in Südostasien. Der Nordosten Burmas hat intensive Handelsbeziehungen mit den Nachbarn im Norden sowie Osten und insbesondere mit den Chinesen in der angrenzenden Provinz Yunnan. Hier mischten sich seit jeher burmesische, tibetische und chinesische Kultureinflüsse. Im 7. Jahrhundert etablierte sich ein vereintes Königreich, dessen Bürger „Nanzhao" genannt wurden.[1] Ihr Herrschaftsgebiet grenzte im Westen an die tropischen Niederungen Burmas, im Norden an die Ausläufer des Himalayas und im Osten umfasste es die Bergwälder Yunnans. Bis heute gibt es einen wissenschaftlichen Streit über die ethnische Zugehörigkeit der Nanzhao. Tibetische Quellen beweisen enge Verbindungen des Königshofes in Lhasa zu den Nanzhao und dokumentieren Tibets Ausdehnung in das heutige Yunnan. König Songtsen Gampo pflegte freundschaftliche Beziehungen zu den Nachbarn im Süden und importierte Tee als Luxusgut auf das Dach der Welt. Schriftstücke, die in den Mogao-Höhlen gefunden wurden, zeigen ebenfalls eine Verbindung zum tibetischen Königshof auf. Teekuriere, die bei den Chinesen als „Makuto“ bekannt waren, geleiteten Karawanen in die tibetische Hauptstadt. Auch chinesische Gelehrte berichteten schon im frühen 9. Jahrhundert über die Einheimischen des Nanzhao-Reiches, wie sie Teesträucher kultivierten und die Angewohnheit hatten, lokalen Tee zu trinken. Aber das kommunistische China der Neuzeit verneint eine frühe Allianz Tibets mit den Nanzhao vor Songtsen Gampos Machtergreifung. Sie heben den Einfluss der Tang-Dynastie hervor und widersprechen einer Allianz mit den Tibetern. Chinesische Geschichtsquellen bestreiten zudem vehement, dass Nanzhao ein tibetisches Königreich war und führen zahlreiche archäologische und linguistische Beweise an. Da die chinesische Sichtweise zentraler Teil des eigenen nationalen Identitätskonzeptes ist, kann eine wissenschaftliche Alternativsicht nicht akzeptiert werden. Parallelen zu den Uiguren und den Tibetern werden hier sehr deutlich. Wie auch immer, alle Versionen unterstreichen einen wichtigen Aspekt: Nanzhao war eine unabhängige Regionalmacht, die es sich leisten konnte, unterschiedliche Bündnisse einzugehen. Für die Untertanen der Nanzhao bedeutete die militärische Stärke anhaltende Prosperität und Frieden, der den Warenaustausch begünstigte. Ende des 8. Jahrhunderts erstreckte sich das Herrschaftsgebiet in den Nordosten des heutigen Burmas. Jedoch hat jede Blütezeit auch ein Ende. Die Herrschaftselite vernichtete sich selber in einem internen Machtkampf. Aus ihnen ging das weniger aggressive Reich der „Dali“ hervor und die gleichnamige Hauptstadt verband Yunnan mit Bagan in Burma. Die Dali waren diplomatischer als die Nanzhao, sodass die chinesischen Kaiser der Song-Dynastie bevorzugt Handel über die südwestliche Seidenstraße betrieben und somit zu einer Bedeutungsaufwertung der Handelsroute beitrugen. Dali wurde ein wichtiger Umschlagort für Waren aller Art und ging enge Beziehungen zum burmesischen Königshof in Bagan ein. Die Dali betrieben eine merkantilistische Außenpolitik und konnten sich so neben der Song-Dynastie bis in das 13. Jahrhundert halten. China erhielt jährlich hunderte Kampfpferde aus Dali. Die friedliche Koexistenz sorgte für eine Durchmischung der Kultureinflüsse. Burmesische Muslime wanderten über die Karawanenwege aus Yunnan in den Nordosten Burmas ein und ließen sich dort nieder.

Auf dem Weg nach Mandalay tritt Ko Soe plötzlich auf die Bremse und wir halten in einer kleinen Siedlung. „Sieh da, eine Moschee. Wir haben nicht viele Muslime im Land, aber hier im Nordosten kannst du einige Moscheen sehen", sagt er. Ich folge seinem Zeigefinger und sehe in einiger Entfernung ein Minarett, auf dessen Spitze ein windschiefer Halbmond klebt. „Hatten die Mongolen bei der Ansiedlung von Muslimen in dieser Region nicht ihre Finger mit im Spiel?", frage ich nach. „Richtig. Die Mongolen unter Kublai Khan eroberten China Ende des 13. Jahrhunderts und mit im Gepäck reisten Araber und Perser, die sich hier niederließen." „In der Shan-Sprache heißen sie ‚Pang hse', in Yunnan sind sie unter diesem Namen nicht bekannt. Dort werden sie ‚Hui' genannt. In Burma nennen wir sie ‚Panthay'." Während mein Freund seinen „Longyi" ordnet und den Motor anlässt, konsultiere ich meinen Reiseführer und lese, wie die Mongolen ganze Völker in mobile Armeen umgewandelt haben. Die Steppenkrieger erwarteten, dass Zivilisten sich in den fremden Gebieten niederließen und dort kampfbereit blieben. Nach der Eroberung des Dali-Königreiches fasste somit der Islam im südwestlichen Yunnan und nordöstlichen Burma Fuß. Maßgeblich beteiligt an der Verbreitung war Sayyid Ajali Omar Shams udi-Din aus Buchara. 1274 ernannte Kublai Khan ihn zum Gouverneur von Yunnan. Unter ihm verschmolz die muslimische Bevölkerung mit den Völkern der Region. Zwei Charakteristika machten die Assimilierung einfach. Muslime aus Yunnan waren hervorragende Kaufleute und Soldaten – ein enormer Vorteil für den Handel auf den Überlandrouten im schroffen Gebirgsraum Südostasiens.

Die kulturelle Vielfalt beobachtete auch Marco Polo, der im Tross Kublai Khans in die Grenzregion zu Burma reiste und von einem Land berichtet, „in dem exzellente Pferde gezüchtet werden und in dem die Menschen von der Viehzucht und dem Ackerbau leben."[2] Marco Polo beschreibt die Existenz zahlreicher Kaufleute, Handwerker und Menschen unterschiedlicher Religionen. Er bestätigt die Präsenz der Muslime neben den „Götzenanbetern" und einigen wenigen nestorianischen Christen. Sein Bericht über die Bewohner der „Provinz Zardandan" ist sehr aufschlussreich: „Die Menschen in diesem Land haben alle vergoldete Zähne; vielmehr trägt jeder Mann einen goldenen Aufsatz, der auf seine Zähne passt." Laut Polo tätowierten die Männer ihre Arme und Beine mit geometrischen Bändern, die in schwarzer Farbe gestochen wurden. „Sie nehmen fünf zusammengebundene Nadeln und mit diesen stechen sie in die Haut, bis das Blut rinnt; und dann reiben sie einen gewissen schwarzen Farbstoff in die Wunde, welcher nicht mehr zu entfernen ist." Er nennt die Träger der Tattoos „Ehrenmänner", die entweder in den Krieg zogen oder jagen gingen. Sie gehörten einer ethnischen Gruppe an, die bei den Chinesen als „Kin Chi" – Goldzähne – bekannt waren. Raschid ad-Din, der berühmte persische Historiker und Zeitgenosse Marco Polos, nennt die Volksgruppe auf Persisch „Zar-dandan" und siedelt sie irgendwo zwischen Tibet und China an, definitiv aber östlich der Provinz Yunnan. Die Angehörigen dieser Ethnie sind höchstwahrscheinlich von den Shan und Chinesen entlang der Grenze assimiliert worden. Goldene Zahnkappen als Statussymbol oder Schönheitsideal finden sich in dieser Region heute nicht mehr. Als ich Ko Soe Bilder von Nozimjon Numinov mit seinem Goldzahnlächeln zeige, der mir in Tashkent geholfen hat, ist mein burmesischer Freund beeindruckt, kann mir aber keine Minderheit in Burma nennen, die sich ebenso das Gebiss schmückt. Die Kunst des Tätowierens hingegen ist aber bei zahlreichen burmesischen Minderheiten ein zentraler Bestandteil der eigenen Kultur. Für die Shan haben Tattoos eine spirituelle Kraft, sie können dem Träger Wohlstand bringen und böse Geister bekämpfen. Für einige Shan kann die Körperkunst den Träger vor Kugeln, Messern und anderen Waffen wirkungsvoll schützen. Die dafür verantwortliche Macht resultiert aus der Symbolkraft des Tattoos und der Art und Weise, wie es in die Haut gestochen wird. Bei den Shan sind die begleitenden Worte des Tattoomeisters von elementarer Bedeutung, da die Shan glauben, dass die bösen Geister diese nicht lesen können und sie somit zu einem wirksamen Schutz beitragen. Die Kunst des Tätowierens entwickelte sich in Burma, wie auch in vielen anderen Ländern, von einem Ritus zu einer magischen Kunstform. Hier machten die Shan diese Körperkunst populär, nachdem sie von China importiert wurde. Ein altes burmesisches Sprichwort besagt, dass es drei Sachen gibt, die nachher nur mit größter Schwierigkeit zu ändern sind: eine Heirat, der Bau einer Pagode und ein Tattoo. Mich fasziniert, wie detailliert Marco Polo das Anfertigen eines Tattoos beschreibt. In der Tat wurde erst eine Wunde gestochen, in die eine „schwarze Substanz" gerieben wurde, nämlich ursprünglich Asche zum Sterilisieren. Polo beobachtete genau und erkannte geometrische Linien an den Gliedmaßen, nicht aber auf dem Oberkörper der Männer „Zardandans". Auch hier gibt es Parallelen zu der Tradition der Shan, denn nur die Männer, nicht die Frauen, wurden ursprünglich von der Taille abwärts tätowiert. Das Ritual führte der Medizinmann des Dorfes durch. Häufig dauerte die Prozedur mehrere Wochen, sodass die Patienten mit Opium betäubt wurden, um die Schmerzen aushalten zu können. Traditionelle Motive waren und sind Tiere,

Sternzeichen und vor allem geometrische Linien. Man findet immer wieder Bilder von Soldaten der Karen-Minderheit, die sich schwarze Tiger auf die Brust tätowieren ließen. Auf verschiedenen Bildern von Kampfeinheiten der „Shan State Army-North" (SSA-N) sowie der „Pa-Oh National Liberation Organisation" (PNLO), die ich von Mike in Thailand vorgelegt bekomme, erkenne ich sowohl die Tiermotive und mythologischen Kreaturen als auch die geometrischen Linien wieder. Auf meinem Trek mit U Soe, auf dessen Hand ein schlichtes Motiv gestochen wurde, entdeckte ich unterwegs Angehörige der Pa-Oh und der Palaung, die ebenfalls dem Körperkult frönten und interessante Tattoos am Körper trugen. Eine Explosion der Symbolvielfalt fand in Burma durch die Einführung des Theravada-Buddhismus statt, der ältesten noch existierenden Schultradition des Buddhismus.

Je näher wir Mandalay kommen, desto stärker macht sich die chinesische Minderheit im Land bemerkbar. Chinesische Schriftzeichen an Hauswänden sind in den Straßen sichtbar. Gesichtslose Hochhäuser mit mächtigen Reklametafeln säumen die im amerikanischen Blocksystem angelegten Straßen. Wir passieren Garküchen und kleine Märkte, die chinesische Plastikware anbieten. Am Straßenrand sitzen Menschen und genießen ihr Essen. Ko Soe kämpft sich durch den Berufsverkehr und nähert sich vorsichtig unserem Hotel. Wieder flucht er über unvorsichtige Motorradfahrer. Währenddessen schaue ich einer jungen Frau, die seitlich auf einem Roller sitzt, auf die nackten Beine und stelle mir sofort die Frage, warum ich dies tue. Die Antwort ist simpel, sie ist die erste seit drei Wochen, die einen kurzen Rock und keinen „Longyi" trägt. „Nicht gut angezogen. Gefällt mir gar nicht!", höre ich Ko Soe hinter dem Lenkrad sagen, der mich im Rückspiegel beobachtet hat. „Siehst du, chinesisches Gesicht. Motorrad-Lady ist Chinesin. Schau da, Fahrrad-Lady ist Burmesin. Sie ist nicht reich, aber richtig angezogen." Interessant, welche Charakterisierung Ko Soe vornimmt. Beim Blick aus dem Wagenfenster ertappe ich mich dabei, wie ich denke, dass Mandalay auch eine chinesische Stadt sein könnte und mehr mit Xining und Lhasa gemeinsam hat, als mit Yangon. Hier werden chinesische Produkte beworben – von chinesischen Modellen, die mit ihrer freizügigen Kleidung gar nicht so recht in das doch eher konservative Burma passen.

Eine kontinuierliche Einwanderung aus Yunnan veränderte seit jeher die ethnische Zusammensetzung der zweitgrößten Stadt Burmas am

Irrawaddy-Fluss. Heute ist sie das wirtschaftliche Zentrum im Norden des Landes. Chinesen dominieren die Wirtschaft. Ihre Geschäfte boomen, seitdem die Europäer und Amerikaner Burma in den neunziger Jahren mit einem internationalen Wirtschaftsembargo für die Unterdrückung der Demokratiebewegung im Land bestraften. Die Sanktionen halfen vor allem den chinesischen Wirtschaftsinteressen. Das Reich der Mitte öffnete seine Grenzen und die alte „Burma Road" erlebte ein spektakuläres Comeback. Burma und China belebten die Handelsroute über Ruili nach Yunnan wieder, um einen Warentransfer zwischen den beiden Nationen zu ermöglichen. Seitdem wächst Mandalay. Seit der britischen Kolonialzeit diente die Route als wichtige Versorgungslinie nach Osten. Mit der Besatzung Burmas durch die Japaner im Zweiten Weltkrieg endete der Handel auf der „Burma Road". Aber das ist Schnee von gestern. Das Wirtschaftsembargo wird heute systematisch umgangen. Convoys, bestehend aus Lastern, die Edelhölzer und andere Rohstoffe geladen haben, quälen sich durch die Gebirgslandschaft zur chinesischen Grenze. Auf der Gegenspur gelangen Elektronikartikel und Fertigwaren nach Burma. Allabendlich stauen sich die chinesischen Transporter und Kleinlaster in einiger Entfernung vor den Polizeicheckpoints, um erst nach Einbruch der Dunkelheit in die Stadt zu fahren. Dann können Schmiergelder einfacher gezahlt werden. Über die gleiche Route werden Edelsteine aller Art und Jade zur Weiterverarbeitung nach Mandalay geschafft. Die Stadt ist eng verbunden mit dem Hauptabbaugebiet. Die nordöstlich gelegene Stadt Mogok gilt als die Rubinhauptstadt der Welt. Neunzig Prozent aller Rubine werden hier gefördert. Mogok ist über Bhamo an der Grenze oder über die „Burma Road" mit China verbunden, wo der bedeutsamste Absatzmarkt für Edelsteine und burmesische Jade zu finden ist. Ruili, ebenfalls in China, schwang sich aufgrund der strategischen Grenzlage in weniger als einer Dekade zu einem der wichtigsten Umschlagorte für Jade weltweit empor. Die Stadt ist wiederum mit den Verkaufszentren in Hongkong, Taipei und Bangkok verknüpft und profitiert enorm von der Transitposition. Laut dem „Asia Pacific Bulletin" machte der Umsatz mit Edelsteinen und Jade Ruili reich und spülte alleine im Jahr 2010 300 Millionen US-Dollar in die Stadtkasse.

Dieser Reichtum ist auch in Mandalay zu sehen. Der Handel erfolgt größtenteils mit China und Thailand im Osten und Indien im Westen. Es ist noch zu früh, um von einer Renaissance der südwestlichen Seidenstraße zu sprechen, aber politische Annäherung an die Nachbarn und wirtschaftliche Interessen aller Beteiligten beleben im nördlichen Burma die Wirtschaft. Dabei sind die Geschäfte keineswegs immer legal. Chinesen kontrollieren den Export von burmesischer Jade und Geschäftsleute aus dem Land der Mitte beherrschen Mandalays Jademarkt. Sie haben lange die grassierende Korruption der burmesischen Behörden genutzt und gegen Schmiergelder Aufenthaltsgenehmigungen erhalten. Mittlerweile lernen junge Burmesen schon Chinesisch, um Arbeitsplätze in der Stadt zu bekommen. Ich denke an meine Gespräche mit Yangkyi in Lhasa zurück. Wiederum hinterlässt Chinas Einfluss Spuren in einer fremden Kultur. Auf einer Hauswand ist „Naing Family & Co – Watches, Jade, Gold and Silver" zu lesen und einen Block weiter weist ein großes Schild auf den „Weint Fu Jewellery & Gold Shop" hin. In chinesischen Manufakturen erfolgt die Weiterverarbeitung der Edelsteine. Epizentrum des Handels in Mandalay ist das Mahaaungmyay-Viertel. Drei Monate vor meiner Ankunft entwickelte sich hier ein Streit über einen Kaufvertrag zwischen einem chinesischen Käufer und einem burmesischen Jadehändler in eine waschechte Schlägerei. Über hundert Polizisten und Sicherheitsleute mussten eingreifen und die Situation entschärfen. Das Beispiel verdeutlicht, dass es an Konflikten nicht mangelt. Wie konnten die Chinesen so rasch eine derart wichtige Nische in der burmesischen Wirtschaft besetzen? Eine Antwort darauf gibt Aung San Suu Kyi, der zufolge die Burmesen einen weniger stark ausgeprägten Geschäftssinn haben, da dieser in der traditionellen auf der Landwirtschaft basierenden Gesellschaft nur eine untergeordnete Rolle spielte.[3] Ihrer Meinung nach ist dies der Hauptgrund, warum die Einwanderer diese Lücke so einfach ausfüllen konnten. Schon die Briten erkannten das Problem im 19. Jahrhundert und verfolgten eine Einwanderungspolitik, deren Ziel es war, geschäftstüchtige Chinesen und Inder anzusiedeln, um die Lücke zu schließen. Einerseits konnten die britischen Wirtschaftsinteressen so schneller bedient werden und andererseits wurden die Chinesen zu Schlüsselfiguren in der Entwicklung des Landes. Burma befand sich dementsprechend in einer Situation, in der das Land nach den Briten von den Chinesen und Indern ein zweites Mal kolonisiert wurde. Suu Kyi sieht in dem unkontrollierten Zustrom von Ausländern einen der Hauptgründe für die Desintegration der traditionellen Gesellschaft. Die Burmesen konnten es sich nicht mehr leisten, selbstgefällig den anderen zuzuschauen. Animositäten gegenüber der sichtbaren Andersartigkeit fußten auf einer diffusen Angst vor Überfremdung. Diese richtete sich nicht so sehr gegen die britischen Kolonialherren, die man eher mit Verachtung strafte, sondern gegen Chinesen und Inder, die gehasst wurden. Der Hass entlud sich wiederum in einem burmesischen Nationalismus in der zweiten Hälfte des 20. Jahrhunderts.

Dieser Nationalismus wurde in Burma bewusst angefacht. Ne Wins Wirtschaftspolitik Anfang der Sechziger Jahre war eine Katastrophe, sein „Weg des Burmesischen Sozialismus" endete in einer Sackgasse ohne Wendehammer.[4] Wäre er doch besser im öffentlichen Dienst geblieben. Aber nein, er putschte sich an die Macht, sympathisierte mit dem Marxismus und schlachtete nach erkennbarem politischen Misserfolg die Angst der burmesischen Gesellschaft vor Überfremdung gnadenlos aus. Er verfolgte eine nationalistische Politik, deren Auslöser sein Scheitern als Einzelhändler im Rohstoffgeschäft in den Jahren vor seiner politischen Karriere war. Gegen ein gut organisiertes Netzwerk der indischen Minderheit in Burma hatte er als Unternehmer keine Chance und musste aufgeben. Ne Win wechselte in die Politik. Einmal an der Macht verstaatlichte er viele Unternehmen und traf damit die Lebensgrundlage der indischen und chinesischen Händler. Viele wurden arbeitslos, mussten aufgeben und wurden dann von seinen Schergen aus dem Land gejagt. Insgesamt kehrten in den sechziger Jahren über 400 000 Menschen in ihre Heimat zurück. Die überwiegende Mehrheit waren jedoch Inder, da Ne Win während seiner Amtszeit mit den Maoisten in Peking flirtete, sodass seine Politik zuerst auf die indische Minderheit abzielte. Aber das Blatt sollte sich schnell wenden. Die burmesische Gesellschaft hatte eine immer niedrigere Toleranzschwelle für das öffentliche Ausleben der maoistischen Lehre in den Städten Burmas. Die Angst vor Überfremdung entwickelte sich zu einer öffentlichen Fremdenfeindlichkeit und Chinesen wurden auf der Straße verprügelt und getötet. Laut Thant Myint U griff Ne Win nicht ein, um diese Attacken zu beenden, da er mittlerweile selber höchst unzufrieden mit der kommunistischen Partei in China war, die ihren Genossen in Burma finanzielle Unterstützung zukommen ließ und so effektiv eine Opposition zu seiner Diktatur aufbaute, die zum Kampf gegen sein faschistisches Regime aufrief.

Heute bietet sich mir ein uneinheitliches Bild in Mandalay. Nach dem Abendessen bummele ich entlang der Mauer des königlichen Palastes im Herzen der Stadt. Die letzten Sonnenstrahlen spiegeln sich im Wassergraben vor den roten Palastmauern. Der Verkehr hat mittlerweile nachgelassen, dafür aber steigern sich die Aktivitäten auf den Bürgersteigen von Minute zu Minute. Viele Garküchen sind geöffnet und Menschen essen dort zu Abend. Ich genieße die Atmosphäre und laufe ziellos umher. „Darf ich dich irgendwo hinfahren?" Hinter mir hat sich ein Rikschafahrer herangeschlichen. „Möchtest du eine kleine Stadtrundfahrt mit mir machen? Mandalay im Abendlicht ist herrlich." Ein älterer Mann mit tiefen Falten im braungebrannten Gesicht lehnt lässig an seinem Fahrrad. Das beige Hemd ist etwas aufgeknöpft und seinen „Longyi" hat er zur Hälfte hochgekrempelt, so wie man es in Indien häufig sieht. Ich frage ihn nach seinem Namen. „Maung Hlaing heiße ich. Schau nur, meine Rikscha hat den ganzen Tag auf dich gewartet." Er lacht und schaut auf den leeren Sitz neben ihm. Leider zeigen seine charmanten Versuche, mit mir ins Geschäft zu kommen, keine Wirkung, was er auch schnell erkennt. „Erzähl mir etwas über Mandalay", bitte ich ihn. „Ach, was soll ich dir erzählen? Ich bin hier aufgewachsen. Früher war mein Leben besser. Ich hasse die Militärregierung. Sie ist völlig ungerecht. Mir hat man mein Taxi weggenommen, weil es angeblich zu alt war. Schau dich doch um. In Mandalay fahren viele alte Autos auf den Straßen. Warum mussten die ein Gesetz beschließen, das mir nicht mehr erlaubt, den Wagen zu benutzen? Nun bin ich auf meine Fahrradrikscha angewiesen, um meine Familie zu ernähren. Weniger Geld und das auch noch viel härter verdient! Und die Chinesen machen hier das dicke Geschäft. Ein bisschen Schmiergeld und schon bekommen die problemlos eine Aufenthaltsgenehmigung. Mandalay verkommt zur Chinatown. Bald ist für uns hier kein Platz mehr." „Aber geht die neue Regierung nicht schärfer gegen illegale Einwanderung vor?", entgegne ich. „Ja, für die Medien und zu unserer Beruhigung. Ist es erst einmal ruhiger geworden, wird wieder ordentlich Bestechungsgeld gezahlt. Die Chinesen haben uns doch in ihrer Hand." „Du hältst also nicht viel von Präsident Thein Sein?" „Weiß ich nicht. Wir müssen es wohl abwarten. Zuviel wurde schon versprochen und dann nicht eingelöst. Gib uns zwei Jahre und wir wissen es genauer. Wenn er sich weiter mit Aung San Suu Kyi trifft und sie zusammenarbeiten, kann sich etwas verändern, denke ich." Maung Hlaing ist kein ungebildeter Arbeiter. An seinem hervorragenden Englisch erkennt man, dass er früher viel Kontakt zu Ausländern hatte und sich eine differenzierte Meinung bilden kann. „Was würdest du tun, wenn du Präsident wärest?", frage ich ihn. „Oh, das ist einfach. Ich würde den Menschen ganz viel Geld geben – den Besitzern von Fahrradrikschas besonders viel!" Schallendes

Gelächter platzt aus ihm heraus. „Nein, im Ernst. Burma verändert sich. Ein Bekannter von mir ist kürzlich aus Thailand zurückgekehrt. Er stand auf der schwarzen Liste der Regierung und musste mit seiner Familie über die Grenze fliehen. Jetzt ist er zurück. Er hat eine Lizenz als Rikschafahrer erhalten und wird hier geduldet. Offensichtlich werden nicht mehr alle verfolgt. In Mandalay verdient er nun mehr Geld als in Thailand. Dort musste er die Polizei bestechen, sodass er als illegaler Flüchtling im Land bleiben durfte. Seine Familie kommt bald nach. Für ihn ist Burma wieder sicher geworden. Als Präsident würde ich mehr kleinen Leuten wie ihm helfen." Er denkt einen Moment nach. „Ich würde gerne wieder Taxi fahren."

Am nächsten Morgen beginnen wir meine Stadtrundfahrt. Ich möchte einige historische Schauplätze sehen. Ko Soe hat alles geplant und fährt mich vom „Mandalay Hill" aus zum „Shwenandaw Kyaung". Das 1880 errichtete Gebäude ist ein hervorragendes Beispiel eines traditionellen burmesischen Holzklosters und heißt auch „Goldenes Palastkloster". Von König Mindon erbaut, gehörte es zu den königlichen Gebäuden innerhalb des Mandalay-Palastes. Der Erbauer selber starb in einem der hölzernen Innenräume. Sein Nachfolger, König Thibaw, ließ den Komplex aus dem Palastbereich entfernen und an dieser Stelle wieder aufbauen. Vor den Klostermauern ist es ruhig. Vögel zwitschern in den alten Bäumen, die noch lange Schatten werfen. Ich bin früh auf den Beinen. Die Hitze hat Mandalay noch nicht fest im Griff. Wenige Touristen sind zu dieser Stunde unterwegs. Am Klostereingang zahle ich für mein Ticket und werde von Myo Min Thant angesprochen. „Deutsch, nicht wahr?" „Genau, woran hast du es erkannt?" „Ich leite deutsche Reisegruppen und hatte so eine Ahnung." Myo Min Thant ist über ein Meter achtzig groß, schlank und hat lange schwarze Haare, die zum Zopf zusammengebunden sind. „OK, lass mich raten. Du bist nicht hundert Prozent Burmese, sondern hast chinesische Vorfahren." Er lächelt, was mir als Antwort reicht. Es war nicht wirklich schwer, denn ich konnte es an seinem Gesicht ablesen. „Meine Großeltern gehörten der Volksgruppe der Panthay an. Sie sind vor über hundert Jahren nach Burma gekommen und haben sich aus Angst vor Verfolgung hier niedergelassen." Zwischen den Sätzen zieht er an einer dicken, grünen burmesischen Zigarre und stößt eine graue Qualmwolke aus. Er arbeitet als Reiseleiter und führt Gruppen der Firma Exotissimo durch Mandalay. Während seine Gäste das Kloster erkunden, genießt er eine Zigarre mit den Kollegen vor dem Ticketschalter. Ich erzähle ihm von meinem Gespräch mit Maung Hlaing vom Vorabend. „Ach, das ist eine Einzelmeinung", sagt er etwas mürrisch. „Die chinesische Präsenz in Mandalay ist stark, aber die Chinesen leben mit den Burmesen friedlich nebeneinander. Viele Jobs werden in der Stadt geschaffen. Für junge Menschen gibt es ne Menge Möglichkeiten. Kracht es irgendwo, reden die Zeitungen immer gleich von Spannungen zwischen den Bevölkerungsgruppen." „Gab es die denn nicht?", frage ich vorsichtig nach. „Ja doch, aber Shan, Kachin und Mon können sich doch noch viel weniger leiden und trauen sich untereinander überhaupt nicht. Nein, die Chinesen sind ein fester Bestandteil der burmesischen Gesellschaft. In Mandalay leben halt mehr als in Yangon. Ich habe bis heute keine Probleme gehabt und wie du richtig erraten hast, kann man mir meine Herkunft schnell am Gesicht ablesen." Und damit war für ihn das Thema beendet.

Mandalay präsentiert sich mir als multikulturelle Gesellschaft. Skeptisch stehe ich jedoch Myo Min Thants Einschätzung gegenüber, inwieweit in Zukunft eine wachsende Zuwanderung aus China für die Stadt und ihre Bewohner verträglich ist. Positiv ist sicherlich die ethnische Heterogenität.

U Bein - Teakholzbrücke in Amarapura

Werden aber alle Schlüsselpositionen in der Wirtschaft von einer ethnischen Gruppe, die auch noch eine Minderheit darstellt, besetzt und herrscht zudem noch eine wachsende politische Einflussnahme von außen, so könnte der Frieden in der Gesellschaft ernsthaft gefährdet werden. Anzeichen dafür sind zu erkennen. Multikulturalismus kann gedeihen, wenn neben Akzeptanz und Toleranz ausreichend Ressourcen als Grundlage vorhanden sind. Etliche Beispiele haben in der Geschichte aber gezeigt, dass ein Mangel an solchen häufig zu Konkurrenzdenken, Verteilungskämpfen und letztendlich zu Konflikten führte. Ausländerfeindlichkeit und soziale Unruhe können die Konsequenz sein. Wie geht es also weiter? Die Zukunft hängt von der Art und Weise der zeitnahen Entwicklung der burmesischen Gesellschaft ab. Neben wirtschaftlichen und politischen Weichenstellungen ist aber auch die eigene gesellschaftliche Wahrnehmung ein wichtiger Faktor. Diesbezüglich ist Mandalay schon einmal Ursprungsort der Rekalibrierung des burmesischen Selbstkonzeptes gewesen. Eine den Differenzen der ethnischen Minderheiten übergeordnete Gemeinsamkeit ist in Burma aus einer über die Jahrhunderte gereiften kulturellen Homogenität entstanden. Laut Aung San Suu Kyi galt für die Burmesen die Wahrnehmung, dass „Burmese sein" gleichbedeutend mit „Buddhist sein" war.[5] Dies ermöglichte es den Burmesen, sich deutlich von den Ausländern abzugrenzen. Kulturelles Zentrum des Landes mit Königssitz war Mandalay. Mit der Eroberung der Stadt Ende des 19. Jahrhunderts erfolgte jedoch ein gravierender Einschnitt: Erstens wurde die Macht nach Yangon verlagert und Mandalay fiel in einen kulturellen Dornröschenschlaf. Zweitens reichten die administrativen Arme des kolonialen Systems, so Suu Kyi, bis in die Dörfer der Provinz und brachten dort unwiderrufliche Veränderungen für die Menschen. Insgesamt mussten sich die Burmesen einem gesamtgesellschaftlichen Dilemma stellen: Welche kulturellen Werte sollten akzeptiert, erhalten und abgelehnt werden? Eine weitere Frage musste zudem beantwortet werden: Wie viel Assimilierung, Pluralität und Aneignung fremder Kultureinflüsse waren verträglich? Dieses Dilemma wurde nicht wirklich thematisiert, stattdessen flüchteten sich die Burmesen mehrheitlich in altbekannte Grundfeste der Gesellschaft und versuchten, traditionelle Werte gegenüber fremden Einflüssen zu verteidigen. Ausdruck der Neuausrichtung des burmesischen Selbstkonzeptes Ende des 19. Jahrhunderts ist die Fülle an literarischen Werken, die die Probleme in der Gesellschaft erörtern. Ein sehr gutes Beispiel ist das Werk „Shwepyiso" des Schriftstellers U Latt, das 1914 veröffentlicht wurde. In einer Nebenhandlung lernt der Leser den jungen, vom Westen beeinflussten, Maung Thaung Hpe kennen, der nach bestandenem Juraexamen aus England in sein Heimatland zurückkehrt und seinem Vater, der sich für seine Ausbildung hoch verschuldet hat, keinerlei Dankbarkeit entgegenbringt. Fortan empfängt er seinen Vater nur nach terminlicher Absprache. Diese Sinneswandlung lässt den alten Vater an den Grundwerten der burmesischen Gesellschaft zweifeln und in die ihm einzig vertraute Welt flüchten – er wird Mönch! Viele Burmesen konnten sich mit ihm identifizieren, denn auch für sie war der Wandel rasant und schmerzlich.

KAPITEL XV: Tempel im Staub

Wer hätte Mitte der achtziger Jahre des 19. Jahrhunderts gedacht, dass die schottische „Bombay Burmah Trading Company" maßgeblich am Verlust der Souveränität des Landes sowie an der Machtübernahme durch die Briten beteiligt war?[1] 1885 sollte für Burma zum Schicksalsjahr werden. Für die Bosse der schottischen Firma war es ein Arbeitstag wie jeder andere. Spezialisiert auf den Handel mit Tropenhölzern, sollte am 12. August eine weitere Ladung exportiert werden. Zur Überraschung der Zuständigen erhob ein burmesischer Provinzgouverneur eine Strafe von hunderttausend Rupien auf den Holzexport, da die Firma angeblich keine Abgaben an den König geleistet hatte. In Yangon wies man die Anschuldigung zurück. Die Buchhaltung bot an, die Geschäftsbücher offenzulegen. Aber die „Bombay Burmah Trading Company" zog vor Gericht den Kürzeren, da Mandalay dem Gouverneur Recht gab. Im fernen London konnte dieser Vorfall viele Probleme der Briten in Asien auf einen Schlag lösen. Man kann sich vorstellen, wie sich die Mächtigen in London vor Freude die Hände rieben. Die Briten befanden sich in einer Zwickmühle. Im Norden von „Britisch-Indien" überrannten die Russen Zentralasien und rückten 1885 bis an die afghanische Grenze vor. Zur gleichen Zeit kolonisierten die Franzosen, ebenfalls auf der jüngsten Welle des Imperialismus reitend, Vietnam, Kambodscha und Laos und vereinten die Länder 1887 zu „Französisch-Indochina". Die Annäherung der beiden Mächte an „Britisch-Indien" wertete London als Bedrohung. Die Regierung hatte nur ein Problem: Ein Angriffskrieg gegen Burma zur Schaffung einer Pufferzone war politischer Sprengstoff und der Bevölkerung zu Hause nicht zu verkaufen. Eine Bedrohung jedoch, sowie die Möglichkeit, die eigene Wirtschaft durch den Zugang zu Chinas Reichtümern über burmesische Handelsrouten zu revitalisieren, konnte als Grund für eine Militäraktion Zustimmung finden. Just in diesem Moment präsentierte sich der burmesische Königshof im Rechtsstreit mit der „Bombay Burmah Trading Company" als völlig irrational. London sah nun im burmesischen König Thibaw einen gefährlichen Despoten, dem man nicht mehr trauen konnte, sodass er als unzuverlässiger Partner diskreditiert wurde. Großbritannien sah die Zeit zum Handeln gekommen, denn die Ausgangslage war für die Kolonialmacht günstig. Die burmesische Armee war nur noch ein Schatten ihrer selbst, ein Überbleibsel aus vergangenen glorreichen Tagen. Diesen Vorteil nutzte Großbritannien und forderte von König Thibaw einen unabhängigen Schiedsspruch in der Angelegenheit der „Bombay Burmah Trading Company". London zwang Burma dazu, in Zukunft die eigene Außenpolitik mit der Regierung in Indien abzusprechen. König Thibaw „was not amused". Seine Antwort entsprach natürlich nicht den britischen Vorstellungen, sodass die Engländer zum Angriff bliesen. In Mandalay setzten sie König Thibaw ab und schickten ihn und seine Gattin ins indische Exil. Unterdessen wartete man im fernen England auf das Ende einer kurzen und schmerzlosen Militäraktion. Die ließ aber laut Thant Myint U auf sich warten. Drei elementare Fehleinschätzungen waren dafür verantwortlich. Erstens segnete der weiße Elefant, Symbol der Stärke und Unabhängigkeit des Landes, im Palast das Zeitliche. Anstatt den Kadaver klammheimlich verschwinden zu lassen, zerrten die Engländer ihn zur Entsorgung gut sichtbar für alle Einwohner durch die Straßen der Stadt, was die Menschen gegen sie aufbrachte. Zweitens fehlte mit dem König im Exil den Mönchen ihr buddhistischer Patron, sodass über Nacht Unruhe ausbrach. Und drittens unterschätzten die Engländer die wachsende burmesische Untergrundbewegung, die regen Zulauf erhielt. Der Krieg zog sich bis 1901 hin. Erst dann beendete Lord Curzon das Chaos in Burma. Seine geschickten politischen Manöver sowie sein umfassendes Wissen über Asien hatten sicherlich kurz vorher zu der Entscheidung beigetragen, ihn zum Vizekönig von Indien zu ernennen. Der Rest ist bestens bekannt: Frisch im Amt schickte er Francis Younghusband 1903 mit einer Expedition nach Tibet, um in einem zweiten Schritt die ungesicherte Nordflanke „Britisch-Indiens" vor dem Vormarsch der Russen zu verteidigen.

Ko Soe wartet am Wagen auf mich. Er liest aufmerksam die „Myanmar Times" und bemerkt nicht, dass ich mich nähere. Plötzlich schaut er auf, lächelt und sagt: „Na, hast du etwas Geschichte geschnuppert? Ist das Kloster nicht wunderbar?" Da muss ich ihm zustimmen. „Komm, Marcus, es gibt noch zwei weitere Klöster, die du unbedingt sehen solltest. Wir fahren nach Ava zum Bagaya-Kloster. Das wird dich interessieren. Hier schließt sich für dich der Kreis! Schon mal was von Kinwun Kingyi gehört, dem wichtigen burmesischen Botschafter König Thibaws?" „Lass mich raten, er ist im Kloster erzogen und unterrichtet worden", antworte ich, ohne wirklich genau über ihn Bescheid zu wissen. Ich kann mich vage daran erinnern, dass er drei Jahrzehnte am königlichen Hofe von Ava verbrachte und zuerst König Mindon und danach seinem Nachfolger Thibaw diente. 2006 schafften wir es

Faszination Bagan

nicht, das alte Ava zu besuchen, weil der Zeitplan zu eng war. Dies wollen wir nun nachholen. Ava war seit 1304, mit einigen kurzen Unterbrechungen, für vierhundert Jahre die burmesische Hauptstadt. Ich sehe, dass Ko Soe hinter dem Lenkrad triumphiert. „Falsch, mein Lieber! Du warst nah dran. Kinwun Kingyi ist im Bagaya-Kloster ausgebildet worden, aber nicht in Ava, sondern im benachbarten Amarapura! Dort gibt es quasi eine Kopie." „Wieso schließt sich dort der Kreis für mich?", frage ich ungeduldig nach. „Weil das Schicksal Kinwun und Thibaw miteinander verband. Beide gingen gemeinsam ins indische Exil. Und weil Kinwun dich im Hinblick auf deine eigene Reise durch Asien interessieren wird." „Komm schon, dann lass hören." „Als König Mindon starb, wurde Kinwun Kingyi nach London geschickt, um Unheil von Burma fern zu halten." „Ach was, der Besuch hatte aber keinen Erfolg, oder?" „Nein, die Briten ließen Kinwun und seine Kollegen wissen, dass Großbritannien sich nicht wirklich für den Fortbestand des burmesischen Königshofes interessierte, sondern vielmehr für eine Konsolidierung der eigenen imperialen Macht in Südostasien." „Und?", antworte ich. „Auf seiner Reise durch Europa bemerkte Kinwun die enorme Rückständigkeit Burmas und erkannte, dass politische und wirtschaftliche Reformen längst überfällig waren." Ich nicke, verstehe aber immer noch nicht, wie Kinwun Kingyi zu meiner eigenen Reise passen soll, schließlich stellt für mich die Tempelstadt

Bagan und die Invasion der Mongolen im 13. Jahrhundert die Anbindung zu Zentralasien, Tibet und zur alten Teeroute dar. „Und wie bekommst du jetzt den Bogen zu meiner Reise?“, frage ich Ko Soe. „Ganz einfach. Kinwun verließ Großbritannien und reiste nach Frankreich weiter, wo er in der Nationalbibliothek völlig überrascht eine alte Landkarte von Südostasien sah, auf der Burmas Grenzen abgebildet waren. Diese Karte wurde offensichtlich von Marco Polo gezeichnet ...“ „... der im Gefolge der Mongolen den Angriff der Steppenkrieger auf burmesischem Boden aufzeichnete“, falle ich ihm ins Wort. „Gut, nicht wahr?“, grinst Ko Soe mich an. „Morgen fahren wir nach Bagan!“ Ich bin begeistert und staune nicht schlecht.

Die Abendatmosphäre ist hinreißend schön. Impressionistische Maler hätten ihre wahre Freude an den ständig wechselnden Lichtverhältnissen gehabt. Die Backsteinmauern der Tempel in Bagan glühen bordeauxrot und werfen auf der der Sonne abgewandten Seite lange Schatten in die Graslandschaft.[2] Reisebusse und private Taxis bringen Touristen zu den Ruinen und wirbeln den Staub auf den Wegen auf. Dieser hängt wie Nebelschwaden zwischen den Bäumen und zaubert etwas Unheimliches in die Landschaft. Fahrradfahrer und Gäste, die sich eine Pferderikscha gemietet haben, halten unterwegs an, um Bilder von der grandiosen Ruinenkulisse zu machen. Über eine Zeitspanne von 230 Jahren entstanden auf über vierzig Quadratkilometern Fläche ungefähr viertausend Tempel, von denen heute noch mehr als zweitausend zu besichtigen sind. Viele sind der Verwitterung und dem Verfall stark ausgesetzt, zu wenige werden angemessen restauriert. Manche sind beschädigt, wurden ihrer Kulturgüter beraubt oder vor Jahrhunderten abgerissen, um Baumaterial für Befestigungsanlagen gegen heranziehende Mongolen zu liefern. Das Ausmaß der Tempel in Bagan zeigt mir, dass die Stadt viele geschickte Könige gehabt haben musste. Unter ihnen stach Anawratha heraus, der seine Armeen in die entlegenen Winkel Burmas schickte und das Land vereinte. Gleichzeitig annektierte er Siedlungen der Nanzhao entlang der Ostgrenze des Riesenreiches und führte Krieg gegen indische Truppen im benachbarten Bengalen. Anawratha regierte eine tolerante, ja weltoffene und multikulturelle Gesellschaft, deren kluge Köpfe fremde Ideen weiterentwickelten und zum Wohle des Reiches beitrugen. Neben den Tempeln errichteten die Könige Bagans Bibliotheken und Klöster. Ernährt wurde die Hauptstadt durch die Umwandlung der Trockenzone am Irrawaddy in eine üppige Kulturlandschaft. Anawratha selber sorgte für die flächendeckende Verbreitung des Therawada-Buddhismus. Mit missionarischem Eifer schützte der König seinen neuen Glauben und bekehrte sein Volk. Seine Anhänger verteidigten den Buddhismus im 12. Jahrhundert noch vehement, ja fast mit dem Rücken zur Wand. Dies geschah zu einer Zeit, in der konfuzianische Ideen in den Mogao-Höhlen in China abgebildet wurden und die Jünger Mohammeds buddhistische Stätten in Zentralasien überrannten. Der Islam rückte in greifbare Nähe zu Burma.

Ein erster Abstecher führt mich und Ko Soe zum Nathlaung-Tempel, dessen Name übersetzt „Schrein der gefangenen Nats" bedeutet. König Anawratha verbannte alte Nat-Statuen hier ins Innere des Tempels, als er den Buddhismus in Burma verbreitete. Er selber nannte das Gebäude einen Ort, „wo Nats gefangen gehalten werden." Diese übernatürlichen Wesen und Geister stellen die Verbindung zum prä-buddhistischen Burma dar. König Anawratha verbot den animistischen Nat-Glauben im 11. Jahrhundert und zerstörte Nat-Tempel im Land. Als kluger Mann, der er war, musste er aber schnell erkennen, dass er den Burmesen ihre jahrhundertealten Bräuche nicht einfach austreiben konnte. Er lief Gefahr, den Theravada-Buddhismus nicht als offizielle Staatsreligion durchsetzen zu können. Dies bewog ihn dazu, eine Koexistenz zwischen Nats und Buddha zu akzeptieren. Er machte einen cleveren Schachzug. Den bis dato sechsunddreißig anerkannten Nats fügte er höchstpersönlich eine weitere hinduistische Gottheit hinzu. „Thagyamin", der auf Indra basiert, verlieh er den Titel „König der Nats". Da in der buddhistischen Mythologie die vedische Gottheit Indra Buddha selber huldigte, unterwarf er mit dieser Ernennung geschickt den gesamten Nat-Olymp der Lehre Buddhas. Die meisten Nats waren dem Glauben nach Menschen, die mit dem Königtum in Verbindung standen oder in der Geschichte Burmas eine reale oder fiktive Rolle gespielt haben. „Liebe den Buddha und fürchte die Nats", fasst Ko Soe die Vermischung zwischen älterer Religion und Buddhas Lehre zusammen. An vielen Stupas im Land zeigt er mir die Nat-Schreine und erklärt mir die Bedeutung der einzelnen Figuren.

Andächtig stehe ich vor dem Eingang des Nathlaung-Tempels und mache ein Foto. Im Sucher der Kamera taucht plötzlich ein burmesischer Teenager auf und winkt heftig mit seinen Händen, sodass die Kamera Schwierigkeiten hat, zu fokussieren. „Hallo, wo kommst du her? Deutschland? Bundesliga?" Der kleine Nervbolzen versucht, mir einen schrecklich kitschigen Wandmandala zu verkaufen. „Hello Mister, vielleicht später? Wenn du kaufst, mache ich dir einen guten Preis!“ Shien Thu Win bemerkt gerade noch rechtzeitig meine fehlende Begeisterung und hört auf, bevor mir der Kragen platzt. Die Souvenirverkäufer in Bagan sind zu einer Plage geworden. Ihre Verkaufstaktik kommt einem aggressiven Betteln gleich. Wie kleine Kinder, die noch nicht richtig Fahrrad fahren können und immer wieder auf die Nase fallen, müssen die Touristenjäger Burmas erst lernen, dass man so kein Geld machen kann, ja im Gegenteil, die potenziellen Käufer ganz schnell vergrault. Shien Thu Win erzählt mir von seinem Geschäft. „Ich teile mir den Tempel mit zwei anderen Jungs. Alle drei Tage darf ich hier meinen Stand aufbauen. Wir rotieren, sodass jeder die Möglichkeit hat, etwas zu verdienen.“ „Und? Läuft es gut für dich?“ „Nein, es sei denn, du willst ein Mandala haben.“ Ich ziehe ein Gesicht. „Nicht? Okay, das Geschäft ist schlecht, obwohl mehr und mehr Touristen in unser Land kommen und Bagan besuchen. Sie fahren aber alle zu den großen Läden, wo die Reiseleiter eine Kommission bekommen. So bleibt kaum noch etwas für uns übrig. Ich habe die Schule geschmissen, um Geld für unsere Familie zu verdienen. Jetzt weiß ich nicht, ob dies die richtige Entscheidung gewesen ist.“ Plötzlich ist das Gespräch zu Ende. Eine deutsche

Kinderarbeit in Bagan

Touristin ist hinter uns aufgetaucht. Die Kamera baumelt wild um ihren Hals. Shien Thu Win wendet sich von mir ab, lächelt die ältere Frau an und ruft ihr zu: „Na, meine Dame, wie wäre es denn mit uns beiden?“ Charme hat er, das muss man ihm lassen.

Ich betrete den Bathlaung-Tempel. Er ist einzigartig, da er die letzte rein hinduistische Tempelruine Bagans darstellt, die den Übergang zum Buddhismus überdauert hat. Ich konsultiere meinen Reiseführer und erfahre, dass, wie auch bei den Mogao-Höhlen in China, unterschiedliche Einflüsse und Strömungen nebeneinander und in kombinierter Form zu sehen sind. Neben der Präsentation von Figuren aus der hinduistischen und buddhistischen Mythologie staune ich über die Darstellung unterschiedlicher Facetten des alltäglichen Lebens. Hier im Bathlaung-Tempel zeigen Reliefreste beispielsweise Vishnu neben den Nats. Ein weiteres Merkmal verdeutlicht eine enge Verwandtschaft zu den buddhistischen Tempeln im nordöstlichen Indien: Über der Tempelhalle ragt ein schwer beschädigter und mächtig in die Jahre gekommener zentraler Turm in den Abendhimmel. Seine Mauern sind hilflos dem Zerfall durch Erdbeben und Verwitterung ausgesetzt. „Shikhara“ wird diese an einen Maiskolben erinnernde Struktur genannt, deren Backsteine groben Maiskörnern ähneln und aus den Wänden ragen. Überall in Asien und Südostasien symbolisieren die zentralen Türme auf hinduistischen und buddhistischen Sakralbauten den heiligen Götterberg Meru. Ein besonders markantes Beispiel ist diesbezüglich die Tempelanlage von Angkor Wat in Kambodscha. Aber auch Stupas, Pagoden und tibetische Tschörten sind ein Abbild des heiligen Berges. Nicht weit entfernt am Abeyadana-Tempel weist Ko Soe mich darauf hin, dass die Originalfresken gleichzeitig Motive aus dem Kanon des Theravada-Buddhismus und des Tantrismus zeigen. Die Bilderzyklen im Inneren sind überwältigend schön. Ich kann Buddhas Mutter erkennen, wie sie die Geburt ihres Sohnes erwartet. Bodhisattvas, allen voran Avalokiteshvara, und hinduistische Gottheiten wie Brahma, Vishnu, Shiva und Indra sind an den Wänden abgebildet. Fabeltiere und tantrische Gottheiten runden das Gesamtbild ab. Wunderschön!

Am nächsten Morgen fährt Ko Soe auf das südliche Tempelfeld. Hier halten wir vor dem Payathonzu-Tempelkomplex. Übersetzt bedeutet der Name „Drei-Pagoden-Tempel“ und meint damit die drei miteinander verbundenen Schreine, die jeweils eine dicke „Shikhara“-Spitze aufweisen. Zwei Schreine enthalten wunderbare Wandgemälde, die wiederum Bodhisattvas in einen chinesischen bzw. tibetischen Stil zeigen. Der rechte dritte Schrein hingegen ist leer. Die Baumeister haben den Komplex vor ihrer Vollendung verlassen. „Schau, die Künstler sind Ende des 13. Jahrhunderts vor den Mongolen geflohen, die über Yunnan nach Burma gekommen sind und Bagan unterworfen haben." „War Bagan nicht schon vorher im Niedergang begriffen?", frage ich meinen Freund. „Sicher, die Blütezeit des ersten burmesischen Königreiches war längst vorüber, sodass die Mongolen bei ihrem Angriff leichtes Spiel hatten. Sie haben eine mehr oder weniger leere Stadt eingenommen. Es hatte ja auch keiner auf die Prophezeiung gehört!", antwortet Ko Soe. „Was meinst du damit?" „Nun, Narathihapati, dem letzten König Bagans, trug man zu, dass die Stadt vernichtet werde, wenn der Mingalazedi-Tempel fertiggestellt würde. Narathihapati hielt diese Vorhersage für bloßen Aberglauben und die Vollendung des Bauwerkes erfolgte 1264, kurz vor der Invasion der Mongolen! Hätte er mal besser zugehört!"

Die Fresken im Höhlentempel von Bagan sind natürlich bei weitem nicht das einzige Zeugnis des Heranrückens der Mongolen, das die Jahrhunderte überdauert hat. Marco Polo nennt in seinem Buch zum ersten Mal überhaupt explizit das heutige Burma und widmet der mongolischen Invasion gleich mehrere Kapitel.[3] Als fest etablierter Berater und Präfekt des Khans reiste er in seinem Gefolge durch Asien und hatte das Glück, die Expansion des Großreiches selber miterleben zu dürfen. Der Venezianer liefert uns in seinem Buch auch ein Indiz für die enge Verbindung der burmesischen Könige zu ihren indischen Nachbarn im heutigen Bengalen. Er verleiht dem Herrscher von Bagan einen Doppeltitel und nennt ihn „König der Mien und der Bangala". Als „Mien" waren zu jener Zeit die Burmesen in China bekannt. Die bevorstehende Konfrontation mit den Mongolen schilderte Marco wahrscheinlich aus Yunnan, wo er verweilte. Kublai Khan war sich bestens über die strategische Bedeutung der Provinz im Klaren und sah dementsprechend Yunnan als Sprungbrett für eine Invasion nach Burma. Yunnan wurde Anfang der fünfziger Jahre des 13. Jahrhunderts erobert. Von dort aus marschierten seine Truppen auf der Hauptroute der südwestlichen Seidenstraße gen Westen, um in der Provinz „Zardandan" auf die Burmesen zu treffen. Mit „Zardandan" sind sicherlich die Shan-Berge im burmesisch-chinesischen Grenzgebiet gemeint, die laut Marco Polo Austragungsort der berühmten Schlacht von Vochan waren. Vochan selber ist das heutige

Baoshan, ein ehemaliger Handelsort an einem Ast der Teeroute in West-Yunnan. Der „König der Mien“ wird vom jungen Venezianer als „mächtiger Prinz mit einem riesigen Territorium sowie vielen Schätzen und Menschen“ beschrieben. Als dieser von der Offensive gegen ihn hörte, schwor er, den Mongolenherrscher mit aller Macht zu schlagen, sodass dieser nie wieder eine Armee an die Grenzen seines Reiches schicken werde. Polo schildert, dass der König von Bagan eine „gewaltige Streitmacht mit zweitausend Kriegselefanten aufstellen ließ, auf deren Rücken mächtige hölzerne Türme befestigt waren, die zwölf bis sechzehn stark bewaffneten Kämpfern Platz boten.“ An der Seite der bemannten Elefanten zogen 60 000 Kämpfer in die Schlacht. Als der König die Vorbereitungen abgeschlossen hatte, zögerte er keine Minute, so Polo, und marschierte direkt auf die Mongolen zu. Auch die Gegenseite wird detailliert beschrieben. Dort standen über 10 000 exzellente Reiter kampfbereit, die von „einem äußerst heldenhaften und fähigen Kapitän“ namens „Nescardin“ befehligt wurden. Dieser „Nescardin“ – in historischen Quellen als „Nasruddin von Buchara“ oder als „Nasir al-Din“ bekannt – war kein anderer, als der Sohn Sayyid Ajali Omar Shams udi-Dins aus Buchara, der wie sein Vater im Dienst der Mongolen Gouverneur von Yunnan wurde. Marco Polo hielt große Stücke auf ihn, so ist nachzulesen, dass er ihm ein hervorragendes Urteilsvermögen attestierte. In der Schlacht gegen die Burmesen behielt Nasruddin einen kühlen Kopf und führte die Mongolen zum Sieg, obwohl der Anblick der zweitausend Kriegselefanten den Pferden zuerst das Fürchten lehrte und sie ihren Reitern die Gefolgschaft verweigern. Laut Polo ordnete Nasruddin an, die Pferde an Bäume zu binden. Danach gab er seinen Bogenschützen den Befehl, aus der Deckung die Elefanten zu beschießen. Dies brachte den gewünschten Erfolg. Die Dickhäuter wurden niedergestreckt oder ergriffen die Flucht und rissen ihre Besatzung in den Tod. Am Ende erlangten die Mongolen die Oberhand, obwohl sie zahlenmäßig weit unterlegen waren und verfolgten den Rest der fliehenden burmesischen Soldaten. Alles andere ist Geschichte – Bagan fiel. Was aber aus Nasruddin wurde, erfahren wir von Marco Polo nicht. Als Gouverneur von Yunnan verwaltete er das Goldene Dreieck und die Handelsrouten nach Assam, bis er 1292 hingerichtet wurde, weil er angeblich Staatsgelder veruntreut haben soll. Sein Bruder Masud folgte ihm im Amt. So trug die Besetzung des Gouverneursposten über drei Familiengenerationen hinweg erheblich zu einer Sicherung der Kontrolle über die Handelsrouten nach Tibet, Assam, Burma und Thailand bei. Dadurch wuchs die Präsenz der Muslime in Yunnan und Burma und die Nachfahren Nasruddins siedelten auf heutigem burmesischen Staatsgebiet. Während die Mongolenherrschaft in Burma nur von kurzer Dauer war, überstanden die Wandmalereien im Kyanzittha-Tempel in Bagan die Jahrhunderte und erinnern heute noch an die einstige Einwanderung.

Nasruddin wurde für Marco Polo zum Problem, da die Rolle, die er ihm in der „Schlacht von Vochan" zuschrieb, Rätsel aufwarf. Aus heutiger Sicht muss seine Schilderung des Angriffes bezweifelt werden, da weder die chinesischen Annalen noch die burmesischen Chroniken Nasruddin in diesem Zusammenhang erwähnen. Der Kapitän taucht in den chinesischen Geschichtsquellen erst einige Monate später als Teil einer Streitmacht am Irrawaddy-Fluss auf. Weitere Ungereimtheiten folgen, so ist Bagan vom burmesisch-chinesischen Grenzgebiet weder in zwei Tagen zu erreichen noch kann die Region menschenleer gewesen sein. Bagan war zu jener Zeit das Zentrum der Macht und die bevölkerungsreichste Stadt. Auch ist seine Beschreibung der Hauptstadt ungenau und leider nur sehr oberflächlich. Zwei große Türme, einer aus Gold, der andere aus Silber, finden Erwähnung. Laut

Tempelkomplex in Bagan

Polo wurden beide aus Steinen errichtet und jeweils einen Finger breit mit den beiden Edelmetallen verkleidet. Als Kublai Khan erfuhr, dass diese „Türme“ – womit wohl eher Pagoden gemeint sind – für die Aufbewahrung der Gebeine des burmesischen Königs vorgesehen waren, entschied er, sie zu verschonen. Heute gilt als sicher, dass Marco Polo den Ablauf der „Schlacht von Vochan“ nicht in Burma, sondern in Yunnan und aus zweiter Hand aufgezeichnet hat. Es muss wohl davon ausgegangen werden, dass der Venezianer hier, wie auch unter anderem in Samarkand, seine eigenen Notizen durch Hörensagen und zusammengereimte Geschichten angereichert hat.

Bagan ist die letzte Station auf meiner Reise und etwas wehmütig verlassen wir diesen magischen Ort, der mich trotz zunehmendem Tourismus und damit zusammenhängenden Problemen abermals in den Bann gezogen hat. Nach wie vor ist dies für mich einer der schönsten Plätze Südostasiens. Hier verlieren sich auch die Spuren Marco Polos. Der Chronist aus Venedig ist mir nun schon seit vier Monaten ein zuverlässiger Begleiter, dessen Schilderungen mich begeistert haben, da ich auf meinem bereisten Abschnitt der zentralasiatischen Karawanenrouten immer wieder – auch noch nach siebenhundert Jahren – Details aus seinem Buch vorgefunden habe.

KAPITEL XVI: Aufbruch im Land der Pagoden?

Ko Soe pfeift und singt hinter dem Lenkrad und scheucht den Toyota den „Yangon-Mandalay Superhighway“ Richtung Süden hinunter. Er ist gut gelaunt, denn bald wird er seine Familie wieder sehen. Schon jetzt ist ein großes Abendessen geplant und wir müssen noch Schokolade für seine Frau kaufen. Während der letzten vier Wochen hat Ko Soe an diversen Orten Kleidung, Lebensmittel, Sesamöl und Gewürze eingekauft. Der Kofferraum verwandelte sich in einen Gemischtwarenladen. Neben meinem Rucksack liegt ein riesiger Haufen Auberginen. Auf meine Frage hin, ob man die nicht auch in Yangon bekommt, antwortet er: „Nee, nicht die gleiche Qualität! Das ist etwas Besonderes! Gibt es zum Abendessen – warte ab.“ Mir hat er einen nagelneuen „Longyi“ verpasst, den ich zu seinen Ehren tragen werde. Ich lausche seinen Liedern, lasse die Landschaft an mir vorbeigleiten und denke darüber nach, dass ich auf meiner Reise viele Burmas gesehen habe. Was vereint das riesige Land mit seinen unterschiedlichen Gesichtern? Im Vergleich zu Usbekistan, Kasachstan und China fehlt hier ein ausgeprägtes Nationalbewusstsein. Was sind die Gründe dafür? Während meiner vierwöchigen Reise habe ich erkannt, dass das Land noch lange nicht zusammengewachsen ist. Einer der Hauptgründe ist sicherlich die Tatsache, dass Burma ein Vielvölkerstaat ist, ein ethnischer Flickenteppich, dessen Enden noch nicht miteinander verknüpft sind. Die Zugehörigkeit zur eigenen Volksgruppe zählt mehr als die Zugehörigkeit zu einer gemeinsamen Nation. Solch ein „Ethno-Nationalismus“ hat dementsprechend Vorrang vor einem übergeordneten Nationalbewusstsein. Die Identifikation mit der eigenen Kultur und Religion ist historisch bedingt und wurde mit dem Eintreffen der Europäer noch verschärft. Die Missionierung einzelner Bevölkerungsgruppen durch die britischen Kolonialherren beispielsweise vertiefte die Kluft zu den anderen Minderheiten über den Absolutheitsanspruch des jeweiligen Glaubens. Das Gerangel um Rohstoffe ist ein zweiter Grund. Diesbezüglich ist die selbst verursachte und von außen beschlossene internationale Isolation weiterer Brennstoff, der den Konfliktherd anheizt. Reduzierter Außenhandel und Wirtschaftsbeziehungen mit nur einer Hand voll Nachbarn zwang die Militärjunta zur Ausbeutung der eigenen Ressourcen auf dem Territorium der Minderheiten, die erbitterten Widerstand leisteten oder mitverdienen wollten. Gleichzeitig erfolgte keine Entwicklung in diesen Gebieten, da der

Unterricht in der Klosterschule

korrupte Machtapparat sämtliche Devisen verschlang. Wenige wurden reich und viele sahen dabei zu. Investitionen in seine Bürger und staatliche Fürsorge fehlen größtenteils. Ein Teufelskreis wurde in Gang gesetzt. Je weniger wirtschaftlichen Spielraum die internationale Staatengemeinschaft Burma gab, desto stärker wurde die Abhängigkeit von den Nachbarn, die ihre eigenen Interessen verfolgten und Zugriff auf den Rohstoffreichtum Burmas erhielten. Naypyidaw erstickte politische wie ökonomische Autonomieforderungen der Minderheiten im Keim, um die Nachfrage nach Öl, Gas, Erzen und Edelsteinen zu bedienen. Kein Wunder also, dass das Misstrauen gegenüber konsekutiven Regierungen und insbesondere gegenüber der Militärjunta bei allen ethnischen Gruppen des Landes und insbesondere bei den Karen stark ist. Die „Karen National Union" (KNU) ist beispielsweise seit nunmehr sechs Jahrzehnten zu keinerlei Kompromissen bereit und mit der Regierung in Naypyidaw im Dauerkonflikt. Die ideologischen Gräben, die über Jahrzehnte ausgehoben wurden, bleiben tief und ich teile Khun Myos Meinung, dass erst die Zeit zeigen wird, ob es die Regierung wirklich ernst meint und das Land vereinen möchte, oder aber ob sie erneut zu ihren Gunsten versucht, einen weiteren Keil zwischen die burmesischen Minderheiten zu treiben.

Burma muss sich anders helfen. Ein Land, das sich intern permanent im Kriegszustand befindet, hat eine denkbar schlechte Ausgangssituation für die Schaffung einer nationalen Identifikation. Frage ich Ko Soe, was den Burmesen eine gemeinsame Identität gibt, antwortet er: „Wir sind das Land der goldenen Pagoden." Übergreifende Identifikation stiften aber nicht die Kulturdenkmäler selber, sondern der Grund für ihren Bau – die tiefe Religiosität im Land. Wenn Ko Soe dies meint, trifft er den Nagel auf den Kopf: An die Stelle eines Nationalbewusstseins tritt die Religion. Gerade, weil Burma eine traditionelle und isolierte Gesellschaft ist, ist der Theravada-Buddhismus in der Gesellschaft fest verankert.[1] Im Gegensatz zu offeneren und deutlich entwickelteren Nationen muss er hier wesentliche zivile Funktionen übernehmen, wie zum Beispiel die Ausbildung der nächsten Generation. Das von mir besuchte „Su Taung Pyae Parahita"-Waisenheim in Thanlyin ist nur ein Beispiel. Die buddhistische Erziehung in Klosterschulen hat eine lange Tradition. Mönche waren bis zur britischen Kolonialzeit die traditionellen Lehrer im Land. Selbst der Bildungsansatz war elementar anders: In Burma war Erziehung bzw. Bildung immer verbunden mit Buddhas Lehre, also dem Streben nach Erleuchtung, und nicht alleine mit dem Erwerb praktischer Fähigkeiten zur Vorbereitung auf bestimmte Berufe, so wie es das englische Bildungssystem vorsah. Die Klöster in Burma sind aber weit mehr als eine zusätzliche Bildungseinrichtung. Die zivile Bevölkerung leistet ihre Opfergabe an das Kloster zur Unterstützung der Mönche, die wiederum buddhistische Aufgaben erledigen und für die Menschen beten. Ko Soe ist stolz auf die Mönche im Land: „In Zeiten der Not, so zum Beispiel während der Wirbelsturmkatastrophe oder der ‚Safran-Revolution', reichen die Mönche uns ihre Hände und kümmern sich um die vielen Notleidenden. Wir sehen das Mönchsdasein als Pflicht an der Gesellschaft an. Die Tradition verlangt es, dass Jugendliche im Alter von zehn bis zwanzig Jahren in die Klöster gehen." „Wie geht das vor sich?", möchte ich wissen. „Während der ‚Shimpyu-Zeremonie' werden die Kinder feierlich aus der Dorfgemeinschaft verabschiedet und in das Kloster aufgenommen. Diese Zeremonie ist eine weitere Möglichkeit für die gläubigen Buddhisten, in ihrem Leben gute Dinge zu tun. Wir sammeln also ‚Kutho' für das nächste Leben nach der Wiedergeburt." Ko Soe nimmt diese Aufgabe sehr ernst. Besonders stolz ist er auf seine gespendete Buddhastatue in der berühmten Pindaya-Höhle in den Shan-Bergen, in der über 8000 vergoldete Statuen zu sehen sind.

Ein für Buddhisten weiterer wichtiger Ort ist der „Goldene Felsen“ im Mon-Staat. Für mich ist der Besuch der Kyaiktiyo-Felsenstupa eher abstoßend. Das ganze Areal um den Felsbrocken ist einfach nur fürchterlich. Betonsteige, Betontreppen und Betonplattformen. Davor und dahinter Souvenirläden, die Miniaturfelsen mit greller Goldfarbe und Maschinengewehre aus Bambusholz verkaufen. Umso erstaunlicher ist es, dass Ko Soe und unzählige andere Gläubige inmitten des Wahnsinns andächtig vor dem Felsen beten und die Welt um sich herum ausblenden. Nicht aber nur besondere Kulturdenkmäler und heilige Stätten wie die Shwedagon-Pagode oder die Kyaiktiyo-Felsenstupa werden von den Burmesen heimgesucht und verehrt, sondern auch hochrangige oder sehr bedeutsame Mönche, denen viel „Macht“ nachgesagt wird – Macht, die sie zum Wohle des Volkes und als Hüter des Buddhismus nutzen. Ebenfalls im Mon-Staat hatte ich das Glück, einen solchen „mächtigen“ Mönch persönlich zu treffen. Ko Soe war außer sich. „Mensch Marcus, das bringt richtig Glück. Wir müssen Meister Badanda Kay Tha Ya unbedingt erwischen. Er ist unglaublich.“ „Was macht ihn denn so besonders?“, fragte ich nach. „Er hatte diese Vision und dann kamen alle Menschen zu ihm und haben gespendet. Sogar die Militärregierung hat Geld gegeben!“ „Wofür denn?“ Der Toyota Corona schoss in der Nähe von Yadana Taung durch ein Waldstück und plötzlich entdeckte ich auf einer Lichtung in einem Talkessel eine riesige liegende Buddhastatue, die mit über hundert Metern Länge sicherlich eine der größten der Welt ist. „Siehst du, die hat er gebaut – alleine!“ Wir hielten an und ohrenbetäubender Lärm eines Presslufthammers ruinierte jede meditative Atmosphäre. „Komm schon, wir müssen da rauf!“, schrie er mir zu. Auf einem Fundament hämmerten Mönche und gossen Beton. Arbeiter zogen Wände hoch. Ich traute meinen Augen nicht. Ko Soe bekam sich nicht mehr ein. Wir beide hatten unsere Schuhe ausgezogen. „Das ist ein heiliger Ort!“ „Warum das denn?“, wollte ich wissen. „Weil hier eine noch größere Statue gebaut wird.“ Ich hätte es wissen müssen. Oben angekommen erfuhren wir, dass wir die Schuhe hätten anlassen können. Ich liebe es, wenn Ko Soe „Oh mein Gott“ sagt. „Das bringt doppelt gutes Karma.“ Er hob seinen „Longyi“ an und stapfte durch Kies, Sand und Mörtelreste. Wo in Deutschland Sicherheitsschuhe und Bauhelm Vorschrift sind, lief ich barfuß über eine heilige Baustelle zu einem alten Mönch, der mit einem Skistock bewaffnet in der Luft rumfuchtelte und einem Baggerfahrer Instruktionen gab. Dieser steuerte die riesige Schaufel und trug Erde ab. Meister Badanda Kay Tha Ya war umgeben von seinen Beratern. Ein Helfer schützte den Neunzigjährigen mit einem Sonnenschirm. „Mach ganz viele Fotos von mir“, flüsterte Ko Soe mir ins Ohr, schnappte sich einen Plastikstuhl und tastete sich vorsichtig von hinten an den Mönch heran. Er verneigte sich mehrmals, schaute in meine Kamera und wartete, bis sich der kleine Mann in seinen Plastikstuhl niederließ. „Sehr mächtig, sehr mächtig. Jetzt bist du dran! Stell dich neben ihn. Das bringt Glück!“. Er nahm mir meine Kamera weg und unbeholfen trat ich nach vorne. „Näher!“, schrie Ko Soe und versuchte, den Lärm der Betonmischmaschine zu übertönen. Ein Mönch aus dem Beraterteam nahm mich am Arm und schubste mich direkt neben den Meister. „Gutes Karma“, sagte er und grinste mich an. Auf dem Rückweg sah ich andere Burmesen, die dem alten Mann ebenfalls die Ehre erwiesen. Sie knieten vor ihm nieder und verbeugten sich mehrmals.

Diese Episode verdeutlicht einmal mehr den Stellenwert der Mönche innerhalb der Gesellschaft. Ein zweiter Aspekt ist aber noch interessanter: Über die Jahrhunderte hinweg, praktisch seit der Verbreitung des Buddhismus durch König Anawratha, haben sich die Könige Burmas sowie in jüngerer Zeit die zivilen Regierungen immer als Patrone der Religion angesehen. Seit der

Pindaya-Höhle - Shan Staat

Unabhängigkeit des Landes unterstützten die Machthaber den Buddhismus, indem sie viel Geld ausgaben, um buddhistische Monumente zu erhalten, zu restaurieren und, wie im Fall der Shwedagon-Kopie in Naypyidaw, neu zu errichten. Badanda Kay Tha Ya erhielt großzügige Spenden vom damaligen General Than Shwe. Premierminister U Nu und Diktator Ne Win suchten buddhistische Legitimation als politische Führer, indem sie sich schützend vor die Religion stellten. Ne Win ließ Pagoden in Mandalay und Yangon errichten und erhob den Buddhismus mit Phrasen wie „der sozialistische Weg zum Nirvana" zu einer Art Staatsreligion. Die öffentliche und medial inszenierte Verehrung von buddhistischen Reliquien, wie dem immer wieder aus China ausgeliehenen Zahn Buddhas, soll die Machthaber als Träger der spirituellen Macht darstellen. Während ich in Naypyidaw den Nachbau der Shwedagon-Pagode besuchte, konnte ich beobachten, wie ein weißer Elefant einen Militärlaster mit Lautsprecherlärm an dicken Seilen hinter sich herziehen musste – eine bessere Metapher für die gewollte Verbindung zur Religion hätte man sich gar nicht ausdenken können. Der Arme übte schon einmal für den Ernstfall. Ein paar Tage später schleppte er einen schön dekorierten Wagen mit besagtem Buddhazahn an einer jubelnden Menschenmenge und etlichen Kamerateams vorbei. Selbst die Thein-Sein-Regierung sammelt mit dieser Geste „Kutho". Auch sie sieht sich als Verteidiger des Glaubens und leitet unter anderem davon das Recht ab, zu regieren.

Die Verknüpfung von Religion und Politik hatte in der Vergangenheit aber auch ein weiteres zentrales Ziel – nämlich die Sicherung der Macht. Immer wieder wurden die Söhne Buddhas drangsaliert und streng beobachtet, da sie besonders zur Entwicklung der burmesischen Politik beigetragen haben. Seit jeher boykottierten oder verteidigten sie politische Entscheidungen der Könige und vermittelten zwischen britischen Kolonialherren und der Bevölkerung. Die Engländer erkannten sehr schnell, dass Entscheidungen ohne die Zustimmung der Mönche einen kompromisslosen Widerstand nach sich zog und sie mussten lernen, dass der Klerus gewillt war, den Glauben selbst gegen britische Gewehre und Kanonen zu verteidigen. Ihre Position im burmesischen Vielvölkerstaat verdeutlicht also, warum der Buddhismus großen Anteil an der Ausbildung eines burmesischen Nationalismus hatte. Wegbereiter war die Gründung der „Young Men's Buddhist Association" (YMBA) 1906. Ihre Anhänger kämpften gemeinsam mit den Studenten gegen die Kolonialregierung und für die Unabhängigkeit des Landes. Die

YMBA hatte das Ziel, ein Nationalbewusstsein zu fördern. Eine nationale Identität konnte ihrer Meinung nach nur geschaffen werden, wenn die burmesische Kultur und Literatur sowie die buddhistische Lehre verbreitet und vor fremden Einflüssen bewahrt wurde. Die Allgemeinbildung wurde als entscheidend für politisches Engagement erachtet, sodass ein Hauptanliegen darin bestand, das politische Bewusstsein der jungen Burmesen während der Kolonialzeit zu stärken. Diesbezüglich sah sich die YMBA als Initiator der Politikentwicklung im Land und als Nucleus der Freiheitsbewegung. Gleichzeitig formierte sich die zivile politische Organisation „Dohbama Asi-ayone“ in den dreißiger Jahren an der Universität Yangons auf dem Höhepunkt einer nationalistischen Welle, die durch das Land schwappte.[2] „Dohbama“ bedeutet „Wir Burmesen“ (als Nation) und der Name war ein Appell an die Bevölkerung, für mehr Selbstbestimmung auf die Straße zu gehen. Ihre Mitglieder nannten sich „Thakins“, was übersetzt soviel wie „Meister“ heißt, womit die Burmesen ihre britischen Kolonialherren anreden mussten. Nun drehten sie den Spieß um und zeigten damit, dass sie ihre eigenen Herren waren. Mit der Gründung dieser Organisation bekamen nationalistische Aktivitäten eine deutlich militantere Note. Nach der Unabhängigkeit 1948 verlor „Dohbama Asi-ayone“ an Bedeutung und die YMBA verfolgte einen Kurswechsel in ihrer Zielsetzung. Sie reduzierte die Anstiftung zu politischen Aktivitäten und konzentrierte sich noch stärker auf die Entwicklung eines Nationalbewusstseins. Der Einfluss der Mönche in der Politik blieb bestehen und wurde für die Machthaber ein nicht kalkulierbares Risiko. So bekämpfte Ne Win in den sechziger Jahren die Mönchsgemeinschaft, indem er alle neun buddhistischen Sekten Burmas zu einer vereinigte, um sie besser politisch überwachen zu können. Klöster wurden kontrolliert, Mönche inhaftiert und gefoltert. Dagegen begehrte das Volk auf und der General musste seinen repressiven Kurs ändern. Die Mönche selber blieben mächtig und verweigerten den Machthabern demonstrativ immer wieder den Gehorsam, indem sie symbolisch ihre Almosenschüsseln umdrehten, somit Spenden des Militärs ablehnten und ihre Legitimation zu regieren infrage stellten. Unterstützung für ihre Haltung hatten sie in der Bevölkerung, die geschlossen hinter den Söhnen Buddhas stand – so zuletzt während der „Safran-Revolution“ 2007.

Zwanzig Jahre Militärdiktatur hatten das Land zu einem Armenhaus gemacht. Eine Anhebung der Benzinkosten um 200 Prozent ließ die Lebenshaltungskosten für viele praktisch über Nacht ins Unermessliche steigen. Die Geduld war zu Ende und allen voran protestierten die gut organisierten Mönche in den Straßen Burmas und vor den wichtigen Pagoden gegen die Not der Bevölkerung. Immer mehr Zivilisten – völlig egal welcher ethnischen Minorität oder Glaubensrichtung sie angehörten – überwanden ihre Angst und schlossen sich der Protestbewegung an. Unter Einsatz seines Lebens filmte der burmesische Videojournalist Ko San alias Aung Htun die Schüsse der Soldaten auf die Demonstranten und musste selber im Kugelhagel über eine Mauer springen, um sich in Sicherheit zu bringen. Dabei filmte er weiter und aus seinem Material produzierte der dänische Filmemacher Anders Ostergaard den Dokumentarfilm „Burma VJ", der 2010 eine Oskarnominierung erhielt. Ko San gehörte 2007 als Videojournalist der „Democratic Voice of Burma" (DVB) an und machte sich mit seiner Arbeit zum Staatsfeind, sodass er nach Europa flüchten musste. Nach meiner Reise durch Burma habe ich in Thailand Kontakt zu ihm aufgenommen und erfahren, dass er mittlerweile in England Flüchtlingsstatus besitzt und „das Leben als Flüchtling im Ausland kennenlernt. Seine Arbeiten im von der Zensur geprägten Burma sind aus zweierlei Sicht wichtig: erstens gelangen unabhängige Bilder an die Weltöffentlichkeit und zweitens haben mehr und mehr Burmesen über das Internet Zugang zu diesen Originalaufnahmen. Ko San sagt selber, dass „man niemals die Macht einer Videokamera unterschätzen solle. Sie ist das kleine Auge der unterdrückten Leute." Die sehr hohen Freiheitsstrafen für Videojournalisten unterstreichen die Angst der Generäle vor der Verbreitung solchen Filmmaterials, das eine gemeinsame Identifikation mit den Mönchen sowie Dissidenten fördert. Ko San selber war daran maßgeblich beteiligt. „Wir verbreiteten damals schnell über geheime Kanäle, wie das Militär im September 2007 einen Mönch zu Tode geprügelt hatte. Danach formierte sich sofort die ‚All Burma Monks Alliance' (ABMA)." „Wer ist das?", frage ich nach. „Eine Organisation, die bis heute religiöse und soziale Dienste als Antwort auf die schweren wirtschaftlichen und sozialen Probleme im Land anbietet und von Mönchen geleitet wird, die sich während der ‚Safran-Revolution' zusammenfanden. Das sind clevere Leute, Marcus! Die Organisatoren der ABMA koordinierten Aktivitäten und kämpften gegen die schäbige Militärjunta, die immer nur feige im Schutz der Dunkelheit zuschlug." „Verschwanden nicht hunderte Mönche nachts aus ihren Klöstern und wurden in Arbeitslagern und Gefängnissen gefoltert?", frage ich. „Genau, sie leisteten keinen Widerstand, sorgten aber dafür, dass die Novizen zurück in ihre Heimatdörfer geschickt wurden, um sie vor der

Gewalt der Soldaten zu schützen." Ko San erzählt mir, wie der Aufstand das Volk aus der politischen Lethargie riss und die Menschen in ihrem Hass gegen das Regime einte. „Auch nach der brutalen Niederschlagung durch Than Shwes Schergen machten wir im Untergrund weiter – bis heute! Die Allianz der Mönche baute ein Netzwerk der Unterstützung auf, das gefolterten und inhaftierten Menschen sowie deren Familien zur Seite steht und Flüchtlingen Hilfe anbietet", so Ko San. Ich möchte mehr erfahren und erhalte einen Kontakt zu politisch aktiven Mönchen in Thailand. 1999 gründeten Aktivisten um den Mönch Ashin Sopaka die „Best Friend Group of Literature" in Burma. Dreizehn Bibliotheken öffneten ihre Türen und gaben jungen, politisch interessierten Burmesen die Gelegenheit, unzensierte Literatur zu lesen und in einen politischen Diskurs zu treten. Nach der „Safran-Revolution" verschärfte sich der Druck auf die Bibliotheken. Zehn mussten schließen und viele Betreiber flohen ins Ausland. Ashin Sopaka gründete in Thailand zwei Einrichtungen mit ausländischer Unterstützung. In Chiang Mai treffe ich den jungen Shan-Flüchtling und jetzigen Bibliothekar Thum Ai, der mir berichtet, dass Ashin Sopaka weiterhin für mehr Freiheit und Demokratie kämpft und während meines Besuches in Mandalay öffentlich protestierte. Thum Ai weiß zu berichten, dass Ashin Sopaka nicht inhaftiert wurde, sondern dass die Regierung die Mönche unter Beobachtung stellte. Er selber ist Teil eines Netzwerkes aus immer mehr jungen Menschen in und außerhalb des Landes, die unabhängige Informationen sammeln und austauschen sowie für Menschenrechte eintreten. Seine persönliche Geschichte ist eine von vielen: „Als ich jung war, wuchs ich in Armut auf und konnte nicht zur höheren Schule gehen. Zwischen 2001 und 2003 ging ich nach China, um Geld zu verdienen. Ich habe hart gearbeitet, weil meine Schwester und ich uns ein Motorrad kaufen wollten. Aber das Geld reichte nicht und das machte mich böse. Ich bekam keine Chance und hatte keine Wahl. So verließ ich mein Land und arbeite nun von hier aus für mehr Rechte." „Wer hilft dir auf burmesischer Seite?", möchte ich wissen. „Freunde", sagt er zuerst und nach einigem Zögern fügt er hinzu: „Sagen wir mal ‚Bekannte', mit denen ich einen Teil meines Lebens verbracht und zusammen etwas gelernt habe." „Wie sieht die Zukunft Burmas aus?" Für seine Antwort nimmt er sich etwas mehr Zeit. Wir sitzen in der Bibliothek an einem Holztisch vor einem Bücherregal voller Literatur über Burma und trinken einen Fruchtsaft. An der Wand hängt ein Portrait von Aung San Suu Kyi. Von meinem Notizblock schaue ich zu ihr auf und er folgt meinem Blick. „Wir können Burmesen sein und gleichzeitig Autonomie in den einzelnen Gebieten der ethnischen Minderheiten haben. Was wir brauchen ist ein ‚Wir-Gefühl' – mehr Identifikation mit der gemeinsamen Sache, denn nur gemeinsam können wir unsere Kultur bewahren. Die Mönche haben den Anfang gemacht, wir müssen einen Schritt weiter gehen. Je demokratischer die Thein-Sein-Regierung wird, desto mehr Autonomie können die Minderheiten abgeben." „Burma ist also am Anfang eines langen Weges." „Richtig, Marcus, erste Anzeichen sind da, aber noch sind 25 Prozent der Sitze im Parlament in den Händen des Militärs. Demokratisch ist das nicht!"

Burma sorgt weiterhin für internationale Schlagzeilen, da Naypyidaw weiteren sechshundertfünfzig politischen Gefangenen Amnestie erteilt. Damit erfüllt die Regierung eine wichtige Forderung der internationalen Staatengemeinschaft, um eine Lockerung der Wirtschaftssanktionen zu erreichen. Unter den Freigelassenen befinden sich auch Min Ko Naing, Ko Ko Gyi, Anführer der Studentenrevolte, Ashin Gambira, der Organisator der „Safran-Revolution" sowie Khun Tun Oo, der Begründer der „Nationalliga für Demokratie im Shan-Staat". Min Ko Naing stiftete 1988 zum Aufstand der Studenten an und gilt seitdem unter Regimegegnern als politischer Held. Postwendend kündigte er an, Aung San Suu Kyis politische Arbeit zu unterstützen, hielt sich aber hinsichtlich eigener Aktivitäten innerhalb einer Partei zurück. „Politik soll nicht alleine auf die Arbeit politischer Parteien beschränkt bleiben", äußerte er in einem Interview und warb für ein Ende der Kampfhandlungen in den Gebieten der ethnischen Minderheiten. Für Min Ko Naing ist die Macht des Volkes zurückgekommen und er ist hinsichtlich Burmas Zukunft positiv gestimmt. Nicht alle sind so zuversichtlich. Über Mike in Thailand erfahre ich, dass ein Vertreter des „United Nationalities Federal Council" (UNFC) auf ein Nichtnachlassen der Bemühungen um Aufklärung der Kriegsverbrechen gegen Rebellenarmeen pocht. Ich erhalte weiterhin Informationen über erneute Zwischenfälle auf dem Territorium der ethnischen Minderheiten. Laut einem SSA-N-Oberst funktioniert die Waffenruhe mit Naypyidaw nicht, da das burmesische Militär das Abkommen wiederholt gebrochen hat und unerlaubt in den Norden des Shan-Staates eingedrungen ist. Auch im Osten in der Nähe von Mongpyat ereigneten sich bewaffnete Übergriffe, nachdem sich Tatmadaw-Einheiten illegal innerhalb des SSA-Territoriums aufgehalten haben und erklärten, dass das Abkommen für sie keine Verbindlichkeit habe. Vergleichbare Manöver scheinen sich auch in anderen Staaten abzuspielen. Das „Kachinland News"-Netzwerk berichtet von einer erneuten Giftgasattacke, obwohl Präsident Thein Sein befohlen hatte, weitere Attacken auf KIA-Einheiten einzustellen. Offensichtlich widersetzt sich das Militär auch im Kachin-Staat den Befehlen der Regierung. Angaben des UNFC zufolge „ist es erklärtes Ziel der burmesischen Army, mittels exzessiver Militäreinsätze im nördlichen Shan-Staat sowie im Kachin-Staat ausländische Investitionen in Megaprojekte zu verteidigen." Gemeint ist damit das chinesische Engagement rund um das Myitsone-Staudammprojekt und die Arakan-Yunnan-Pipeline. Das UNFC wird diesbezüglich sehr deutlich: „Wir lehnen alle militärischen Offensiven sowie weitere zivile Opfer im Zusammenhang mit der Wahrung von Wirtschaftsinteressen ab und unterstützen die Aktionen der ‚Kachin Independence Army' und anderer verbündeter Einheiten, die unvermeidlich sind, um feindliche Kräfte zu bekämpfen." Da Naypyidaw weiterhin keine unabhängige Untersuchung der Zusammenstöße in den Gebieten der ethnischen Minderheiten zulässt, kann die Außenwelt nur über die Richtigkeit der Angaben sowie über die Motive der Drahtzieher im Hintergrund spekulieren. Ist Thein Sein nicht handlungsfähig, widersetzt sich das Militär komplett seinen

Tempelbesichtigung mit Freund Ko Soe

Befehlen oder gilt dies nur für einzelne Kommandeure, denen man die Menschenrechtsverletzungen anlasten kann, um die eigentlichen Akteure aus der Schusslinie zu nehmen? Ist in Wahrheit der immer noch mächtige General Than Shwe der wahre Strippenzieher dieses Puppentheaters, das, so wie es scheint, inszeniert wird, um die westliche Welt und Regimegegner zu besänftigen? Viele Fragen und keine Antworten. Mike betont in einer E-Mail, dass die Medien voreingenommen seien und viel mehr präsentieren würden, als tatsächlich erreicht wurde.

Wie dem auch sei, ich verlasse das Land mit einem guten Gefühl. Ko Soe und seine Familie haben mich am letzten Abend zum Essen eingeladen. Ich trage meinen „Longyi", was allerseits auf Zustimmung trifft. Schon auf der Straße grinsen mich die Leute an und nicken mir zu. Ein bisschen komisch komme ich mir schon vor. In seiner Wohnung tauschen Ko Soe und ich unsere Bilder aus und berichten seiner Familie von unserer Reise durch das „Land der goldenen Pagoden". Seit 2006 hat sich viel verändert und dies hat mich positiv gestimmt. Am nächsten Morgen kutschiert der Toyota Corona mich zum Flughafen. Yangon schläft noch, nur ein paar wenige Mönche sind schon auf den Straßen unterwegs. Die ersten Geschäfte sind geöffnet und ich bekomme einen heißen „Coffee to go". Im Flughafen bleibe ich an der Passkontrolle stehen und winke Ko Soe auf der anderen Seite lange zu. Während ich das Land verlasse, beginnt für ihn eine aufregende Zeit.

KAPITEL XVII: Wiedergeburt

Rückblick: Der mächtige Mongolenherrscher Kublai Khan gründete 1271 seine eigene Dynastie, nachdem er Zentralasien sowie ganz China erobert und das Zentrum seiner Macht in das berühmte „Xanadu“ verlegt hatte. Ein Problem war die bestehende Nomenklatur, da die vorherigen chinesischen Dynastien nach dem Nachnamen des Herrscherhauses, einer Landschaft oder einem Geburtsort benannt wurden. Sein mongolischer Name hätte signalisiert, dass die neue Dynastie von „außen“, sprich von den Barbaren, gekommen war. So brach er mit allen Traditionen und nannte das neue chinesische Zeitalter „Yuan“, was „Stunde Null“ oder „Neubeginn“ bedeutet. Namensgebung hin oder her, was wirklich neu war, war die Tatsache, dass er einen multikulturellen Vielvölkerstaat gründete und die „Pax Mongolica“ die eroberten Völker zu einem frühen „Melting Pot“ machte, dessen Lebensader vor allem die Seidenstraße wurde. Wie hat sich die Region verändert? Meine vier bereisten Länder waren einst wichtige Transitländer, die sich offen, multikulturell und empfänglich für fremde Kultureinflüsse gaben. Heute präsentieren sie sich mir gegenüber als isolierte, geschlossene Gesellschaften, die ihren Blick nach innen richten und sich nationalistisch abkapseln. In allen vier Nationen habe ich eine Kultur der politischen Debatte vermisst, weder wurden die Rechte von Minderheiten noch multiple nationale Identitäten thematisiert. Fehlanzeige ist auch die gemeinsame Diskussion im Staat, in welche Richtung die zukünftige Entwicklung gehen soll. Partizipation ist unerwünscht, stattdessen geben „starke Männer“ oder eine Partei die Richtung vor, zum Schutz und zum Wohl der Bevölkerung, wie immer wieder betont wird. Eine Gemeinsamkeit zur Yuan-Dynastie gibt es aber: Das Reich der Mitte ist wieder aufgestiegen. Wie damals die Mongolen die Region dominierten, so erstreckt sich Chinas Einfluss heute über den gesamten zentral- und südostasiatischen Raum. An die Stelle der vor zweitausend Jahren von Zhang Qians im Westen entdeckten „himmlischen Pferde“ sind heute in China fossile Brennstoffe getreten. Sie sind die Brennöfen, die die Wirtschaft anfeuern und das Land zur unangefochtenen Regionalmacht Asiens werden ließen. Eine auf Rohstoffen und Humankapital basierende beispiellose wirtschaftliche Entwicklung machte China zu einem einflussreichen „Global Player“, dessen internationale Stimme nicht mehr überhört werden kann.

Aber was ist aus den ehemaligen mächtigen Nachbarn im Westen geworden, um deren Hilfe das Land einst bat, sodass die „Barbaren" vor der eigenen Haustüre bekämpft werden konnten?

Während meiner Reise entlang der alten Handelsrouten Asiens habe ich eine Region kennengelernt, die in den Bann externer Großmächte geraten ist.[1] Diese drücken den zentralasiatischen Staaten sowie Burma heute erneut ihren Stempel auf und hoffen auf wenig Gegenwehr. Beispielsweise ist eine Auswirkung des russischen und britischen Imperialismus des 19. Jahrhunderts sowie der chinesischen Expansion vor sechzig Jahren die Schaffung von Grenzen, die den dort ansässigen ethnischen Gruppen keineswegs gerecht wurden. Die neuen zentralasiatischen Republiken sind ein Endprodukt der alten Sowjetunion und Burmas Grenzen Ergebnis britischer Kolonialpolitik. Sämtliche externen Versuche, Ordnung in dieser Region zu schaffen, scheiterten an einem wesentlichen Merkmal: Zentralasien ist ein über die Jahrhunderte gewachsenes Neben- und Miteinander verschiedenster kultureller Einflüsse, die nicht mit ein paar am Reißbrett gezogenen politischen Grenzlinien vereinheitlicht werden können. Dieses „Durcheinander" wird von China und Russland systematisch ausgebeutet.[2] Dazu kommen die Vereinigten Staaten von Amerika als die dritte treibende Kraft in der Region. Alle drei halten in diesem neuen geostrategischen Politpoker ein wichtiges Blatt in der Hand. Russlands Einmischung hat indessen eine lange Tradition und geht in die Zeit des „Großen Spiels" zurück. Der Zerfall der Sowjetunion hat Russlands Seele arg gebeutelt. Der Weg zurück zu alter Größe kann laut Moskau nur über wirtschaftliche Macht erfolgen. Rohstoffe sind der Schlüssel dazu. „Gazprom" und „Lukoil" sichern sich Gas- und Erdölvorräte überall in der Region. Jedoch ist die Monopolstellung gebrochen worden. Die wachsende Präsenz der Chinesen und Amerikaner ist Moskau ein schmerzhafter Dorn im Auge, sodass es nachvollziehbar ist, dass der Kreml ein strategisches Interesse daran hat, den eigenen Einfluss in den zentralasiatischen Nachfolgestaaten gegenüber China und den USA zu behaupten. Die russische Zusammenarbeit mit Usbekistan und Kasachstan erfolgt über wirtschaftliche und militärische Partnerschaften, die von Karimov in Usbekistan und Nasarbajew in Kasachstan nur solange toleriert werden, wie ausländische Devisen in die Taschen der Diktatoren fließen und Russland nicht allzu einseitig agiert. Diese Strategie der Machterhaltung ist aber eine gefährliche Gratwanderung und muss austarieren, inwieweit der usbekische und kasachische Nationalismus antirussische Stimmungsmache im Kleinen betreiben darf, ohne die Kooperation zu gefährden.

Usbekistan und Kasachstan können sich diese Vorgehensweise nur deshalb erlauben, weil Russland mit China in Zentralasien eine mächtige Konkurrenz bekommen hat. Chinas Gier nach Rohstoffen für den Eigenbedarf hat die regionale Ordnung verändert. Überall in der Region baut Peking Pipelines, zapft Öl- und Gasfelder an und lässt über die „China National Petroleum Corporation" (CNPC) die wirtschaftliche Kooperation vorantreiben. Positiv für Karimov und Nasarbajew ist Chinas zentrales außenpolitisches Prinzip der absoluten Nichteinmischung in die internen Angelegenheiten der Nachbarschaftsstaaten. Als ich Ainur in Kasachstan darauf ansprach, lachte sie mir ins Gesicht und winkte ab: „Von wegen Nichteinmischung – ha, wie nennt man denn sonst eine gezielte Zuwanderung von Han-Chinesen und politischen Druck auf unseren Präsidenten? Je mehr von denen bei uns leben und lukrative Aufträge bekommen, desto mehr werden wir auch von ihnen rumkommandiert!" China greift an, das habe ich auf meiner Reise selbst erlebt. Während Russland einen Verlust an Territorium und Souveränität zu beklagen hatte, bedeutete der Transformationsprozess der jungen zentralasiatischen Republiken für China zuerst jedoch ein ganz anderes Problem: Peking musste erst einmal die Grenzen sichern. Die Sicherung der nationalen Souveränität in den westlichen chinesischen Provinzen erhielt die größtmögliche Bedeutung. Erst nach Beendigung dieser Aufgabe widmete sich China dem neuen zentralasiatischen Territorium, dessen wirtschaftliches Potential für das Reich der Mitte immens ist.

So wurden die zentralasiatischen Republiken zu einer Bühne der systematischen Einflussnahme zweier mächtiger Nationen, die unter dem Deckmäntelchen der politischen und wirtschaftlichen Zusammenarbeit versuchen, den Rohstoffreichtum der Region für sich zu beanspruchen sowie bei wichtigen politischen Entscheidungen ein Mitspracherecht zu erhalten.[3] Als hätten sie sich abgesprochen, wählten China und Russland dabei dieselbe Taktik. Moskau bildete gemeinsam mit zahlreichen zentralasiatischen Staaten die „Organisation des kollektiven Sicherheitsvertrages" (OKS). Aufgabe dieses Militärbündnisses ist die Garantie von Stabilität in der Region. Um dieses Ziel zu erreichen, hält es die Organisation in jüngster Zeit für notwendig, gemeinsam gegen Terrorismus und Separatismus zu kämpfen. China hingegen rückt mit Hilfe der „Shanghaier Organisation für Zusammenarbeit" (SOZ) näher an Zentralasien heran. Diese Sicherheitsallianz hat ähnliche Ziele und wird von Peking dominiert. Mit zwei Sicherheitsorganisationen sollten sich die sowjetischen Nachfolgestaaten eigentlich in „Sicherheit" wiegen, aber wie ich selbst erleben konnte, ist dies ein Trugschluss. Im usbekischen Ferghana-Tal rumort es nach wie vor und Karimov versucht durch militärische Aktionen Herr der Lage zu bleiben. In Kasachstan brodelt die ungelöste Problematik der Uiguren vor sich hin und China „befreit" regelmäßig die Unruheprovinzen Xinjiang und Tibet mit der „Hau-drauf-Methode".

Einige tausend Kilometer südlich finde ich die gleiche Situation vor. Wiederum ist China beteiligt. Unersättlich wie eine gewaltige Raupe verleibt sich das Land alle Ressourcen ein, die in seine Fänge geraten. Gegenspieler in Südasien ist das Schwergewicht Indien. Zwischen die Fronten dieser beiden Regionalmächte ist Burma geraten. Wie in Zentralasien spinnt China auch hier Fäden, um das südostasiatische Land an sich zu binden. Man nennt sich gegenseitig „Paukphaw", was „Geschwister" oder „miteinander verbunden" bedeutet.[4] Dieser Begriff symbolisiert die enge Verknüpfung der beiden Länder. So unterstützt Peking Naypyidaw schon seit langem politisch, wirtschaftlich und militärisch. Dabei richtet sich der außenpolitische Blick der Chinesen auch hier auf die Energiesicherung und den Rohstoffzugriff. Diesbezüglich sind die chinesischen Infrastrukturhilfen zweckgebunden, denn Burma gilt der kommunistischen Führung zum einen als strategische Landbrücke auf der alten südwestlichen Seidenstraße zwischen Yunnan, Bangladesch und Indien und zum anderen als zentraler Baustein in Chinas westlicher Entwicklungsstrategie. Straßen werden bald Yunnan mit der Bucht von Bengalen verbinden und China plant eine Freihandelszone, die Laos, Burma, Thailand und Yunnan in ein „Goldenes Viereck" verwandeln soll. Erklärtes Ziel der laut Peking „Weiterentwicklung der gemeinsamen Wirtschaftsbeziehungen aus dem 11. Jahrhundert" ist die Verringerung der Disparitäten zwischen den eigenen Ost- und Westprovinzen. Der Südwesten Chinas wird so eine direkte Zugangsroute zum Indischen Ozean erhalten und die Machthaber in Peking könnten mit dieser Maßnahme das „Malakka-Dilemma" ein Stück weit reduzieren.[5] Damit gemeint sind Manöver der Amerikaner und Japaner im Nadelöhr der Straße von Malakka, die China als direkte Bedrohung wertet. Und Indien? Auch für Delhi ist Burma von großer geopolitischer Bedeutung, da Indiens Einfluss beim Nachbarn dazu beiträgt, die eigene Position in Südostasien zu stärken. Während sich China nach Westen vorarbeitet, zielt Indiens „Blick nach Osten"-Politik auf eine Verbesserung der wirtschaftlichen und sicherheitspolitischen Verbindungen mit den ASEAN-Staaten ab. Dies hat Priorität, denn Pekings außenpolitische Nadelstiche sind in Indiens unmittelbarer Nachbarschaft zu spüren. Chinas Aktivitäten im Indischen Ozean sind für Neu Delhi eindeutig zuviel des Guten. Auch die ASEAN-Staaten werden zunehmend nervöser und versuchen, das südostasiatische Land durch mehr Unterstützung ein wenig aus der festen Umklammerung der „großen Raupe" im Norden zu befreien.

Than Myint U sieht indessen sein Land als einen Brückenkopf, ja als einen wichtigen Spieler in einem „Neuen Großen Spiel" zwischen Indien und China und misst Burmas Zukunft sehr viel Bedeutung zu.[6] Ihm zufolge kommen die modernen Infrastrukturprojekte einer Revitalisierung der Seidenstraße gleich. Ich spreche Ko San in Thailand darauf an und frage ihn, ob er diese Sichtweise teilt. „Auch wenn ich nicht alle seine Bücher und die seiner Kollegen gelesen habe, ist mir diese Argumentationsweise nicht entgangen. Thant Myint U ist mir dem Regime gegenüber zu positiv eingestellt, was mir persönlich überhaupt nicht gefällt. Ich hoffe, dass wir durch unsere Position zwischen den beiden Großmächten Asiens einen Nutzen für unser Land ziehen können." „Wie stellst du dir das vor?", bohre ich nach. „Wir müssen von den Erfahrungen der Nachbarländer lernen und fortschrittlicher bei der Erneuerung unserer Nation sein." Damit meint Ko San Afghanistan, das von seiner Rolle als Pufferzone zwischen dem imperialen Russland und Großbritannien überhaupt nicht profitiert hat. Konträr zu dem, was Thant Myint U für Burma vorhersagt, zeigt das Beispiel Afghanistan, dass ein Land im Spannungsfeld zweier externer Akteure unter die Räder geraten kann.

Und wie sieht es in Anlehnung daran mit Usbekistan und Kasachstan aus – konnten sie aus ihrer geographischen Lage Profit ziehen? China und Russland pumpen Unmengen Geld in die Region und fördern die Kooperation mit den zentralasiatischen Staaten, nicht aber deren Zusammenarbeit untereinander. Wie sehr die Usbeken beispielsweise den Tadschiken misstrauen, habe ich von Artemy Kalinosky in Samarkand erfahren. Logisch, dass beide Länder kaum kooperieren. Außer gemeinsamen Absichtsbekundungen brachten die autoritären „Väter der Nationen" bis heute nicht viel Brauchbares zustande. Wenig staatliche Eigenständigkeit und Konkurrenzdenken sind mächtige

Stolpersteine auf dem langen Weg zu politischer Geschlossenheit und wirtschaftlicher Kooperation. Offensichtlich ist der ganze Raum zu schwach, die eigene Entwicklung selbst in die Hand zu nehmen, da die Regierungen zuerst an ihren Machterhalt denken.[7] Der Kampf um Rohstoffe in Zentralasien ist verantwortlich an der Misere. Nach dem Zusammenbruch der Sowjetunion tappten fast alle zentralasiatischen Nachfolgestaaten in die „Rohstofffalle" und betrieben den Transformationsprozess leider nur äußerst halbherzig. Eine nachhaltige Wirtschaftsentwicklung und ausländische Direktinvestitionen sind so nicht eingetreten. Insgesamt ist zu viel Vetternwirtschaft und Korruption zu beobachten. Solange die Deviseneinkünfte die Macht der Autokraten absichern, wird der Aufbau von demokratischen Strukturen behindert. Die Exporteinnahmen durch Rohstoffe verlangsamen sogar dringend benötigte Reformen und machen Karimov und Nasarbajew immer autoritärer. Wenn die Einkünfte des Staates fast ausschließlich extern sind und Steuereinnahmen keine Rolle mehr spielen, distanziert sich der Staat mehr und mehr von der Gesellschaft – er koppelt sich regelrecht ab und die Fürsorgepflicht für seine Bürger löst sich in Luft auf. Abdurakhmon Abdullaev in Buchara wünscht sich zwar einen starken Führer, sein Vater könnte aber mit seiner mickrigen Rente alleine nicht überleben, da die Rohstoffdevisen nicht in den Aufbau eines Wohltätigkeitsstaates reinvestiert werden. Diese Situation ist beispielhaft für das Dilemma in der Region. Was nützt ein mächtiger Präsident, wenn die erwirtschafteten Gelder in die Taschen der Machthaber und ihrer einflussreichen Elite wandern? Machterhalt dient so der Steigerung des eigenen Wohlstandes und die Demokratie bleibt auf der Strecke, weil es keine Alternative zu den autoritären Regimen gibt.

Auch Burma ist in die „Rohstofffalle" hineingetappt und ich frage mich, wie dies passieren konnte, betrachteten doch die Burmesen trotz aller brüderlicher Rhetorik China immer mit Argwohn. Pekings Unterstützung der kommunistischen Partei Burmas und die Zusammenstöße mit den Maoisten in den sechziger Jahren sowie zu viel chinesische Einwanderung stellten eine Gefahr dar, die die Machthaber am eigenen Leib erfahren mussten. Dann aber kam der Militärcoup 1988 und die brutale Niederschlagung der Demokratiebewegung löste den politischen Rückzug des Westens aus – allen voran pochte Amerika auf internationale Sanktionen, die das südostasiatische Land in die Isolation trieben. Die Wirtschaftssanktionen sowie der propagierte Regimewechsel sind auf ganzer Linie gescheitert und als

Konsequenz dessen wurde der Westen zu einer Randfigur degradiert. China aber rieb sich die Hände, konnte es doch das Vakuum ausfüllen und Burma so eng an sich binden, dass das südostasiatische Land ohne chinesische Hilfe nicht überlebensfähig wurde. Die isolationsbedingte Abhängigkeit ist prekär, da Burma kaum Alternativen hat. Die Konsequenz ist ein totaler Ausverkauf der Ressourcen zum Schnäppchenpreis, da Naypyidaw alles unternimmt, um an harte Devisen zu kommen. Bis heute investierte die kleptokratische Militärjunta fleißig in ihren eigenen Machterhalt. Wer also denkt, dass China heute einfach aus Burma verdrängt werden könne, gibt sich Illusionen hin: Das Land ist für Peking so unglaublich attraktiv, dass jeder Versuch der externen Einflussnahme als Angriff auf China selbst gewertet wird. Aung San Suu Kyi wird übrigens genauso wie der Dalai Lama als ein „Instrument des Westens" angesehen, das China schaden soll.

In allen vier von mir bereisten Ländern ist mir eine Gemeinsamkeit aufgefallen: Machterhalt, Prestigeobjekte, wie die beiden Hauptstädte Astana und Naypyidaw, Korruption und Vetternwirtschaft kosten enorm viel Geld, das den Menschen fehlt. Der Staat investiert nicht mehr oder nur selektiv in sein Volk – es kommt zur systematischen Entstaatlichung in einigen Bereichen. Besonders deutlich wird dies in den Gebieten der ethnischen Minderheiten, egal ob damit das Ferghana-Tal, die Uigurengebiete, die Territorien der burmesischen Minderheiten, Xinjiang oder Tibet gemeint sind. Kein Wunder also, dass die Menschen auf die Straße gehen und protestieren. Alle vier genannten Staaten reagierten auf den Volkeszorn gleich, da die Gesellschaften sich verändert haben: Ob nun der Sozialismus chinesische Charaktereigenschaften hatte, spezifisch burmesisch war oder aber ins Nirvana führte, heute ist er in den Ländern faktisch Geschichte. Die alte sozialistische Propaganda wurde von einer nationalistischen Rhetorik abgelöst.[8] Kulturprogramme und eine Nationalisierungspolitik stehen für den ideologischen Umbau der Länder. Und diese beinhalten in zunehmendem Maße die Auseinandersetzung mit der ethnischen Andersartigkeit. Eine von Staatsseite ungewollte Begleiterscheinung ist die Herausbildung eines „Ethno-Nationalismus". Die Minderheiten Chinas, Kasachstans, Burmas und Usbekistans werden durch die Präsenz eines repressiven und autoritären Staates in ihren eigenen Ländern gezwungen, ihre eigene Identität weiter auszudifferenzieren. In jüngster Zeit spielt dabei die Religion eine immer stärkere Rolle. Eine Kettenreaktion wurde in Gang gesetzt. Der Staat schlägt zurück, denn für die Machthaber ist neben dem staatlichen Nationalismus kein Platz für zusätzliche andere Identitäten, sodass sie mit weiteren Repressalien versuchen, diese Bewegungen zu stoppen. Logische Konsequenz ist eine Gewaltspirale und ein zunehmender Zerfallsprozess an den Rändern der Gesellschaft. Die Abkopplung erfolgt durch separatistisches Gedankengut, Fundamentalismus und bewaffneten Widerstand.

Während Tunesien und Ägypten die ersten Schritte in eine postdiktatoriale Zeitrechnung machen, hat der Märtyrertod Muammar al-Gaddafi in Libyen eingeholt – kurzum die arabische Welt brennt immer noch lichterloh. Indessen habe ich mich am anderen Ende der Seidenstraße bei einem Blick auf mein ungenutztes syrisches Visum gefragt, ob der Volkszorn nach Osten weiterwandern könnte und dort ebenfalls die Menschen auf die Straße gehen würden, um sich ihrer autokratischen Machthaber zu entledigen.

Als Reaktion auf den „Arabischen Frühling" im Nahen Osten bildeten im Mai 2011 usbekische Oppositionsgruppen die „People's Movement for Usbekistan"-Bewegung. In Anlehnung an die Ereignisse in Tunesien und Ägypten soll Präsident Islom Karimov durch einen gewaltfreien Protest dazu bewogen werden, sein Amt niederzulegen. Nurillo Maksudov, Mitbegründer der neuen Organisation, sagte, dass die Bewegung sich als Vehikel für eine demokratische Erneuerung in Usbekistan sehe. Karimov ist laut Maksudov ein inkompetenter Führer, der das Land in den wirtschaftlichen Ruin stürzte. Um darauf aufmerksam zu machen, deutete er an, dass die Bewegung Aktionen des zivilen Ungehorsams in ganz Usbekistan koordinieren werde. Soweit die Gemeinsamkeiten zum Nahen Osten! Dass die Organisation im Ausland gegründet wurde zeigt, wie gefährlich die Lage in Usbekistan für Oppositionelle wirklich ist und wie massiv der usbekische Sicherheitsapparat gegen jede Form des Protestes vorgeht. Karimov sitzt fest im Sattel und erstickt Dissens im Keim. Die Behörden konzentrieren ihre Aktionen auf Oppositionelle, Menschenrechtsaktivisten und Gläubige, die sich außerhalb des von der Regierung gesteckten religiösen Rahmens befinden. Folter und Rechtsunsicherheit bleiben endemisch. In Kasachstan ist eine ähnliche Vorgehensweise zu erkennen. Weiterhin verhaftet die Regierung Oppositionelle, Regimegeger und Vertreter der Medien. Ihnen wird vorgeworfen zum sozialen Ungehorsam anstiften zu wollen. Gleichzeitig blockiert die Regierung Internetverbindungen. Stein des Anstoßes war das für die Opposition inakzeptable Ergebnis der Parlamentswahl sowie das kompromisslose Vorgehen gegen Regimekritiker. Einschüchtern, Anklagen, Wegsperren – der „Arabische Frühling" wird in Zentralasien nicht stattfinden. Dafür gibt es unterschiedliche Gründe. Erstens haben sich die Bewohner mit dem Leben in den sowjetischen Nachfolgestaaten arrangiert und drängen nicht auf fundamentale politische Veränderungen. Jaloladdin Matkarimov in Chiwa wird das „Meros Guesthouse" weiterhin erfolgreich führen und wahrscheinlich bald sein eigenes Hotel eröffnen. In Buchara verspricht sich Abdurakhmon viel von dem wirtschaftlichen Aufschwung, der durch die Förderung des Tourismus eingetreten ist. Beide sind sicherlich nicht am gewaltsamen Umsturz Karimovs interessiert, für sie zählt Stabilität, Planungssicherheit und Wohlstand. Ein Regimewechsel wird in absehbarer Zeit auch deswegen nicht erfolgen, weil zweitens in der gesamten Region keine gut organisierte, politische Zusammenarbeit existiert.[9] Im Vergleich dazu bedienten sich die Jugendlichen in der Arabischen Welt der Macht der Medien, um ihre Aktionen zu koordinieren. Durch die Berichterstattung von Al Jazeera sowie mittels Facebook und Twitter bekam der „Arabische Frühling" sein politisches Momentum. In Zentralasien hingegen wird die Pressefreiheit radikal beschnitten. Die Zensur des Internets sowie der unabhängigen Massenmedien ist erheblich. Insgesamt muss festgestellt werden, dass der „Arabische Frühling" zu einer Machtkonsolidierung der autokratischen Regime beigetragen hat. Karimov und Nasarbajew präsentieren sich als Garanten der Stabilität, die das Chaos einer Revolution vom Volk fern halten können. Somit legitimieren die „Starken Väter der Nationen" ihren Führungsanspruch.

China hatte indessen kein gutes Jahr. Die Wirtschaft schwächelte für chinesische Verhältnisse. Arbeitslosigkeit, unzufriedene Wanderarbeiter und Lebensmittelskandale beschäftigten Peking intensiv. Die Umweltverschmutzung nimmt mittlerweile horrende Dimensionen an. Die Kette der Selbstverbrennungen tibetischer Mönche reißt nicht ab und auch in Xinjiang ereigneten sich immer wieder Proteste der Uiguren. Als würde das nicht ausreichen, ereilte das Land auch noch der „Arabische Frühling" in Form der „Jasmin-Revolution", jedoch scheiterte diese neue Demokratiebewegung auf ganzer Linie.[10] Was war passiert? Anfang Februar 2011 folgten nur wenige Anti-Regierungsaktivisten den Aufrufen der Organisatoren, zum Protest auf die Straße zu gehen. Eine kleine Menschenmenge demonstrierte unweit des

Platzes des Himmlischen Friedens für Gleichberechtigung und mehr Rechte. Die Reaktion der kommunistischen Partei kam prompt und mit der Wucht eines Dampfhammers. Ausländische Journalisten wurden schikaniert und eingeschüchtert, zivile Sicherheitskräfte inhaftierten reihenweise Dissidenten. Bekanntestes Beispiel war der renommierte Künstler Ai Weiwei, der im gleichen Monat auf die Ereignisse in Ägypten mit folgendem Kommentar reagierte: „Heute sind wir alle Ägypter. Es dauerte nur achtzehn Tage und dieses dreißig Jahre alte, harmonisch und stabil wirkende Militärregime kollabierte. Dieses Ding (sprich Chinas kommunistische Partei), das seit sechzig Jahren existiert, könnte einige Monate brauchen." Wenig später wurde er am Flughafen von Peking verhaftet. Obwohl China wie immer vorging, war die Aufarbeitung der „Jasmin-Revolution" in der heimischen Medienlandschaft ein Novum.[11] Anstatt einer völligen Leugnung, dementierte die Parteiführung sofort einen Zusammenhang mit der Entwicklung in Tunesien und Ägypten. Der offizielle Tenor war: „China ist nicht Ägypten. Die Nation hat sich von einem unterentwickelten Land zu einer mächtigen Wirtschaftsmacht emporgearbeitet. Die Partei garantiert Stabilität und Wohlstand." Warum bekam aber eine verhältnismäßig kleine Protestbewegung so schnell die volle Kraft des gesamten hochgezüchteten Sicherheitsapparates zu spüren? Die Antwort ist einfach. Chinas Machthaber haben aus dem Desaster auf dem Platz des Himmlischen Friedens 1989 gelernt. Lieber von Anfang an hart durchgreifen und später Milde walten lassen, als dass ein kleiner Protest außer Kontrolle gerät und zu einer landesweiten Bewegung mutiert. Offensichtlich ist sich Peking der Schwächen im System bewusst. All dies reicht aber noch nicht als Erklärung für diese Überreaktion aus. Neu waren die Slogans auf den Plakaten der Demonstranten: „Wir wollen zu essen! Wir wollen Arbeit! Wir wollen Wohnungen!" Und: „Wir wollen Fairness und Gerechtigkeit!" Hier werden die Gemeinsamkeiten mit der arabischen Welt sichtbar und sie wurden von jungen Chinesen angemahnt, die eine Perspektive für ihre Zukunft haben möchten. Ihre Forderungen sind weder extrem und revolutionär noch fundamentalistisch. Sie zeigen nur auf, dass in der Gesellschaft trotz eines enormen Wirtschaftswachstums eine zunehmend größere Kluft zwischen Arm und Reich existiert. Ein weiterer Grund für die schnelle Niederschlagung der „Jasmin-Revolution" ist die veränderte Gefahrenlage. Geschichtlich gesehen kamen die größten Bedrohungen immer von der Peripherie. Mit der Tibet-Revolte 2008 und dem Aufbegehren der Uiguren 2009 hat sich daran in jüngster Zeit zwar nichts geändert, aber es bildete sich daneben eine zweite

Front. Der Protest Anfang Februar 2011 kam nicht von „außen", sondern von „innen". Junge, gut ausgebildete Arbeitskräfte, Studenten und einfache Arbeiter, also Menschen aus allen Schichten der chinesischen Gesellschaft äußerten lautstark ihren Unmut über fehlende politische Alternativen, Arbeitsplätze und eine gravierende Umweltverschmutzung, die die Menschen krank macht. Offenbar prallt die nationalistische Propaganda an ihnen einfach ab. Zudem wird das Millionenheer von armen Wanderarbeitern für Chinas Führung bei sinkenden Wirtschaftswachstumsraten mehr und mehr zum internen Sicherheitsrisiko. Wie wird also die Zukunft aussehen? Die „große Raupe" hat in den letzten vierzig Jahren gierig gefressen und enorm an Gewicht zugenommen. Wird sie sich bald verpuppen und in einen Schmetterling, das Symbol des Frühlings, verwandeln?

Vor dem Antritt meiner Reise hätte ich nicht gedacht, dass ausgerechnet Burma die Türe am weitesten für politische Reformen aufstößt.[12] Gerade das ehemals hermetisch abgeriegelte südostasiatische Land wagt Veränderungen. Ein Jahr nach dem Aufruhr im Nahen Osten sieht Aung San Suu Kyi den „Arabischen Frühling" in Burma angekommen. Die Friedensnobelpreisträgerin zieht mit ihrer Partei bei der Nachwahl in das Parlament ein. Das Ausland ist hellauf begeistert und die Zeitungen übertrumpfen sich gegenseitig mit euphorischen Überschriften. „Ein neuer Staat entsteht in Südostasien", heißt es in einer großen deutschen Tageszeitung.[13] „Das Land feiert einen historischen Wahlsieg!", so beginnen Fernsehmoderatoren ihre Nachrichtenbeiträge. Plötzlich buhlen die Amerikaner neben den Chinesen um mehr Einfluss. Naypyidaw liefert, bedient aber auch gleichzeitig den großen Bruder im Norden. Der Westen freut sich über demokratische Reformen und das burmesische Militär rückt weiter in den Kachin-Staat vor, um chinesische Wirtschaftsinteressen zu verteidigen, ohne dass die internationale Gemeinschaft vor Empörung aufschreit. „Geopolitik spielt in Burma eine größere Rolle, als die Wahl selber. Das ist doch mittlerweile klar! Es gab zahlreiche Manipulationsversuche, aber das Ausland will die Tatsachen nicht sehen. Präsident Thein Sein führt die internationale Gemeinschaft wieder an der Nase herum." Ko San meint die neue Rolle, die Washington in der Region spielt. „Schon 2010 riet der amerikanische Senator Jim Webb der Obama-Regierung, sich aktiver in Burma zu engagieren und die Militärjunta einzubeziehen, sodass das Land nicht zu einem ‚chinesischen Klientenstaat' verkommt. Webb, so kommt es mir vor, ist unser Anwalt geworden.

Großartig! Stell dir vor, Marcus, er bedauert sogar die in der Vergangenheit nicht genutzten politischen Möglichkeiten und vertritt eine intelligentere und konstruktivere Einmischung.“ Ko San wirkt müde am Telefon, aber er lässt sich Zeit, um meine Fragen zu beantworten. Zwischendurch prüft er Beiträge und skypt mit Kollegen vor Ort. Er hat seit vierundzwanzig Stunden nicht geschlafen, da er von Thailand aus die Berichterstattung zur Nachwahl in Burma koordiniert. Ko San ist im Stress. Reporter und Videojournalisten des „Burma VJ Media-Netzwerks“ sind in Yangon und im ganzen Land rund um die Uhr im Einsatz und senden ihm die Beiträge und Videosequenzen über das Internet zu. Mit seinen Kontaktpersonen ist er zudem per Telefon verbunden. Plötzlich ist er wieder für mich da. „Bis jetzt habe ich noch nicht von aggressiven Einschüchterungsversuchen gehört. Mir ist aber zu Ohren gekommen, dass burmesische Journalisten in einigen Teilen des Landes temporär vom Militär festgesetzt wurden. Sie haben aufgedeckt, dass die Thein-Sein-Regierung versuchte, die Wahlbögen zu manipulieren. Moment, Marcus, ich brauche einen Kaffee.“ Dann ist er weg. Fünf Minuten später bimmelt wieder das Telefon an meinem Computer. „Hast du von den Wahlbögen gehört? Auf vielen klebte Wachs an der Stelle für die NLD, sodass die Menschen Probleme beim Ankreuzen hatten. Aber die Regierung leugnet diese Anschuldigung natürlich.“ Seine Bewertung deckt sich mit anderen Berichten aus Burma. Schon im Vorfeld entsprach die Wahl keineswegs dem internationalen Standard. Aung San Suu Kyi durfte nicht überall sprechen. Kandidaten und Kandidatinnen mussten vorab ihre programmatischen Reden von der Regierung genehmigen lassen. Es war ihnen verboten, die Verfassung oder das Militär öffentlich zu kritisieren. Naypyidaw weitete diese Regel auch auf die Radio- und Fernsehübertragungen aus. Somit wurde eine freie Meinungsäußerung unterbunden. Die Pressezensur war nach wie vor radikal. Trotz all dieser undemokratischen Auswüchse gilt die Nachwahl internationalen Beobachtern jedoch als Sensation. In Burma selber sind nicht alle so überzeugt. Welchen politischen Spielraum erhält denn die „Lady“ mit weniger als zehn Prozent aller Sitze im Parlament? Ich stelle Ko San diese Frage und auch er teilt meine Skepsis. „Sicherlich ist Aung San Suu Kyi die politische Größe, die die Minderheiten an den Verhandlungstisch zurückholen kann. Ich glaube, dass sie ein Konzept hat, um die Nation wieder aufzubauen. Aber ich habe große Bedenken hinsichtlich der Zeit, die sie hinter Gittern verbracht hat. Suu Kyi wurde weggesperrt und die Welt veränderte sich währenddessen rapide. Ist sie ausreichend vorbereitet, um mit den neuen politischen Realitäten umzugehen? Ich glaube es nicht. Bei euch im Ausland gilt sie doch als der alleinige Friedensengel der Burma-Politik. Aber neben ihr sind neue progressive Aktivisten herangewachsen, die mehr und dies zügiger erreichen wollen – unabhängig von Suu Kyis Einfluss." Ich verstehe seine Vorbehalte. Diese junge und ungeduldige Generation musste erkennen, dass Aung San Suu Kyi zwar wichtig ist, dass sie aber nicht alleine auf die „Dame" bauen können. Die Friedensnobelpreisträgerin kann nur Reformen erwirken, wenn sie es schafft, den Präsidenten zu überzeugen. Ihr zuzuschauen, reicht also alleine nicht aus. Als Abgeordnete im Parlament wird Aung San Suu Kyi das Volk sicherlich nicht ermutigen, öffentliche Demonstrationen und Protestmärsche durchzuführen. Dies würde ihre gute Beziehung zur Thein-Sein-Regierung in Gefahr bringen. Sie wird sicherlich von Naypyidaw unter Druck gesetzt, dafür zu sorgen, dass die Stabilität im Land garantiert wird.

Der „Arabische Frühling" hat gezeigt, dass die Kraft aus dem Volk kommen muss. Wenn das Volk an Macht gewinnt, ist irgendwann ein friedlicher Umsturz nach dem Vorbild Tunesiens und Ägyptens möglich. Damit der „Arabische Frühling" in Form von weiteren politischen Reformen in Burma Fuß fassen kann, muss die internationale Staatengemeinschaft jedoch die Hauptprobleme des Demokratieprozesses, nämlich den anhaltenden Bürgerkrieg und die Unantastbarkeit der mächtigen Generäle, viel stärker thematisieren. Am 17. Februar 2012 richtete sich Janet Benshoof, Präsidentin des „Global Justice Center", in einem Brief an den UN-Generalsekretär Ban Ki Moon und wies darauf hin, dass im jüngsten Bericht zu Burma an den UN-Sicherheitsrat nicht eindeutig genug auf die Menschenrechtsverletzungen an den ethnischen Minderheiten durch burmesische Truppen eingegangen wird. So fehlt der Hinweis, dass Burma in seiner neuen Verfassung in letzter Minute einen Passus hinzugefügt hat, der das Militär von sämtlichen Kriegsverbrechen im Zusammenhang mit sexueller Gewalt und Vergewaltigungen freispricht. Laut Benshoof leistet sich kein anderes Land eine solche Generalamnestie für Mitglieder der Streitkräfte. Min Aung Hlaing, ranghöchster amtierender General, verteidigt indessen die Vollmachten und Rolle des Militärs, da man im Interesse des Landes agiere und verantwortlich für die Verteidigung der Verfassung sei – und damit die eigenen Privilegien schützt. In Anbetracht dieser Situation ist ein demokratischer Transformationsprozess in naher Zukunft wohl unwahrscheinlich. Die juristische Aufarbeitung von

Menschenrechtsverletzungen muss ein elementarer Bestandteil eines solchen Prozesses sein.[14] Der Fokus muss dabei auf der Haftung, der Verantwortlichkeit für begangene Verbrechen liegen, um einer Kultur der Straflosigkeit vorzubeugen. Davon ist das südostasiatische Land noch weit entfernt. Und dennoch bleibe ich optimistisch. Aung San Suu Kyi hat sich in kürzester Zeit von einer inhaftierten Regimegegnerin zu einer politischen Mandatsträgerin entwickelt, deren Wirkungsradius sich erweitert hat. Als ich Mitte Oktober 2011 in das Land reiste, hatte ich diese Wandlung niemals für möglich gehalten, genauso wenig wie die Veränderungen seit meinem ersten Besuch 2006. „Du wirst sehen, mein Land verändert sich!", noch immer habe ich Ko Soes Satz im Kopf und freue mich für ihn. Voller Enthusiasmus plant er die nächsten Schritte. Ich stelle mir vor, wie er eine Woche nach meiner Abreise wieder am Flughafen steht und auf neue Touristen wartet, die seine Dienste nutzen möchten. Wie mir wird er ihnen singend hinter dem Steuer des Toyota Corona ein traumhaft schönes Land zeigen.

Literatur-/Quellenverzeichnis

KAPITEL I: Die Grüne Stadt

1 Informationen zur Seidenstraße vgl. Grosset, René (1970): The Empire of the Steppes: A History of Central Asia. Rutgers University Press, S. xxii; Christian, David (2000): Silk Roads or Steppe Roads? The Silk Roads in World History. In: Journal of World History Vol. 11, Nr. 1. University of Hawaii Press, Honolulu, S. 1-26; Lonely Planet – Central Asia (2010), Toppan Security Printing Pte. Ltd, Singapur, S. 34-61.

2 Zur Emanzipation der muslimischen Frau vgl. Edgar, Adrienne (2008): Bolshevism, Patriarchy, and the Nation: The Soviet „Emanicaption" of Muslim Women in Pan - Islamic Perspective. In: Slavic Review 65. Illinois, S. 252-272.

3 Zur Rolle der Frau vgl. Mee, Wendy (2001): Women in the Republic of Uzbekistan. Country Briefing Paper, ADB, Manila.

4 Alexander, Christopher Aslan (2010): A Carpet Ride to Khiva. Icon Books, London, S. 169-170.

5 Informationen zu Taschkent vgl. Thubron, Colin (2004): The Lost Heart of Asia. Vintage Books, London, S. 198-212.

KAPITEL II: Koranschulen in der Wüste

1 Informationen zu Samarkand vgl. Lonely Planet – Central Asia (2010), S. 241; Thubron 2004, S. 143-168.

2 Angaben zu Timur Lenk und Samarkand vgl. Thubron 2004, S. 161.

3 Vgl. Man, John (2009): Xanadu - Marco Polo and Europe's Discovery of the East. Bantam Books, S. 31-33.

4 Marco Polos Angaben zu Samarkand vgl. Knust, Theodor (Hg.) (1973): Polo, Marco – Von Venedig nach China. Die größte Reise des 13. Jahrhunderts. Horst Erdmann Verlag, S. 86f.; Wikisource: http://en.wikisource.org/wiki/The_Travels_of_Marco_Polo/Book_1/Chapter_34

5 Siehe im Detail: Stadelbauer, Jörg (1997): Zentral- und Hochasien – kontinentale Peripherie im Schnittpunkt der Kulturen. In: Geographische Rundschau 49, Westermann Verlag, Braunschweig, S. 262f.

KAPITEL III: Der Ort des Glücks

1 Marco Polos Angaben zu Buchara vgl. Knust 1973, S. 26f.; Wikisource: Preface/Chapter_3

2 Informationen zum Andijon-Massaker und zum autoritären Regime in Usbekistan vgl. McGlinchey, Eric (2005): Autocrats, Islamists and the Rise of Radicalism in Central Asia. In: Current History 104, S. 336-339.

3 Schlager, Edda (2006): Wozu bleiben, wenn alle gehen? Die Buchara-Juden in Samarkand. In: Frankfurter Allgemeine Zeitung, Frankfurt am Main,Nr. 92.

KAPITEL IV: Transoxanien

1 Zur Geschichte Chiwas siehe Aslan 2010, S. 19-30.
2 Zu den Figuren aus „A Carpet Ride to Khiva" siehe Aslan 2010, S. 33f., 104f. u. 155-158.

KAPITEL V: Das neue „Große Spiel"

1 Vgl. Lonely Planet – Central Asia 2010, S. 120.
2 Vgl. Thubron 2004, S. 322f.
3 Informationen zum „Großen Spiel" und neuen „Großen Spiel" im Detail siehe Lonely Planet – Central Asia 2010, S. 50f.; Beech, Hannah (2011): The New Great Game. In: TIME Magazine, 21.07., New York; Grewlich, Klaus W. (2010): Pipelines, Drogen, Kampf ums Wasser - greift die EU-Zentralasien-Strategie? Neues „Great Game" von Afghanistan bis zum Kaspischen Meer? Zentrum für Europäische Integrationsforschung, Bonn, S. 7-17.
4 Informationen zu den Veränderungen im Energiesektor siehe Christofferson, Gaye (1998): China's Intentions for Russian and Central Asian Oil and Gas. The National Bureau of Asian Research, Seattle, S. 6 u. 24-34.
5 Zur kasachischen Nationalisierungspolitik sinngemäß nach: Oka, Natsuko (2007): Managing Ethnicity under Authoritarian Rule: Transborder Nationalism in Post-Soviet Kazahkstan - JDE - JETRO Interim Report. S. 72-83. Online verfügbar unter http://www.ide.go.jp/English/Publish/Download/Report/2006/2006_04_31.html, S. 72 - 83 und Rolf, Peter (1999): Zwischen Konflikt und Kalkül - die „nationale Frage" in Kasachstan. Forschungsschwerpunkt Konflikt- und Kooperationsstrukturen in Osteuropa an der Universität Mannheim, S. 35-48.

KAPITEL VI: Barbaren und Götzenanbeter

1 Zur Situation der Uiguren siehe Oka, Natsuko (2007), S. 46-51 u. 129-134; Amnesty International (04/1999): People's Republic of China: Gross Violations of Human Rights in the Xinjiang Autonomous Region. London.
2 Marco Polos Angaben zu Hami siehe Knust 1973, S. 95-98 und Wikisource: Book_1/Chapter_41
3 Zur Entwicklung Chinas siehe sinngemäß: Giffords, Rob (2008): China Road: One Man's Journey into the Heart of Modern China. Bloomsbury Publishing, London, S. 48 u. S. 70 sowie Oka, Natsuko (2006): The ‚Triadic Nexus' in Kazahkstan: A Comparative Study of Russians, Uighurs and Koreans. In: Leda, Osamu et al. (eds.): Beyond Sovereignty: From Status Law to Transnational Citizenship? Slavic Research Center, Hokkaido University, Sapporo, S. 359-380.
4 Zur Erschließung und Bedeutung Xinjiangs sowie zur Identität der Uiguren siehe im Detail: Portman, Roland (2001): Die Situation in der chinesischen Region Xinjiang und die Lage der Uiguren. Länderanalyse – Schweizerische Flüchtlingshilfe, China – SFH-Infobörse 05/01, Bern, S. 31-40; Bhattacharji, Preeti (2008): Uighurs and China's Xinjiang Region, Council on Foreign Relations, New York, online verfügbar unter http://www.cfr.org/china/uighurs-china-xinjiang-region/p16870; Koch, Jessica (2006): Economic Development and Ethnic Separation in Western China: A New Model of Peripheral Nationalism. In: Asia Research Centre – Working Paper Nr. 134, Murdoch University, Perth, S. 3-11.

[5] Zu Zhang Qian und den Xiongnu siehe sinngemäß: Myint U, Thant (2008): The River of Lost Footsteps: A Personal History of Burma. Faber and Faber Ltd., London, S. 46-48.
[6] Marco Polos Angaben zu Dunhuang aus: Knust 1973, S.92-95 und Wikisource: Book_1/Chapter_40
[7] Zu Aurel Stein in Dunhuang siehe sinngemäß: Russell-Smith, Lilla (2002): Letters, Reports and Bestsellers: Stein's Accounts of his First and Second Expeditions. In: Wang, Hellen: Sir Aurel Stein – Proceedings of the British Museum Study Day – 23 March 2002, The British Museum Occasional Paper 142, S. 9-13.

KAPITEL VII: Alle Wege führen nach China

[1] Marco Polos Angaben zu Zhangye siehe Knust 1973, S.100f. und Wikisource: Book_1/Chapter_44
[2] Vgl. Giffords 2008, S.167.

KAPITEL VIII: Auf dem Dach der Welt

[1] Hintergrundinformationen zu Lhasas buddhistischen Bauwerken sowie Personen und zur Geschichte Tibets vgl. Laird, Thomas (2006):The Story of Tibet - Conversations with the Dalai Lama. S. 27-41, 53-61 u. 75.
[2] Siehe sinngemäß: Jian, Ma (2009): Beijing Coma, Vintage Books, London, S. 296-298.
[3] Zum tibetischen Ethno-Nationalismus siehe sinngemäß: Dreyfus, Georges (2005): Are we Prisoners of Shangrila? Orientalism, Nationalism, and the Study of Tibet. In: The Journal of the International Association of Tibetan Studies Nr 1, University of Virginia, Charlottesville, S. 10-14.

KAPITEL IX: Propaganda entlang der Teeroute

[1] Vgl.: Holbig, Heike (2007): Sinisierung der Demokratie: Chinas Parteiführung setzt auf eigene Werte. Giga Focus Vol. 12, Hamburg, S. 1-3.
[2] Zur Teeroute siehe Fuchs, Jeff (2008): The Tea and Horse Road. In: The Silkroad Vol. 6, Nr. 1, The Silkroad Foundation, Saratoga, S. 63-71.
[3] Vgl. Laird 2006, S. 220-224 u. 229-232.
[4] Zu den Mongolen in Tibet vgl. sinngemäß: Laird 2006, S. 107-116.
[5] Marco Polos Angaben zu Tibet aus: Knust 1973, S. 188-191; Wikisource: Book_2/Chapter_45
[6] Vgl. Schucher, Günther (2011): „Unausgeglichen, unkoordiniert, nicht nachhaltig" - Chinas Entwicklung vor großen Problemen. Giga Focus Vol. 3, Hamburg, S. 2-4.
[7] Zu Mao Zedong sowie zur „harmonischen Gesellschaft" vgl. sinngemäß Giffords 2008, S. 59-61.

KAPITEL X: Tropendonner in Thuwuma Bomi

[1] Zur südwestlichen Seidenstraße siehe sinngemäß: Anderson, James: Chinas Southwestern Silk Road in World History. Online verfügbar unter: http://worldhistoryconnected.press.illinois.edu/6.1/anderson.html

[2] Zu Yangon vgl. Lonely Planet – Myanmar (Burma) (2002), Lonely Planet Publications, Singapur, S. 147f.
[3] Vgl. Ehlers, Fiona (2008): Das Schweigen von Bogale. SPIEGEL, Nr.21, online verfügbar unter: http://www.spiegel.de/spiegel/print/d-57038100.html
[4] Vgl. Myint U 2008, S. 76-79.

KAPITEL XI: Die Dame und der Komiker

[1] Zu Aung Sans Biographie siehe sinngemäß: Aris, Michael (Hg.); Suu Kyi, Aung San (2010): Freedom from Fear and Other Writings. Penguin Books, London, S. 3-38.
[2] Vgl. Suu Kyi 2010, S. 203-207.

KAPITEL XII: Bayinnaungs Vermächtnis

[1] Vgl. Myint U 2008, S. 318-320.
[2] Informationen zu Suu Kyis Familiengeschichte vgl. Suu Kyi 2010, S. 218-223.
[3] Vgl. Thompson, Curtis N. (1995): Political Stability and Minority Groups in Burma. In: The Geographical Review Vol. 85, Nr. 3, The American Geographical Society of New York, S. 270-285.
[4] Vgl. Kipling, Rudyard (1914): From Sea to Sea and Other Sketches: Letters of Travel (1889). Vol. 1, Nr. 2, Doubleday, New York.
[5] Vgl. Suu Kyi 2010, S. 42.
[6] Vgl. Orwell, George (2011): Shooting an Elephant: And other Essays. Penguin Classics, London, S. 31-41.
[7] Zur Flüchtlingssituation siehe TBBC (Thailand Burma Border Consortium) (2011): Displacement and Poverty in South East Burma / Myanmar, S. 48 u. 50.
[8] Vgl. Atwood, Margaret (1998): The Handmaid's Tale, Seal Books, S. 25-27, 30 u. 32.

KAPITEL XIII: Im wilden Shan-Staat

[1] Informationen zur Flüchtlingsproblematik siehe TBBC (2011), S. 44, S.46, S. 50; EarthRights International (2008): China in Burma: The Increasing Investment of Chinese Multinational Corporations in Burma's Hydropower, Oil and Natural gas, and Mining Sector. Washington D.C. S. 5f.; online verfügbar unter: http://www.earthrights.org/sites/default/files/publications/China-in-Burma-update-2008-English.pdf
[2] Vgl. Global Justice Center (2011): Putting Democracy out of Reach: How Burma's New Government Violates the Law of Nations and Threatens Global Peace and Security. Appendix 2, S. 1-4.
[3] Vgl. EarthRights International 2008, S. 10f.
[4] Vgl. EarthRights International 2008, S. 7.

KAPITEL XIV: Die Herren aus dem Norden

[1] Vgl.: Yongjia, Liang (2010): Inalienable Narration: The Nanzhao History between Thailand and China. Asia Research Institute Working Paper Series Nr. 148, National University of Singapore, Singapore, S. 3-15.

[2] Marco Polos Angaben zur Provinz Zardandan aus Knust 1973, S. 198-201 und Wikisource: Book_2/Chapter_50

[3] Vgl. Suu Kyi 2010, S. 101.

[4] Vgl. sinngemäß: Myint U 2008, S. 291-295 u. 300-309.

[5] Vgl. Suu Kyi 2010, S. 83 u. 146-148.

KAPITEL XV: Tempel im Staub

[1] Vgl. sinngemäß: Myint U 2008, S. 11-12, S. 18-25.

[2] Informationen zur Geschichte und den Bauwerken Bagans siehe sinngemäß: Lonely Planet – Myanmar (Burma) 2002, S. 269-272 u. 289-310.

[3] Marco Polos Angaben zu Bagan aus: Knust 1973, S. 201-207 und Wikisource: Book_2/Chapter_51 - Chapter_54

KAPITEL XVI: Aufbruch im Land der Pagoden?

[1] Informationen zur Rolle des Buddhismus in Burmas Politik siehe sinngemäß: Stuart-Fox, Martin (2006): Buddhism and Politics in Laos, Cambodia, Myanmar and Thailand. Presented at the Cambodia, Laos, Myanmar Thailand Summer School, Asia Pacific Week, 30.01. Online verfügbar unter: http://thaionline.anu.edu.au/_documents/BUDDHISM_AND_POLITICS_IN_SOUTHEAST_ASIA.pdf

[2] Vgl. Suu Kyi 2010, S. 10f.

KAPITEL XVII: Wiedergeburt

[1] Siehe im Detail: Stadelbauer 1997, S. 262f.

[2] Vgl. sinngemäß: Grewlich 2010, S. 9-16 und Godehardt, Nadine (2008): Gegensätze in Zentralasien: China und Russland ziehen nicht an einem Strang. Giga Focus 11, Hamburg, S. 1-2.

[3] Informationen zu OKS und SOZ siehe sinngemäß: Godehardt 2008, S. 2-6.

[4] Zu den chinesisch-burmesischen Beziehungen siehe sinngemäß: Geng, Lixin (2007): "Sino-Myanmar Relations: Analysis and Prospects," Culture Mandala: The Bulletin of the Centre for East-West Cultural and Economic Studies: Vol. 7: Iss. 2, Article 1. Online verfügbar unter: http://epublications.bond.edu.au/cm/vol7/iss2/1/

[5] Vgl. sinngemäß: Myint U, Thant (2011): Asias's New Great Game. In: Foreign Policy, Washington D.C., 12.09., online verfügbar unter: http://www.foreignpolicy.com/articles/2011/09/12/asias_new_great_game

[6] Vgl. Myint U 2011, S. 2.

[7] Vgl. Gawrich, Andrea; Melnykovska, Inna; Schweickert, Rainer (2010): More than Oil and Geography - Neopatrimonialism as an Explanation of Bad Governance and Autrocratic Stability in Central Asia, Giga Institute, Hamburg, S. 4-6 u. 12-18.

[8] Aspekte zur Entstaatlichung sinngemäß nach: Djuren, Jörg: Die Tibetfrage und der Neonationalismus. In: graswurzelrevolution 337 März 2009, online verfügbar unter: http://www.graswurzel.net/337/tibet.shtml

[9] Zum Arabischen Frühling in Zentralasien siehe sinngemäß: Korepin, Serge; Sharan, Shalini (2011): What does the Arab Spring Mean for Russia, Central Asia, and the Caucasus? A Report of the CSIS Russia and Eurasia Programm. Center for Strategic and International Studies, Washington D.C., S. 1-5.

[10] Zum Arabischen Frühling in China siehe im Detail: Fallows, James (2011): Arab Spring, Chinese Winter. In: The Atlantic Magazine, Atlantic Media Company, 09/11, New York.

[11] Vgl. ausführlich: Swartz, Dale (2011): Jasmine in the Middle Kingdom: Autopsy of a (Failed) Revolution. In: Asian Outlook Nr 1, American Enterprise Institute for Public Policy Research, Washington D.C., S. 1-5.

[12] Zum Arabischen Frühling in Burma siehe sinngemäß: Kreutz, Joakim (2012): Burma: Between Elections and Democracy. In: openDemocracy Ltd., 05.04., London. Online verfügbar unter http://www.opendemocracy.net/joakim-kreutz/burma-between-elections-and-democracy-0;
Kreutz, Joakim (2008): Burma: Sources of Political Change. In: openDemocracy Ltd., 01.09., London. Online verfügbar unter: http://www.opendemocracy.net/article/burma-sources-of-political-change und Günsche, Karl-Ludwig (2011): Burmas Präsident Thein: Ein bisschen Perestroika. SPIEGEL, 03.10.

[13] Vgl. Matern, Tobias (2012): Wo ein neuer Staat entsteht. In: Süddeutsche Zeitung, 01.04., München.

[14] Siehe sinngemäß: Levin, Ari M. (2011): Transitional Burma: A Survey of Accountability and National Reconciliation Mechanism after Aung San Suu Syi's Release. In: Human Rights Brief Vol. 18, Nr. 2, The Berkeley Electronic Press, Berkeley, S. 21-25.

Danksagung

Mein besonderer Dank gilt meiner Frau Barbara, ohne die ich dieses Buch nicht hätte schreiben können. Christopher Aslan Alexander danke ich für seine große Unterstützung und Bereitschaft, mir viele Fragen zu beantworten. Artemy Kalinosky half mir, die nationalistischen Strömungen der zentralasiatischen Republiken zu verstehen. Zi Jia Wong in Bangkok gebührt erheblicher Dank für die Vermittlung von Kontakten zu Nichtregierungsorganisationen und Aktivisten. Dem Thailand Burma Border Consortium und The Best Friend Library in Chiang Mai danke ich für den Zugang zu ihren Bibliotheken. Prof. Dr. Joakim Kreutz von der Universität Uppsala danke ich herzlich für die Einordnung der jüngsten Geschehnisse in Burma. Meinem Kontakt ‚Mike' danke ich besonders für die über 300 E-Mails und zahlreichen Pakete aus dem burmesisch-thailändischen Kriegsgebiet. Seine Bilder und Informationen waren äußerst wertvoll. Ko San danke ich für die Hilfe bei der Betrachtung der Nachwahl in Burma. Mein Dank gilt vor allem auch Franz Allgayer, Reinhard Bornefeld, Yves Grah und Jan C. Schütte für ihre guten Augen, die vielen Hinweise und die konstruktive Kritik. Mein besonderer Dank gilt zudem Daniel March für die Gestaltung der Übersichtskarte zum Reiseverlauf. Abschließend möchte ich meinen Eltern danken. Sie haben in mir die Lust am Reisen entfacht.

Herzlich danken möchte ich den Journalisten von TIME Magazine, The Economist, Spiegel, Burma Digest und The Irrawaddy. Meine seit Jahren andauernde Lektüre ihrer zahlreichen themennahen Beiträge haben nicht nur mein Interesse für den im vorliegenden Buch beschriebenen Raum geweckt, sondern waren mir letztlich auch eine große Hilfe, meine Reiseerlebnisse im Hinblick auf Einschätzungen und abschließende Bewertungen richtig einordnen zu können. Diese jeweils im Einzelnen zu zitieren ist mir nachträglich leider unmöglich.

erleben.
begegnen.
verstehen.
Ungeahntes erleben und Unbekanntes verstehen – Ihr Länderexperte zeigt Ihnen das Kaleidoskop der Kulturen. Genießen Sie an der Seite Ihres Reiseleiters inspirierende Begegnungen weltweit. Wir empfehlen Höhepunkte Usbekistans, 12-Tage-Erlebnisreise ab € 1.595
Gebeco
LÄNDER ERLEBEN
Weitere Informationen unter Tel. 0431/54460, in Ihrem Reisebüro und unter www.Gebeco.de